| 光明社科文库 |

云冈文化研究选粹
《山西大同大学学报》(2017—2021)

主　编◎姚丽英
副主编◎石凤珍　刘永文

光明日报出版社

图书在版编目（CIP）数据

云冈文化研究选粹：山西大同大学学报．2017—2021 / 姚丽英主编．－－北京：光明日报出版社，2023.5

ISBN 978－7－5194－7326－6

Ⅰ.①云… Ⅱ.①姚… Ⅲ.①文化史—大同—文集 Ⅳ.①K292.53-53

中国国家版本馆 CIP 数据核字（2023）第 113342 号

云冈文化研究选粹——《山西大同大学学报》（2017—2021）
YUNGANG WENHUA YANJIU XUANCUI——《SHANXI DATONG DAXUE XUEBAO》（2017—2021）

主　　编：姚丽英	
责任编辑：鲍鹏飞	责任校对：周文岚　李　兵
封面设计：中联华文	责任印制：曹　净

出版发行：光明日报出版社

地　　址：北京市西城区永安路 106 号，100050

电　　话：010-63169890（咨询），010-63131930（邮购）

传　　真：010-63131930

网　　址：http://book.gmw.cn

E – mail：gmrbcbs@gmw.cn

法律顾问：北京市兰台律师事务所龚柳方律师

印　　刷：三河市华东印刷有限公司

装　　订：三河市华东印刷有限公司

本书如有破损、缺页、装订错误，请与本社联系调换，电话：010-63131930

开　　本：170mm×240mm			
字　　数：450 千字		印　张：24	
版　　次：2023 年 5 月第 1 版		印　次：2023 年 5 月第 1 次印刷	
书　　号：ISBN 978－7－5194－7326－6			
定　　价：99.00 元			

版权所有　　翻印必究

编委（以姓氏笔画为序）

马志强　石凤珍　刘永文　张月琴　姚丽英　郭剑卿　裴兴荣

前　言

做一件事并不难，难的在于坚持；坚持一下也不难，难的是坚持到底。《云冈文化研究选粹（2017—2021）》就要和广大读者见面了。本论文集是《山西大同大学学报》（社会科学版）"云冈文化与石窟艺术研究"专栏文章选粹，是《云冈文化研究选粹（2007—2016）》（光明日报出版社2019年出版）的续篇。

2007年第1期学报开设"塞北人文·大同今古"专栏，旨在刊发山西北部区域社会历史文化研究成果，后更名为"云冈文化与石窟艺术研究"专栏，编辑部一直秉持实证与理论并重的理念，面向全国科研院所专家组稿约稿，引发广泛关注，获得学界认可与好评。2019年，该栏目被评为全国高等学校文科学报特色栏目。

2020年5月11日，习近平同志考察云冈石窟，明确指示要保护好云冈石窟，"要深入挖掘云冈石窟蕴含的各民族交往交流交融的历史内涵，增强中华民族共同体意识"。云冈石窟是中华优秀传统文化的重要组成部分，是4—5世纪中国石窟艺术的典范，在佛教史、艺术史、社会史上都具有十分重要的地位。

在新时代，我校充分发挥云冈石窟的地缘优势，取得了新的成绩：成立了专门的教学和研究机构———云冈学学院和云冈文化生态研究院；创办了一份专业的学术刊物———《云冈研究》，该刊2022年被中国社会科学评价研究院评为核心期刊；培养和聚集了一批专门的研究队伍，发表了一些重要的研究成果，云冈学研究初见成效。

论文集共收入40篇文章，分为雕刻艺术与造像题记，石窟铭刻与佛教文化，修缮保护与传播影响，皇族礼制与文化认同，平城营建与文物考古，学术动态与文献评介等六部分，集中展示了云冈石窟艺术的独特性和云冈文化的丰富性。由于篇幅所限，还有一些很好的研究论文未能悉数收录，对此不无遗憾与歉疚，请作者和读者理解包涵。

论文集涉及大量人名、地名、文物名称等，若有漏误及不妥之处，敬请读者见谅并不吝指正。

山西大同大学学术期刊中心

目 录
CONTENTS

雕刻艺术·造像题记

云冈大佛礼拜空间的转变 ·· 3
云冈石窟二佛并坐的象征意义与图像组成再探 ···························· 13
云冈石窟雕刻的打击乐器 ·· 21
丝路文化传播中审美意蕴的衍变——以云冈石窟雕造艺术为例 ·········· 32
云冈石窟供养人图像形式分析 ··· 39
从平城时期墓葬看云冈石窟鲜卑供养人像的流行 ························ 48
关于北魏云冈石窟造像题记的分析 ·· 56
《云冈石窟11窟五十四人造像题记》价值探赜 ·························· 65
北朝造像记所见"邑师" ·· 73

石窟铭刻·佛教文化

大同云冈：中国佛教律宗的发源地 ·· 83
云冈石窟之曹洞宗源流考 ·· 91
云冈石窟第6窟佛传故事犍陀罗文化因素初探 ·························· 103
试析云冈第9、第10双窟的因缘故事画 ································· 117
北魏佛教发展微探——以《魏书·释老志》为中心 ····················· 126
试论西域僧入魏与北魏佛教的发展、演变及影响 ······················· 136
北魏比丘尼墓志中女性形象的书写策略 ·································· 147
昙曜身世研究 ·· 157

1

昙曜译经《杂宝藏经》中的因缘故事分析 …………………………………… 165

修缮保护·传播影响

辽金崇佛与云冈石窟的修缮 …………………………………………………… 181
传承与保护：民国以来云冈石窟修缮与保护 ………………………………… 190
云冈石窟北魏遗迹及石质文化研究——以第3窟为例 ……………………… 198
民国报刊中的云冈石窟 ………………………………………………………… 210
民国时期云冈石窟佛头盗毁事件与媒介传播 ………………………………… 220
融媒体语境下云冈石窟文化的传播策略 ……………………………………… 226

皇族礼制·文化认同

多才多艺的北魏冯、胡太后 …………………………………………………… 235
北魏冯太后汉化改革的多维视角探究 ………………………………………… 245
论北魏皇族女性干政 …………………………………………………………… 254
北魏祭祀制度研究 ……………………………………………………………… 261
略论北魏亲蚕礼及其历史地位和作用 ………………………………………… 269
"正统之辨"视域下的《魏书》"民族传"叙事与历史文化认同 …………… 280

平城营建·文物考古

北魏明元帝后期至文成帝时期的平城布局 …………………………………… 293
北魏平城明堂营建初探 ………………………………………………………… 305
北魏伎乐龙虎纹石函研究 ……………………………………………………… 312
北魏时期瓦当刍议 ……………………………………………………………… 318
拓跋帝陵祁皇墓考古调查 ……………………………………………………… 325

学术动态·文献评介

21世纪以来日本对云冈石窟的考古学研究 ………………………………… 335
20世纪下半叶以来日本对云冈石窟的佛教美术研究 ……………………… 343

近代国外关于云冈石窟的考察与记述 ……………………………… 354
近二十年北朝碑刻文献整理回顾与展望 …………………………… 359
重估北朝对中国科技发展的作用——评李海、段海龙《北朝科技史》 …… 366

雕刻艺术·造像题记

云冈大佛礼拜空间的转变

彭明浩

（北京大学考古文博学院，北京 100871）

摘 要：云冈石窟以大佛闻名，其中，第一、第二、第三期大佛的礼拜空间经历了从外向内的转变过程，第一期昙曜五窟直面大道，人们多从外部观礼，极为特殊，值得从历史、宗教、营造等角度综合考察其形成原因。

关键词：云冈；大佛；礼拜空间；视线

昙曜五窟作为北魏云冈石窟的代表，大像雄奇伟岸，闻名于世，其中尤以第20窟露天大佛最为著名（见图1）。但第20窟前壁坍塌，才导致大像完全袒露出来。而对比其东侧保存相对较好的四窟，均留有前壁，上下开有明窗和窟门，在外需通过这些洞口才能看到大佛的形象，而非第20窟大像一览无余。因此，云冈

图1 云冈第20窟大佛

的大佛在北魏开凿之时，人们如何设计窟内大像及其礼拜视线，就值得考虑。以下按佛教考古学对云冈石窟的分期[1]，试论各期大佛礼拜空间的情况，以窥其历时转变。

一、云冈第一期

和平初（460年），"昙曜白帝，于京城西武州塞，凿山石壁，开窟五所，镌建佛像各一，高者七十尺，次六十尺，雕饰奇伟，冠于一世"[2]，这五座大窟，即今云冈西区编号第16~20窟，也称为"昙曜五窟"，为云冈的第一期洞

窟。洞窟平面均呈马蹄形，穹隆顶，正壁大像，占据了洞窟大部分面积，两侧壁多雕琢一尊较小的佛像，与大像共同组成"三佛"题材。[3]

洞窟中的大像，从礼拜空间和视线考虑，从外到内有以下三方面值得注意的现象。

1. 昙曜五窟外20余米，发现有当时的武州川河道，河道北侧有石砌的护堤，第20窟前的河岸上还有平面见方的码头遗址[4][5]。说明当时平城居民也可能由水路来礼佛，靠近石窟的堤坝即是古道路遗迹，与大佛拉开了一定距离，

图2 云冈第17~19窟从河堤位置礼拜大佛视线

从这一位置，可透过明窗看到各洞窟大像的头部。这一视线关系，应该是古人特别的考量：窟内主像虽高，但洞窟进深较浅，大像贴近前壁，整个上半身向前探出略微下斜，头部均在明窗所对位置，目光下视，使人们从陆路和水路，均可以巡礼各窟大佛（见图2）。其中，第18窟主体造像较为复杂，除正壁大像外，在两侧还浮雕有十大弟子，其明窗较其他洞窟开得更大，当是有意让人看到这一完整的正壁布局。

2. 从窟前河道、道路来到洞窟前，在这一过程中，并没有合适的角度直视大像。而再一次得见较为完整的大像，则是在窟门下。窟门空间虽相对较小，但在窟门上沿和大像腿部框定的视角可以仰观大像全貌（见图3）。进入洞窟，反

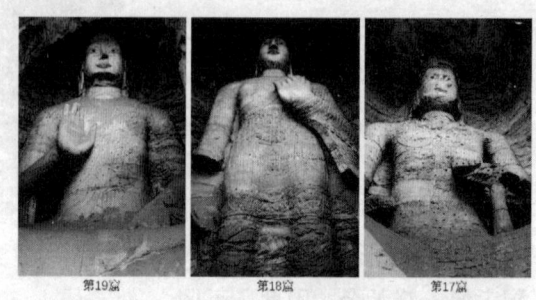

图3 云冈第17~19窟从窟门下方礼拜大佛视线

而没有合适的角度观礼大像。这是因为昙曜五窟，除第16、第18窟为立像，窟底空间较宽敞外，第17窟主尊交脚，第19窟及第20窟主尊结跏趺坐，底部均被大像巨大的腿部占据，若进入洞窟，空间狭小，向上的视线也容易被大像巨大的腿部遮挡，无法直视大像头部（见图4）。

一些细节也显示出洞窟内部的功能安排：第19窟前左右两胁洞，各雕一大佛，虽不能与主窟大像规模相比，但也是高近10米的大像，这两窟虽也有窟内空间，但窟门高居于直壁上方，人们无法登窟。第17窟除大像交脚的腿部较

4

高，入内上视不便看到大像的
上半身，且大像脚部和足下莲
花占满了窟底空间，地面凹凸
不平，并没有完工，也非是有
意让人进入的安排；昙曜五窟
中第 16 窟室内空间较大，这
一方面因其主尊做立像，另一
方面因该窟造像样式已为新式，
开凿较晚，一定程度上反映了
后文所论第二期的礼拜空间。

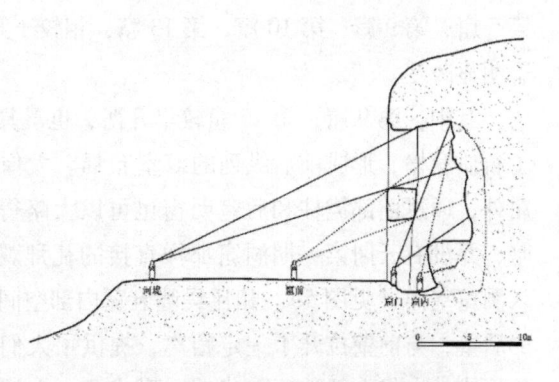

图 4　云冈第 17 窟礼拜视线分析

3. 昙曜五窟内部壁面也没有完全统一的设计。五窟的开凿，虽名为皇帝营造大像，但洞窟工程并不单纯，除大像外，各洞窟壁面均有杂乱分布的小龛，这些小龛样式较早，且都分布在壁面上方，大佛周边的千佛和身光火焰纹还避让部分小龛开凿，说明它们并非后期补凿，而是伴随开窟工程的造像行为。[6] 从第 20 窟西壁残存小龛旁所刻"□□□及知识造多宝佛□区""佛弟子□□为七世父母所生父母□□"等题记看[7]，其造像主身份并不高，以僧众为主，昙曜五窟工程实则有民间势力参与，他们雕琢的龛像在大像两侧壁和洞窟前壁，而大像才是洞窟的主体。从这一现象可见，昙曜五窟实则以五座大像为核心工程，并没有强调洞窟空间，只是为雕琢大像，向岩体内掘凿岩体出坯，才形成了马蹄形平面穹隆顶的窟形，而前壁由于受力和防护作用，无法完全开敞，才适应性地利用明窗、窟门组织礼拜视线。

综上所述，云冈第一期洞窟，主要是雕琢大佛，未完全安排洞窟内的礼拜空间，它仍是倾向于大龛的视觉效果，当时人们主要在外礼拜。窟前壁出于工程考虑，没法完全开敞，开明窗和窟门施工，人们可从远处透过明窗看到大佛头部，又可靠近于窟门下方一窥大佛全景；但进入窟内，反倒没有很好的礼拜视线。因此，当时的设计是让人巡礼，远观，而不驻留，以大佛头部为视觉中心，这也是其不强调窟内大像周边壁面设计的原因。

二、云冈第二期

云冈第二期洞窟，开凿于献文至孝文迁洛以前，集中于武州山中区，现编号为第 5~13 窟。这一时期，除大像窟外，云冈新添了中心柱窟和方室窟，流行双窟组合形式，其中第 5 窟、第 6 窟，第 7 窟、第 8 窟，第 9 窟、第 10 窟，第 11 窟、第 12 窟、第 13 窟均有组合关系[1]，在这些洞窟中，凿有大像的洞窟有第 5 窟、第 9 窟、第 10 窟、第 13 窟，相较于第一期的大像窟，其礼拜空间发生了明显改变。

其中，第 9 窟、第 10 窟较早开凿，也最具代表性。大像所在的窟体前加构了石质窟檐，形成前后纵列的双室布局。大像位于后室，若要礼拜大像，站在窟外，通过前部檐柱和后室明窗也可以大略得见；但由于岩体的阻隔，光线昏暗，并没有云冈第一期洞窟那样直接的礼拜观感。而要一窥大像全貌，只能进入洞窟室内（见图 5）。相比昙曜五窟内部空间，第 9、第 10 窟大像，均在后室的后壁，与前壁拉开了一定距离，提供了人们入窟礼拜的空间，也展开了礼佛的视线。大像上部雕琢有华盖，形成了一个较为独立的空间，这反映了大像只是洞窟内部的一部分，人们进入窟室，在看到大像的同时，也能看到周边壁面上雕琢的龛像。它们相较昙曜五窟，布局明显整严、完整，当为统一的安排。更值得一提的是，在第 9 窟、第 10 两大窟后部，均开有隧道，形成可以绕佛礼拜的步道，且窟室底层和隧道两壁，均雕有等身高的供养人像，烘托了礼拜氛围，也是当时礼佛场景的反映。

第 5 窟与第 13 窟，虽与云冈第一期洞窟类似，为平面马蹄形、穹隆顶的洞窟，但大像在洞窟内的空间位置较昙曜五窟有明显变化：首先，无论是同为结跏趺坐佛的第 19 窟和第 5 窟，还是交脚菩萨的第 17 窟和第 13 窟，第二期洞窟正壁大像相对前壁距离，明显拉开，佛前留有充分的室内空间，人们入内，有较为宽敞的空间礼拜大像，一览洞窟各壁面像设（见图 6）；其次，第 5 窟大像身后也凿有隧道，明显也有让人入内周回礼拜的意图；最后，两窟周边壁面龛像，虽仍为民众集资开凿，但已明显有规划，不是完全零散分布，而是成排布局，更有组织性，这很可能也考虑到了入窟观礼侧壁龛像的整体效果。

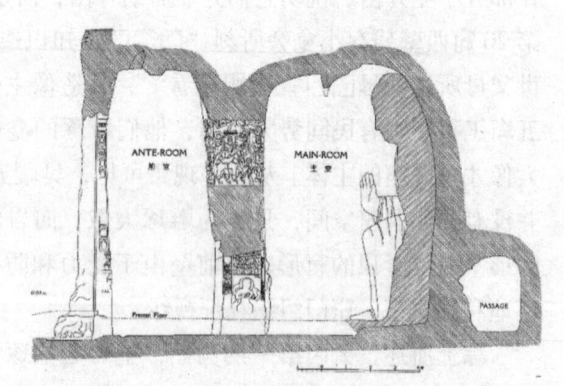

图 5 云冈第 9 窟剖面
（水野清一、长广敏雄《云冈石窟》第六卷测图）

值得说明的是，云冈中区仅第 13 窟大像身后没有开凿隧道，这类似于昙曜五窟，有早期性质，部分学者从第 13 窟布局和像设样式出发，认为第 13 窟为第二期最早的洞窟，与昙曜五窟相衔接[8]，这从洞窟类型的角度来看有一定的合理性。但大型洞窟不能单看主体像设和平面布局，若做整体的观察，其周边壁面龛像，也与昙曜五窟壁面龛像类似，有众多配合大像工程开凿的小型龛像。这些龛像布局紧密，大多属于原始工程，其前壁正中，开凿有新式的七佛造像，布局严整，造像表面与上下壁面一致，不可能为后期补凿，说明第13窟工程经历了新旧服饰的转变，相对于第7、第8、第9、第10满壁旧式造像的洞窟，应该较晚，当已进入太和中期。[6]云冈第二期早于第13窟的第9、第10窟和晚于第13窟的第5窟，均在大像后开凿隧道，但第13窟后部未开，有一定特殊性，这还需回归其自身空间设计来分析。实际上，比较云冈中区雕琢大像的洞窟，只有第13窟大像两侧没有胁侍佛或菩萨，因此其两侧壁较为完整，未受到胁侍造像的分隔，可营造连续的主题。其在壁面底部雕琢两排飞天和供养人像，表达了贯通的礼拜场景。而这一题材，也见于第5窟和

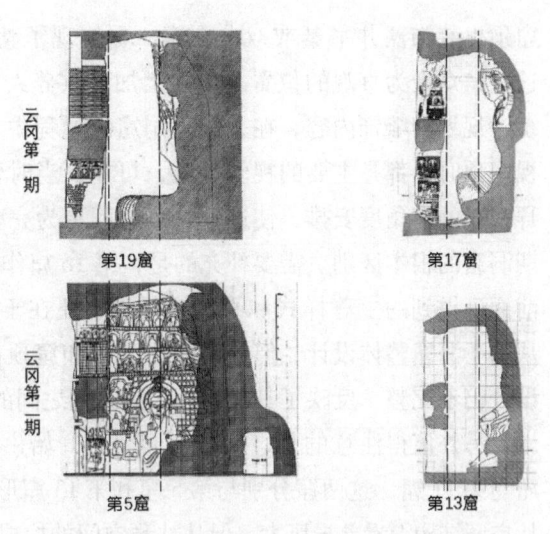

图6 云冈第5窟、第13窟与昙曜五窟剖面对比（水野清一、长广敏雄《云冈石窟》测图）

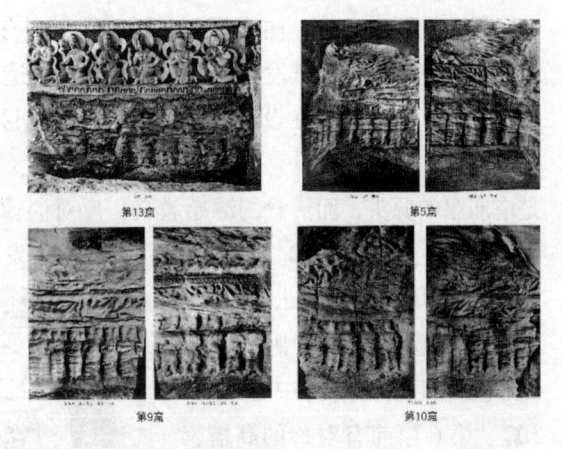

图7 云冈第13窟侧壁与第5、第9、第10窟隧道壁面比较（水野清一、长广敏雄《云冈石窟》）

第9、第10窟隧道两壁（见图7）。可见，第13窟把上述三窟匝道绕行的内容设置于洞窟侧壁，人们入窟，造像居于正中，周围环绕供养人造像，虽无大像身后具有实际功能的隧道，但也营造了周回礼拜的空间意向，从这一角度出发，或有助于理解第13窟的特殊性。

相较于早期洞窟，第二期大像窟另一普遍的特点，是加强了窟口和窟顶的整体设计，各窟窟门和明窗两侧都有胁侍造像，常见相对的力士、神王、菩萨、禅定比丘，门窗顶部还有众飞天托摩尼宝珠等形象，明显经过了统一规划，而

窟顶也装饰藻井平棊或双龙图案，更体现了整体的一致性。另外，窟内下壁，这些信众最为直观的位置，也多增加了供养人、佛传故事等连续的设置。以上统一规划的雕饰内容，在人进入洞窟的过程中，以及人进入洞窟环视四周和仰视窟顶时，都是主要的视觉中心，可见，当时营建石窟时已特别注意到入窟礼拜视线的多角度安排，使这一礼拜过程更为完整，这也是第5、第13窟与第一期洞窟的根本区别。需要补充的是，第16窟作为昙曜五窟较晚开凿的洞窟，除前面已提到的主尊样式和平面空间外，还在于窟门两侧对称雕饰两胁侍立佛，从属于洞窟整体设计，但该窟明窗两侧和窟顶都没有统一设置，也说明了它的设计仍不完整，反映了其在第一、第二期之间的过渡特征。

另外值得注意的是，第二期洞窟也开始出现中心柱窟，其中，中区有第6窟与第11窟，这两窟分别与第5窟和第13窟形成组合洞窟。中心柱窟与大像窟从空间结构上看差异巨大，但从礼拜空间的构成来看，它们均有围绕主体造像周回礼拜的设计，实则有内在的相通性。这种相通性，不只是在云冈石窟，在更早的新疆和河西石窟中，也有明显表达。以克孜尔石窟为例，其主体洞窟平面，均在中后方设置中心柱，柱体前方（两侧偶尔会有）设置佛像，后隧道内多设涅槃像，供人绕行礼拜。其发展至后期，还出现单造一立像，而围绕大像腿部设绕行的通道[9]。这说明，在设计者眼中，中心柱窟目的是使人可绕行礼拜。这一环绕于中心的礼拜视线设计，聚焦于塔或立佛。印度本土流行以塔为中心的洞窟空间，是塔庙窟的源头，而佛教的原始教义，反对偶像崇拜，以收藏佛舍利的佛塔作为佛的象征，礼塔即礼佛。因此，中心塔和后来发展出的中心佛，实则是相通的礼拜空间和窟体设计。云冈第5窟、第13窟以大像为中心；第6窟、第11窟以塔为中心，第5窟、第6窟前有对称的高塔、中立大碑，有整体规划；第11、第13窟也以第12窟为中心对称分布，两侧对称立塔。从这一角度可见，云冈第5窟、第6窟和第11窟、第13窟的组合构成，也更明确地反映了两者的空间同构，说明中心柱窟与大像窟内在的统一性，两者都有环绕的周道，供人们入窟绕

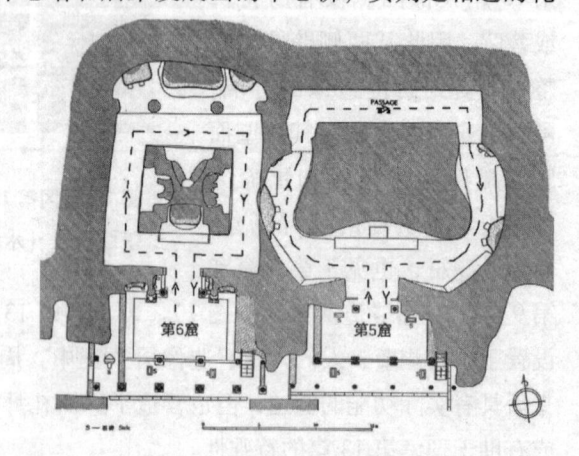

图8 云冈第5、第6窟平面及窟内绕行礼拜路线
（水野清一、长广敏雄《云冈石窟》
第二卷测图为底图）

行礼拜（见图8）。

综上可知，云冈第二期洞窟，当信众观礼时，从外观多只知其窟，不知其像，需进入洞窟才能礼拜。部分洞窟前部加建石质前廊，起到气氛导入和空间缓冲的作用，穿过它进入后室才得见大像，突然的视线转变带来心理的冲击。大像处于窟内环绕流线的视觉中心，绝大多数大像身后开有隧道，与中心塔柱窟有相同的绕行线路，周回礼拜的过程，也可近距离观礼周边龛像，这也是洞窟壁面讲求整体设计、分栏布局的原因。

三、云冈第三期

太和迁都至北魏末，为云冈第三期，这一时期，云冈已无开凿大窟的实力，主要工程多为民众在空余岩壁上开凿的中小型窟龛，集中于西部窟群。第三期没有新开的大像，但人们开始着手对早期大型洞窟进行改造，其最大的变化，是在窟外加构窟檐建筑。

现云冈东中西三区大型洞窟前，均有窟前建筑柱础、铺地等遗迹，在洞窟壁面上也存有大型建筑梁孔。这些建筑的年代，原来多存有争议，但通过壁面北魏千佛造像避让建筑梁槽分布[6]、窟前遗迹的地层关系及大量出土的北魏建筑瓦件与生活用品[5][10]，均可判断北魏即建有窟檐建筑。而其又打破了昙曜五窟及第9、第10窟原始壁面，则只可能在迁都以后。

北魏迁都之前，僧人居住修行的寺院在武州山顶部[11][12][13]，而洞窟作为礼拜场所，主要面向世人，与寺院分离。迁都以后，石窟前加建窟檐建筑，且窟檐建筑连为一体，则有将各窟统合、联合管理的意图。这反映了云冈僧众重新改造石窟布局，形成前后一体、空间相连的石窟寺院。这一改造造成窟面景观发生了巨大的变化，人们再无法从外部直接礼拜大像，只能进入建筑，再穿过窟门才能礼拜，形成了一个完全封闭、前后多重的礼拜空间（见图9）。

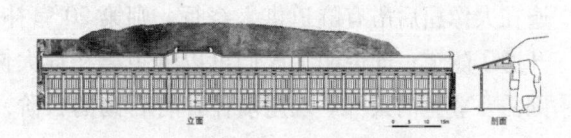

图9　云冈昙曜五窟前窟檐建筑复原示意

对于不知道石窟的人们，来到云冈，首先看到的是寺院，寺院成了参观主体和第一印象，只有先进入寺院，再入窟，才能得见奇美的大像，云冈十寺之名[14]，也因此而起。

由于窟檐建筑的遮挡，洞窟缺少自然采光，与早期开放、明亮的气氛形成鲜明对比，反映了石窟进一步封闭，昙曜五窟大像直截了当的表达已经消失，而中原文化中内敛、含蓄的思想逐渐显现，代表了佛教空间的中国化，是石窟逐渐模拟中国寺院的明显标志。洞窟室内，也出现了平棊等代表本土建筑室内顶部的标志，反映了入殿礼拜的空间表达。而穿过殿宇和前廊，才得以一窥大佛，也与宫殿、居址的合院空间和重殿格局相通，成了石窟最自然的中国化改造。这不仅发生在云冈石窟，也同样出现在龙门、巩义、响堂、天龙等北朝石窟，这一历史趋势背后的社会、宗教背景，尚需深入探索。[15]

四、礼拜空间转变的缩影——云冈第 20 窟

以上云冈大像礼拜空间由外向内，再逐渐在空间上加强纵深层次的变化过程，也反映在部分洞窟的历史改造中，其中最具代表性的，还是第 20 窟（见图 1），它可视为云冈礼拜空间转变的缩影。

第 20 窟坐佛相较于其他几窟大佛而言，朝向略偏西，可能这一带正是山岩转向位置。大佛距洞窟前壁很近，现状虽前壁坍塌，但窟底尚保留有前壁西墙遗迹，其与大像腿部仅有 1 米间距，可见窟内空间非常紧迫。且第 20 窟内部地平，相对于东部其他诸窟均较高，从窟外地面无法直接到达该窟，因此，第 20 窟相较于其他诸窟，更不便于入内礼拜。

第 20 窟前壁，很可能受岩质影响，在大窟开凿后不久即坍塌[16]，也连带造成了西侧胁侍佛倒塌。当时人们还将佛像散碎的石块收集起来，开榫口以便复原。这些大小残石，出土于窟前遗址基岩之上的北魏地层，则从考古发掘现象，也可证第 20 窟坍塌较早。[11][17]

前壁坍塌后，第 20 窟大佛完全袒露出来，人们随即进行了一系列改造工程，最突显的为 20 窟大像身后开挖了隧道。现壁面上仍可见隧道洞口，它们破坏了大像两侧壁面浮雕的胁侍菩萨，显非原始工程。考虑到云冈第二期洞窟普遍在大像窟后凿有隧道供人绕行，则第 20 窟补凿的隧道，可能也在这一时期。开通了隧道，即说明了人们可以近距离礼拜大佛，而第 20 窟高出地面近 2 米，则需要登窟的条件。现窟前保存有石砌的台阶，从石质、砌筑方式和其功能考虑，也当是北魏的改造。[18]

至云冈第三期太和迁洛后，昙曜五窟前加建起窟檐建筑，窟前地面上檐柱柱础在台阶之前，则说明第 20 窟被窟檐完全覆盖，反映了第三期改造对洞窟景观和礼拜空间的整体颠覆。北魏的窟檐建筑并不长久，但加建窟檐的活动，在北魏之后仍有持续。现窟前北魏地层之上，还有很厚的辽金文化层，在第 20 窟北魏大型梁孔之下，大像头部两侧，还较密集地分布有两排较小的方形梁孔，可能为辽金时期重修窟檐的遗构。

综上可见，第 20 窟从外部瞻礼，改为登台入内周回巡礼，再到窟前加构建筑完全遮蔽，生动地反映了云冈窟群礼拜空间的历史转变。而时过境迁，这些改造均没有保存下来，现窟檐坍塌、台阶遮覆、隧道封闭，第20窟反更为直接地显露出来，呼应了其原始礼拜空间设计，且相较于其最初受制于前壁明窗、窟门的外部观礼视线，大像一览无余，直指人心，使第20窟渐成为云冈石窟的代表，这不免让人感叹历史的戏剧性。

五、结语

石窟的礼拜空间，不论是印度的塔庙窟，还是中国的早期石窟，不论是礼拜窟，还是禅窟、僧房窟等，都一直强调内部空间的使用，都以人入内瞻礼、禅观等活动为基本功能安排。因此，云冈早、中、晚三期礼拜空间从外部瞻礼到入窟绕行礼拜，并逐渐加强空间纵深层次的转变过程，与其说是一种历史变化，倒不如说是向传统石窟入窟礼拜空间的回归。因此，云冈昙曜五窟，成为本文探讨的起点，但从整个石窟空间营造的历史来看，却具有值得重视的特殊性。这一脱离了常规内部礼拜空间的洞窟如何产生？前辈学者不仅探讨了其部分形式的来源，也强调"它应是参考前规，融以新意，有自己的显著特色"[19]。

从本文所述洞窟礼拜空间角度，可以看到昙曜五窟不同于以往任何石窟的独特气质。洞窟与其说是窟，倒不如说是将一般龛像放大数十倍，雕琢于山体之中，由于前壁需配合支撑厚重的窟顶，无法完全开敞，因此创造性地利用明窗、窟门组合，通过这两洞口空间组织礼拜视线，这是此前任何时代都没有过的创造。窟口直面大道，展现皇家威严，昭示功德、教化世人的意图不言自明，与当时灭佛后复法的特殊历史背景息息相关，也与北魏王朝统一整个北方的恢宏气魄交相辉映。而且这些石窟，并非单纯的皇家工程，从壁面其他龛像可见，它在大像开凿时即有社会僧众各阶层的参与，虽是象征性地陪衬，但对于当时的信众而言，也是无上的精神参与。在这样的历史语境中，石窟也成了我们反观其背后社会人群的一个窗口。

参考文献：

[1] 宿白. 云冈石窟分期试论 [C] //宿白. 中国石窟寺研究. 北京：文物出版社，1996.

[2] 魏收. 魏书 [M]. 北京：中华书局，1974.

[3] 刘慧达. 北魏石窟中的"三佛" [J]. 考古学报，1958（12）.

[4] 水野清一，长广敏雄. 雲岡石窟：西曆五世紀における中國北部佛教窟院の考古學的調查報告：第7卷 [M]. 京都：京都大學人文科學研究所，1952.

[5] 山西省考古研究所, 大同市博物馆, 云冈石窟文物研究所. 关于云冈石窟窟前遗址发掘工作成果的初步报告 [R]. 北京: 北京大学图书馆宿白赠书室, 1993.

[6] 彭明浩. 云冈石窟的营造工程 [M]. 北京: 文物出版社, 2017.

[7] 水野清一, 长广敏雄. 雲岡石窟: 西暦五世紀における中国北部佛教窟院の考古学的調査報告: 第13卷 [M]. 京都: 京都大學人文科學研究所, 1954; 水野清一, 长广敏雄. 雲岡石窟: 西暦五世紀における中国北部佛教窟院の考古学的調査報告: 第14卷 [M]. 京都: 京都大學人文科學研究所, 1954.

[8] 岡村秀典. 雲岡石窟の考古学 [M]. 京都: 臨川書店, 2017.

[9] 宿白. 新疆拜城克孜尔石窟部分洞窟的类型与年代 [C] //宿白. 中国石窟寺考古. 北京: 文物出版社, 1996.

[10] 云冈石窟文物研究所, 山西省考古研究所, 大同市博物馆. 云冈石窟第3窟遗址发掘简报 [J]. 文物, 2004 (6).

[11] 水野清一, 长广敏雄. 雲岡石窟: 西暦五世紀における中国北部佛教窟院の考古学的調査報告: 第15卷 [M]. 京都: 京都大學人文科學研究所, 1955.

[12] 云冈石窟研究院, 山西省考古研究所, 大同市考古研究所. 云冈石窟窟顶西区北魏佛教寺院遗址 [J]. 考古学报, 2016 (10).

[13] 山西省考古研究所, 云冈石窟研究院, 大同市考古研究所. 云冈石窟窟顶二区北魏辽金佛教寺院遗址 [J]. 考古学报, 2019 (1).

[14] 宿白. "大金西京武州山重修大石窟寺碑"校注——新发现的大同云冈石窟寺历史材料的初步整理 [M] //宿白. 中国石窟寺研究. 北京: 文物出版社, 1996.

[15] 彭明浩. 中国石窟寺窟前建筑的发现与研究 [J]. 中国文化遗产, 2018 (9).

[16] 杭侃. 云冈第20窟西壁坍塌的时间与昙曜五窟最初的布局设计 [J]. 文物, 1994 (10).

[17] 员小中, 王雁翔. 久别重逢的石雕——云冈石窟窟前出土的几件石雕找到了位置 [J]. 敦煌研究, 2016 (4).

[18] 殷宪, 刘俊喜. 云冈第20窟原始窟形初探 [C] //云冈石窟研究院编. 2005年云冈国际学术研讨会论文集: 研究卷. 北京: 文物出版社, 2006.

[19] 宿白. 平城实力的聚集和"云冈模式"的形成与发展 [C] //宿白. 中国石窟寺研究. 北京: 文物出版社, 1996.

云冈石窟二佛并坐的象征意义与图像组成再探

代鹏飞　宋海军

(内蒙古师范大学国际设计艺术学院，内蒙古　呼和浩特　010020)

摘　要："二佛并坐"是云冈石窟雕刻艺术中极其重要的图像构成，在石窟群中分布数量众多，意义丰富，造像理念源于《妙法莲华经》第十一品，是北魏时期法华信仰盛行的重要象征。代表了云冈石窟最高雕刻水平的第六窟造像风化程度低，其内中心塔柱下层北侧是一座大型二佛并坐龛，龛内"二佛"佛身塑造庄严宏大，背光纹饰华丽，少有后世的加刻、破坏，故此龛造像可以较完整地还原云冈石窟二佛并坐像的塑造义理。二尊像头光火焰纹的不同表现蕴含之造像思维，可推测为云冈匠师对多宝、释迦二佛位置的安排之理。二佛并坐像多与弥勒菩萨像进行配置，形成云冈石窟流行的"三世佛"组合，显然也是与法华信仰密切相关。

关键词：云冈石窟；二佛并坐；法华经；三世佛

云冈石窟群中佛的形象多以圆拱窟龛的形制装饰。在一个圆拱龛中出现两尊佛结跏趺坐、呈左右对称说法的造像样式，称为"二佛并坐"（"二佛并坐"的流布脉络由中亚到龟兹，后至敦煌凉州，然后至云冈，起初并无固定龛形，云冈石窟中多以此形制装饰）。二佛并坐像在云冈的雕刻艺术表现中非常突出，最大的特点是数量大、分布数量广，石窟早期、中期、晚期都有二佛并坐造型出现。根据贺世哲先生的统计，二佛并坐像在早期昙曜五窟中就有122处（虽然昙曜五窟中有"二佛并坐"造像，但尚不能断定为早期开凿），整个石窟群中约有385处，几乎每个洞窟中都有此形象。学界对云冈二佛并坐像盛极一时的原因众说纷纭，或是解释为佛教思想的传达，或是解释为当时政治形势下对朝中"二圣"艺术表现的特殊要求[1]，不过"二佛并坐"作为云冈石窟佛教艺术的重要题材之一，"其首要使命是宣传佛教思想，不是为艺术而艺术"[2]，所以二佛并坐像塑造的目的首先应是云冈匠师凭借艺术造像手段宣示佛教思想，其次图像才被赋予其他意义。二佛并坐像是以《法华经》中所述的一个场景作为造型塑造的依据，将过去多宝佛、现在释迦佛的并坐说法样式作为《法华经》的象征。这一象征的缘起是什么？《法华经》中提及许多佛名，为何单造出多宝、释迦二佛？云冈"二佛"在龛中的位置关系如何确定（哪一尊是多宝佛，哪一尊是释迦佛）？代表《法华经》的多宝、释迦二佛在云冈多与弥勒主题造像形成"三世佛"组合，此种配置方式的意义又如何？本文欲在解析云冈二佛并坐像过程中结合佛教经典义理讨论上述问题。

一、云冈二佛并坐像的缘起

多宝、释迦二佛并坐造型是《法华经》第十一品所述法华会座场景的图像表现，此经全名《妙法莲华经》，为释迦牟尼佛说法于"法华涅槃时"的至极教理。"《法华经》不是大乘经典中最早成立的，但是确是较早成立的一部经典"[3]，这部大乘佛教初期经典，最早译本为竺法护于太康七年（286年）所译的《正法华经》（十卷二十七品）。后又经过数译，以姚秦弘始八年（406年）三藏法师鸠摩罗什所译《妙法莲华经》（七卷二十八品）流传最广。《妙法莲华经》不仅对当时佛教思潮影响甚深，而且在其后很长一段时间内是指导佛教艺术创作的重要经典。云冈石窟二佛并坐像便是北魏时期法华思想主导下最重要的雕刻图像组合。

云冈二佛并坐的造像依据源于《妙法莲华经·见宝塔品第十一》，本品经文内容从叙事角度理解可概括为：过去无量千万亿劫就已成佛灭度的多宝佛，在行菩萨道时便作"若我成佛，灭度之后，于十方国土有说法华经处，我之塔庙，为听是经故，涌现其前，为作证明"[4]的誓愿，以此证明《法华经》的真实不虚。故释迦牟尼佛在耆阇崛山说法时，突然有七宝塔从地涌出，塔中发出大音声赞叹释迦牟尼佛说法，随后释迦牟尼佛依大乐说菩萨之请，开启七宝塔。塔内现出多宝佛，并为释迦佛让出半座，释迦佛进入塔中，与多宝佛并坐狮子座上，宣说《妙法莲华经》。据此描述，一方面可知二佛并坐像在佛教艺术表现中宣扬《法华经》的实际意义，另一方面显示出《法华经》在佛教经典中的重要地位，以至于无量劫前灭度的多宝佛"为作证明"而在十方世界处处"奔波"以证其真义。

《法华经》自鸠摩罗什译出传至北魏时已深入人心，加之北魏社会离乱频繁，人民多苦多难，统治阶级便利用大乘佛教的民间信仰基础，将苦难曲解为"空"来附会玄妙的"般若"义理，而"法华是诸佛之密藏，众经之实体，假借比喻，用译'般若'之学……"[5]。《法华经》"开权显实，会三归一"、众生皆可成佛的核心思想；对于北魏王朝来说无异于是开给人民最好的一种"安慰剂"，统治集团试图告知大众贫与富、压迫与被压迫本无差别，皆虚妄不实，只要通过刻苦修行，就能"寂灭"一切烦恼和"圆满"一切"清净功德"[5]，以达到安抚人民的目的，加强对大众的思想控制，维护北魏的统治秩序，故而云冈佛教艺术多取材于《法华经》。据此经典"凝结"出的二佛并坐像频繁出现于云冈石窟皇家工程中，这似乎成了北魏统治阶级与民间大众的"结缘法宝"，意在教育人民，不可有越轨行为。

《法华经》共二十八品，云冈匠师为何单造出见宝塔品的二佛并坐为其象征？其一，多宝佛"临灭度时，于天人大众中告诸比丘：'我灭度后，欲供养我全身者，应起一大塔。'其佛以神通愿力，十方世界，在在处处，若有说法华经者，彼之宝塔皆涌出其前"[4]。显然，供养多宝佛的多宝塔已经具有《法华经》的代表功能。其二，据鸠摩罗什译《思惟略要法·法华三昧观法》记载："正忆念《法华经》者，当念释迦牟尼佛于耆阇崛山与多宝佛在七宝塔共坐……"[6]可见，多宝、释迦二佛已然成为《法华经》的象征。其三，慧观《法华宗要序》云："故经以真慧为体，妙一为称。是以释迦玄音始发，赞佛智甚深，多宝称善，叹平等大慧。"[7]僧睿《法华经·后序》亦云："然则寿量定其非数，分身明其无实，普贤显其无成，多宝照其不灭。"[10]释迦牟尼佛宣说《法华经》，多宝佛护持《法华经》，"将释迦多宝佛并坐图像作为法华经的象征理解，甚至说是唯一合理的解释"[7]。云冈设计者以二佛并坐像作为《法华经》的标志，足见其依经造像的艺术思维，所以在云冈石窟中"二佛并坐"表现突出便是很自然的事情。

二、云冈"二佛"在龛中的定位

如前所述，二佛并坐像塑造依据源于《法华经》第十一品，但在经典中未提及狮子座上多宝佛与释迦佛的左、右位置关系。云冈匠师具有高水平的造像艺术思维，他们在大量塑造二佛形象时极有可能顾及了这个问题，因此在石窟群中关于二佛"身份定位"的信息理应有迹可循。

云冈早期石窟中虽然已经出现了二佛并坐像，但其往往处于次要位置上，佛像装饰简单，头光隐约可见，没有雕刻身光。自中期开凿的第一组石窟第7、第8窟开始，二佛并坐像开始被置于重要位置。如第7窟正壁（北壁，以下所提正壁均为石窟北壁）下层大型圆拱龛内塑造的二佛并坐像，是云冈石窟中较早将此造像题材置于正壁的例子。此外，第6窟中心塔柱下层北侧也塑造了大型二佛并坐龛。"雕饰富丽在云冈称最"[8]的第6窟中心塔柱风化程度低，少有后世的加刻、破坏。造像大体仍保有北魏时的原貌，塔柱下层北侧的二佛并坐像佛身塑造庄严宏大，背光雕刻纹更是华丽无比。这些华丽、感官的背光纹想必不是匠师们向壁虚造的艺术表现，而是云冈已有造像表现样式延续形成的图像内容，是佛"三十二相"之一"丈光相"的艺术表达，也是二佛本体造像的重要组成部分。

第6窟二佛并坐龛中，多宝、释迦二佛的背光纹为圆形头光和舟形身光的组合样式。左侧佛像（以龛中第一视角区分位置，下同）头光纹饰组成由内到外分别为莲瓣纹、围坐禅定像和火焰纹，右侧佛像头光纹饰组成由内到外分别为莲瓣纹、飞天飘舞像和火焰纹，最外层的火焰纹作为头光的分隔边线与舟形身光衔接，各组成"二佛"的背光雕刻纹（见图1）。

图1 第6窟塔柱下层北侧"二佛并坐"①

尊像背光纹饰大面积被塑造为火焰纹，推测其义有二。一为火烧难忍之义，如《法华经·譬喻品第三》中述："三界无安，犹如火宅，众苦充满，甚可怖畏。常有生、老、病、死忧患，如是等火，炽然不息。"此处"火"便是"甚可怖畏"的对象。二为火焰之明义，喻为修行进入禅定三昧时会发出火光，"三昧"是梵文"定"的音译，"定"能生"慧"，"慧"有照物之光明，所以叫"禅定三昧"，修行禅定，即可焚尽一切苦恼。[9]从这些意义上而言，火焰就成为光明的象征，"二佛"背光火焰纹的艺术创造是上述之意的图像化表达。然"二佛"头光中火焰纹蕴含之义理虽同，但塑造手法同中有异：右侧佛像头光中的火焰纹为连续升腾状，纹样朴拙而极具韵律感；左侧佛像头光中为单列、不连续的团状火焰，依"圆光"边缘呈二方连续纹的形式排布，且火焰团中均有一颗摩尼宝珠，每团火焰都显示出独有的对称美感。这两种火焰纹的不同表现能否作为厘清云冈"二佛"确切位置关系的依据，要从云冈早期的造像特征来分析、探讨。

在考察云冈时，笔者发现第17窟东壁坐佛头光中的火焰纹与第6窟"二

---

① 本文所引图片均来自云冈石窟研究院。

佛"头光中的火焰纹有"东鸣西应"之意。第17窟被称为"弥勒三尊洞":窟内正壁是着菩萨装的交脚弥勒尊像,喻为将来下生娑婆世界成正觉的未来佛;西壁为施无畏印的胁侍立佛尊像,喻为利益大众、受人供养的过去佛;东壁为结禅定印的胁侍坐佛尊像,是禅定中的现在释迦佛(见图2)。这三尊大像是三世佛造像题材的变化形式。释迦佛头光中的火焰纹是单列、依二方连续纹形式排布的团状火焰,在每团火焰中都有一颗摩尼宝珠。摩尼宝珠的来源复杂,虽然学界指出,在佛教艺术中摩尼宝珠的塑造与拜火教关联甚密,但拜火教传入中国时云冈的开窟造像工程已进行近六十年,故第17窟释迦佛头光火焰纹中

图2 第17窟东壁坐佛

摩尼宝珠的艺术创造灵感应来源于佛教经典。在《法华经·提婆达多品第十二》中有龙女成佛的典故,经文浅义可理解为:与会大众难以相信年仅八岁的龙女可以"速得成佛",龙女为证其事不虚,便现身大众前,向释迦牟尼佛献上"价值三千大千世界"[4]的宝珠,世尊随即纳受,之后龙女向智积菩萨与舍利弗尊者说明自己成佛的速度快于献宝珠的速度后,"须臾顷"便在南方无垢世界成佛,"普为十方一切众生演说妙法"[4]。龙女献珠供佛、一念为众演说妙法的菩提心与世尊之心相应,故而可以八岁成佛,世尊纳受的摩尼宝珠既是菩提心的代表,又是般若智慧的表征,龙女献珠意在告诫大众珍贵佛性要从自性中求,这就解释了为什么在第17窟释迦佛头光火焰中会塑造出摩尼宝珠,宝珠火焰纹则象征了人人心中不灭的一段精光——佛性。

上述早期第17窟坐佛头光宝珠火焰纹的艺术创造理念亦"辐射"至中期第6窟的两尊大像。第一尊为第6窟中心塔柱下层南侧的泥塑坐佛,佛身略显粗简,泥塑手法比较"笨拙",应是后代王朝的补刻,但头光纹饰表现精美,并非泥塑,显然是北魏时期的雕刻,头光团状火焰纹中有摩尼宝珠,说明这尊坐佛是现在释迦牟尼佛;第二尊即前文所提塔柱北侧二佛并坐龛中左边的坐佛。基于上述内容,便可以从第6窟大型二佛并坐龛中定位"二佛"的位置关系:佛像头光火焰中有摩尼宝珠的为现在释迦牟尼佛,另一尊则为过去多宝佛。由此可以推测云冈石窟"二佛并坐"左边是释迦牟尼佛,右边是多宝佛。云冈匠师

对二佛位置的安排之理，至此可窥见一斑。

三、云冈多宝、释迦二佛与弥勒尊像的三世佛组合意义

《法华经·普贤菩萨劝发品第二十八》中云："若有人受持、读诵，解其义趣，是人命终，为千佛授手，令不恐怖，不堕恶趣，即往兜率天上弥勒菩萨所。"[4] 从这句记述中可以得知信众修持《法华经》即可以往生弥勒净土，将来成就佛果。这就将法华信仰、弥勒菩萨与兜率天联系到一起。"将来久远弥勒出现，至真、等正觉"[10]，弥勒菩萨因此又被称为"未来弥勒佛"，弥勒下世，可以使世界"不生草秽，一种七获"[11]，云冈石窟便出现了以弥勒为主题的造像，北魏统治者借以寄托天下太平、政权永在，人民企盼"一种七获""所收甚多"。根据王恒先生的观点，在云冈石窟早、中、晚三期的开凿工程中，弥勒尊像的造像工作一直没有停止，这一过程与二佛并坐像的塑造过程在时间上有很大重合，两种造像题材贯穿整个石窟群。这就不免在一些洞窟中会出现二佛并坐像与弥勒像在艺术创造上发生"碰撞"，此"碰撞"的产物即多宝、释迦二佛与弥勒像形成了云冈"三世佛"的一种艺术组合。多宝佛虽然为过去佛，但与佛教经典记载中娑婆世界的"过去七佛"不属同一谱系，云冈石窟这样的三世佛组合方式显然是与北魏时期盛行的法华信仰密切相关。《思惟略要法·法华三昧观法》中指出修"法华三昧"要专观多宝、释迦二佛，而弥勒净土是众生修《法华经》往生的理想归处，所以云冈石窟中此"三世佛"组合较为流行。

云冈石窟中多宝、释迦二佛与弥勒的"三世佛"造像组合在与其他窟龛尊像的相互配合中也形成了严密的法华系统，谨以云冈第7、第8双窟和第6窟为例来说明此问题。

第7窟正壁龛室布局为上、下两座大龛。上方大龛中央是上升兜率天为众说法的交脚弥勒尊像，两侧二胁侍均为下生娑婆世界成佛的倚坐弥勒尊像，三尊均为弥勒造像，所以此龛为弥勒龛，显示"未来佛"的主题。下方大龛为前文提及之"二佛并坐"龛，虽然风化严重，但观其轮廓可知"二佛"造像依然庄严宏大，于是由多宝像、释迦像和弥勒像组成的"三世佛"便出现在此窟中。而第8窟与第7窟是一组双窟，两个窟壁一定是配合使用的，如此才可以体现双窟造像的相得益彰之处。故第8窟正壁大龛也为上、下布局，上龛为弥勒龛，主像以倚坐弥勒尊像为中心，两侧二胁侍为交脚弥勒像，下方龛中为一尊风化严重的单坐佛像，据李静杰先生对云冈第7、第8窟图像对称配置情况的研究观点，此尊坐佛应为释迦牟尼佛像。由此，第7、第8双窟正壁上龛从艺术表现主题角度来看是一组对应龛。虽然两窟上龛主像分别为交脚弥勒尊像和倚坐弥勒

18

佛像，但是这种主像位置上的变换从佛经意义上理解没有太大区别，尽管位置发生了变化，却都是弥勒艺术的表达。在双窟上龛中形成了交脚弥勒菩萨像和倚坐弥勒佛像的对应关系，弥勒主题造像以弥勒菩萨和弥勒佛的表现方式出现了两次，显示出北魏王朝和民间人民对供养弥勒的重视程度，祈盼弥勒菩萨将来可以"与诸天子雨曼陀罗花，来迎此人"[12]往生兜率天。第7、第8双窟下龛为多宝、释迦二佛与释迦牟尼佛的一组对像，这是《法华经》象征与宣说者的一种对应，在这组对像中释迦牟尼佛出现了两次，喻示了人们奉持法华以期受到世尊庇佑的美好愿望。《法华经》有云："若有受持、读诵，正忆念，修习、书写是法华经者，当知是人，则见释迦牟尼佛，如从佛口闻此经典；当知是人，供养释迦牟尼佛；当知是人，佛赞善哉；当知是人，为释迦牟尼佛手摩其头；当知是人，为释迦牟尼佛衣之所覆。"[4]这样第7窟中弥勒与"二佛"组合既传达了云冈"三世佛"的意义，又与第8窟弥勒、释迦尊像对应形成了一个法华系统，显示出云冈匠师造像思想的有计划性和整体性。上述第7、第8双窟龛像的设计关系也反映在第6窟中心塔柱下层的造像配置中。

第6窟塔柱下层四龛主像按顺时针礼佛顺序（由南到东）配置依次为释迦牟尼坐佛、倚坐弥勒佛，多宝、释迦二佛并坐和交脚弥勒菩萨（见图3）。释迦坐佛像与二佛并坐像在塔柱南北轴线上形成对应。倚坐弥勒佛像与交脚弥勒菩萨像在东西轴线上形成对应，对应之理自然是第7、第8双窟主像配置理念的延续，

图3 第6窟塔柱下层南侧坐佛

释迦像与弥勒像也均出现两次，配置规则与第7、第8双窟完全吻合。在"三世佛"的组合表现上，弥勒主题造像受到塔柱结构的影响，分布于西、东尊格中，没有与二佛并坐像置于同一平面，这并未破坏多宝、释迦二佛与弥勒"三世佛"艺术主题的整体性，反而强化了这一题材的空间概念，凸显了石窟造像布局上的灵活性和云冈匠师对艺术形式变化的追求，云冈匠师将佛教思想与艺术创造完美结合的高明思维在此表现得淋漓尽致。由多宝、释迦二佛与弥勒"三世佛"尊像组合折射出的宗教和艺术紧密联系的思想，是对云冈石窟有计划性、整体性造像传统最好的诠释，这种传统从石窟开凿的早期到晚期一直都没有动摇。

四、结语

云冈石窟"二佛并坐"数量众多,意义丰富,其艺术塑造饱含云冈匠师的智慧与审美。云冈"二佛并坐"结合了北魏社会状况和佛教经典义理。背光纹饰也可体现"二佛"在龛中的定位组合关系。"二佛"与弥勒尊像在云冈形成"三世佛"艺术主题的现象展现了云冈匠师开窟造像思维的有计划性和完整性。同时,云冈"二佛并坐"也是反映北魏社会发展和当时佛教信仰基础的丹青史书,其精湛的艺术造像中仍蕴含大量的文化内涵亟待人们探究。

参考文献:

[1] 王恒. 二佛并坐及其佛教意义 [J]. 文物世界, 2002 (1).

[2] 林伟. 佛教"法身"概念的另一种解读方式——释迦、多宝二佛并坐像的意义 [J]. 中山大学学报, 2012 (2).

[3] 李静杰. 北朝隋时期佛教图像反映的信仰与实践 [EB/OL]. (2004-08-16) [2020-09-28]. http://www.tsinghua.edu.cn/docsn/lsx/learning/Meeting/Abstract/lijingjie.htm, 2004.

[4] 鸠摩罗什. 妙法莲华经卷四:大正新修大藏经 [EB/OL]. CBETA, [2020-09-28].

[5] 阎文儒. 中国石窟艺术总论 [M]. 桂林:广西师范大学出版社, 2003.

[6] 鸠摩罗什. 思惟略要法:大正新修大藏经 [EB/OL]. CBETA, [2020-09-28].

[7] 释僧祐. 出三藏记集 [M]. 北京:中华书局, 1995.

[8] 宿白. 云冈石窟分期试论 [J]. 考古学报, 1978 (1):25-38.

[9] 祁志祥. 以"圆"为美:佛教对现实美的变相肯定之一 [J]. 文史哲, 2003 (1):37-43.

[10] 竺法护. 佛说弥勒下生经:大正新修大藏经 [EB/OL]. CBETA, [2020-09-28].

[11] 鸠摩罗什. 佛说弥勒菩萨下生成佛经:大正新修大藏经 [EB/OL]. CBETA, [2020-09-28].

[12] 沮渠京声. 佛说观弥勒菩萨上升兜率天经:大正新修大藏经 [EB/OL]. CBETA, [2020-09-28].

云冈石窟雕刻的打击乐器

王炬华

(山西大同大学音乐学院，山西　大同　037009)

摘　要：在云冈石窟的乐器雕刻中，可辨认的打击乐器有细腰鼓、担鼓、行鼓、鸡娄鼓、齐鼓、毛员鼓、两杖鼓、钹、碰铃等9种156件，分布在17个编号洞窟中。通过这些乐器的形制以及乐伎演奏方式，从一个侧面反映了古代乐伎、乐器在佛教艺术中的地位和作用，也反映了1500多年前北魏平城（今大同）地区乐器流行的特点。

关键词：云冈石窟；佛教音乐；打击乐器

打击乐器是一种以打、摇动、摩擦、刮等方式产生效果的乐器种类。打击乐器可能是最古老的乐器，是乐队中掌握节奏的重要部分，有的打击乐器还能做出旋律与和声的效果，统称"鸣膜乐器"。在云冈发现的9种石雕打击乐器模型可分为两类，一是原物以木与兽皮制作的细腰鼓、担鼓、行鼓、鸡娄鼓、齐鼓、毛员鼓、两杖鼓，二是原物以金属制作的钹和碰铃。

一、细腰鼓

细腰鼓又称"腰鼓"，是历史悠久的汉族打击乐器。宋代陈旸《乐书》记载："杖鼓、腰鼓，汉魏用之。"[1]"大者以瓦，小者以木类，皆广首纤腹。宋萧思话（406—455）所谓细腰鼓是也。……右击以杖，左拍以手，后世谓之杖鼓、拍鼓，亦谓之魏鼓。每奏大曲入破时，与羯鼓、大鼓同震作，其声和壮而有节也。"[1]关于细腰鼓在古代的使用，《宋书·萧思话传》记述："思话年十许岁，未知书，以博诞游遨为事，好骑屋栋，打细腰鼓。"[2]南朝梁宗懔《荆楚岁时记》亦曰："十二月八日为腊日……谚语：'腊鼓鸣，春草生。'村人并击细腰鼓。"[3]

在云冈，以"广首纤腹"为主要特征的鼓类出现在几乎所有乐伎、乐器雕刻中。目前统计为 71 例，是云冈石雕打击乐器数量最多的一种（见图 1）。云冈石窟中细腰鼓的雕刻相对精细，不仅雕出两头大、中间细的所谓"广首纤腹"形，中间的"纤腹"处还往往雕刻了两三层"束腰"带；乐伎斜挎细腰鼓的形式，既有右高左低斜挎胸腰间者，也有左高右低斜挎胸腰间者。除"束腰"带外，有的鼓身上还雕刻了装饰花纹。

在北魏司马金龙墓中的石雕乐伎乐器雕刻中，亦分别以圆雕和浮雕的形式两次显现细腰鼓的形象，并且腰鼓被装饰得华丽无比。这一方面是由于石质细腻允许雕刻家做细致的描绘，另一方面也反映了细腰鼓在北魏时的真实面貌。古代细腰鼓的

图 1　第 16 窟南壁西侧坐佛像圆拱龛左上隅乐伎演奏束腰鼓

形象，不仅见于中国魏晋墓室壁画与佛教石窟的壁画和雕刻，也见于印度、阿富汗、柬埔寨等地的佛教遗迹中。

二、担鼓

担鼓，又称"檐鼓"，古代打击乐器。隋唐时期用于西凉、高丽诸部乐。《旧唐书·音乐志》说："檐鼓，如小瓮，先冒以革而漆之。"[4]

担鼓之准确形状，除以上引文所讲外，还有《乐书》所附的担鼓图，也有五代伊用昌《忆江南》形容的"梭肚两头栾"的诗文存在。[5] 对此，有的学者认为："所谓'梭肚'，是指鼓身中部尺寸较大，似织机所用梭之中部。此'梭肚'一语，遂由担鼓的风靡，而转化为'鼓肚'。所谓'两头栾'是指担鼓其形由梭肚起至两端鼓面口径渐小（此所谓'栾'，即缩小之意）；两端鼓面同大而同小于鼓之梭肚，故称'两头栾'。"[6]

云冈石窟所雕形状为"梭肚两头栾"的担鼓（见图 2），初步统计有 29 例。由图像可见，大多数由乐伎（演奏者）将鼓右高左低斜挎左侧腰间，右手臂屈肘，手掌指尖向上，拍击右鼓面，左手臂略屈肘，手掌指尖向下，拍击左鼓面。这种挎乐器方位及其演奏方法，是云冈雕刻的众多鼓式的基本演奏样式。另有两种方法也可见到：一是乐器正面横置胸部，两手臂屈肘抬起，手掌指尖向上，两手拍击两鼓面；二是乐器正面横置腹部，两手臂向下略屈肘，手掌指尖向下，

两手拍击两鼓面。这两种演奏方法其实可归纳为一种，只是由于乐器位置的高低而手臂在上或在下演奏而已。雕刻于第12窟前室北壁最上层的一例担鼓演奏方法则较为特殊：演奏者将鼓以右手揽于左侧腰部，右手攥拳于右肩角位置，似以拳头击奏鼓面。这种演奏方法在云冈雕刻的其他类型的鼓中也有发现，其中第16窟南壁西侧尖拱龛楣上方雕一例毛员鼓，其演奏者以左手揽鼓，右手扬起，手中握着一个类似圆球的击打器，似用以击奏鼓面。但雕刻在第12窟的一例担鼓，由于面积较小且雕刻不十分细致，并未发现右手握着什么击奏之类的东西。

此外，云冈雕刻的担鼓，还有一例是未演奏形式的。第6窟南壁佛传故事"耶输陀罗入梦"的画面中，雕刻了4个持乐器而未演奏的供养人乐伎，其中一人为担鼓的演奏者，其将鼓竖着放置于半盘着的左腿上，两手臂弯曲，右手压左手放置于鼓面上。云冈石窟的乐伎，持乐器而未演奏者，还有两例，其中第37窟东壁佛传故事"乘象投胎"中有一持一头大、一头小之行鼓的乐伎，与第6窟这一持担鼓者一样，将鼓竖着，手放在鼓面上。这些造像在刻画乐伎服务于主体内容的同时，通过乐器及其演奏者的关系，将乐器演奏者休息时的状态描写得生动而富有生活情趣。

图2 第8窟后室北壁乐伎演奏担鼓

三、行鼓

《清朝通典》载："行鼓，一名陀罗鼓，上大下小，匡贴金铜钉钹，环系以黄绒绦，跨于马上，下马陈乐，则悬之于架。按：唐有三面鼓，鼓形如缸，首广下锐，冒以鼍皮，类此。"[7]

此外，在《清朝文献通考》[8]和《清朝续文献通考》[9]中都有对于行鼓的记述，内容大体一致。不知为什么，到目前为止，还没有发现比这些清代文献更早记录行鼓这种中国古代打击乐器的文字记载。

与以上文字描述特征相对应，在云冈石窟雕刻中的乐伎人物，当有挎行鼓做演奏状的图像。足以证明行鼓早在1500多年前就已出现，只是缺乏记载罢了。但由于行鼓的大小形状与其他一些古代鼓类不易区分，以致不少时候，这种以"一头大一头小"为特点的鼓，易与其他类型的几种鼓型相混淆，被称为"担鼓"的有之，被称为"齐鼓"的也有之。

担鼓是石窟中较易辨识的一种，它的特点是"中间粗而两头细"，并且两头鼓面同样大小，与现代的腰鼓相仿；齐鼓除具有"一头大一头小"的特征外，在两头鼓面中央还雕刻了所谓"脐"的凸起的半圆球，齐鼓的名称正源于此，所以，这个"脐"是最主要的特征。由此可知，云冈石窟雕刻的行鼓只是表现了"一头大一头小"的特征，与担鼓"中间粗而两头细"有着明显的区别，也与齐鼓两头鼓面中央凸出的"脐"不同，区别明显。

排除了担鼓和齐鼓的特征后，行鼓的特征就较为明确了：一头大一头小，鼓面没有凸出的"脐"，与担鼓、齐鼓等鼓类一样横挎在乐伎腹部位置，并以双手击打演奏的，即行鼓。此外，云冈石窟雕刻的行鼓，有将鼓框雕出鼓肚的，这个样子很容易与担鼓相混淆；也有鼓框为直线，整个鼓形呈梯形的；还有将鼓框雕刻成整体向下弯曲的形象。

出现在云冈石窟中的行鼓不算太多，但也并非个别。初步统计达到18例（见图3）。由于云冈石窟中的乐伎、乐器雕刻，是作为佛教各类人物及其阐述的佛教经典的辅助内容出现的，包括行鼓在内的所有乐器的外在表现，所以并没有塑造得精细而准确，只是雕出一个大致的形象而已。好在人们在与云冈石窟同为北魏平城时代的司马金龙墓出土的石雕作品中，看到了多种雕刻较为细致准确的乐器，其中就有行鼓。

图3　第11窟东壁上层南侧乐伎演奏行鼓

司马金龙墓的石雕中，分别以圆雕和浮雕的形式两次雕刻了夜叉乐伎演奏行鼓的形象。圆雕形象出现在下方上圆的石雕帐座的一角：乐伎右侧身左回头颔首。左腿屈膝脚着地，臀部下蹲，右腿屈膝向上踢，舞姿优美。乐器右高左低置左侧腰间，左手臂屈肘向外甩，手拍下鼓面，右手臂屈肘，手掌向上，拍击上鼓面。乐伎左上侧为虎的形象雕刻。

浮雕形象出现在石棺床侧面：乐伎左腿屈向内肘，膝向外，脚斜踩右脚跟，右腿屈膝向下，脚踩地，两脚相会，臀部坐地。乐器右高左低置胸，右手臂向上弯曲前伸，左手臂向内弯曲，手抚下鼓面。两处行鼓的外观装饰，均为鼓身中部刻阴线三条，两侧刻菱形图案。

从上述云冈石窟三种不同鼓的式样特点分析，司马金龙墓石雕（石棺床浅浮雕第10个乐伎和帐座圆雕之一）表现的正是行鼓。[10]并且石棺床浅浮雕与帐座圆雕乐伎演奏行鼓的方向不同。浅浮雕乐伎将鼓的大头置于右手高位置，以右手拍击大鼓面，以左手拍击小鼓面。而圆雕乐伎演奏行鼓正与此相反，是以右手拍击小鼓面，以左手拍击大鼓面。在云冈石窟中也看到了这种情况，说明行鼓在演奏中的左右方位是可以对换的。不同的是，司马金龙墓所雕行鼓比云冈石窟所有行鼓雕刻都更加细致入微，显得更加漂亮。

很长时间以来，人们对雕刻绘画中古代鼓类的认识，多以有关史书记载为准进行对比定名，且因行鼓记载较其他鼓类少而往往被忽视。从司马金龙墓行鼓的表现（既有浅浮雕，又有圆雕）来看，这种打击乐器在北魏时被广泛运用和被重视是非常明显的。[10]由此也促进了人们对云冈石窟行鼓雕刻的重视和研究。

四、鸡娄鼓

鸡娄鼓，古代龟兹、疏勒、高昌诸部乐常用打击乐器。《中国音乐词典》："鸡娄鼓，古代打击乐器。……鼓框近于圆形，两端张有面积狭窄的革面。"[11]《古今乐录》记述："鸡娄鼓，正圆，而首尾可击之处平可数寸。"[12]马瑞临《文献通考》说："鸡娄鼓，其形如瓮，腰有环，以绶带系之腋下。"[13]

云冈石窟乐伎雕刻中持上述"正圆，而首尾可击之处平可数寸"之鸡娄鼓，目前统计有8例，数量不多。图像显示，鸡娄鼓在云冈石窟雕刻中的演奏方法有两种。一是乐器正面置胸部，两手臂屈肘，小臂向前上方，手掌指尖向上，以两手分别拍击两鼓面（见图4）。这种方式的乐伎雕刻，

图4 第2窟东壁上层乐伎演奏鸡娄鼓

有时将两手紧贴两鼓面,有时一手贴鼓面,一手离开鼓面,有时两手全部离开鼓面。二是将鼓斜置于胸腹间,一手臂屈肘,小臂向上,手掌拍击鼓面,另一手臂屈肘,小臂向下,手掌拍击鼓面。这种方式为云冈石窟乐伎雕刻很多鼓类的基本演奏方法。

如果云冈石窟雕刻由于石质粗糙且年久风化,不易体现最初(北魏)所雕之原形的话,出土于20世纪60年代末的北魏司马金龙墓内石棺床之"童子天人乐伎"演奏鸡娄鼓的形象,则是雕刻于灰色细砂岩上,并毫无风化痕迹,与云冈石窟同一时间(5世纪中叶)地点(北魏平城)的完整石雕鸡娄鼓形象一致:鼓框近于球形,鼓身雕有菱形格装饰图案,两鼓面大小相当,乐伎将鼓身正面置于上腹部,两鼓面分别于左右,两手臂弯曲,展开于两侧,呈舞姿拍击状。这一形象正是云冈石窟中鸡娄鼓形象及其演奏方法的再现。

查阅现代文献资料,中国不少石窟寺表现的乐伎(壁画或石雕)都有鸡娄鼓形象的出现。如新疆克孜尔石窟、敦煌莫高窟以及洛阳龙门石窟等,都有这种打击乐器不同形式的表现。关于鸡娄鼓由西域传入中原的时间,《隋书·音乐志》记载说:"龟兹者,起自吕光灭龟兹(公元384年)因得其声。……其乐器有竖箜篌、琵琶、五弦、笙、笛、竖笛、筚篥、毛员鼓、都昙鼓、答腊鼓、腰鼓、羯鼓、鸡娄鼓、铜钹、贝等。"[14]

五、齐鼓

齐鼓,亦曰击奏膜鸣乐器。"齐"从"脐"简化而来,因鼓面设"脐",故名。在鼓面中心粘一圆形贴置薄膜,以抑制噪声,改善音质,也便于定音。此种打击乐器从西域传入中原。隋唐时期,主要用于西凉、高丽等部伎。宋代陈旸《乐书》说:"状如漆桶,一头差大,设齐于鼓面,如麝脐然,西凉、高丽之器也。"[1]《通典·乐四》:"齐鼓,如漆桶,大头设脐于鼓面,如麝脐,故曰齐鼓。"[15]《清朝文献通考·乐九》:"齐鼓,状如漆桶,一头差大,设脐于鼓面,如麝脐然。西凉、高丽之器也。"[8]

图5 第16窟南壁西侧坐佛圆拱龛左上隅乐伎演奏齐鼓

笔者所见云冈石窟中的齐鼓雕刻现存6例，虽说是鼓类打击乐器中较少的一种，但其往往出现在雕刻规模较大且位置较突出的龛像中。如第16窟南壁西侧坐佛圆拱龛左上隅（见图5），第12窟前室北壁窟门门楣下沿的飞天伎乐群中等。图像显示，云冈的齐鼓被塑造为一头大、一头小，且大小鼓面中央都有一个凸出的半圆球。符合文献之"一头差大，设脐于鼓面"的记载。在演奏中，乐伎往往将齐鼓斜置于胸腹部，以两手各拍击两头之鼓面。同时大小鼓面之斜置高低也有严格规范。上述第16窟供养天乐伎和第12窟飞天乐伎两身演奏齐鼓的图像显示，二者皆为小鼓面高、大鼓面低的斜置方式。

六、毛员鼓

毛员鼓，古代打击乐器。《文献通考·乐九》："毛员鼓，其制类罢而大，扶南天竺之乐器也。"[8]范文澜、蔡美彪等《中国通史》第二编第四章第五节："三四八年，天竺送给前凉音乐一部，乐器有凤首、箜篌、琵琶、五弦、笛、铜鼓、毛员鼓、都昙鼓等。"[16]

以上所述归为三点：其一，毛员鼓是由扶南（古代中南半岛上的古老王国）及天竺（古印度）传到中国的乐器；其二，毛员鼓比都昙鼓大；其三，348年，古印度将包括毛员鼓在内的不少乐器送给中国北方的前凉国（前凉是十六国时期的北方大国，疆域面积120多万平方公里）。

图6 第16窟南壁西侧坐佛像圆拱龛龛楣左上隅乐伎演奏毛员鼓

对于云冈的毛员鼓雕刻的判定，以上三条中的第二条似有参考价值。古人既然能够将都昙鼓作为参照来比较毛员鼓，说明二者的共同点较多。由此推定，"似腰鼓"，即毛员鼓亦似腰鼓，而"以槌击之"，即使用槌槌演奏而非以手掌拍击。如此，笔者虽然在云冈的调查中，只发现4处具备此种"似腰鼓"而"以槌击之"的乐伎演奏鼓的雕刻，但它们的共同点是以左手臂揽挎鼓身，右手持槌或持圆形物，作演奏状。其中，出现在第16窟南壁西侧坐佛圆拱龛龛楣左上隅的乐伎演奏毛员鼓最为典型（见图6）。

七、两杖鼓

两杖鼓，有古文献称其是"羯鼓"的另一称呼。唐代南卓《羯鼓录》（收录于《新唐书》）记其"如漆桶，山桑木为之，下以小牙床承之。击用两杖……杖用黄檀、狗骨、花椒等木。……桊用刚铁，铁当精炼，桊当至匀"。[17]其名又称"两杖鼓"。也是说，羯鼓是用山桑木围成漆桶形状，下面用床架承放，用两只鼓槌敲击。因为鼓较大较重而需用床架承托，两只鼓槌敲击，当是演奏者双手各执一槌而击。

在云冈的调查中，虽然没有以床架支撑的鼓形，却有演奏者以双手各执鼓槌敲击鼓面的乐伎，替代床架的则是双手托起鼓身的另一乐伎。初步调查，云冈现存这种两杖鼓演奏形式的有 4 例，其中 3 例为雕刻在洞窟顶部的飞天乐伎形式，出现在第 5 窟至第 11 窟（见图 7），第 30 窟和第 38 窟中，1 例为化生乐伎，出现在第 38 窟音乐树的雕刻中。

鉴于云冈的两杖鼓雕刻之鼓腔中间直径略大于两侧鼓面的实际，赵昆雨先生于 2007 年发表在《敦煌研究》第 2 期的《云冈石窟乐舞雕刻研究》一文中以为，云冈雕刻的两杖鼓"颇似河北磁县湾漳北朝壁画墓中捆鼓之制"，并予以进一步说明："捆鼓，北朝仪仗队鼓吹部中所用乐器。"[18]按"捆"，义释抗、扛，因

图 7　第 5~11 窟顶部二飞天演奏两杖鼓

其鼓体较大，通常需由一人背扛。云冈两杖鼓在演奏形式和鼓的形状上，均与捆鼓有相似之处，是否为同一乐器，尚待考证。

八、钹

钹，因以响铜制作而称"铜钹"，是为外来之打击乐器。据《隋书·音乐志》："天竺者，起自张重华据有凉州（346—353），重四译来贡男伎，天竺即其乐焉。……乐器有……铜钹……九种。"[14]以上说明，这种乐器于南北朝时期由印度传入我国。据说"铜钹"是前 800 年亚述人已经开始使用的乐器，"在伦敦不列颠博物馆中藏有这个时期的三副钹，……此外，埃及新国王的铜钹则是一种中型的，由一根绳系着两片钹"。[19]

宋代陈旸《乐书》中关于铜钹的记载，有这样的文字："铜钹，……今浮屠氏法曲用之。"[1]可见，铜钹是佛教音乐中的重要乐器之一。鸠摩罗什所译《妙法莲华经·方便品第二》有"箫笛弦管，螺钹铂铜，齐声而并演宫商，合韵而皆吟法曲"的颂词。[20]由此说明佛教音乐运用铜钹由来已久。既是通过丝绸之路传入中国，又是一种具有音色嘹亮清脆的打击乐器；既是乐器，也是佛教法器。因此，在铜钹业已传入中国之后开凿的最大佛教石窟寺的云冈石窟，出现铜钹的形象，就是很自然的事情了。

在云冈，目前可以明确辨别为铜钹的有12例，其中出现在第16窟的两例演奏钹的乐伎，分别为供养天人和夜叉（见图8）。作为云冈石窟较早出现的乐器演奏者形象，也为以后大量出现的乐伎形象奠定了基础。同时我们看到，由于一对或上下叩击、形如"礼帽"的铜钹形制较为简单，雕刻相对明了清楚，而钹的大小也仅与演奏者的手形大小相当。

无独有偶，在北魏司马金龙墓石雕棺床侧面的夜叉乐伎队伍中，也有一例演奏铜钹的乐伎形象。与云冈石窟出现的铜钹一样，其大小与演奏者的手形近似，但又与云冈多为上下叩击不同，其演奏方式是将双手臂屈肘向内，两手各执单钹于胸前拍奏，是以左右相叩的形态出现的。不可忽视的是，司马金龙墓的石雕中出现包括铜钹在内的诸多佛教音乐常用乐器，正是受到云冈石窟的影响而为。而作为北魏上层统治集团的高级官僚司马金龙笃信佛教的事实，也与当时的社会意识形态相适应。

图8 第16窟南壁西侧坐佛圆拱龛右上隅乐伎演奏钹

无论云冈还是北魏墓葬的石雕作品，钹这种传入中国不久（100年左右）的乐器，雕刻为一种灵活轻巧的小型乐器，其形象比中国戏曲乐队"武场"中常用的"铙钹"要小很多，与来自西方的现代军乐队中之"小镲"非常相似。

九、碰铃

碰铃，古代称"星""铃钹"。满族、蒙古族、藏族、纳西族、汉族等民族均曾使用过的乐器。因流传地区的不同，而有碰钟、双星、撞铃、双磬、声声、水水等不同的名称，陕西则称"甩子"，也有简称为"铃"的。南北朝时期（386—589年）碰铃已在我国流传。包括云冈在内的不少石窟或其他图像中，可见演奏碰铃的伎乐人形象，但存量较少。唐代贞元年间（785—804年），骠国（缅甸）来汉地献乐，称其为"铃钹"。由此推知，铃和钹似有相像之处。在互联网中搜索"碰铃"一词，就有将北魏司马金龙墓中乐伎双手以平行姿势演奏钹的，说成是演奏碰铃予以介绍。

在笔者对云冈乐器的调查中，碰铃这种至今还在乐队中普遍使用的打击乐器，只在第2窟和第6窟的天宫乐伎中各有1身乐伎演奏碰铃，但二图均因风化原因，乐伎肢体及其乐器形态并不十分明显（见图9）。雕刻数量如此极少的原因，大概是将这种身材小巧的打击乐器作为乐器中的配角了。

总之，在云冈石窟雕刻的乐器中，打击乐器有9种之多，这无不体现了古代乐器乐伎在佛教艺术中的地位，同时见证了北魏王朝的辉煌。

图9 第2窟东壁乐伎演奏碰铃

参考文献：

[1] 陈旸. 乐书 [M]. 北京：海豚出版社，2018.
[2] 沈约. 宋书 [M]. 北京：中华书局，1974.
[3] 宗懔. 荆楚岁时记 [M]. 北京：中华书局，2018.
[4] 刘昫，等. 旧唐书 [M]. 北京：中华书局，1997.
[5] 曹寅，彭定求，等. 全唐诗 [M]. 延吉：延边人民出版社，2004.
[6] 牛龙菲. 敦煌壁画乐史资料总录与研究 [M]. 敦煌：敦煌文艺出版社，1991.

[7] 嵇璜, 刘墉, 等. 清朝通典 [M]. 杭州: 浙江古籍出版社, 1988.

[8] 张廷玉, 等. 清朝文献通考 [M]. 上海: 商务印书馆, 1936.

[9] 刘锦藻. 清朝续文献通考 [M]. 杭州: 浙江古籍出版社, 2000.

[10] 山西省大同市博物馆, 山西省文物工作委员会. 山西大同石家寨北魏司马金龙墓 [J]. 文物, 1972 (3).

[11] 缪天瑞, 吉联抗, 郭乃安. 中国音乐词典 [M]. 北京: 人民音乐出版社, 1985.

[12] 释智匠. 古今乐录 [M]. 北京: 中华书局, 1979.

[13] 马端临. 文献通考 [M]. 太原: 山西古籍出版社, 2003.

[14] 魏征, 等. 隋书 [M]. 北京: 中华书局, 1997.

[15] 杜佑. 通典 [M]. 杭州: 浙江古籍出版社, 1988.

[16] 范文澜, 蔡美彪, 等. 中国通史 [M]. 北京: 中国社会科学出版社, 2013.

[17] 欧阳修. 新唐书 [M]. 北京: 中华书局, 1975.

[18] 赵昆雨. 云冈石窟乐舞雕刻研究 [J], 敦煌研究, 2007 (2).

[19] 周菁葆. 丝绸之路的音乐文化 [M]. 乌鲁木齐: 新疆人民出版社, 1987.

[20] 妙法莲华经 [M]. 鸠摩罗什, 译. 杭州: 西泠印社出版社, 2011.

丝路文化传播中审美意蕴的衍变
——以云冈石窟雕造艺术为例

闫东艳

(山西大同大学新闻学院,山西 大同 037003)

摘 要:在丝路文化传播中,北魏云冈石窟作为佛教艺术的载体,再现了域外文化、鲜卑游牧文化与中原儒家文化大融合的过程,石窟雕造艺术在题材、内容及艺术表现形式等方面都有独特的审美意蕴。本文以北魏云冈石窟发展的三个时期作为切入点,探讨石窟雕造艺术各个时期的美学韵味,旨在为研究石窟造像艺术提供一些理论参照。

关键词:北魏;云冈石窟;造像艺术;审美意蕴

云冈石窟雕造艺术作为北魏宗教文化的外在表现形式,既体现了平城大同此后作为丝路文化重要节点的必然性,也为隋唐民族交融开启了多样性的可能。云冈石窟造像经历了早期西域风格、中期鲜卑胡风及晚期汉化风格的文化交流融合过程,成为雕刻在石头上的北魏佛教文化传播史。

一、前期:域外西风东渐

汉朝开辟了丝绸之路,在经济和文化方面与沿线各国进行全方位、多角度交流互通的过程中,佛教经中亚、东亚、西域丝绸古要塞由印度传播进入我国,佛教雕造艺术也随之传入,至魏晋南北朝进入快速发展期。北朝鲜卑拓跋部历经半个多世纪的战争,逐步统一了北方,建立起强大的王朝政权。北魏前期佛教已十分兴盛,太武帝早期灭北凉,深受北凉佛教文化影响,崇信佛教,据《魏书·释老志》载:"凉州自张轨后,世信佛教。敦煌地接西域,道俗交得其旧式,村坞相属,多有塔寺。太延中,凉州平,徙其国人于京邑,沙门佛事皆俱东,象教弥增矣。"北方佛教中心始由凉州渐转至平城,西域各国经河西走廊"始遣使来就",佛教地位不断提升。太武帝执政晚期亲自倡导佛教,王朝出巨资兴建庙宇，致使大量平民出家为僧逃避赋税，严重影响了北魏政权的经济收入，因之王朝内部矛盾不断激化，进而产生了历史上第一次"灭佛运动"，直至文成帝即位才重新开始恢复佛教传播。

道武帝至太武帝间连年拓展疆域，源源不断地把征服地西域及河西走廊各地的能工巧匠迁徙至平城，为云冈石窟的开凿储备了大批人力资源。作为前期北魏的重大国家工程，云冈石窟一期大型窟群的主体建设，主要由来自凉州的僧人和被迁徙至平城的优秀匠人设计，而域外的雕造匠师也为石窟的佛造像活动献计献策。《魏书·释老志》载曰："太安初有狮子国胡沙门邪奢遗多，浮陀难提等五人，奉佛像三，到京都。皆云：备历西域诸国，见佛影迹及肉髻，外国诸王相承，咸遣工匠，摹写其容，莫能及难提所造者，去十余步，视之炳然，转近转微。又沙勒胡沙门，赴京师致佛钵并画像迹。"文中"难提所造者，去十余步，视之炳然"，体现了造像大师在雕刻过程中对庞大佛像的整体把握能力，"备历西域诸国，见佛影迹及肉髻"，则反映了匠师僧人对早期佛造像形制仪轨如何重新建立慎重思考的过程。

云冈石窟一期雕塑艺术受到希腊文化和希腊雕塑艺术的影响，希腊文化的审美意蕴体现出崇尚知识、崇尚武力、崇尚艺术的社会价值取向，而北魏鲜卑贵族作为北方游牧民族，平城建国初期还没有受到儒家文化的深厚浸润，在对待外来文化的态度上是兼收并蓄，早期佛教沿丝绸之路，经希腊、印度、中亚等地传入内地，各种异质文化也随之而来。此一时期云冈石窟佛造像规模宏大、气势雄伟。第18窟造像佛祖十位弟子雕塑呈现出生动写实的美学意蕴，体现出域外浓厚的希腊化思潮。首先，整体形象高鼻、深目，充分呈现出域外人种的体貌特征；其次，佛弟子造像背靠石壁，但都采用了圆雕和高浮雕手法，下肢则逐渐隐没于石壁中。这些都呈现出鲜明的希腊雕塑的审美趣味，雅典卫城的巴特农神庙中的雕塑及摆放在神庙广场上的雕塑都以圆雕为主，巴特农神庙列柱上的浮雕带也以高浮雕形式为主，且材质多为体积硕大的巨石，有的高达20米左右。

据《魏书·释老志》载，云冈石窟一期开凿的五窟是由北凉僧人昙曜主持，也被称为"昙曜五窟"。纵观第16~20洞窟佛造像，具有浓厚的域外风尚，窟内主佛体量巨大，造像高度均在13.5~16.8米，大佛高肉髻，方额丰颐，高鼻深目，眉眼细长，大耳垂肩，身躯挺拔、健硕，神情威严、睿智而又和蔼可亲，气度恢宏。佛衣设计为通肩式、袒右、袒右覆肩三种形式，衣内僧祇支饰忍冬纹和联珠纹；服饰体面呈平直式阶梯状，衣料质地柔软而不失厚重，衣纹走向立体，雕刻手法线条纯圆，基本延续了域外犍陀罗风格"服兼厚毡"的思想；

造像风格粗犷雄浑、线条流畅，呈现出雄伟健硕的美学风格，这一时期的造像基本是古印度笈多王朝传统佛像形式的赓续，加之东传过程中受到北凉文化的影响，造像也渗透着"凉州模式"中古朴和实用主义的审美趣味。

这一时期的石窟形制也特点鲜明：洞窟主像突出，多以一佛二胁侍菩萨为主，也添加了"故事像"，窟外壁满雕千佛，穹顶和窟门处更雕造了大型护法神像。在寻求本土化审美趣味的同时，也融入了古希腊、古印度、西域传入的粉本雕造技法，新技法融合创造形成了云冈石窟佛造像早期独特的美学韵味。"昙曜五窟"从造像风格到服饰风格都直接受到希腊、罗马、波斯及印度犍陀罗艺术的广泛影响，彰显出浓重的域外风情。其中第 20 窟主尊大佛高 13.7 米，形体高大，面容圆润饱满、鼻梁高挺，法相庄严，气宇轩昂，体态肌丰骨硕，因前壁崩塌而被称为"露天大佛"，从任何视角瞻望都能感受到佛的慈悲与宽和，历经千年成为石窟极具代表性的雕造作品，为世人瞩目。

二、中期：鲜卑胡风凸显

北魏王朝中期经过几代拓跋王的治理，统治逐步趋于稳定、经济发展日渐繁荣，帝都平城已成为拥有百万人口的国际大都市。云冈石窟的开凿也进入了第二个时期，域外艺术元素对石窟造像的影响越来越小，而本地化的鲜卑文化影响越来越明显，体现在建筑、佛像造型、供养人造像、飞天形象、佛像服饰、夜叉发式、部分石窟窟顶塑造等方面。

平城居民主要是鲜卑族和胡人，云冈石窟位于帝都西部，是游牧民族的重要活动区域，鲜卑族和胡人逐水草而居的生活方式，决定了其建筑风格穹庐的特点——随意移动、拆迁方便。北朝民歌《敕勒歌》："敕勒川，阴山下。天似穹庐，笼盖四野。天苍苍，野茫茫。风吹草低见牛羊。"穹庐是游牧民族居住的毡帐，也是基本生活空间，其基本形式为：平面呈圆形、圆拱形帐顶呈穹隆状，前部开门，天窗或亮窗开设在易于通风或日照的位置，云冈二期部分洞窟窟顶仍保留有鲜卑胡族特有的毡帐遗风。

鲜卑胡族从东北嘎仙洞而来，累世都有太阳崇拜情结，云冈石窟二期造像的日月装饰体现了其对日月星辰等自然现象崇拜敬畏的文化意义。《魏书·太祖纪第二》载北魏皇帝拓跋："母曰献明贺皇后。初因迁徙，游于云泽，既而寝息，梦日出室内，寤而见光自牖属天，歘然有感。以建国三十四年七月七日，生太祖于参合陂北，其夜复有光明。"这一期菩萨常戴日月、仰月宝冠，第 8 窟窟门两侧神像摩醯首罗天与鸠摩罗天都手持日月宝物，第 25 窟窟顶平暎藻井飞天也手托日月。"仰月冠饰或日月冠饰受到了波斯萨珊王朝冠饰的影响"，同时也渗透着佛教文化的影响，因为日月、仰月冠饰在佛教中代表着光明和智慧。

云冈石窟中期供养人服饰也生动体现了鲜卑文化的特色。第6窟南壁明窗和窟门间雕刻有释迦维摩文殊龛，故事像根据《维摩诘所说经》中的《文殊师利问疾品》雕造而成，维摩诘头戴"尖顶帽"，右手端举麈尾，身穿左衽交领短袖襦袍，双腿自然下垂坐于矮几上，身体向后微仰，身体重心落于向后支撑的左臂上，颔下蓄须，神态轻松。第1窟内的维摩诘居士头戴胡帽，穿宽袖长衫，外披重裘，右手同样端举麈尾，轻倚隐几，坐于榻上侃侃而谈。造像的"尖顶帽"与鲜卑男子日常戴的"浑脱帽"近似，胡族地域出土的汉画像砖胡族骑手、蒙古墓壁画中的匈奴、北朝出土的陶俑都有"薄毡尖顶帽"形象。第8、第11窟中三首八臂摩醯首罗天左右侧头、上部莲花中三头四臂阿修罗左右侧头都戴这类尖顶毡帽。学者吕一飞认为"浑脱帽是一种用整张皮（或毡子）制成的囊形或锥形的帽子"。汉族传统服装为交领、右衽，而鲜卑胡族多穿左衽服装，即右压左，左侧衣襟在下。据此，这两尊维摩诘居士造像，容貌和衣着都带有鲜卑胡族的明显特征。

另外，云冈石窟二期雕造的夜叉形象，鲜卑胡族辫发、披发的遗风也生动地反映在夜叉发式上，《维摩诘经·佛国品》："并余大威力诸天：龙、夜叉、乾闼婆、阿修罗、迦楼罗、紧那罗、摩睺罗伽等悉来会坐。"佛经中将夜叉分为三种：地夜叉、虚空夜叉和天夜叉，并以人的形貌出现。第7窟和第8窟出现了多组雕刻夜叉形象，第7窟拱门西侧塔柱东面第三层所雕夜叉，头部正中梳圆形辫发，辫发中分向两侧弯卷形成"几"字形，头部两侧各有圆形辫发，并呈弯曲状下垂。鲜卑胡族男女皆辫发披发，就是将头发结为发辫、披于背后或肩上，是这一时期平城鲜卑胡族发饰在佛教文化中的重要体现。

中期云冈石窟的开凿依然以皇家为主，其雕造美学风格既沿袭了前期域外东传佛教的美学形态，也是佛教造像与鲜卑日常生活的融合，使得佛造像本土化、地域风貌尽显。具体审美意蕴主要体现为：一是雕造形式"胡风"元素随处可见，穹庐式窟顶、尖顶毡帽、左衽衣领，较之前期"域外风"占主导，样态趋于胡化；二是雕造内容"胡风胡俗"尽显，长腰鼓的高型坐具"筌蹄"、世俗生活中缚裤围裙、长颈琵琶等；三是"胡化"饰品散见，佛菩萨两上臂多有臂钏，五条并列、中串珠、外扎金属箍。生活中鲜卑胡族戴臂钏者甚多且造型奇特。北魏墓葬发掘中常有女性戴首饰、项饰、腕饰等，考古专家也指出"鲜卑人不论男女皆重装饰，尤喜用金银"，胡族装饰品被运用到佛造像中，充分再现了中期石窟造像文化的地域性风貌。

鲜卑文化是当时帝都平城重要的文化特征，云冈石窟中期处于西风东渐的发展阶段，雕造风格深受"凉州模式"影响，胡风胡韵浓郁，雕造工匠凝练纯熟的雕刻技法完整地呈现了拓跋鲜卑族粗犷豪放的生活美学。北魏石窟造像样式从早期"胡貌梵相"逐步演变过渡到中期鲜卑胡风印迹和元素凸显，与前期浓烈的域外风相比，中期拥有独特的艺术风韵。

三、晚期：南朝汉风主导

太和十八年（494年），北魏迁都洛阳，云冈石窟晚期工程由皇家转向士族、民间，大批留居的中下层官吏以及邑人、信众充分利用平城旧有的艺术人才，开凿了大量的中小型洞窟。主要分布在第20窟以西的小窟或小龛，总数达150余座，也包括在前期开凿的洞窟中增刻的各类小佛龛，营建规模大幅缩减，整体规划难成体系，这一时期的窟式有塔窟、四壁三龛及重龛式三种洞窟形式。这些中小型窟龛数量众多、类型庞杂、式样多变，空间方整狭小；佛造像面庞清瘦、长颈削肩平胸、体态扁平修长，神态清秀俊逸、缥缈虚无；菩萨身形颀长，帔帛交叉，表情孤傲、超尘脱俗。造像服饰多为"褒衣博带"式，衣服下部褶纹越来越重叠繁复，龛楣、帐饰日益繁杂，窟外崖面雕饰也日趋繁缛，造像内容题材日渐模式化、简单化，晚期佛造像的变化深受北魏迁都后"中原模式"的影响。

在南北文化频繁交流互通中，南朝儒家文化对云冈石窟晚期雕造艺术也产生了深远影响，汉民族传统文化符号体系赋予了佛造像淡雅飘逸的审美情趣。此外，中原汉民族崇奉道教文化，魏晋玄学之风造就了中原士族潇洒落拓不羁的时风，士人所着宽袍大袖的服饰风尚一直赓续至南北朝时期，南朝汉民族追求自由、崇尚无为潇洒空灵的玄学精神。云冈石窟晚期造像与道教文化的"仙化"思想、神仙崇拜思想密切相关，"秀骨清像"式人物造像是佛教文化与道教文化思想结合的真实体现。这一时期，佛教造像已发展形成了符合当时人们美学趣味的宗教人物形象，并显示出一种通脱潇洒的时代风韵，具有鲜明的汉民族审美趣味的艺术品格。

"秀骨清像"是这时期佛造像的最大特色，首先，雕刻技巧与南朝人物绘画技法结合紧密，南朝人物画灵秀隽永，佛造像也普遍呈现出体态修长飘然俊逸的特征；其次，佛造像面部、身躯由早期的饱满丰腴转变为扁平瘦削，神态也由宁静淡泊趋于温和隽秀。另外，衣饰变化也很大，佛像袈裟由通肩和偏袒右肩式改为"双领下垂""褒衣博带"式，内着僧祇支，胸前佩下垂宽"领带"，下身衣褶层层重叠若菩提叶式，坐佛则出现了"悬裳座"样式，早中期佛衣下摆尖锐的衣角和外侈现象逐步消失。菩萨像头冠低矮，除戴宝冠外，花蔓冠也开始流行；上身璎珞环穿交叉佩于胸腹间，再上绕搭肘，两侧垂下；斜披络腋变为身披帔帛，再交叉于胸前腹际，造型更加宽大，自两肩垂下，绕两臂后向外舞动；裙衣贴身转为裙裾飞扬，宝缯由两侧飘扬转向自然下垂；上身着短衫或袒或内着斜式小衣，下着长裙，衣裙不似前期紧围周身而变为宽敞肥大，大裙下摆呈锯齿状，身形比例明显拉长，颇有南朝士大夫潇洒飘逸的风度。

晚期云冈石窟的飞天雕刻手法也更为粗犷，头梳高发髻，双足收敛、腰身纤细，姿态更加轻盈，飘逸传神；上着短衫，不露足，裙尾翻卷，大裙裹脚，长巾当风起舞，如羽如翼，身材比例趋于修长，雕刻匠师完美地将飘动的衣带与飞翔的人体结合在一起，形成衣裙与人体间悠然自适的烘托关系。飞天体态夸张，腰部拉长且弯曲度较大，强调变形带来的视觉张力给人以俊逸潇洒、超然出尘的感觉。如第24、第30窟所雕飞天，削肩长颈，面容清峻，身着褒衣博带式汉服，所挽飘带富有动感韵律，整体蕴含高雅洒脱之"中原文化"意蕴。此时期石窟造像还出现了许多贵族供养人形象，小龛供养人造像也有鲜明的南朝汉服特征：V交领、领结、开襟、偏衫设计，领口加宽，腰线上移系带；供养人衣饰除早期宽袍大袖外，后期更上着及臀短褶、下着宽口裤子、扎腰带，这种轻盈灵动的着装方式也契合了南朝汉文化的审美风格。

云冈石窟后期佛造像的美学意义在于佛教艺术东传后在逐步汉化过程中融合了更多魏晋门阀士族审美思想，汉服"峨冠博带"的古风意蕴卓然突出，佛菩萨装向着汉族衣冠服饰转化的倾向，既反映了南朝北朝文化的交融互动，又体现了太和十年（486年）后孝文帝实行全面汉化的政治理念，而雕造艺术匠师也倾注了自己的美学理想和创作才情。至此，云冈石窟造像从早期的"胡貌梵相"演变过渡到晚期"改梵为夏"。北魏迁都洛阳后，由于财力所限，云冈佛造像形制基本趋于中小型，雕造技法则大量运用直平阶梯式线条，雕刻装饰平实细腻更贴近日常风尚，佛造像风格趋于常人、身躯瘦削基本接近普通人体比例，更容易被世俗社会所亲近。这和当时平城社会生活的整体面貌相吻合，越来越多的平民希望死后可以进入西方极乐世界，而佛陀菩萨为广大平民阶层提供了精神寄托。

从佛教文化传播角度纵观云冈石窟造像历程，整体呈现自西向东、由北往南的递进轨迹。从石窟造型、佛教题材、雕刻技艺、造像衣着服饰中都体现出胡汉融合的渐进过程。佛教石窟造像作为域外东传的"舶来品"，在北魏王朝定都平城后，受到鲜卑拓跋皇室崇奉，再加上西迁而来的僧人、艺术匠师的大胆创新，佛像雕造的三期过程体现出文化融合与自信。"魏晋的佛教石窟造像艺术，是华夏艺术的瑰宝，也是魏晋风度的理想化表现。从敦煌到云冈，从云冈到龙门，秀骨清像成了至北魏后期以来代表魏晋时期佛教雕塑的风尚和典型式样。成为隋唐以后石窟佛教造像进入繁荣期的先决条件。"佛教文化在北魏王朝传播发展过程中，实现了域外佛教造像艺术符号与本土文化的融合，域外、胡族与汉族三种文化相互交融形成了新的佛教造像形态，对其后隋唐佛造像造成了巨大影响。研究该时期的雕造美学特征，对于了解汉族、鲜卑族与域外文化融合交流的审美意蕴有很好的指导意义。

参考文献：

[1] 张月琴. 近代国外关于云冈石窟的考察与记述 [J]. 山西大同大学学报（社会科学版），2018（4）.

[2] 魏收. 魏书·释老志 [M]. 北京：中华书局，2017.

[3] 樊莉. 云冈石窟造像中的色彩语言浅析 [J]. 卷宗，2015（10）.

[4] 陈秋静. 云冈石窟造像艺术的符号学解读 [J]. 城市建设理论研究，2015.

[5] 李刚. 云冈石窟与北魏佛教文化发展研究 [J]. 新西部（理论版），2013（6）.

[6] 范鸿武. 云冈石窟佛教造像与印度佛教造像的关系 [J]. 大众文艺，2014（9）.

[7] 方广锠. 中国佛教文化大观 [M]. 北京：北京大学出版社，2001.

云冈石窟供养人图像形式分析

李雪芹

(云冈石窟研究院,山西大同 037007)

摘 要:云冈石窟是佛教艺术在中国发展第一次高峰时期的作品,其雕刻内容博大精深,融中西文化为一体,其造像样式对后世佛教艺术的发展产生了深远影响。供养人是云冈石窟雕刻内容中重要的组成部分,是当时社会风貌最客观真实的记录。综合分析云冈石窟供养人图像形式,对于认识北魏平城时期佛教供养形态及佛教思想具有十分重要的意义。

关键词:云冈石窟;供养人;图像;造像组合

所谓"供养人图像",是指出资开凿石窟、敬造佛像的功德主个人或家族(团队)的造像,多位于窟内四壁下层或佛龛下部,以彰显自己开窟造像的功德。云冈石窟供养人雕刻是云冈石窟造像的重要组成部分,从早期的昙曜五窟开始,供养人的雕刻贯穿石窟开凿的始终,其雕刻样式随着时间的推移出现变化。本文试图寻找这种变化,并总结归纳其变化规律及其对后世石窟雕像的影响。

云冈石窟分期采用宿白先生的分期法[1],而供养人的分期与石窟总体分期有较大差异。供养人的第一期与宿白先生分期中的第二期吻合,第二期与宿白先生的第三期吻合。通过对云冈石窟现存供养人的调查与研究,我们将云冈石窟供养人分为两期,第一期的时间在465—494年,第二期的时间是迁都洛阳后到正光年间。其中的第一期又分为两小段,第一段时间为465—470年,正是云冈石窟的开凿由早期向中期过渡之时,供养人图像最早出现在昙曜五窟中,但它出现的时间明显晚于石窟主像。在石窟开凿之初,开窟造大像是主要目的,壁面佛龛的雕刻相对滞后。此时出现的供养人基本位于佛龛下部的四足方座内。第二段时间为471—494年,是云冈石窟供养人图像雕刻最丰富的一个阶段。第二期由于迁都,平城的政治地位有所下降,但留居平城的达官贵人及信众依然热衷于开龛造像,只是规模有所变化。因此供养人的雕刻依然进行,只是表现形式略有变化。

一、第一期第一段供养人图像的形式

（一）供养人图像的样式

从目前调查情况来看，早期开凿的石窟中保存有一定数量的供养人图像，通过甄别，选出其中的 27 组进行论述。它们是云冈石窟最早出现的供养人样式。图像形式较简单，大致有以下几种情况。

1. 中雕博山炉，两侧雕僧人+供养人（见图 1）。位于佛龛下，以四足方座为典型龛座，也有龛座被后期追刻小龛打破或无龛座的现象出现。以 1 僧或 2 僧为导引僧，后接着鲜卑装的供养人，男左女右分列。

图 1　第 17 窟南壁

2. 中雕博山炉，供养人男左女右雕刻（见图 2）。位于龛下四足方座的两足间内或佛龛下，以博山炉为中心，两侧着鲜卑装的供养人均为立式。

3. 特殊的供养人行列。由于佛龛被打破、未完工、残损等，原有的供养人行列出现变化，有以下 4 种表现形式：未完工，打破关系，残存痕迹，胡跪供养人。

图 2　第 17 窟东壁上层

（二）供养人雕刻的分布位置

以南壁为主，东、西壁次之，北壁因雕刻巨大主像而没有出现供养人的雕刻，且基本都在壁面的中部或中偏上部区域。从统计的 27 组图像来看，南壁有 16 组、东壁有 6 组、西壁有 5 组。就供养人的具体位置来看，全部位于龛下。其中，位于方足龛座内的有 15 组，无龛座下的 10 组，龛下情况不详的 1 组，位于龛外左侧的 1 组。说明此时佛龛座较流行四足方座。这种龛座可能来源于单体佛像的佛座与墓室中的方榻。

（三）造像组合

相对简单，有 2 种组合形式。一是以"僧人+世俗供养人"的组合形式，以 1 名或两名僧人为导引，后随穿鲜卑装的男女供养人，突出了僧人的社会地位及在供养活动中的主导作用，是这一时期最主要的组合形式。二是单纯地穿鲜卑装的供养人，男左女右分列，这种组合形式相对较少。

（四）供养人服饰

分僧人与世俗供养人两种。僧人服饰有两种，一种是半袒右肩式袈裟，与佛像的服饰样式基本相同，但雕刻要简单得多，出现田相衣。另一种是搭肘式袈裟[2]，仅出现一组，后期曾在身上涂色。

世俗供养人均着鲜卑服饰。男性均头戴圆帽垂裙，帽顶浑圆，或帽顶向后下塌，帽口饰宽带，垂裙呈直线下垂肩下，上着交领窄袖衣，下穿裤且裤腿较细直，脚穿靴。女性头戴圆帽垂裙，多数出现帽顶中央下凹的样式（意在表现帽顶是由四块材料缝合而成），上穿交领窄袖衣，下着间色裙（或百折）呈直筒或略向后拖，不露足。

（五）行列中间饰物

以博山炉为中心，个别博山炉下出现力士托抗的形象。

二、第一期第二段供养人图像的形式

此段供养人数量较第一段有了较大的增长，其雕刻的位置也有变化，新出现了位于窟内四壁下层、佛塔周围、龛柱或造像下及双层供养的新样式。

（一）供养人图像的样式

初步统计，目前供养人图像保存有87组，分布在云冈早、中期开凿的石窟中，是云冈石窟供养人图案样式最丰富的一个时期，具有特别重要的意义。

1. 中雕博山炉，两侧雕僧人+供养人。延续了先前的样式，博山炉的雕刻更为精美，新出现化生童子（或力士）托举的样式（见图3）。僧人作为导引僧，双手合掌或一手伸向博山炉。供养人着鲜卑服，男左女右分列。供养人的身姿已无弓腰之态，显得自信起来。表现形式大致有以下几种：①供养人数左右对称。②供养人数对称，但僧人与供养人的配比左右不同。③左右人数不对称。④出现"僧人+供养人+力士"的供养组合关系。⑤纯僧人供养行列。⑥出现"僧人+力士"的组合。

图3 第16窟南壁东龛下

2. 中雕博山炉，供养人男左女右雕刻。仅存一例，存轮廓或未完工。

3. 中雕铭刻石，两侧雕僧人+鲜卑装供养人。这是流行样式，铭刻石的雕刻显现了浓郁的汉风，且有取代博山炉的趋势。出现了榜题与"僧+供养人+狮子"的新样式。僧人出现手托宝珠、长柄香炉的造型，极大地丰富了供养形式。又现不同的表现形式：①供养人数左右对称。②供养人数相同，但僧人与供养人的配比左右不同。③左右人数不对称。④出现多层供养。以第 11 窟东壁南侧上层"太和七年碑"两侧的供养人最为典型，有明确纪年，是分期断代的依据之一。⑤出现"僧人+供养人+狮子"的供养组合关系。⑥男女位置出现对调。⑦单纯的僧人供养。⑧出现了五体投地式供养形式，十分虔诚。僧人出现双手执莲花式长柄香炉（见图 4）的样式，对唐代的长柄香炉有直接影响。

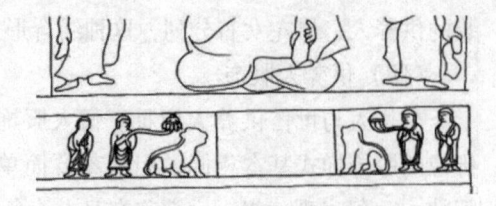

图 4　第 13 窟东壁中层南侧

4. 中雕铭刻石，两侧雕供养人。

5. 双层供养人。这是新出现的一种供养形式，均位于龛下。现存 3 组（见图 5），表现各不相同，富有创意。

6. 窟壁四雕下层供养人。这是供养人雕刻的新形式，雕在窟内四壁的最下层，以窟内主尊造像为供奉对象，显示了开窟造像的整体性以及功德主极高的政治地位和经济实力。第

图 5　第 11 窟西壁中层南侧

7 窟后室四壁下层应该是出现时间最早的一组，但风化严重。第 13 窟内下层的供养人是目前保存相对最好的，均为着鲜卑装的男性供养人，高度在 1.5 米左右，形成以窟内主像和门拱为轴的供养中心，这样的雕刻仅此一例。应该说，窟内四壁下层出现供养人的洞窟，基本上是按统一规划完工的。这种形式，一直延续到北魏晚期，甚至影响到周边的其他石窟。

7. 特殊的供养人行列。情况较为复杂，有以下几种情况：①有打破、破损、风化情况的存在，使原有造像布局发生变化。②特殊的人物造型，出现五体投地式供养形式。③不同位置上的供养人雕刻，一是龛柱上雕供养人，均位于第 13 窟，二是佛龛外侧雕供养人。④特殊的组合关系，出现"供养人+狮子+赑屃"的形式，特别是赑屃的出现，十分罕见。⑤一侧雕像、另一侧剔平。

（二）供养人雕刻的分布位置

此段的供养人雕刻多集中在没有按计划完成的洞窟内。按统一规划完成的洞窟中，供养人均雕刻在窟内四壁的下层，其他位置雕刻的供养人数量极为有限（且多为后期追刻）。从雕刻数量来看，西、南壁最多，东壁次之。北壁则雕在诵经道内。第 11、第 13 窟是此时雕刻供养人数量最多的洞窟。

大型供养人行列首先出现在第 7、第 8 窟内，位于窟壁东、西、南三壁下

层,表达了强烈的供养意愿。第9、第10窟北壁的诵经道内出现几乎与人等高的供养人像,排列整齐有序,面向窟门呈供养状。大部分供养人行列均雕刻在佛龛下,个别雕刻在佛塔基座或周围,表现了起塔供养的历史史实。首次出现供养人置于佛龛龛柱位置上的情况,虽然仅有两例,但值得关注。

(三)造像组合

这一时期的供养人雕像与前期相比数量明显增加,其造像组合沿袭了前期的形式,新出现单纯的僧人供养行列、"僧人+世俗供养人+狮子"的供养形式。也有个别将狮子雕刻在供养人的前位,出现"狮子+僧人"的组合关系。

以博山炉为中心的供养行列中,以"导引僧+世俗供养人"的雕刻所占比例最大,新出现"僧人+世俗供养人+力士"的组合、单纯的僧人供养行列、"僧人+力士"的组合及跪式或五体投地式供养人的组合关系。供养人行列中出现不对称的表现方式。

以铭刻石为中心的供养人行列的造像组合基本同于以博山炉为中心的。到太和后期,以铭刻石为中心的供养行列形式逐渐取代了以博山炉为中心的表现形式,说明平城地区汉化程度的不断深入。同时这种以铭刻石为中心的形式,因其有明确的纪年,对于佛龛开凿的具体年代可谓是一个标准样式。同时也为我们判断功德主的身份有所帮助。

出现双层供养的新形式,集中在第11窟内。出现的大体时间应在太和十年(486年)颁布服制改革后到十八年迁都洛阳前这一段时间内。

(四)供养人服饰

僧人袈裟的样式延续了前期的半袒右肩式,同时大量地雕刻为搭肘式,与佛像的服饰大体接近,只是雕刻相对简化。

男性世俗供养人,身躯变魁梧,服饰样式基本同前期,但上衣明显加长,呈现出时间越晚上衣越长的趋势。裤腿变肥,已不见前期那种细长腿的雕刻,取而代之的是宽腿裤或小口裤。女性服饰,上衣明显加长已过膝下,甚至更长,裙子露出部分越来越短。或许在稍晚的时候出现鲜卑装与汉装共用的一个时期。

(五)行列中间饰物

博山炉的样式依然流行,但呈减少趋势。方形铭刻石的雕刻大量流行,出现了有题记的铭刻石,为断代提供了准确的文字资料。

(六)手中持物

出现了僧人手持博山炉与长柄香炉的造像新样式,是当时佛教供养瞬间的真实描述。世俗供养人新出现执长茎莲花供养的样式。

三、第二期供养人图像的形式

494年北魏迁都洛阳，平城成为北都。由于政治中心的南移，导致大规模的石窟开凿工程告一段落。但滞留平城的达官显贵及僧侣信众，面对日益尖锐的阶级与民族矛盾，依然醉心于佛教，寄希望于佛教能改变自己的生存环境。因此，云冈石窟晚期供养人造像雕刻除沿袭前期样式外，也出现了一些变化。四壁三龛式及四壁重龛式窟形的流行，导致窟内四壁下层供养人雕刻的流行，新出现贵族（帝后礼佛图的雏形）供养行列的图像样式。

（一）供养人图像的样式

从洞窟调查的统计数字来看，此段的供养人雕刻无论是组数还是造像数量都是最多的，初步统计，现存供养人雕刻近200组，约占云冈供养人现存图像组数的55%。供养人图像雕刻大致有以下几种样式。

1. 中为方形铭刻石，两侧雕供养人图像。这是这一阶段流行的样式，造像组合"有僧人+供养人"行列、单纯的供养人行列两种。

就"僧人+供养人"行列而言，有3种不同的表现形式。①僧人+汉装供养人。此类是雕刻、保存数量较多的一种形式，初步统计有40余组。②僧人+鲜卑装供养人。僧人居首位，其后着鲜卑装的供养人男左女右分列。位置大多居于第20窟以东，多以补刻的形式出现。③僧人+女供养人行列。仅出现1组，是个案，也许功德主为女性。

就单纯的供养人行列而言，大约有5种不同的情况出现。①着汉装的供养行列，男左女右分列。雕刻数量较多，反映了此时汉式服装为日常服式，说明北魏汉化政策的深入推进。②着鲜卑装的供养行列，依然遵循男左女右的原则。集中在第19窟及附窟中。③单纯的僧人供养行列。雕刻相对较多。④单纯的女性供养行列。⑤单纯的男性供养行列。

2. 中为博山炉，两侧雕供养人。这是云冈石窟贯穿始终的供养行列形式。在晚期雕刻中数量极为有限，有3种不同的表现形式。雕刻位置仅限于第1~20窟。①僧人+鲜卑装供养人。②僧人+汉装供养人。③单纯的僧人供养。

3. 窟内四壁下层的供养行列，以北壁为中心或四壁各自为中心，最终形成以北壁为中心的供养关系。调查有40多组，涉及15座洞窟，是这一时期较为流行的供养人样式。多座洞窟中出现贵族（帝后供养的雏形）供养的图像，开启大型帝后礼佛图的先河。①以北壁为中心，中央雕博山炉，两侧供养人为僧+贵族（帝后）礼佛图。②以北壁为中心，中雕方形铭刻石，两侧雕僧+供养人行列，男左女右分列。③帐式龛下，中雕铭刻石，两侧雕供养人。此类样式中没有出现导引僧的形象，单纯男左女右雕刻。第38窟是此类造像中的佼佼者，这是一座由世袭贵族吴忠伟为亡儿吴天恩"长辞苦海""腾神净土"而开凿的洞窟，因此洞窟内容丰富、精彩，龛下的供养人雕刻也是云冈供养人雕刻中的精品（见图6），表达了贵族供养的场景，豪华气派，是大型帝后礼佛图的浓缩版。

图6 第38窟北壁下层

4. 双层供养行列。发端于太和年间，迁都洛阳后开凿的洞窟中表现较多，均雕刻在佛龛下。①上排为坐佛，下排雕供养人行列。这类雕刻共有3组，上排均雕10尊坐佛，它的宗教意义有待探讨。②上、下排均为供养人。有两种不同的表现形式。③上排为供养人行列，下排雕力士托举。双层供养形式的出现说明开窟的功德主，社会地位及经济实力均较强，为了供奉佛教，他们采用了不同于一般的雕刻形式。

5. 特殊类型的供养行列。①左右不对称。②多层供养人行列。③须弥座内雕供养人行列。④铭刻石中央雕1尊交脚菩萨像，左雕2个僧人，右雕2个男性供养人。⑤五体投地+立姿供养人。⑥第35至第1窟的供养人雕刻十分罕见，北壁雕双层供养，上为供养人行列、下为力士托举。其东、西两壁的供养没有出现供养人，而以二象托宝珠为中心，两侧雕狮子与托举的力士，构成"象宝+狮子+力士"的组合，其力士与北壁下排力士相统一，是按计划有目的雕琢的。在此将象宝与摩尼宝珠相叠加，突出了佛的威力与象征。

（二）供养人图像的分布位置

从统计来看，此阶段保存下来的供养人雕刻组数最多，多位于龛下，流行在窟内四壁下层雕供养行列，以北壁为中心，形成供养关系。从雕刻壁面来看，北壁较少，多集中在东、南、西三壁上。

（三）造像组合

此阶段基本沿袭前期的组合。仅有一组"五体投地+立姿供养人"的新造像组合关系出现，特别流行中为铭刻石、两侧为雕供养人的样式。四壁下层的供养人，或以北壁为中心形成整窟的供养关系，或四壁各自为阵、中雕铭刻石，但人物形象均侧向北方，依然形成以北壁为中心的供养组合关系。

双层组合中，流行上排雕坐佛、下雕供养人行列，与前期的样式不同。

（四）供养人服饰

僧人的袈裟已鲜见半袒右肩式，基本为搭肘式，大多袈裟的雕刻十分简化，无细部雕刻，显现了图案化的倾向。

男性供养人依然有鲜卑装的雕刻，但大多数为汉式服饰。汉装，首服以小冠、进贤冠为主。服装均为交领宽袖大衫及地、略呈喇叭形、露履。多数人物比例修长，加上无细部描述，因此衣饰细节不明。女性供养人的头饰较为丰富，贵妇中流行博鬓高髻，其余供养人大多梳高髻，侍者梳双髻。服饰也为交领、宽袖长襦、下着长裙，出现宽袖短襦的样式，长裙拖地且向后扬。

（五）行列中间饰物

方形铭刻石的雕刻是主流，这一时期，铭刻石流行纵长方形，而横长方形上题记雕刻保存得较多，有太和十九年（495年）、太和二十年（496年）、景明元年（500年）、景明四年（503年）、正始四年（243年）、延昌三年（514年）、延昌四年（515年）、正光元年（520年）、正光年间等，为断代提供准确的文字资料。偶有博山炉的雕刻，样式较为简单，基本上沿用了前期的样式，几乎没有装饰纹样。

（六）手中持物

手中持物有长柄香炉、博山炉、长茎莲花3种，长柄香炉与博山炉没有出现新样式，基本与前期相同。

四、结语

通过对云冈石窟供养人图像样式的分析得知：云冈石窟供养人与石窟开凿、主佛雕刻不是同时进行的，供养人的雕刻略晚于主像。其出现的时间在465年以后或470年左右，即云冈第一期向第二期过渡时期。最早出现于昙曜五窟中，在最初开凿的洞窟中，仅有主尊造像及壁面上部的千佛是按时完成的；中部以下的佛龛大多是主尊造像完成之后追刻的，因此供养人最早的图像形式是雕刻在佛龛下的。以博山炉为中心，男女分列左右。多以僧人为导引，同时也有单纯的世俗供养行列。以立式供养为主要姿态，同时出现胡跪式供养。世俗供养人均着鲜卑服，身材苗条，身躯微向前倾，显得十分谦恭。它的出现是当时北魏国势强大、佛教兴盛、文化繁荣的客观反映。

开窟造像是统治者借佛教的力量加强对国人思想统治的一种手段，皇帝是当今如来，礼佛就是拜皇帝。皇帝既是佛也是最大的功德主，他们不可能将自己屈尊成为供养人。因此，供养人的出现是统治者逐渐放松对石窟开凿监管的一种表现。供养人的雕刻最初表达的就是信仰者礼佛、敬佛的一种供养形态，是将他们日常礼佛的形式与用具一同表现在石窟龛像中，因此，供养图像简单、人物形象单一、雕刻缺少细腻。

470年到迁都洛阳前是云冈石窟供养人雕刻形式最丰富的一个阶段，多种形式、各种组合共同构成此时云冈供养人的特点。就雕刻位置而言，新出现了窟壁下层雕供养人的形式，反映了洞窟开凿的统一性与完整性。在大型洞窟中，社会上的佛教信仰者、达官贵人，利用统治者放松对工程开凿监管的间隙，开凿了数量众多的佛龛，同时雕刻了大量的供养人形象，以表达他们强烈的供养心愿。博山炉雕刻较早前样式更丰富，雕刻更精美，大多数的体量与供养人等高。新出现中央雕方形铭刻石的样式，保存有题记的铭刻石为分期断代提供依据，且呈增多趋势，有取代博山炉之意。

迁都洛阳后的平城，石窟大规模的开凿告一段落，但中小型石窟盛行，因此是云冈石窟供养人雕刻及保存数量最多的一个时期。图像再也没有前期那种形体高大的样式，而以30~50厘米的形象居多。流行窟内四壁下层雕供养人的做法，出现贵族（帝后）礼佛图的新样式，多雕刻在窟内四壁下层或双层供养形式中。以第38窟中的帝后礼佛图最为奢华和最具代表性。

从石窟调查来看，供养人的服饰，由单纯的鲜卑服演变为鲜卑与汉服共用，到最后全部着汉装。这个过程正是佛教艺术中国化的过程，供养人图像的雕刻客观记录了这一历史进程，具有特别重要的意义。世俗供养人所着的鲜卑服最晚在太和十九年（495年）的题记两侧出现，甚至更晚还有。就云冈石窟雕刻的位置而言，晚期着鲜卑装的供养人形象均出现在第1~20窟补刻的小窟小龛内，而西部开凿的洞窟中无一例着鲜卑装的供养人。从侧面说明北魏孝文帝进行的汉化改革在旧都平城进展相对滞后，特别是迁都以后，平城的政治地位迅速下降，很多旧贵依然坚守传统、沿袭鲜卑装，因为这种服装更适合北方寒冷、风大的自然环境。同时他们还是心有顾虑，因此选择在已有洞窟内或主窟附近的小窟内雕刻穿鲜卑装的供养人，而大面积新开凿的洞窟中则无。

云冈石窟供养人图像的形式对后世及周边石窟供养人的雕刻产生了巨大影响。

参考文献：

[1] 宿白. 云冈石窟分期试论 [J]. 考古学报，1978（1）.

[2] 陈悦新. 5—8世纪汉地佛像着衣法式 [M]. 北京：社会科学出版社，2014.

从平城时期墓葬看云冈石窟鲜卑供养人像的流行

胡听汀

(四川大学艺术学院,四川 成都 610207)

摘 要:云冈石窟二期以鲜卑装束为主的供养人像是北朝佛教艺术中的特殊现象。本文从平城时期的墓葬来分析这批供养人像的背景,并由此讨论鲜卑文化在平城的流行情况和接受问题。云冈石窟二期的鲜卑供养人像嬗变于太武帝以来平城地区制作鲜卑人像的传统。这类人像不仅见于石窟,也在墓葬壁画、陶俑间流行,其制作受到北魏皇室佛教造像工程的影响。这类人像在平城地区的流行既反映了当地鲜卑文化的浓厚,也显示了北朝不同族属民众对鲜卑文化的接受和认同。

关键词:供养人;鲜卑族;北朝墓葬;云冈石窟

云冈石窟二期(献文帝至孝文帝迁都前,465—494年)[1]流行的鲜卑供养人像一直为佛教艺术研究者所关注。日本学者石松日奈子分析了鲜卑供养人像出现的原因,认为这与北魏政权变更对云冈石窟的影响,以及民众表达忠心的行为有关。[2][3]李雪芹根据图像材料,按服饰和年代特征对鲜卑供养人像进行了归类讨论。[4][5]彭栓红则从云冈石窟包含的鲜卑元素角度,对鲜卑供养人像做了分析。[6]

上述研究揭示并整理了这批在中国艺术史中极具特色的鲜卑供养人像的基本信息。但同时,前人研究多从佛教艺术展开,一方面关于鲜卑供养人像的源流背景并未做有效的厘清,另一方面也较少与同时代的艺术文化材料进行比对,使这批明确显示北朝多民族文化的材料对讨论这一时期文化历史的助益并不多。有鉴于此,本文尝试以北魏平城时代墓葬中的鲜卑人像作为对比素材,分析云冈石窟中鲜卑供养人像的艺术背景,并由此讨论北魏早期的鲜卑文化氛围及北方民众对此的反应。

一、石窟与墓葬中的鲜卑人像材料

云冈石窟中的鲜卑供养人像主要见于第7、第8、第9、第10、第11、第13等二期石窟中。此外，一期石窟中也存在一些补刻的鲜卑供养人像。这些鲜卑供养人大多位于窟壁或者佛龛下层，以铭刻石或博山炉为中心，采取男左女右的分布顺序。[7]在服饰上，供养人头戴风帽，身着交领左衽窄袖衣，男性着裤，女性着裤或百褶裙。李雪芹认为，这批鲜卑供养人服饰特征鲜明且自成体系，不能与一般胡服混用。鲜卑供养人整体特征较为一致，只是年代越晚，衣袖越有加宽趋势。[4]

同时代的平城墓葬中也出土了相当数量的鲜卑人物陶俑和图像。平城时代的墓葬中有11座出土了的陶俑，多数为鲜卑形象。其中有三座墓葬具有纪年，分别为：太和元年（477年）幽州刺史敦煌公宋绍祖墓；延兴四年（474年）与太和八年（484年）的琅琊王司马金龙夫妇墓；太和八年（484年）秦州刺史杨众庆墓。[8]这三座墓葬均处于献文至孝文帝迁都前。这三座墓葬的墓主除司马金龙夫人钦文姬辰为鲜卑人[9]，其余墓主均为汉人。其他无纪年墓葬的陶俑形制特征与上述三墓类似，一般也被视为属于这一时期。其墓主身份据纪年墓和平城陶俑源于关陇十六国和西晋中晚期墓葬传统[10]，目前一般认为大同地区随葬陶俑的墓葬属于汉人或者汉化较深的少数民族。[11]

除了陶俑，平城时代墓室图像中也存在大量的鲜卑人像。这些图像见于智家堡、沙岭、文瀛路和云波里等多个墓葬，其中有两座纪年墓：沙岭壁画墓，年代为太延元年（435年），墓主为鲜卑人破多罗太夫人；[12]仝家湾壁画墓，年代为和平二年（461年），墓主为散骑常侍梁拔胡。[13]这两座墓葬年代在献文帝之前，图像上显现出一些汉文化的影响，如沙岭墓主像手中的麈尾，但总体上人物仍以鲜卑服饰为主。[14]其他几个缺少纪年的墓葬中的世俗人像特征也同上述两墓相似，即以鲜卑人物形象为主，但可以看到一些来自其他文化的影响。[11]

由上述所列墓葬资料中的鲜卑人形象可见，献文帝以前的平城地区已经开始制作和使用鲜卑人物图像。早期图像主要来自壁画墓，其中又以太武帝时代的沙岭壁画墓为最早。除了壁画墓，太武帝时代的鲜卑供养人像也见于太武帝太平真君年间（440—450年）的造像[2]，但造像不能确定为平城地区制作。根据上述线索，至少到太武帝时代，鲜卑人像的制作已经比较成熟。这类人像制作在平城一直延续到孝文帝迁都前夜。

二、鲜卑供养人像出现的背景

上述时间脉络显示，云冈石窟中的鲜卑供养人像并非特殊情况，而是太武帝以来平城地区鲜卑人像制作传统中的一环。为何直到孝文帝时云冈石窟才出现鲜卑供养人像？石松日奈子提出云冈石窟供养人像为平城中下层民众所开凿，后者至孝文帝时代才得以有使用该石窟的可能。[2]除此之外也应注意到，献文帝至孝文帝时代不独鲜卑供养人像大量出现在石窟中，同时墓葬中也出现了大量的鲜卑形象陶俑，特别是永固陵中亦出土了一件石质鲜卑人石雕[15]，表明此类人像亦在北魏上层流传。上述现象显示出，云冈石窟在开凿鲜卑供养人的同时，立体形式的鲜卑世俗人像艺术在平城墓葬中相当繁荣。

前人研究已经指出，平城时期墓葬与云冈石窟关系密切，墓葬在空间格局、石刻、塑像等方面均与云冈石窟有着相似之处。[9][15][16]但供养人像并不见得起源于墓俑。盖因汉末以来，北方陶俑艺术进入衰落，直到平城时期才逐渐复兴。而这一时期与人像塑造最为关联的事件，是北魏按照皇帝外貌塑造佛像：

  诏有司为石像，令如帝身。既成，颜上足下，各有黑石，冥同帝体上下黑子。论者以为纯诚所感。兴光元年秋，敕有司于五级大寺内，为太祖已下五帝，铸释迦立像五，各长一丈六尺，都用赤金二十五万斤。[17]

除上述造像，一般认为云冈石窟一期的"昙曜五窟"主尊对应的也是太祖以下五帝。[1][18]皇室的大规模造像工程很大程度上启发了平城地区世俗人像的塑造。林圣智指出，"昙曜五窟"从以造像为中介的佛教感应观和帮助观看者学习本体与化身的复杂观看逻辑两方面影响了墓葬中正面墓主像的再流行。[19]与此类似，至献文帝时代，随着"昙曜五窟"等大型造像工程的完工，平城当地的贵族士庶在目睹了为五帝所制作的壮观造像石窟的同时，也了解到其中蕴含的佛教理念和观看逻辑，这可能启发了他们在皇家工程以外的场合为自己及其地下仆从制作人像。过去学者认为，平城陶俑、供养人像的来源与关陇十六国传统、鲜卑习俗有关，但除此之外，也应注意到平城本地的艺术活动影响。尤其是云冈石窟的鲜卑供养人像与平城地区墓葬中的鲜卑陶俑均恰好兴起于云冈石窟一期工程结束之后，也暗示了皇室赞助的云冈石窟一期工程对平城地区人像艺术形式的影响。

由此可见，云冈石窟二期流行的鲜卑供养人像，其传统最早出现于墓葬图像中，并随着云冈石窟的影响力，从图像转化为立体的人物造像。鲜卑人像在平城的流行也从侧面反映出孝文帝汉化改革前，当地鲜卑文化的浓厚。从平城的汉人墓葬中可以一窥当时鲜卑文化的兴盛。这些汉人墓葬以鲜卑人像为主，其他文化族属相对较少。以汉人形象为例，平城墓葬中目前仅见两例：其一为宋绍祖墓的石椁舞乐人物壁画，其二是司马金龙墓的漆画列女图屏风，而这两处汉人形象均与两人祖居之地有关。宋绍祖家族出自西凉，其石椁壁画上的舞乐内容在甘肃等地魏晋壁画墓中多有所见[20]，而这些壁画又承继自东汉魏晋以来的文化传统。司马金龙为东晋皇族后裔，其漆画屏风内容与传为顾恺之《女史箴图》内容形式相仿[9]，展现出东晋绘画传统。在此之外，汉文化因素大多掩盖在鲜卑文化因素下，显示出鲜卑文化的主导地位。北魏不少汉姓供养人采用了鲜卑形象，其汉族或者汉化胡人身份只能通过造像碑的内容进行辨认[3]。与此类似，前述沙岭壁画墓中的魏晋汉文化传统亦掩盖于墓主仆役的鲜卑化外形下。

但同时，鲜卑人像的流行主要限制于平城地区，显示出鲜卑文化的核心区范围有限。根据王晓娜对供养人像的地域调查可知，平城以外地区的供养人像多为胡汉混合，且延续时间较长。[21]与此相对的是，云冈石窟以及延续云冈石窟传统的造像则使用鲜卑供养人形象。高平大佛山摩崖造像为云冈石窟南传的代表，该造像供养人均为汉姓，可能为汉人或汉化胡人。[22]虽然已经远离平城地区，但这一石窟的供养人像采用了平城流行的鲜卑形象，反映出平城地区佛教艺术中鲜卑文化传统是其核心内容之一。类似的现象也出现在墓葬中。关中地区的北魏陶俑则有着很强的地方特色，保留了十六国以来的墓葬传统[8]，与平城墓葬以鲜卑人像为主的情况相当不同。就此而言，北魏平城地区鲜卑人像的广泛使用，显示出北魏王朝对保持本民族传统文化的强烈意识。但这一现象受限于统治核心地区，则又表明北魏统治阶层并未将这种思路推行至全国，而这为孝文帝日后汉化改革的推广铺平了道路。

三、鲜卑文化在不同民族间的接受

由前述分析可见，北魏平城地区在孝文帝汉化改革前不分族属，于石窟、墓葬中均使用鲜卑人像，反映出平城地区鲜卑文化氛围浓厚，为不同族属民众所接受。过去由于孝文帝汉化改革这一结果的存在，加之《魏书》等文献强调北魏皇室对汉文化的尊重和实践，学者们更多的是从汉文化因素出发，关注平城地区各民族对汉文化的吸纳和融合，而较少提及当地鲜卑文化的认同问题。石松日奈子在分析云冈石窟中的鲜卑供养人时曾试图解释为何不同民族的供养人均采用了鲜卑人像形式，但其主因被归结于向北魏鲜卑王朝致敬归顺等政治因素，较少论及其中的文化问题。[3]

"汉化"和"胡化"是十六国北朝历史文化中的一大问题。其中，"胡化"

问题在文献记载中虽不明显，但近年来借助考古材料，揭示出北朝大量外来文化因素进入中国，提示我们这一时期北方中国对不同文化的接受度较高。具体到鲜卑人像在平城地区的流行，也反映了北魏汉化改革以前，当地不同民族对鲜卑文化习俗的认同。现以汉族士人为例对此问题进行讨论。

作为游牧民族王朝，北魏前期的朝廷重臣族属复杂，既有鲜卑人，如刘库仁、奚斤，也有汉人，如许谦、崔浩，此外还有其他胡人如车伊洛、闾大肥传等。虽然《魏书》对于北魏早期鲜卑文化的内容记载不多，但仍能从一些记载中看到当时北方汉人相当熟悉鲜卑生活习性。《燕凤传》中燕凤答苻坚之问即可见一斑：

> 坚曰："卿辈北人，无钢甲利器，敌弱则进，强即退走，安能并兼？"凤曰："北人壮悍，上马持三仗，驱驰若飞。主上雄隽，率服北土，控弦百万，号令若一。军无辎重樵爨之苦，轻行速捷，因敌取资。此南方所以疲弊，而北方之所常胜也。"坚曰："彼国人马，实为多少？"凤曰："控弦之士数十万，马百万匹。"坚曰："卿言人众可尔，说马太多，是虚辞耳。"凤曰："云中川自东山至西河二百里，北山至南山百有余里，每岁孟秋，马常大集，略为满川。以此推之，使人之言，犹当未尽。"凤还，坚厚加赠遗。[17]

此外，《崔浩传》中崔浩阻止明元帝迁都邺城一事亦可见平城鲜卑生活情况：

> 浩与特进周澹言于太宗曰："今国家迁都于邺，可救今年之饥，非长久之策也。东州之人，常谓国家居广漠之地，民畜无算，号称牛毛之众。今留守旧都，分家南徙，恐不满诸州之地。参居郡县，处榛林之间，不便水土，疾疫死伤，情见事露，则百姓意沮。四方闻之，有轻侮之意，屈丐、蠕蠕必提挈而来，云中、平城则有危殆之虑，阻隔恒代千里之险，虽欲救援，赴之甚难，如此则声实俱损矣。今居北方，假令山东有变，轻骑南出，耀威桑梓之中，谁知多少？百姓见之，望尘震服。此是国家威制诸夏之长策也。至春草生，乳酪将出，兼有菜果，足接来秋，若得中熟，事则济矣。"[17]

燕凤、崔浩二人分别为代地和河北汉族士人。从内容来看，二人均很熟悉鲜卑民族的游牧生活方式，并且看法也较为客观，这可能反映了当时北方汉族士人对游牧民族生活习俗的普遍看法。从崔浩提及的北魏前期平城民众生活状况以及灾荒救济方法来看，均为典型的游牧民族形式。此时，北魏已得并、定诸州，且有数次汉民内附和降民内迁事件[17]，又一直推行鼓励农耕政策，则平城居民不当只有鲜卑人，其生活方式也应该向汉族农耕状态过渡。但从其后明元帝采纳崔浩谏言来看，后者所言应该反映了平城实际情况。则当时的平城仍是以游牧民族生活状态为主，而汉族农耕生活状态为辅。这一点亦可为近年来的考古成果所证实。根据对大同北魏墓葬中人骨的稳定同位素分析，当地居民的生活方式在北魏早中期是以游牧和畜牧为主，农耕为辅，至中晚期方才变为以农耕经济为主。[23]以游牧为主的生活方式，从客观上也促使平城地区居民接受适应游牧的鲜卑服饰文化。

除了平城地区的经济生产方式等客观因素，北魏前期的勋贵集团主要来自代地和燕国故地如河北、辽东亦值得关注。代地本为拓跋鲜卑所有，而三燕亦为慕容、冯氏等鲜卑部落所建立，两者的统治阶层均为鲜卑人。来自这些地区的人士本身也能够有较多机会接触到鲜卑文化，并且因统治者的原因而对鲜卑文化的抵触较少。前述两例之一的崔浩作为北方名族清河崔氏的代表，本身受汉文化传统影响较深，是一位典型的汉族士人。但从其关于救荒内容来看，他不仅对鲜卑文化颇为了解，而且也接受民众采取此种文化习俗。

在另一燕凤之事迹中，燕凤将拓跋鲜卑的军队表述为"北人"，而将苻坚所统治的前秦称作"南人"来看，更多的是以地域而非族属习俗来区分人群。所谓"北人"，本当指包括汉人在内的代地多民族民众，但在燕凤的描述中以鲜卑的游牧生活方式来作为当地代表。这或许暗示了一种可能，即当时代地汉人本身也有相当的鲜卑化倾向。这些长期生活在鲜卑统治区范围内的汉族士人，本身能够接受鲜卑文化，甚至有鲜卑化的可能。而当他们一旦成为北魏勋贵后，在文化上也更可能倾向于当权者的文化。

由此可见，经历十六国时期五胡入华后，鲜卑统治下的汉人群体对鲜卑文化接受度较高，可能并不排斥使用鲜卑人像作为自己的形象。而与此同时，平城当地的经济生活方式仍为游牧经济，加之鲜卑政权定都于此，也进一步加强了鲜卑服饰文化在平城的流行。

四、结语

从艺术史的角度而言，云冈石窟二期中大量出现鲜卑供养人像并非偶然。这一现象根植于平城地区使用鲜卑人像的传统，后者在墓室壁画中有着更长久的历史。"昙曜五窟"的开凿，带动了平城地区的人像制作，进一步促使鲜卑人像从图像延伸至石窟雕刻、墓葬俑类上。

从艺术史而及历史本身来看，北魏平城时代流行的各类鲜卑人像并不仅仅是慑于统治阶层权威所致，而与十六国以来北方汉人在游牧民族大举南进过程中逐渐了解并接受了游牧民族文化习俗的过程有关。同时，平城在北魏早中期以畜牧业为主的经济生活方式也让当地居民更容易接受方便骑马狩猎的窄袖风帽的鲜卑衣着。这体现在云冈石窟二期流行的鲜卑供养人形象，也体现于平城汉人墓葬中出土的陶俑大量采用鲜卑形象。

从后世来看，以平城为核心的北魏旧都地区鲜卑文化直到孝文帝汉化改革，加之平城地区经济生活方式转向以种植业为主，才逐渐改变，并最终导致云冈石窟第三期的供养人造像从鲜卑人像变成了汉族士人形象。但同时，平城等北魏北方地区浓厚的鲜卑文化氛围持续了相当长一段时间，最终使得一些长期居住在此的汉人倾向于鲜卑文化。南北朝史上著名的"胡化"汉人高欢家族即长期居住于怀朔镇，其本人早年亦长期于这一地区任职。[24]可以说，以高欢为代表的"胡化"汉人的出现，与北朝多民族文化的主导和兴盛有着很大关系。而"胡化"元素最终促使隋唐文化中多文化包容共存特点的呈现。而平城地区不同族属民众共同使用鲜卑人像，恰是这种文化接受和包容态度的先声。

参考文献：

[1] 宿白．云冈石窟分期试论[J]．考古学报，1978（1）．

[2] 石松日奈子．云冈中期石窟新论：沙门统昙曜的地位丧失和胡服供养人像的出现[J]．姜捷，译．考古与文物，2004（5）．

[3] 石松日奈子．中国佛教造像中的供养人像：佛教美术史研究的新视点[J]．牛源，译．中原文物，2009（9）．

[4] 李雪芹．试论云冈石窟供养人的服饰特点[J]．文物世界，2004（10）．

[5] 李雪芹．试论云冈第7、8窟雕刻中的鲜卑因素[C]//2005年国际云冈学术研讨会论文集．北京：文物出版社，2005．

[6] 彭栓红．云冈石窟造像的鲜卑特色与文化多样性[J]．中央民族大学学报（哲学社会科学版），2018（9）．

[7] 李雪芹．云冈石窟供养人图像形式分析[J]．山西大同大学学报（社会科学版），2017（2）．

[8] 高移东．北魏墓葬出土陶俑研究[D]．广州：暨南大学，2014．

[9] 山西省大同市博物馆，山西省文物工作委员会．山西大同石家寨北魏司马金龙墓[J]．文物，1972（3）．

[10] 倪润安．北魏平城时代平城地区墓葬文化的来源[J]．首都师范大学学报（社会科学版），2011（12）．

［11］张峰. 北魏平城地区墓葬族属的归类［J］. 文物世界, 2015（5）.

［12］大同市考古研究所. 山西大同沙岭北魏壁画墓发掘简报［J］. 文物, 2006（10）.

［13］山西省考古研究所, 大同市考古研究所. 山西大同南郊仝家湾北魏墓（M7、M9）发掘简报［J］. 文物, 2015（12）.

［14］吴松岩. 盛乐、平城地区北魏鲜卑、汉人墓葬比较分析［J］. 北方文物, 2008（11）.

［15］大同市博物馆, 山西省文物工作委员会. 大同方山北魏永固陵［J］. 文物, 1978（7）.

［16］倪润安. 北魏平城时代平城墓葬的文化转型［J］. 考古学报, 2014（1）.

［17］魏收. 魏书［M］. 北京：中华书局, 1974.

［18］曾布川宽. 云冈石窟再考［J］. 东方学报, 2008（83）.

［19］林圣智. 魏晋至北魏平城时期墓葬文化的变迁：图像的观点［J］. 台大美术史研究集刊, 2016（41）.

［20］俄军, 郑炳林, 高国祥. 甘肃出土魏晋唐墓壁画［M］. 兰州：兰州大学出版社, 2009.

［21］王晓娜. 北魏佛教造像中的民族认同［D］. 西安：陕西师范大学, 2016.

［22］李裕群, LiduYi. 山西高平大佛山摩崖造像考："云冈模式"南传的重要例证［J］. 文物, 2015（3）.

［23］侯亮亮, 古顺芳. 大同地区北魏居民生业经济的考古学观察［J］. 郑州大学学报（哲学社会科学版）, 2018（11）.

［24］李百药, 等. 北齐书［M］. 北京：中华书局, 1974.

关于北魏云冈石窟造像题记的分析

冯晓晓　李珍梅

(陕西师范大学历史文化学院，陕西　西安　710119)

摘　要：云冈石窟建于北魏时期，因其开凿年代久远，所存题记稀少。目前保存下来的仅有49条，其中可以辨认的仅有34条。本文对收集到的造像题记进行仔细分析，揭示了当时不同社会阶层（皇室、官吏、僧尼和普通百姓等）的宗教信仰情况。出于维护统治的需要，皇室阶层造像较为频繁；从自身利益考虑，官吏和普通百姓也纷纷选择造像；而僧尼阶层才是最为忠实和虔诚的。此外，这些造像题记在一定程度上也反映了当时社会的伦理思想和政治思想。具体来说，伦理思想是指孝道思想和忠君思想，政治思想是指以孝治国和选贤任能思想。

关键词：云冈石窟；造像题记；宗教信仰；伦理思想；政治思想

从目前收集到的资料来看，关于云冈石窟的造像题记完整保存下来的很少，有些题记残缺不全，有些题记造像者的身份无法辨识，但是我们仍可从一些造像题记中找到有用的信息。本文引用的造像题记主要摘自张焯先生的《云冈石窟编年史》、王恒的《云冈石窟辞典》等，总计有49条，其中能辨认的有34条（包括普通百姓21条，僧尼造像8条，官吏造像4条，皇室造像1条），其余15条身份不明。最初，北魏云冈石窟主要是由皇家来完成的，但是通过分析造像题记我们发现云冈石窟的参与者甚多，造像者大体有四个阶层，分别是皇室、官吏、僧尼（包括比丘尼）、普通百姓（包括社邑人士）。

造像题记记录了造像者当时开凿石窟后留下的信息，包括造像对象、造像缘由、祈福内容等，这些内容对于分析北魏时期各个阶层的宗教信仰有很大意义。现在学术界公认的云冈石窟始于和平年间的昙曜五窟，即文成帝在位时（452—465年），《魏书·释老志》有记载：

和平初，师贤卒。昙曜代之……昙曜白帝，于京城西武州塞，凿石开壁，开窟五所，镌建佛像各一。[1]

到孝文帝时，云冈石窟的修建已进入极盛时期，这个时期的造像题记比较多，但是孝文帝之前鲜有造像题记流传下来。因此，本篇论文以北魏孝文帝时期及其后的造像题记为研究对象，分析北魏各阶层的宗教信仰，进而揭示出他们的伦理思想和政治思想。

一、造像题记反映的宗教信仰情况

北魏王朝是由鲜卑拓跋族建立的，起初他们比较封闭，并未与西域往来，也没有听说过佛教。后来随着北魏王朝统治区域的扩大，控制的人民越来越多，统治者希望寻找一种思想来稳定人心，加强统治。到了道武帝拓跋珪时，释教得以成长，《魏书·释老志》如是记载：

> 帝好黄老，颇览佛经……始作五级佛图、耆阇崛山及须弥山殿……[1]

到了太武帝拓跋焘时，曾发生过太武灭佛事件，道教在汉族官员崔浩的支持下占据了一定的位置。但是到了文成帝的时候，文成帝下令复法，即恢复佛教，就有了之后的昙曜五窟。经过长期的摸索，北魏王朝最终确定了以佛教为统治手段之一。那么在以佛教为主流统治思想的情况下，北魏各个阶层的宗教信仰是什么状况呢？

（一）皇室的宗教信仰

现在流传下来的造像题记，造像身份确认是皇室的仅有一条，即北魏后期的《大茹茹造像记》。《云冈石窟编年史》中载：

> 大茹茹■■■｜可敦因■■■｜逐斯□■■■｜维？□■■■｜壤？乃……满□■■■｜载之□■■■｜何掌乎■■■｜以兹微福？……[2]

本条造像题记不完整，有部分内容缺失，目前还无法考证，但我们可以了解到的是造像者是大茹茹，是当时的柔然皇室，而不是北魏皇室。史书记载，北魏皇帝道武帝本人经常看佛教经书，他意识到佛教对统治的重要性后，下令修建寺庙。之后，北魏继任者文成帝也说佛教的功能"助王政之禁律，益仁智之善性"，即佛教既可以帮助稳定政治，又有助于培养健全的人格，从而构建和谐的人际关系。综合道武帝和文成帝的文字记录，我们可以了解到他们二位都看到了佛教的功用价值，看到佛教对于统治来说是十分有益的。他们看到造像不仅可以稳定人心，起到社会教化的作用，而且可以巩固统治，稳定江山社稷。北魏王朝是由鲜卑拓跋族建立，在逐渐征服中原的过程中，北魏帝王认识到宗教是一种联系上层贵族阶层与下层民众之间的纽带，宗教可以为政治所用。

从皇室的造像题记及史书记载来看，我们可以看到他们造像开窟的主要目的是通过佛教的神圣性来对人民进行思想渗透，进而达到加强统治的目的。当然，我们还了解到北魏帝王自身也接受了这种外来思想，相对于他们鲜卑族的原始信仰，从某种意义上可以说是一种进步。

（二）官吏的宗教信仰

北魏官吏的造像题记在数量上相较于皇室的多一点，时间大抵集中于孝文帝迁都之后，《云冈石窟编年史》记录的有《吴氏造像造窟记》《常主匠造弥勒七佛菩萨记》《为亡夫侍中造像记》等。从题记名字上看，我们可以知道这些造像题记造像者身份基本上是明确的，有的是官吏本人所造，有的是官吏的家人（主要是妻子）所造。

《云冈石窟编年史·第七编》中有两个是专门关于官吏造像的题记，我们可以来分析一下。首先《常主匠造弥勒七佛菩萨记》中如许描述：

比丘……惟代延昌」四？年正月十四」日，恒雍？正？」□□尉都统」……常？主？匠，为亡」弟安？凤翰」造弥勒并七」佛立侍？菩萨。」……[2]

这个题记时间可以确定是在延昌四年（515年），并且造像者是为去世的弟弟造弥勒七佛菩萨像。另一个题记便是《为亡夫侍中造像记》，题记内容是：

……为亡夫侍中、平原？太守……亡息济……一？区？，□亡者托生净土……皇祚永隆……正光……月廿三日■。[2]

从这个题记可以看出，死者为造像者丈夫，而且是一名太守，造像时间是正光年间（524年）。这两个造像题记的共同点是时间、造像者身份地位比较明确，时间都在北魏后期，造像者是官吏阶层。它们也有区别，就是第一个题记造像对象很清楚，有弥勒菩萨，表明当时人们对佛教信仰还是比较虔诚的；而第二个我们只能看到造像一区，造像对象尚不明确，此时北魏社会动乱，即将分崩离析。

通过对官吏阶层造像题记的分析，我们可以看出在皇室造像开窟的影响下，不管是他们自己还是家属，都对佛教思想有了进一步的认识。起初他们还是比较虔诚的，但是到了北魏末期，政局动荡，官吏阶层明显对云冈石窟造像的关注度下降，他们更多关注的是自己的利益，其宗教信仰并不是十分虔诚。

（三）僧尼的宗教信仰

现今流传下来的僧尼造像题记比较多，《云冈石窟编年史》和《云冈石窟辞典》中记载的有太和十三年（489年）的《□僧造像记等》（a~e）、《比丘尼惠定造像记》《昙媚造像碑记》《尼道法□造像记》（a~b）。

就拿《比丘尼惠定造像记》（第十七洞明窗东侧）来说，《云冈石窟编年

58

史》如是描述：

> 大代太和十三年……比丘尼惠定身愚（遇）重患，发愿造释迦多宝弥勒像三区。愿患消除，现世安隐（稳）……以此造像功德，逮及七世父母……[2]

这个题记的造像者是比丘尼惠定，比丘尼是僧尼的一种。题记中提到的太和十三年（489年）是文明太后跟孝文帝共掌朝廷大权时期，这个阶段的云冈石窟建筑多是释迦多宝二佛并坐（如云冈第5窟和第6窟，文明太后490年去世后由孝文帝下令修建而成），它从侧面反映了这个时期的政治现状。从内容方面来看，造像的动机有两个：一个是从个人的需求出发，希望自己身体健康和生活安定；另一个是"逮及七世父母"，这是从祖先、父母的角度出发。这说明当时僧尼信仰相当虔诚，他们考虑的不仅是自己，他们也有很强的家庭观念。又如第二十二洞的《尼道法□造像记》，《云冈石窟辞典》这样写道：

> a. 尼道法□」所造像二」区，为父母■■。[3]

以上这两条造像题记都提到了父母，说明当时僧尼心中有强烈的家庭观念，他们懂得孝敬父母，通过造像来表达他们对父母的感谢或哀思。与官吏阶层相比，他们的宗教信仰并没有功利性，只是寻求精神上的寄托。

综合以上几条题记，我们还可以发现当时僧尼中女性也占很大比例，这能说明什么呢？北魏王朝除了太武灭佛之外，大部分帝王还是推崇佛教的，因而他们支持开窟造像，并加以宣传。他们给予寺院人士优厚待遇，这种做法后来促进了北魏寺院经济的发展。在这种潮流的影响下，民间很多女性选择出家也是合乎情理的。从僧尼的造像题记来看，这个阶层的宗教信仰是比较虔诚的，他们对教义的理解更加通透。从其祈愿内容来看，我们可以知道他们有自己的需求，如为健康考虑而造像；他们也懂得孝敬父母的家庭伦理思想；他们也更加博爱，表达了对天下苍生的祝福，其精神境界更加高远。

（四）普通百姓的宗教信仰

云冈石窟的造像题记大多出于普通百姓之手。《云冈石窟编年史》（部分来自《云冈石窟辞典》）中关于普通百姓的造像题记有22条（其中有社邑成员1条），数量总数超过之前的任何一个阶层，主要有《五十四人造像题记》《清信女造释迦佛记》《侯后？云？造像记》《佛弟子造像记》（a~e）、《邑子等残字》（a~f）、《佛弟子造像记》（a）、《老李自愿造像记》《为亡母造像记》《清信士造像记》等。

从普通百姓的造像题记中，我们发现造像者身份稍微有些不同，有的是清信士（女），有的是佛弟子，有的是某些个人或社邑人员。但是我们仔细看题记内容，我们还会发现他们有一个共同点：他们大多是为父母造像祈福。

比如，《清信士造像记》中刻有：

　　延昌四年……清信士……为？亡？父母……造像一区。上为皇帝陛下……下？及七世父母……[3]

又如，有云冈石窟第二十洞西窟《佛弟子造像记》的造像记如下：

　　a. 佛弟子善？师？,」为七世父母、所」生父母□□■。[2]

再如，云冈石窟第二十七B洞东壁《佛弟子惠奴造像记》所刻：

　　■■■正始四年八月……惠奴，谓代迎」父日，即造佛窟壹区。」愿弟子惠奴■」将父平安到京,」愿愿从心，所」求如愿。[2]

还如云冈石窟第十一窟东壁《侯后？云？造像记》载：

　　侯」后？」云？」为」亡」母。[3]

显然，以上这几个题记都提到为父母造像祈福，这就说明佛教思想在传入的过程中逐渐与中原文化相结合，把中原传统儒家文化渗入到家家户户，从而使孝道思想在人们心中已经相当浓厚。我们还可以知道，当时人们祈愿的对象也包括皇帝，这说明当时百姓希望社会安定和平，人们渴望一个安定的社会环境，同时也表明部分普通百姓造像也会顾虑到当时的政治情况，懂得附和政治。我们还发现普通百姓造像目的性更强，要么祈求自己身体安康，要么祈求父母死后可以进入"天堂"，来世可以幸福。可见，其宗教信仰相当虔诚，他们是自觉的，是纯朴的，是真诚的；他们认为造像是可以带来希望的，是可以实现愿望的。

二、造像题记反映的伦理思想

云冈石窟现存的造像题记，不仅反映了北魏不同社会阶层的宗教信仰，同时对当时社会的伦理思想也有所揭示。北魏王朝在鲜卑族的统治下，社会发生了很大的变化。鲜卑族本来是北方的游牧民族，他们的经济文化比较落后，在入主中原后，为了巩固统治，北魏帝王大力推行汉化政策，特别是将传统儒家思想提倡的"孝道"思想和"忠君"思想贯穿其中，使其统治出现了欣欣向荣的局面。

（一）孝道思想

孝道思想可以说起源很早，在夏商周时期就已出现，到了春秋战国时期儒家孔子及其传承者将其系统化，从而成为历代统治者治理国家的工具。北魏统治者亦如此，对孝道思想十分重视，云冈石窟的造像题记可提供佐证。

前文已经多次提到云冈石窟的造像题记，在很多题记中，我们可以看到为父母造像的题记居多，而且内容多是为父母祈愿，"愿？托生西方，妙乐国土"，这明显可以看出孝道这种思想对人们的影响力。

史书记载北魏帝王一直以来就有祭祀传统，对祖先十分敬重，造像题记中频繁出现的"七世父母"很大程度上与皇室传统有关。孝文帝改革还在进行的时候，文明太后死了，孝文帝曾经几天绝食，伤心不已，这也是当时"尽孝"的典型例子。这在那时产生了很大的舆论效应，在民间得以广为流传。云冈石窟本是佛教建筑，但是北魏统治者在宣传佛教思想的同时，试图将佛教经典中的"孝"思想与中国传统儒家思想（特别是孝道思想）相结合，从而加以宣传弘扬。这就由家庭伦理扩展为社会伦理，由家庭而家族，由家族而社会、国家，儒家孝道贯穿其中。[4]

我们还可以在云冈石窟第9窟内看到"睒道士本生"的连环画，这个连环画主要内容是，睒本是一名隐居道士，一心向佛，孝敬父母，可是不幸被迦夷国王误射。当时父母亲已经年过半百，家里就靠睒一人支撑。父母得知消息后，伤心不已。而睒并没有抱怨，而是坚守自己的职责，潜心修行。他的父母大哭，为儿子向上天诉苦，此情此景感动了上天，睒因此恢复到原来的状况。迦夷国王于是下令宣传佛法，国家得以稳定繁荣。王恒先生对此曾说过："显然，这是一个宣传儿女孝道的故事，它与中国民族传统特性中孝敬父母的意识习惯，产生了强烈的共鸣。"[5]

总而言之，在孝文帝"太和改制"的影响下，云冈石窟的开凿包括民间百姓的造像都更加凸显时代性。"七世父母"的频繁出现，说明"孝道"这种思想在当时人们心中俨然已经牢固了，而且人们更加愿意去付诸行动，愿意为这个大家庭付出自己的努力，而不是仅仅为了造像。所以，这种造像行为，使人们不仅虔诚地信仰佛教，而且通过汉化政策传播了儒家思想，还使人们认识到孝道这种思想弥足珍贵。造像题记既是当时政治情况的反映，也是当时整个社会文化思想的反映。随着这种思想的深入人心，孝道思想的形成对于整个北魏王朝来说，无疑是有利的。

（二）忠君思想

佛教在传入中原的过程中，为了被人们接受，它也在不断地改进。在与儒家思想碰撞的过程中，二者相互融合，除了孝道思想外，忠君思想也随之被吸纳到北魏社会中。云冈石窟作为当时社会意识形态的反映，我们大致可以从它的造像题记中看到这种思想的体现。

北魏统治者在入主中原后，逐渐开始学习汉族的传统文化，特别是"君为臣纲"的忠君思想，实际这就是为"皇权至上"服务的。拓跋焘曾经采纳了汉人的"在家必孝，处朝必忠"忠君思想[6]，即对君主必须忠心耿耿，这点对于统治者来说是有好处的，故而他们必然会提倡这种思想。

在云冈造像题记中，我们会发现"上为皇帝陛下"这样的字眼，这就说明当时忠君思想已经渗入到普通民众当中。比如，题记不管是官吏阶层所刻，还是普通民众所为，他们都会提到"上为皇帝陛下"，他们或许有出于迎合政治的考虑，但更多的是这种思想已经深入人心，所以人们造像的时候才会多次为统治者祈福。又如，《吴氏造像造窟记》中提到吴氏祖先"忠和著□，□」孝并举"，这说明吴氏一家忠君早已闻名遐迩。

在北魏建立之前，沙门（僧侣）对皇帝并没有特殊礼仪，但在北魏建立后，沙门开始宣称皇帝就是佛，将佛教与皇帝联系在一起，这就说明此时佛教是为政治服务的，突出了"皇权至上"这种思想。北魏历代皇帝也将这种思想贯穿始终，忠君思想的地位更加牢固，人们对此更加虔诚。

综上可知，一方面，忠君思想本是儒家传统思想中的"君为臣纲"，北魏统治者将其引申到社会各阶层。佛教传入以后，其把皇帝抬高到佛的地位，使忠君这一思想更有可信度，在全社会形成一股儒佛并重的潮流。忠君思想可以说是二者融合的表现，这一思想的传承反映了北魏统治者的气魄与才华。

三、造像题记反映的政治思想

（一）以孝治国思想

在北魏伦理思想和孝道思想的影响下，北魏统治者提出了"以孝治国"的政治思想，孝道这种伦理思想成为治理国家的工具。这种思想的贯彻实施，推动了北魏社会的封建化，从而巩固了鲜卑族的统治。

云冈石窟既是北魏社会伦理思想的反映，也是政治思想的反映。它的题记祈愿对象多次提到"父母""七世父母""亡母""生父母"等字眼，这不仅是孝敬父母的表现，还是北魏统治者实施"以孝治国"政策的体现。

北魏当权者一直以来就有祭祀的传统习俗，建国之后，在儒家思想的影响下，更加意识到"孝"是维持血缘关系的纽带。太武帝在位时，他就大力提倡汉人的孝，对社会不同阶层尽孝的良好品德给予奖励。孝文帝在冯太后的悉心培养下，接受了很多汉人思想，进行了孝文帝改革，他命人把《孝经》译成鲜卑文，从而把汉人的孝文化传递到国民当中。北魏后期统治者也非常重视《孝经》，使得孝思想广为流传，促进了鲜卑族汉化的进程，提高了其文明程度。在这种思想的作用下，北魏极大地推动了北魏王朝的封建化，进而巩固了其统治。

（二）选贤任能思想

入主中原后的鲜卑族，为了巩固其统治，十分重视人才。在选拔官吏方面，统治者采取选贤任能的政策。云冈题记中《吴氏造像造窟记》记载：

> 吴氏，为亡息冠军将军、□侯」吴天恩造像并窟……寻吴氏家先，忠和著□，□」孝并举……[2]

虽然这是父亲为儿造像，但是吴天恩作为北魏的一员官吏，他的品行和才能必然得到皇帝的肯定，才被重用。另一则题记《妻周氏造像记》载：

> ……七妻周，为亡夫故常」山太守田文（虎）[彪]……释迦文佛、」弥勒二躯。[3]

此题记说明周氏为其亡夫田文彪造像，而且她丈夫生前是常山太守。这个官吏田文彪，《魏书·节义传》这样记：

> 石祖兴，常山九门人也。太守田文彪……丧亡州郡表列，高祖嘉之，赐爵二级……[1]

高祖皇帝对他生前的政绩予以表扬，这可以表明他在选拔官吏方面特别注意官吏的才能和素质。

拓跋珪在执政实践中深感人才的不足，开始重用汉族士人，挖掘有才之士。拓跋焘在位时汉族士大夫崔浩帮助其征伐有功，太武帝对其加以重用。他曾说："凡军国大计，卿等所不能决，皆先咨（崔）浩，然后施行。"[1]他虚心纳谏，使得崔浩得以施展才华，为北魏立下了汗马功劳。文成帝即位后，先后重用佛门弟子法果、昙曜等，封他们为领袖，修建了宏伟的云冈石窟。这些宗教领袖将佛教思想普及到国民当中，从而对北魏社会产生了积极影响。孝文帝在位时，大力推行汉化政策，更是重视人才，尤其提拔汉族士人，这与北魏王朝的兴盛无疑密切相关。

本文通过对北魏孝文帝及其后的云冈石窟造像题记的分析研究，揭示了当时社会不同阶层（包括皇室、官吏、僧尼和普通百姓等）的宗教信仰情况。总体来说，出于自身利益的考虑，皇室、官吏、普通百姓阶层都选择了造像，来实现自身的某种目的或愿望；而僧尼阶层造像才最为朴实、虔诚，他们是真正的佛教教徒。此外，云冈石窟的造像题记在一定程度上反映了当时社会的伦理思想和政治思想，伦理思想就是孝道思想和忠君思想，政治思想就是以孝治国思想和选贤任能思想。以云冈石窟造像题记为研究对象，我们能够更加了解北魏社会的宗教信仰状况，推进北魏社会的深入研究。

参考文献：

[1] 魏收. 魏书 [M]. 长春：吉林人民出版社，2006.

[2] 张焯. 云冈石窟编年史 [M]. 北京：文物出版社，2006.

[3] 王恒. 云冈石窟辞典 [M]. 南京：江苏美术出版社，2012.

[4] 阎秀芝，蒋国保. 儒家孝道思想及其现代意义 [J]. 江西师范大学学报，2012（6）.

[5] 王恒. 云冈石窟中表现的"孝道"思想：云冈"睒道士本生"画解 [J]. 文物世界，2001（6）.

[6] 黄辉. 魏晋士人孝道思想研究 [D]. 长沙：湖南大学，2012.

《云冈石窟 11 窟五十四人造像题记》价值探赜

陈俊堂

(山西大同大学美术学院,山西 大同 037009)

摘 要:《云冈石窟 11 窟五十四人造像题记》刻于太和七年(483 年),是云冈石窟最早的造像题记和开凿年代较早的民间工程,也是云冈石窟铭文字数最多、载录内容最翔实且保存状况相对良好的铭记。该造像题记具有突出的文学价值、史学价值和艺术价值,在北魏平城佛教寺塔铭刻书迹史上留下了璀璨的一页。

关键词:北魏;平城;造像题记

南北朝为中国佛教衍变的第一高潮段。北魏平城作为是时北中国的佛教中心,见证了西传佛教在 5 世纪与中国本土文化对峙碰撞、交涉契合的历程。在北魏平城时期,佛教文化极为繁荣,出现了一整套中国化的佛教制度和大量的佛教寺塔。基于种种原因,北魏平城佛教寺塔铭刻书迹数量较少。这些为数不多的佛教寺塔铭刻书迹成为展示北魏平城佛学、文学、史学、艺术学的活化石,《云冈石窟 11 窟五十四人造像题记》正是其中杰出的代表。

云冈石窟作为北魏皇家重大的佛教建筑群,始建于北魏兴安、和平年间,其早期工程为著名的昙曜五窟。太和七年(483 年)为北魏政权的全盛时期,此时云冈石窟的开凿已经进入中期工程,中部的窟群多数已经开凿,民间工程渐次出现。与龙门石窟不同,云冈石窟尚存的造像题记数量极少,其中大多风化剥泐,有确切纪年的造像题记只有十余题,而《云冈石窟 11 窟五十四人造像题记》正为其代表性作品。该磨壁造像题记(又名《邑义信士女等五十四人造石庙形像九十五区及诸菩萨记》等)位于云冈石窟第 11 窟东壁南端上部,距离地面约 11 米高。题记铭刻于太和七年八月三十日,铭石横长 78 厘米,竖高 37 厘米,共 24 行 342 字。《云冈石窟 11 窟五十四人造像题记》作为云冈石窟开凿年代较早的民间工程,是云冈石窟铭文字数最多、载录内容最翔实且保存状况相对良好的铭记,又兼中国最早的石窟邑义造像,故其文学、史学和书法艺术价值较大。

一、文学价值

该造像题记既呈现了碑、铭、志等同宗文体的共性,又展示了其鲜明的个性特点。其一,就内容传达层面而言,信息可谓充裕详尽。发愿文主体先以"自惟"的第一人称讲述了邑义信士女等五十四人雕造九十五躯石佛的诸多缘由,再以"愿以此福"引出发愿对象、发愿祝语诸内容,最后是祝语余波,再次强调上述诸多愿望的关键受益对象,收束全文。发愿文显示了造像者与现实生活缔结的以业缘、血缘、亲缘为主的多重联系,呈现出邑义成员多元化、多样化的心理诉求以及佛教接受的主观差异性。其二,就结构肌理层面而言,开启了中国石窟造像题记规范的结构程式。该造像发愿文依次涉及了造像时间、造像人、造像缘由、发愿对象、发愿祝语、祝语余波等内容,可谓结构完整、层次分明、逻辑清晰、范式谨严。尽管此前已有炳灵寺法显题记等相关的石窟造像题记,但或只言片语,或漫漶斑驳而不可识读,而该造像发愿文则堪为中国石窟造像题记结构框架完整规范的最早代表,从而成为其后石窟题记撰写的重要蓝本,其体例、格局不仅影响了云冈石窟诸多造像题记,甚至"直接影响到龙门石窟诸多题志"[1],特别是《龙门二十品》中的《牛橛造像记》《魏灵藏造像记》等。其三,就语言层面而言,彰显了撰文者相当的学养才情。其风貌简洁自然、雅正持重,虽不乏质朴的民俗气息,却更富文采辞章,可谓文质兼用。其句式整散结合,又以四字句居多,自然形成一种整饬、对举的骈文气象。其词汇丰赡,善用近义词语,如表示地域广大的用词就有"天下""十方""无外""乾坤""四天""八方"等,显示了遣词用字的较强能力。其四,就表达方式和传达手段层面而言,能交错使用多种方法式样。该造像题记以记叙、描写为主,兼有说明、抒情,既能陈述基本事实,又能描写变幻莫测的宗教状态,既有发愿要素的确切介绍,又有宗教情怀或隐或显的抒发,显示了撰文者较为高超的语言表达能力。其五,就表达技巧和手法层面而言,能交互选用多种修饰文辞、表现手法甚至结构技巧。该造像题记特别善用比喻去描摹神秘的宗教状态,如"昏境""开敷""洪泽""明鉴""慧日""道风"等,此外题记还善用夸张、渲染、烘托、想象、象征、典故去描摹宗教现象,显示了撰文者能够调动多种艺术手法去实现文本传达的旨归。其六,就意味气息层面而言,能够通过语言文字层面,传达出虔诚的佛教心境。面对一个现实的雕造石佛以祈福的题材,既要接受真实事件的诸多限制,又不能让文学性在坚硬的现实面前失语，就必须把视角聚焦于人的内心世界，就必须释放飞扬翱翔的精魂。该题记既留下了现场，又对信徒的精神世界进行深入挖掘，以文学想象的力量展示了至高的宗教境界，表现出北魏平城时期造像发愿文体神圣而纯粹的宗教情怀。

二、史学价值

该造像题记能帮助我们解读北魏孝文帝太和年间平城佛教的许多重要现象，特别是佛教社团"邑义"的活动、佛教和儒教交相渗透的状况，从而有助于人们深入了解和把握北魏平城佛教积极主动接受本土文化观念的改造[2]，实现佛教中国化的历史进程。

（一）《云冈石窟11窟五十四人造像题记》是北魏平城时期有关最早佛教社会团体——"邑义"的较早文献

"邑义"活动不见载于传统史籍，但依托上述造像题记等石刻资料得以幸存。兴安元年（452年）文成帝践祚，矫正太武帝灭佛之举，开始复兴佛教，其后献文帝、孝文帝继续行兴佛政策，所以佛教在以平城为中心的北方地区急速发展，造寺建塔、雕琢佛像成一时风气。伴随席卷整个社会的崇佛热潮，在平城等地区逐渐出现了"邑义"组织，其名号以邑义、邑、法义等为多，兼有其他称谓。其成员以笃信佛教的家庭信徒为主或只由家庭信徒组成，在僧尼的指导下，主要从事造像等佛教功德活动。据相关文献，古代印度最早出现类似"邑义"的佛社，所以平城"邑义"的出现和壮大既是印度佛教文化向中国世俗民间广泛传习的结果，也是北魏统治集团为了缓和社会矛盾维护其统治而倾力扶助的结果。

"邑义"中的"邑"，据《辞源》等可以指京城、城市（大者为都，小者为邑）、城镇（县），也可以指一般的区域单位或民众聚居之地（据《周礼·地官》，"九夫为井，四井为邑"，其占地方圆二里），所以"邑"指范围大小不一的民众聚居地域。"邑义"中的"义"，据《辞源》等可以指礼仪、适宜的事、善、情意、拜认的亲属关系等，结合北魏时期民间崇佛的风气，"义"侧重指信奉佛法义理、佛经义旨的结拜、结义组织，北魏迁都后龙门石窟的一些造像题记中甚至出现了"邑义兄弟"的称呼，更印证了"义"字结盟结义的特色。所以"邑义"是指以村镇都邑等地缘关系或亲族血缘关系、结拜结义关系等为纽带而组合起来的世俗宗教联谊组织或佛教团体，其成员多为居家修行佛法的普通民众，兼有基层僧尼等相关人员不同程度地参与，其佛事活动主要是聚众雕造"石庙形象"。"邑义"虽然是居家信徒自发组成的信仰组织，因其多有僧人参与或指导，也可视为寺院的外围团体。"邑义"有其较为稳定的特点，如其首领经常称为"邑师""邑主""维那"等，其成员经常称为"邑子""邑母"等，邑义成员的来源较为复杂，"有出家的僧尼、沙弥，也有世俗官僚，更多的是平民百姓"。[3]"邑义"有多样化的组合形式，依照成员性别、姓氏、地理分布畛域、组织领导者身份地位等不同的标准，可切分为诸多种类。《云冈石窟11窟五十四人造像题记》显示，初期"邑义"的组织形式较为简单，计有"邑师"5人，"信士女"54人。"邑师"一般由僧人充任，是"邑义"组织中有专门佛教技艺而可为他人师法的榜样，是为普通信众宣讲佛法、组织或引导相关佛事活动的"寺院比丘和比丘尼"[4]，他们是邑义组织中不可或缺的精神领袖，所以在该造像题记中道月、法宗等四位邑师的题名位于异常突出的位置。"信士女"是指笃信佛教而居家修持佛法的世俗男女，因为难以直接见佛闻法，所以他们往往需要接受"邑师"的相关引导和教化。该造像题记中提到"弟子等得蒙法润，信心开敷"，意思是说"信士女"获蒙佛法滋润，向佛之心开启绽放，这其中固然有举国崇佛环境的濡染，但主要是得益于"邑师"的教化。发愿文中所列诸多祈福对象就包括"命过诸师""先师"，也表明"信士女"心性的开悟并非一朝一夕，这其中自然离不开"邑师"长期坚持不懈的教导化育。该发愿文提到的"长辞八难，永与苦别"等应视为较低层次愿望，较明确地表达了邑义成员对于死后理想归宿的一种期盼；该发愿文提到的"戒行清洁""佛性明显"等应视为较高层次愿望，较明确地表达了邑义成员要通过较严格的奉法持戒修行最终实现成佛的希冀。该发愿文还强调"愿生生之处……"，说明"邑义"成员之间亦重交往，而交往要遵循一定的公约，要注重德行修持和精神上的交流。另外，该邑义女性供养人约为男性的两倍，从一定程度上说明平城邑义成员以女性为多的现象。北魏"妇女地位高，这是古代北方少数民族母氏社会的遗迹"[5]，加之战争中男丁丧失现象较严重，又北魏王公显贵中女性信徒也不少，所以云冈石窟中出现了不少以女性为造像主的题记，而这些现象正说明北魏平城时期妇女在"邑义"活动中较高的参与度。综上所述，平城时期"邑义"组织虽属草创，人员数量少、职务分工简单，但正是平城"邑义"开启了北魏后期龙门石窟时段乃至隋唐时期"邑义"全盛的序幕。

（二）《云冈石窟11窟五十四人造像题记》反映了北魏平城时期佛教和儒教相互切入、交相渗透的状况

其一，该佛教发愿文渗透了儒家"孝"的观念，亦即善事父母。对于发愿对象，该发愿文特别使用"上为"和"又愿"的叙述结构，潜藏了对于尊卑等级秩序的朴素认识，显示邑义成员已经在一定程度上接受了儒家的纲常伦理观念。虽然该发愿文涉及的发愿对象较多，但其宗教和世俗感情实际上还是聚焦

于造像者的家庭核心成员,"或是在血缘关系上的进一步延伸"[6],这就和"孝"产生了重要关联。在该发愿文中,儒家孝道既可表现为世俗观念中的替现世父母祈福,也可表现为替亡父母甚至替造像者本人上溯七代的父母——七世父母追福,在极大拓宽尽孝范围的同时,更彰显了一种佛教轮回视域中的大孝观念。我们知道,"孝"作为一种儒家伦理规范,自西汉以来广为传播,它强调在父母生前要善侍,要尽各种义务,特别是其死后亦然。《礼记·祭统》《论衡·祭意》等文献也都强调了祭祀是一种"继孝"行为,也就是说,对亲人死后的祭祀追福也是孝的一种延续。特别值得一提的是,儒家孝道观念在云冈石窟造像题记中的表现绝非个例,据相关统计,关涉为七世父母、亡父母、现世父母造像祈福者"计十二处"。[7] 受汉文化濡染,北魏较为推崇儒家经典《孝经》,随着该书的播扬,孝道观念广为流布,甚至"对谥号、年号、姓名、字号、地名等也产生影响"[8];加之孝廉亦可官场举用,行孝遂于北魏中晚期成一时之风,敬重血缘、亲缘的孝文化逐渐深入人心。甚至连帝王孝文帝本人也在自觉地践行孝道,在承明元年(476年)八月为亡父献文帝举行仪式,"资福于显祖"。[9]

其二,该佛教发愿文潜藏了儒家"家"的观念。发愿祈福作为一种佛教活动,本来是替生者或进入轮回的逝者做祈福的功德,但是在北魏平城时期,该行为不但可以视为一种行孝行为,更能彰显家族主义伦理观念。据对云冈石窟造像题记中发愿对象的相关统计,几乎所有的发愿对象都涉及家庭或家族成员,或七世父母,或父母,或妻子,或丈夫,或子女等,甚至较多的发愿内容都关涉直系子嗣。与神圣的基于积累功德的宗教诉求相比,世俗的基于"家"的功利祈愿在题记中占比更大。造像题记中关涉的"家",固然可以指相对较大范围的家族,但主要是指较小范围的家庭。据相关史料,在北魏时期举家合族参与佛事活动蔚成风气。所以该时期的家庭伦理关系也就自觉或不自觉地扮演了参与佛教活动的角色,从而使北魏平城时期佛教活动具有了极大的世俗性。我们知道,"家"是儒家伦理价值体系中的重要概念,《礼记》即认为"修身齐家治国平天下",这足以说明"齐家"在儒家人生理想谱系中的重要位置。所以,该发愿文关涉家庭、家族的相关祈愿正揭示了世俗家事活动与佛教活动的统一性。

其三,该佛教发愿文交织了儒家"仁"的观念。与前文的发愿对象有所不同,发愿文后部出现了为"同邑诸人""生生之处"祈愿的现象,我们认为这是儒家仁学观念的明证。北魏平城时期流行的主要是以《法华经》为代表的大乘佛教经典,信众开始逐渐接受大乘佛法中"众生"观念,认为众生可以成佛,而这种观念投射在造像题记中,就出现了对于法界众生的祈愿,从而彰显了一种高远的佛教泛化、泛爱情怀。另外，随着佛教的中国化，为"同邑诸人""生生之处"祈愿的现象也体现了儒家突破狭隘的基于血缘关系的家庭、家族圈层的仁学观念。"仁"作为儒家最重要的社会伦理范畴，位居五常之首，孟子即认为"仁者爱人"，也就是说，"仁者"要关爱他人、敬爱他人，该发愿文为他人祈福的行为正是儒家"仁"学观念的生动体现。

孝、家、仁等伦理观念是构建儒家家庭关系和社会秩序的基石，是儒家道德思想的核心。从上述分析来看，该发愿文为了践行忠、孝、家、仁等儒家信条而造像，说明在该时期出现了依托佛教活动宣扬儒家观念的特殊现象。这在一定程度上说明北魏平城时期佛教和儒教二者相互包容、并行不悖的状况。特别值得一提的是，北魏学问僧昙靖撰有疑伪经《提谓波利经》两卷，该经最突出的特点是汲取了汉代儒家的阴阳五行等观念，进而把佛教的五戒等宗教戒律与儒家的五常等伦理纲常进行比附互释。由于该经编撰内容契合当时民众的接受水准和心理诉求，"故极为流行"[10]。实际上佛学儒学在心性修习方面确有接近之处，如二者都推崇"善"，所以北魏平城时期的造像逻辑即可简单理解为，行孝即行善，行善即敬佛，敬佛即善报。这种因果循环式的佛儒互用的现象正显示了佛教在分阶段不断深入中国的进程中对中国本土文化的借鉴和吸纳，特别是为了能够使汉传佛教更贴近中国信众，故而有针对性地把佛教进行了富有中国儒教特色的诠释。这样既传播了佛教根本大法，又践行了中国以儒家为主流的价值观念，从而实现了佛教和儒教的共生与发展。特别是北魏孝文帝时期，"佛学和经学同时被帝王重视和提倡"[11]，所以二者也借助最高统治者这个共同的媒介实现了较为充分的交流和融合。

三、艺术价值

作为云冈石窟最早的造像题记[12]，该题记成于483年，为北魏迁都洛阳11年前的书法作品，故堪为北魏平城末期的"压轴之作"，其在北朝书法史上的重要地位显而易见。此造像题记共24行计342字，为楷书字体，但因该题记质地为砂岩又兼年久，特别是第11行上部有一道纵向的较粗裂缝，故一些文字已漫漶残泐。兹以《中国书法》2014年04期"持志斋"收藏的旧拓本为主而辅以其他拓本[13]作为观照探讨的文本。其拓本整体呈现古健厚拙、酣畅丰腴、骨肉神峻的审美风貌。

其一，就用笔而言，以楷书为主而兼有隶书笔致，率性快意。中点的写法是典型的魏碑写法，截直截方，如高山坠石，如第二行"信""往"、第三行

"靡"、第四行"主"、第十行"帝"等。横画起笔以方笔为主,均为楷法,如第一行"年"、第二行"士"、第四行"值""主"、第十七行"难"、第十八行"往"等;横画少数收笔有隶书遗意,如第四行"三"字第三横、第六行"等"字第一横、第九行"上"字底横等。竖画护头藏尾犹锻钢截铁,如第一行"年""卅"、第二行"信"、第三行"末"、第四行"值""下"、第五行"外"、第七行"泽"、第十七行"难"、第十九行"扬"等。撇画起笔多为楷法,如第一行"太"、第二行"女"、第五行"使"、第十行"合"等;个别短撇画则有较明显的隶书笔意,如第六行"洪"、第七行"兴"、第八行"形"、第十二行"宝"等。捺笔多为典型的楷法大脚,如第一行"太""八"、第二行"人"、第八行"敬造"、第十三行"命""父"、第十五行"人天"等;一些相对短小的捺画有隶书笔意,如第六行"欲""洪"、第七行"合""兴"等。钩法多有较明显的隶书遗意,或向右兜裹出势,或向左平推蓄势,如第一行"岁""义"、第二行"等"、第三行"昏"、第六行"子等得"、第十一行"永"、第十二行"义"、第十七行"别"、第十九行"风"等。

其二,就结构而言,能够顺应笔法做到疏密轻重配合得当。比如,第一行"在"字,三横的间距不是平均分配,而是中横上移,从而形成了上部紧致、下部舒朗的视觉效果,同时由于前两横笔势向上拱起,第三横笔势反向下垂,故而形成向背对立的艺术趣味;又如,第四行"值"字,上部短撇和第一横的交叉点不是居中,而是偏左甚至偏到了第一横的起笔处,这样就使左右结构的重心向中间聚拢,从而形成辐射状的视觉印象;再如,第八行"像"字,左边撇画开张飘逸,而右边的捺画则相机反向顺势送出,一撇一捺正好形成对立统一的关系。

其三,就章法而言,该题记的可贵之处在于,在自由度相对极小的楷书空间做到了谋篇布局匠心的极大化。题记纵成行但行字不等,可谓参差错落,如前三行分别为十四、十六、十五字,第九行为六字,巧破匀停板结之弊;题记字径大小不一,外廓形态或圆或方,可谓不拘一格;另外,该题记的字形体势整体呈明显的右下垂走势,这在以右昂体势为主的造像题记中可谓风格鲜明、独树一帜。

该造像题记的书法就总体而言为民间书法一路,其书丹镌刻均展示了北魏平城晚期民间书手率意自然的书风,虽失之法度谨严,但得之烂漫天真,特别是其手书的味道比较浓,结合北魏平城时期的相关史料,此造像题记应该是平城寺院写经活动与碑刻书法有机融合的物证。据此我们认为该造像题记是北魏平城寺院铭刻书法的代表作品。

总之,《云冈石窟 11 窟五十四人造像题记》虽为民间邑义作品,但其价值绝不逊于列于云冈石窟的其他皇家大窟的碑刻铭记。该造像题记以其较为突出的文学价值、史学价值、艺术价值在北魏平城佛教寺塔铭刻书迹史上留下了璀璨瑰丽的一页。

参考文献:

[1] 赵一德. 云冈《太和七年造像题志》辨考 [J]. 文物季刊, 1995 (9).

[2] 闫东艳. 丝路文化传播中审美意蕴的衍变:以云冈石窟雕造艺术为例 [J]. 山西大同大学学报(社会科学版), 2020 (2).

[3] 郝春文. 中古时期社邑研究 [M]. 上海:上海古籍出版社, 2019.

[4] 李文生. 中国石窟佛社造像最早出现于云冈石窟:云冈第 11 窟《北魏太和七年邑义信士女造像记》探讨 [C] // 云冈石窟研究院. 2005 年云冈国际学术研讨会论文集·研究卷. 北京:文物出版社, 2006.

[5] 宋其蕤. 北魏女主论 [M]. 北京:中国社会科学出版社, 2006.

[6] 徐婷. 云冈石窟造像题记所见的北魏佛教信仰特征 [J]. 宗教学研究, 2014 (3).

[7] 彭栓红. 云冈石窟北魏造像题记的文化表达和历史记忆 [J]. 世界宗教文化, 2018 (4).

[8] 邹清泉. 行为世范:北魏孝子画像研究 [M]. 北京:北京大学出版社, 2015.

[9] 魏收. 魏书 [M]. 北京:中华书局, 1974.

[10] 汤用彤. 魏晋南北朝佛教史 [M]. 北京:中华书局, 2017.

[11] 大同古城保护和修复研究会. 佛都大同 [M]. 太原:山西人民出版社, 2015.

[12] 张焯. 云冈石窟编年史 [M]. 北京:文物出版社, 2006.

[13] 殷宪. 北魏平城书迹 [M]. 北京:文物出版社, 2017.

北朝造像记所见"邑师"

邵正坤

(吉林大学古籍研究所,吉林 长春 130012)

摘 要:北朝的很多造像记中可见"邑师"一职,他们多来源于义邑附近的寺院,通常由那些影响较大的僧侣充任,主要负责邑众的指导与教化。同一义邑中的邑师之间地位可能平等,也可能存在层级差别。不同义邑的邑师所起的作用也不尽相同,有的是精神上的导师,有的则是社群的实际领导者。

关键词:造像记;义邑;邑师

北朝时期佛法兴盛,为了举办各种佛事活动而结成的信仰团体也大量出现,这类团体一般称为"义邑""法义"或者"法仪",通称"义邑"。为了保证团体的正常运行,各种邑职应运而生,"邑师"便是其中一种。邑师在义邑中的地位极为重要,就已经出土的石刻铭文来看,绝大多数义邑中都含有"邑师"这个头衔,本文即结合造像记中的相关记载,对这一职名进行考察。

一、义邑中的邑师

北朝的义邑大多僧俗混合,成员既有僧人,也有俗众,邑师为一邑之师,一般由出家人担任。如北魏永平二年(509年)十一月《道晕等造像记》:"邑师道晕、邑主贾元、□□、□阴、王胜、韩□齐、□见憘廿二人等为国造弥勒像一区。"[1]东魏天平三年(536年)正月《王方略造须弥塔记》题名中有"邑师法显""邑师道宝"。[1]武定元年(543年)《道俗九十人等造像记》题名有"邑师法振侍佛时"。[2]同年八月《李赞邑等邑义五百余人造像记》题名有"禅师慧训供养佛时""邑师慧刚供养佛时"。[3]西魏大统四年(538年)《邑师法超等造像记》:"是以邑师法超、道倍、邑子卅人等,妙契玄真,同心上世,体解空宗,玄识幽旨,化导诸人,信心开悟,减削家珍,敬造石像一区。"[4]北周天和四年(569年)八月《清信女优婆夷等造像记》有"邑师法敬一心供养,邑

73

师惠皎一心供养"[5]。上述造像记中邑师头衔之后皆署法号，可见这些人的身份当为僧侣。换言之，无论是僧俗混合，还是主要由俗众组成的义邑，其中的邑师都由僧侣担任，而这无疑是由义邑的宗教性质决定的，作为一个以共同信仰为依归的社会组织，义邑必然要以职业信徒作为各项活动和事务的指导。

那么，邑师的性别又是怎样的呢？北朝时期，与中国历史上的其他朝代一样，女性不能出任公职，但在信仰的领域，则与此有所不同，职业信徒有男有女，义邑中的邑师也不是必然出自男性，根据北朝造像记中的题名来看，充任邑师者既有比丘，也有比丘尼。前文所引诸例中所云"邑师"，虽未明确指出其性别，但从义邑的构成特点来看，大多都为男性。除此以外，有些造像题名中还有直接标明邑师为比丘之例，如北魏正光四年（523年）二月《翟兴祖三十人等造像记》有"邑师比丘僧法润、邑师比丘僧谨"[6]。北周武成二年（560年）九月《合方邑子等百数人造像记》，有"邑师比丘道先、邑师比丘僧和"[7]。保定元年（561年）《合邑一百三十人等造像记》有"邑师比丘僧静""邑师比丘显和"[8]。北齐武平六年（575年）三月《巩舍合邑二十二人等造像记》有"比丘邑师僧宝"[1]。邑师为比丘尼的例子也不鲜见。如北魏正光三年（522年）八月《三村长幼化主李相海等造像记》有"邑师比丘尼智□、邑师比丘尼僧□"[9]。西魏大统十三年（547年）九月《陈神姜等造像记》有"邑师尼普达"[1]。北周武成元年（559年）十月《绛阿鲁造像记》有"邑师沙门尼昙景"[10]。以上几例中，邑师显然皆为女性。值得注意的是，在以男性为主体的义邑中，邑师绝大多数为比丘，而在以女性成员为主的义邑中，亦不乏以比丘担任邑师的情形。不过，就现有例证来看，在女性占据主导地位的义邑中，以比丘尼为邑师更常见。如前引西魏大统十三年（547年）《陈神姜等造像记》、北齐天保三年（552年）《比丘尼僧严等造像记》、北周武成元年（559年）《绛阿鲁造像记》、武成二年（560年）《王妙晖等造像记》等都是如此。也就是说，僧尼虽然在一定程度上超越了性别的羁绊，几乎可以游走于所有的义邑之间，但是以女性为主导的义邑在延请邑师时，还是倾向于比丘尼，这可能与比丘尼身为女性，更容易避嫌，也更易于与女性信徒沟通和交流有关。

二、邑师的来源

根据前文的叙述，我们知道，邑师主要由僧尼担任，那么他们究竟是游方僧人还是归属于某一寺院。《续高僧传》卷二五《护法下·释法通传》载，僧人法通行走四方，劝化信徒，组织义邑，"于是游化稽胡，南自龙门，北自胜部、岚、石、汾、隰，无不从化。多置邑义，月别建斋；但有沙门，皆延村邑，或有住宿，明旦解斋，家别一槃，以为通供，此仪不绝，至今流行"[11]。法通便是游方传教的一个典型，义邑在他的劝化之下建立，他应为那些深受他影响的徒众的邑师。但是，这并不意味着所有的邑师都是游方僧人，根据造像记的内容，我们发现，很多邑师应来自义邑附近的寺院。

武定三年（545年）七月《朱永隆等造天宫像记》载，该造像肇端于驻锡于某寺的"魏大法师沙门都法恩"，结果其人"创福未周，奄从物化"[1]，弟子法度等人继承遗志，率领僧俗二众继续进行这项福业。参加者有多位僧侣，仅题记中就提及上坐僧惠、寺主法合，而在造像题名中，僧惠和法合皆署为邑师，显然，此二人应出自同一寺院。天和元年（566年）十一月《张兴十七人等造像记》题名中有"邑师衍觉寺比丘僧妙"[3]。武成二年（562年）《张操造像记》记载，张操等百余人出资造像，像成之后，置于"善会寺庭"[12]，这个善会寺，应该就是义邑中几位邑师所在的寺院。武平二年（571年）九月《邑师道略等造像记》记载邑师道略与三百余人等，"敬造神碑一所，尊像八堪"，神碑与尊像的置立之处，"地兼爽垲，比竹林而并立；寺带良田，匹鹿苑而不殊"。题记中用了大量篇幅描写寺院周围的环境，并指出寺内"安万练之僧，招精进之士。银炉鼓炎，百合腾烟。锡响赞声，定崩烦恼"[5]。道略既是这个义邑的发起人，也是指导者，题记中之所以不吝笔墨描写寺院及其周边的环境，以及寺内的僧众，当是神碑一所、尊像八堪就立寺内，而这个佛寺，可能与邑师道略有很深的渊源，换句话说，道略很可能托身于此寺。武平七年（576年）十一月《宋始兴合邑一百人等造像记》与此相类，邑师僧智都、都邑主宋始兴合邑一百人等造像一区，"异人契心，率同树善。采玉荆山，访积名工。匠中奇最，倾竭家珍。今在嵩岳之南，下宅伽蓝之所，崇成此福"[2]。而嵩岳之南的伽蓝，可能就是邑师智都所在寺院。

游方僧人虽然也可充任邑师，但以义邑近旁寺院中僧尼为邑师当是更常见的现象。北朝的义邑一般具有地域性，跨州连郡的义邑极为罕见，游方僧人初到一地，很难在短时期内赢得民众的信任，那些产生较大影响的游方僧侣，往往是在某一地区长期经营的结果。如北齐释道纪撰集《金藏论》，"论成之后，与同行七人出邺郊东七里而顿，周匝七里，士女通集，为讲斯论，七日一遍。……所期既了，又转至前，还依上事，周历行化，数年之间，绕邺林郊，奉其教者，十室而九"[11]。而寺院，尤其是那些声名远播的大寺，自建成以后，便通过各种佛事活动，对周边乃至方圆数百里的民众产生巨大的辐射作用。寺院中那些影响较大的高僧，甚至成为附近信众拥戴的精神领袖。信徒通过入寺听讲、参加各种斋会和集会，以及与佛教有关的各种节日，形成强大的向心力与凝聚力。在义邑发起时，发起者必然更倾向于到附近的寺院中延请与其交往密切的僧侣担任邑师。义邑的组建，离不开僧侣的指导，义邑的运转，也与他们存在密切的关系，正因如此，有学者认为义邑是佛寺的外围组织[13]，这个结论是否允当姑置勿论，佛寺与义邑关系之紧密，却是毋庸置疑的。

寺院中僧侣众多，然而，并非所有的僧人都能担任邑师，根据造像记中的相关材料，我们发现，那些声名远播的高僧大德更有可能承担邑师之责。西魏大统六年（540年）七月《巨始光造像记》有"邑师高凉三藏比丘辩贤"[3]。东魏武定三年（545年）《朱永隆等造天宫像记》显示，某寺院的大法师故沙门都法恩曾发愿造像，但尚未实现，便已圆寂，其弟子踵武其志，会集淄素七十余人继续造像。倘若法恩尚在人世，义邑显然会以其为邑师，法恩已逝，其弟子上坐僧惠、寺主法合作为"寺院三纲"，成为邑师的当然人选。无独有偶，北齐天保三年（552年）四月《宋显伯等造像记》有"邑师法略、广福寺主僧宝、上座比丘尼慧藏、上座比丘尼僧津"[14]等题名。法略在佛教界的地位，应高于或者至少与寺主、上座齐平，才能在义邑中担任邑师，并且题名位于二者之前。河清三年（564年）四月《在孙寺造像记》，有"邑师沙门都□敬"[5]。北周天和元年（566年）《合村长幼造像记》，题名有"邑师三藏僧族"[1]。

根据前引诸例，邑师或称"三藏"，暗示其佛法造诣高深，通晓经、律、论三藏十二部经典；或带沙门都头衔，在僧官系统中占有一席之地；或身为寺主、上座，位列寺院"三纲"，负责寺院的管理。他们地位崇高，谙于佛典，作为缁林高僧，担任邑师正是实至名归。虽然很多邑师根据造像题名无法确定其具体身份和地位，但有一点当无可置疑，他们在僧俗两界都有较高的声誉，以其为邑师，往往是众望所归，而义邑延请他们担任邑师，也能够吸引更多的信徒，从而扩大自己的影响和声势。

三、邑师的层级

一个义邑通常只有一位邑师，当然，在人数众多的义邑中，拥有多位邑师的情形也不罕见。同一义邑的多位邑师，有的皆冠"邑师"之名，只是在造像碑上的排序有所不同。比如，北周武成二年（562年）《张操造像记》第一排题名中依次为邑师比丘法信、邑师比丘洪正、邑师比丘法生、邑师比丘法魏、邑师比丘法景、邑师比丘昙泰、邑师比丘道容，同一义邑共有七位邑师。天和五年（570年）正月《普屯康造像记》显示，该义邑也有七位邑师。北齐河清三年（564年）四月《在孙寺造像记》题名中至少有五位邑师。这些邑师除了题名位置有别以外，其他似乎并无差别。除此以外，有些义邑的邑师，在题名上就存在差异。以北齐天保七年（557年）《刘碑造像记》为例，题记下方第一排刻有"大邑师惠献、大邑师僧和"的题名，第二排和第三排之首则各有一位"邑师"的题名，无论从题名的排列次序，还是从邑师的称谓来看，"大邑师"都在"邑师"之上。这个义邑中的邑师之所以有层级的划分，可能与义邑人数众多和结构复杂有关，为了更好地行使其教化的职能，因而在邑师之上又有大邑师总领其事。

大邑师、邑师之外，又有都邑师。北齐天保三年（552年）八月《比丘尼僧严等造像记》题名有"都邑师僧进"[1]。武平六年（575年）六月《道兴等造像记》题名有"都邑师道兴"[5]。"都"有总领之意，"都邑师"当为诸邑师之首领。《比丘尼僧严等造像记》题名部分有漫漶之处，无法确定除了都邑师之外是否还有邑师。如果缺失部分含有"邑师"题名，那么都邑师当为邑师的上级，如果磨泐之处不含"邑师"，那么都邑师即邑师之意。该造像记的特别之处在于，根据题名虽无法判断是否含有邑师，但题记中云"比丘尼僧严、清信女宋容敬造像一区"，题记之后还有至少十三位比丘尼题名。在北朝时期的造像题记中，有些比丘与比丘尼虽未具邑师头衔，但实际上起的就是邑师的作用，因此以僧进为都邑师，总领其事，也可以理解。前引《道兴造像记》则是另外一种情形，该造像记中仅有都邑师，而无邑师，那么都邑师与邑师其实并无分别。这就是说，关于邑师的层级，还要具体问题具体分析，不能因造像题名中有大邑师、都邑师，便认为义邑中的邑师有等级之分，事实上，有些题名中的大邑师、都邑师可能与邑师并无太大差别。

四、邑师的作用

邑师是义邑中的精神领袖，这在学界中已经达成共识。如郝春文指出："他们是佛社内的法师，是佛社内的精神领袖，是佛社成员与佛的中间媒介。"[15]张静芬也认为邑师"充当世俗成员的精神领袖"，他们的存在"证明了国家控制下的佛教机构（寺院）和一般民众之间的密切关系"[16]。作为精神导师，邑师一般不从事奔走联络、聚合人众、鸠集资金等庶务，这些离神圣较远而离世俗较近的事务一般由俗众承担，义邑中的邑主、维那、像主、斋主等负责这类琐事。邑师主要是对义邑成员进行佛法上的熏沐和教化，如大统四年（538年）《邑师法超等造像记》中说邑师法超、道倍等人，"体解空宗，玄识幽旨，化导诸人，信心开悟"[4]。可见邑师的"化导"之功，在造像记中便有明确的体认。

义邑以信仰为号召将人们聚集在一起，邑师则以自己平生所学，通过讲经说法等途径教化信众，使俗众开悟，这渊源于北魏之初便开始执行的"以沙门敷导民俗"政策[17]，因为有益于治道，所以在整个北朝时期都得到了继承与延传。在某种程度上可以说，邑师成为联结国家与社会、神圣与世俗的枢纽。他们为立塔、建寺、开窟、造像、建斋、写经等活动提供指导，使这些活动能够遵照有关法典如法如仪地进行。义邑在举行各种活动时，也是宣说佛法的有利时机，邑师通过讲经说法，悚动众心，在这个过程中，辅之以图画或者塑像，充分发挥邑师本人的"卡里斯玛"，对成员的精神世界进行洗濯，使那些原本具有信仰的更加虔诚，似信非信的坚定信念，原本未曾灌溉佛法的欣然向化。正因如此，邑众与邑师之间，虽然大多并未举行受戒仪式，却建立起一定程度上的师徒关系。早有学者注意到，某些义邑中的普通信众，称为"邑徒"[15]，就是这种师徒关系建立的明证。

如前所述，邑师作为精神领袖，基本上不参与庶务，他们主要靠佛法上的造诣以及长时间积累的声誉吸引信众，从而在义邑中保持一种超然的状态，因此，他们多是被团体的发起人和组织者延请至义邑，如北周天和五年（570年）正月《普屯康造像记》载，新丰令普屯康"率乡人共崇胜福，躬请邑师僧□三人"[3]，联合三个郡的民众，共同出资，修造庄严佛像。但并不是所有邑师都是如此，有的邑师也是义邑的发起人，实际作用类似于邑主。如北周天和二年（567年）六月《二百五十人造像记》："是以邑师等，可谓玄鉴照理，辞穷□□，能敬率乡人，乃崇胜善，合诸邑等二百五十人……为国及法界众生敬造卢舍那石像一区。"[18] 天和四年（569年）八月《王迎男造像记》："今有邑师比丘道先，合邑子五百人等，自慨上不值释迦初兴，下不睹弥勒三会，二宜中间，莫然兴□。遂相率化，割削名珍，敬造石像一区。"[19] 天和六年（571年）四月《赵富洛等二十八人等造像记》载："邑师比丘昙贵、像主赵富洛，合邑子廿八人等，敬造观世音像一区。"[1] 这类邑师，从义邑的造意、发起，到组织、运行，应该是都参与其中的，他们就是义邑的领导者。当然，在这种情况下，邑师在义邑中的地位和作用也有所不同。以上几例，邑师都在义邑中起绝对的主导作用，而北周建德元年（572年）《甞仲茂八十人等造像记》则是另一种情形，造像题记称："佛弟子邑主都督甞仲茂、邑师比丘智胜，合邑子八十人等，思五浊之多果，慕须达之金钱，深体无常，同遵正觉，共造石像一区。"[20] 邑师智胜虽然也在义邑处于领衔位置，但其对义邑的掌控，应不如邑主甞仲茂，这从其在题记中的排序就可以推测出来。

总之，邑师在义邑中所起的作用，不能一概而论，多数邑师在义邑组织中属于"师者"，为信徒讲经说法，指点迷津，提供精神上的导引。此外，还有一部分邑师，应属义邑的发起人，他们参与义邑的组织，监督义邑的运转，除了职业信徒的身份与具体的头衔以外，与邑主并无太大区别，他们在义邑中所起的，就是领导作用。这类邑师与邑众之间，从精神上的引导，走向了现实的控制，北朝时期多有由沙门领导的起义，或可于此窥其一斑。

参考文献：

[1] 北京图书馆金石组．北京图书馆藏中国历代石刻拓本汇编［M］．郑州：中州古籍出版社，1990．

[2] 陆增祥．八琼室金石补正［M］．北京：文物出版社，1985．

[3] 北京鲁迅博物馆，上海鲁迅纪念馆．鲁迅辑校石刻手稿［M］．上海：上海书画出版社，1987．

[4] 余华青．陕西碑石精华［M］．西安：三秦出版社，2006．

[5] 王昶．金石萃编［M］．北京：中国书店，1985．

[6] 李献奇．北魏正光四年翟兴祖等人造像碑［J］．中原文物，1985（7）．

[7] 马长寿．碑铭所见前秦至隋初的关中部族［M］．南宁：广西师范大学出版社，2006．

[8] 陈瑞琳．甘肃正宁县出土北周佛像［J］．考古与文物，1985（4）．

[9] 马衡．凡将斋金石丛稿［M］．北京：中华书局，1977．

[10] 陕西省药王山博物馆，等．北朝佛道造像碑精选［M］．天津：天津古籍出版社，1996．

[11] 道宣．续高僧传［M］．北京：中华书局，2014．

[12] 武树善．陕西金石志［M］．西安：三秦出版社，2016．

[13] 郝春文．东晋南北朝时期的佛教结社［J］．历史研究，1992（2）．

[14] 陆耀遹．金石续编：影印本［M］．上海：上海古籍出版社，1995．

[15] 郝春文．东晋南北朝佛社首领考略［J］．北京师范学院学报，1991（6）．

[16] 王静芬．中国石碑：一种象征形式在佛教传入之前与之后的运用［M］．毛秋瑾，译．北京：商务印书馆，2011．

[17] 刘淑芬．中古佛教政策与社邑的转型［C］//荣新江．唐研究：第13卷．北京：北京大学出版社，2007．

[18] 李美霞．临潼县博物馆藏北周造像座、唐代造像与经幢［J］．文博，1992（4）．

[19] 张鸿杰．咸阳碑石［M］．西安：三秦出版社，1990．

[20] 毛凤枝．关中石刻文字新编：影印本［M］．上海：上海古籍出版社，1995．

石窟铭刻·佛教文化

大同云冈：中国佛教律宗的发源地

释圣贤

（大同法华寺，山西 大同 037008）

摘 要：佛教自东汉初叶传来中土，历经500年以上的移植、栽培和适应性生长，至中唐时期，终于在中国文化的土壤中深深扎下根须，且枝繁叶茂、花妍果硕，创造性地建立了汉传佛教十大宗派。历代佛教祖师的璀璨光芒，共同照亮了国人信仰的天空；而十大宗派的发源地，则勾勒出中国最初的佛教地理。中国佛教律宗，历代学人多将实际创立四分宗的唐道宣律师所居之终南山或终南山所在之长安，认作律宗的发源地。其实不然，中国佛教律宗的发祥地实则在北魏平城，即今山西大同。

关键词：四分律；南山宗；法聪；道覆；大同云冈

佛教自东汉初叶传来中土，历经500年以上的移植、栽培和适应性生长，至中唐时期，终于在中国文化的土壤中深深扎下根须，且枝繁叶茂、花妍果硕，创造性地建立了汉传佛教十大宗派：大乘律宗、三论宗、天台宗、华严宗、法相宗、禅宗、密宗、净土宗、小乘俱舍宗、成实宗。十宗的创立和发展，标志着佛教在义理阐释和修行实践两个方面彻底完成了中国化，从而完全融入中国本土文化，佛教文化成为中国文化的重要组成部分，佛教成为中国人宗教信仰的主流。历代佛教祖师的璀璨光芒，共同照亮了国人信仰的天空；而十大宗派的发源地，则勾勒出中国最初的佛教地理。

中土行人，不出十宗；十宗行人，律为共学；出世三学，持戒为本。故十宗之中，首标律宗。中国佛教律宗，由唐初终南山道宣律师广弘《四分律》而创立，故称"四分律南山宗"，又称"四分律宗""南山律宗""四分宗""南山宗"，简称"律宗"；其源流可以追溯到2500多年前的第一次三藏结集。佛陀入灭后的第一个夏安居，即前543年的农历四月十五至七月十五期间，以佛陀十大弟子中"头陀第一"的摩诃迦叶尊者为上首，召选已证得阿罗汉果位者500

人集于王舍城外七叶窟内，由"多闻第一"的阿难陀尊者诵出经藏，"说法第一"的富楼那尊者诵出论藏，"持戒第一"的优波离尊者分八十次升高座说法诵出律藏，称"八十诵律"，是为最初律部。此后，迦叶、阿难、末田地、舍那婆斯、优婆毱多，百年间五代传持，纯是一味和合。其时尚无文字记录，仅凭口诵心记，师资相传。优婆毱多尊者以后，即佛灭度一百年后至四百年间，随着二次、三次、四次的结集，原始佛教分裂为部派佛教，乃至律分多部，并借文字形成各部律典。佛陀涅槃950年后，依次有4部大律传译而来：萨婆多部《十诵律》，为上座部之说一切有部所宗；昙无德部《四分律》，为上座部之法藏部所宗；摩诃僧祇部《僧祇律》，为大众部所宗；弥沙塞部《五分律》，为上座部之化地部所宗。此外，上座部之饮光部所宗迦叶遗部律，仅译出戒本《解脱戒经》，其广律未传；上座部之新萨婆多部《根本说一切有部律》，同出萨婆多部，故律本实际传来中国只有4部。中土佛教虽四律齐备、各阐其妙，却唯有《四分律》一脉化缘独盛、弘通无碍，至唐初更是灿然大备、蔚成一宗，并传承至今，绵延不绝。

律学传入中国，始于曹魏嘉平二年（250年）中天竺三藏昙摩迦罗在洛阳白马寺译出《僧祇戒心》；中国之有戒律，始于其时梵僧依羯磨法传比丘戒，此为汉地有比丘之始。三国曹魏到南朝刘宋约200年间，无有广律的流传。《十诵律》译出50年后方有弘扬，隋唐以后则广弘《四分律》，律制大备，律学广传，形成四分律宗。在中国弘扬《四分律》，始于元魏孝文帝时的法聪律师，口授弟子道覆律师，继有慧光、道云、道洪、智首、道宣次第相承。律宗世系传承，北宋中兴律祖灵芝元照律师作《南山律宗祖承图录》，立九祖：始祖昙无德尊者、二祖昙摩迦罗尊者、三祖北台法聪律师、四祖云中道覆律师、五祖大觉慧光律师、六祖高齐道云律师、七祖河北道洪律师、八祖弘福智首律师、九祖南山澄照律师。南宋志磐撰《佛祖统纪》、清初福聚著《南山宗统》，因袭承之，遂成定式。近代中兴律祖弘一演音律师又推灵芝大智律师为律宗十祖[1]；而"弘一大师是当之无愧的南山律宗第十一世祖"[2]。历代学人多将实际创立四分律宗的道宣律师所居之终南山或终南山所在之长安，认作律宗的发源地。其实不然，中国佛教律宗的发源地实则在北魏都城平城，即今山西大同。

中国律宗遥奉四分律部主、优婆毱多五大弟子之一昙无德尊者为始祖，遥尊始来东土传戒弘律的昙摩迦罗大师为二祖。然而，昙摩迦罗只是译出了摩诃僧祇部律的戒本《僧祇戒心》令僧众持诵，并未译出广律；其后，安息国沙门昙谛大师虽译出昙无德部的羯磨法本《四分律羯磨》，却并未讲授，事毕即回国，大众无从依恃。后来，中国比丘登坛受戒依《四分律羯磨》，半月诵戒用

《僧祇戒心》，日常随行则依《十诵律》，虽多有律师弘传，但宗体与随行错乱，不成体统。直到北魏孝文帝时（471—499年），本来习学《僧祇律》的法聪律师发现了这一弊端，并提出随行应与受体一致：既依《四分羯磨》受戒，就应诵《四分戒本》，并依《四分律》来行持；遂辍讲《僧祇律》，专心致力于《四分律》的研习与传讲。从此以后，四分律学蒸蒸日上，弘传渐盛。法聪律师首弘《四分律》，确立中国律学以《四分律》为宗，故被尊为"律宗三祖"；然法聪律师只是口头讲说，未曾笔著，其弟子道覆依师口授录为《四分律疏》6卷，被推为"律宗四祖"。

昙无德部广律《四分律》60卷，姚秦时由罽宾国昙无德部三藏法师佛陀耶舍诵出梵文，凉州僧竺佛念译为秦言，义学沙门道含笔受，于弘始十二年至十五年（410—413年）译成。《四分律》译出60多年间，几近无人研习，直至北魏，法聪律师远秉昙摩迦罗，力弘《四分律》。嗣后，道覆、慧光、道云、道洪、智首诸大律师造疏释文，秉授传持，相成弘赞。法聪律师讲律、道覆律师著疏，都是在魏都平城，即今大同。

法聪律师开讲《四分律》，道宣《续高僧传》与赞宁《宋高僧传》均有述及。《续高僧传·明律》载：《四分律》之弘传"创敷元魏。是由赤髭论主初乃诵传，未展谈授，寻还异域。此方学侣，竟绝维持，逮及覆、聪，方开学肆"。"师号法聪，元魏孝文，北台扬绪，口以传授，时所荣之。沙门道覆，即绍聪绪，赞疏六卷。"《宋高僧传·明律》载："至魏孝文世，有法聪律匠，于北台山始手披口释，道覆律师随听抄记，遂成义疏。"志磐《佛祖统纪》卷二十九载：北台法聪律师"元魏孝文帝时，本学《僧祇》，因考'受体'，首传《四分》，远承法时"。法时即律宗二祖昙摩迦罗大师，远承昙无德尊者（法正），始弘东土律制。赞宁《大宋僧史略·解律》复载："元魏世，法聪律师者，原是昙无德羯磨得戒，而常习《僧祇》。一日自悟，乃叹曰：'体既《四分》而受，何得异部明随？'于是罢讲《祇律》，手披目阅，敷扬《四分》。有门人道覆，旋抄渐成义疏。覆公即解《四分》之始也。"《大宋僧史略》由"习《南山律》、著述《毗尼》，时谓'律虎'，赐号'明义宗文'"，敕加命号"东京左街僧录史馆编修圆明通慧大师"的北宋高僧赞宁"奉敕撰"，可惜赞宁未加详究，文中留下如是错讹："今五台山北寺，相传有聪师讲律之遗迹焉。"此后以讹传讹，谬误至今。如《五台山佛教史》云：法聪律师"居五台山北寺（今碧山寺）。魏孝文帝时，师于北台山，始手披口释《四分律》……其门人道覆，法名云中，亲承师授，纂成《四分律疏》六卷，为中国最早的解释《四分律》的论著……五台山的法聪律匠和其门人道覆律师是南山律宗之先驱。"[3]《五台山志》亦据上而曰：法聪"至五台山北寺。为众僧专讲《四分律》，在北山寺，手披口释《四分律》，门人道覆录为《四分律疏》六卷，传于后世，是中国佛教史上最早解释《四分律》的著作。他为五台山北山寺戒坛的形成奠定了基础"[4]。

  道宣《续高僧传》中所称"北台"和"北台山"，其实是指北魏都城平城，即今大同，而非五台山，更不是"五台山北寺"。道宣《续高僧传》卷第一"译经篇初"有《魏北台石窟寺恒安沙门释昙曜传三》《魏南台永宁寺北天竺沙门菩提流支传四》的目录，内文则有《元魏北台恒安石窟通乐寺沙门释昙曜传第三》《元魏南台洛下永宁寺天竺沙门菩提流支传第四》的正传，传中北台指大同，南台指洛阳。《续高僧传·佛陀传》曰"历游西域诸国，后至北魏北台之恒安"，《北史·列传》第四十八载"后魏于北台城南造圆墙"，传中北台，同样指魏都大同。恒安即平城，北魏迁都洛阳后，东魏、北齐、隋及初唐，平城改为云中郡恒安镇治。北台为北魏王朝迁都洛阳后对故都平城的称谓。太庙为北魏宗祀，故以太庙之灵台代都城，北台代平城，南台代洛阳，如杨衒之《洛阳伽蓝记》中即有"清晨明景，骋望南台：珍羞具设、琴笙并奏，芳醴盈罍、嘉宾满席；使梁王愧兔园之游，陈思惭雀台之燕"[5]的记载。《五台山佛教史》与《五台山志》二书都引到："据《佛祖统纪》载：北齐武成帝高湛在公元564年'诏慧藏法师于太极殿讲《六十华严》'，次年，改五峰山为五台山。"既然北齐时才改名"五台山"，此前的北魏当然不会称"五峰山"为"五台山"，更不会有"北台"即"五台山北寺"一说。至于牵强附会地说五台山"北寺"或"北山寺"即今"碧山寺"，则更属于空穴来风式的主观臆断了。此外，《五台山佛教史》说"道覆，法名云中"，"云中"亦非法名，而是地名，也是指大同；"道覆"才是法名。佛教祖师名号，名字前的称谓一般指祖师最后卓锡之所、长期居隐之地或常住道场，个别也有以祖师住世朝代而代之，其后才是祖师字号、法名或赐号、谥号；即使纯以祖师名号来称谓，也是字号在前法名在后，法名绝不会放在字号前面。如律宗祖师：三祖北台法聪律师、四祖云中道覆律师，北台、云中，均指北魏平城；五祖大觉慧光律师，大觉指东魏邺都大觉寺；六祖高齐道云律师，高齐指北齐王朝；七祖河北道洪律师，河北也是地名，指唐代河北道；八祖弘福智首律师，弘福指唐初长安弘福寺；九祖南山澄照律师，南山指道宣律师栖居之终南山，澄照为宣祖谥号；十祖灵芝大智律师，灵芝指元照律师久隐之杭州灵芝寺，照律师敕谥大智；十一祖弘一演音律师，前者弘一为法号，后者演音为法名。《五台山佛教史》中"法聪律匠和其门人道覆律师是南山律宗之先驱"，其述疏为"中国最早解释《四分律》论著"的评语，本属实事求是；但讲"五台山的法聪律匠和其门人道覆律师"是不实的，应该说"大同的法聪律匠和其门人道覆律师"才是符合史实的。至于法聪律匠"始手披口释"《四分律》的"北台山"，似应解读为"北台之山寺"，古人尚简，在此以"山"代"寺"，约即武周山石窟寺，即今云冈石窟。

拓跋魏接触佛教的时间晚于西域、中原和江南诸朝，但因帝室崇佛，佛教一经传入魏地便呈燎原之势。北魏天兴元年（398年）道武帝自盛乐迁都平城，太和十八年（494年）孝文帝迁都洛阳，于大同建都97年，历六帝七世，大同随之成为中国北方的佛教中心。据《魏书·释老志》记载：北魏建都大同后，自文成帝兴光（454—455年）至孝文帝太和元年（477年），"京城内寺新旧且百所，僧尼二千余人；四方诸寺六千四百七十八，僧尼七万七千二百五十八人"[6]，史称"佛国京华"。其时，位于平城西苑外的武周塞中之武周山石窟寺，不仅成为全国的佛教造像中心，也迅速发展成为当时北方的译经中心和佛学中心。武周山石窟寺，今称"云冈石窟"，北魏时亦称"武州山石窟寺"，或径称"石窟寺"，云冈之名始称于明嘉靖年间。石窟寺只是一个通称或泛称，"北台石窟寺"实际上是一个规模宏大的佛寺建筑群，以石窟通乐寺、灵岩寺为主体，于武周川水（今十里河）北岸山崖前，沿石窟东西绵延而建，且寺院的起筑早于石窟的雕琢。《大清一统志》引明万历《山西通志》可为佐证："石窟十寺，在大同府治西三十里，元魏建，始神瑞、终正光，历百年而工始完。其寺，一通乐、二灵岩、三镇国、四护国、五崇福、六童子、七能仁、八华严、九天宫、十兜率。"其宏伟壮观，《水经注》谓："武周川水又东南流，水侧有石祗洹舍，并诸窟室，比丘尼所居也。其水又东转，迳灵岩南，凿石开山，因岩结构，真容巨壮，世法所希；山堂水殿，烟寺相望，林渊锦镜，缀目新眺。川水又东南流出山。《魏土地记》曰：平城西三十里，武周塞口者也。"[7]《水经注》撰于后魏太和年间，距武周山建寺开窟不过四五十年，而石窟寺已繁盛若此，所谓"山堂水殿，烟寺相望，林渊锦镜，缀自新眺"，信非虚誉。

《广弘明集》复述："谷深三十里。东为僧寺，名曰灵岩；西头尼寺。各凿石为龛，容千人已还者，相次栉比。石崖中七里，极高峻，佛龛相连。余处时有断续。佛像数量孰测其计。"[8]武周山石窟开凿于北魏文成帝兴安二年（453年），《魏书·释老志》载："和平初（460年），师贤卒。昙曜代之，更名沙门统。初，昙曜以复法之明年，自中山被命赴京，值帝出，见于路，御马前衔曜衣，时以为马识善人。帝后奉以师礼。昙曜白帝，于京城西武州塞，凿山石壁，开窟五所，镌建佛像各一，高者七十尺，次六十尺，雕饰奇伟，冠于一世。"[6]太武帝太平真君七年（446年）废佛之后，文成帝于452年即位，改元兴安，任师贤为道人统，下诏复佛。文成帝复兴佛法的第二年，昙曜受命凿窟造像。时隔1500多年后，当年的"北台石窟"于2001年12月以"文化遗产"被列入《世界遗产名录》，联合国教科文组织世界遗产委员会评价道："位于山西省大同市的云冈石窟，有窟龛252个，造像51000余尊，代表了公元5世纪至6世纪时中国杰出的佛教石窟艺术。其中的昙曜五窟，布局设计严谨统一，是中国佛教艺术第一个巅峰时期的经典杰作。"

昙曜不仅是主持开凿"中国佛教艺术第一个巅峰时期经典杰作"的石刻造像大师，也是著名的义学高僧和译经家。《续高僧传》卷一《译经篇·昙曜传》云："释昙曜，未详何许人也。少出家，摄行坚贞，风鉴闲约。以元魏和平年，任北台昭玄统，绥辑僧众，妙得其心。住恒安石窟通乐寺，即魏帝之所造也。去恒安西北三十里，武周山谷，北面石崖，就而镌之，建立佛寺，名曰灵岩。龛之大者，举高二十余丈，可受三千余人。面别镌像，穷诸巧丽；龛别异状，骇动人神。栉比相连，三十余里；东头僧寺，恒共千人。"昙曜以和平三年（462年）壬寅，"于北台石窟，集诸德僧，对天竺沙门，译《付法藏传》并《净土经》，流通后贤，意存无绝"[9]。是为北台译经之始。其时，西域三藏法师吉迦夜、义学沙门昙靖、著名文学家刘孝标等高僧硕儒云集于此，重翻、改译、校勘、整理了大量佛经"流通后贤"，使"北台石窟"成为继长安逍遥园鸠摩罗什僧团、凉州昙无谶译经团队之后，中国北方又一个佛教译经中心。北台石窟的雕琢系北魏王朝举国之力的皇家工程，北台译经自然也离不开朝廷的支持。《魏书·显祖记》载：献文帝拓跋弘"皇兴元年（467年）八月丁酉，行幸武州山石窟寺"，以后又有七八次；《魏书·高祖记》复载：孝文帝拓跋宏"太和四年（480年）八月戊申，幸武州山石窟寺"，以后又有三次。在王室的支持和推动下，译经中心必然会成为佛学研究中心、佛法教育中心、佛教文化中心和僧团的修行中心、讲学中心、弘法中心。法聪律师正是在这样的历史大背景下，"于北台山始手披口释"，开讲《四分律》。

志磐《佛祖统纪》卷二十九载：道覆律师"聪之弟子。最初撰疏，疏科六卷，以释《四分律》"。《四分律》从北魏云中道覆律师继承法聪作科文式的《四分律疏》以后，才打开深入研习的门径，拉开广泛弘传的序幕，并开启了创立律宗的端绪。大同自古为我国北方的历史文化名城，秦始置平城县，东汉废。鲜卑拓跋猗卢初都盛乐，号"云中"，以此为北都，以平城为南都。至唐一代，以恒安镇（北魏平城）置云州、云中郡及云中县。开元十八年（730年）置云州，天宝元年（742年）改为云中郡，乾元元年（758年）复为云州，直至蒙元至元二年（1265年）废，大同称"云中"长达536年。正因此，北宋灵芝元照律师楷定律宗九祖，尊称四祖为"云中道覆律师"。

道覆律师后传法于慧光律师。《佛祖统纪》卷二十九载：慧光"初从佛陀扇多禅师出家，禅师曰：'此子宜先听律。律是慧基，非智不奉。若初从经论，必轻戒网。'由是从道覆通《四分律》，撰疏十卷"。慧光律师曾住持少林寺，北魏至北齐为三朝佛教领袖，北魏末年任僧统；东魏时（534—550 年）出任国僧都维那，即国僧统的副手；北齐时（550—580 年）应召入邺都，住大觉寺，转任国统，主持全国佛教事务，人称"光统律师"。慧光律师亲侍北魏道覆律筵，或受法于故都北台平城，或承席于新都南台洛阳，史料乏载，无从查考。现只知慧光师承道覆研律造疏，并删定《羯磨戒本》，不遗余力广弘律学，奠定了四分律宗开宗立派的基础。后祖祖相承，代代亲传，四传至南山道宣律师，独步律苑，登峰造极，使《四分律》大放厥光，南山律宗乃完全建立。

《四分律》成译于姚秦，初显于北魏，大兴于隋唐，传化于今世。南山律宗虽自道宣律师开山立宗，但不乏北台法聪律师、云中道覆律师的养蕴之力和开先之功。事实上，中国律宗最具权威性的祖师著作，道宣律师创立南山宗的三大理论支柱——今称"南山三大部"的《四分律删繁补阙行事钞》《四分律删补随机羯磨疏》《四分律比丘含注戒本疏》，以及《量处轻重仪》等重要著作，其修订和撰著也不是全在终南山，而是主要在山西。德高望重、戒净并弘的当代高僧传印长老，依《开元释教录》《宋高僧传》《释门正统》《佛祖历代通载》《释氏稽古略》《神僧传》《佛祖统记》等历代典籍，博采众长，敬述《南山律祖道宣律师传记》，载曰：道宣律师"始撰《四分律删繁补阙行事钞》三卷（今十二卷），时为武德九年（626 年）六月，师年三十一岁。……贞观九年（635 年）至魏郡（今河南安阳市）访法砺律师，咨决疑滞，经于三旬。是年十月，法砺入寂，遂至沁部山中（山西沁源县北）僧坊，再治《四分律行事钞》；又著《四分律删补随机羯磨》一卷、同疏二卷，《四分律比丘含注戒本》一卷、同疏三卷。时因母招，共同法清侣返隰州（山西隰县）；贞观十一年（637 年），于隰州益词谷，著《量处轻重仪》二卷、《尼注戒本》一卷。巡游后稽湖，归长安。贞观十六年（642 年），母殁后，避喧隐终南山"[10]。如此说来，不仅三祖北台法聪律师、四祖云中道覆律师初弘《四分律》的平城大同是南山律宗有源可溯的发祥地，与晋北大同各距千里的晋东南沁部山和晋西南隰州益词谷，也都与律宗的创立有着极为深厚的渊源，这也是山右之地与中国佛教律宗冥冥中结下的千载不解之缘。

参考文献：

[1] 大明法师. 南山律宗祖承 [J]. 弘化月刊, 1953 (151).

[2] 马海燕. 弘一大师与"南山律宗第十一世祖"论析 [J]. 闽台文化研究, 2014 (1).

[3] 崔正森. 五台山佛教史 [M]. 太原: 山西人民出版社, 2000.

[4] 侯文正. 五台山志 [M]. 太原: 山西人民出版社, 2003.

[5] 杨衒之. 洛阳伽蓝记: 石印本 [M]. 上海: 商务印书馆, 1930.

[6] 魏收. 魏书 [M]. 北京: 中华书局, 1974.

[7] 郦道元. 水经注: 石印本 [M]. 长沙: 宝华书局, 1894.

[8] 释道宣. 广弘明集 [M]. 上海: 上海古籍出版社, 1991.

[9] 释道宣. 续高僧传 [M]. 南京: 金陵刻经处, 2010.

[10] 传印长老.《四分戒本》述义 [M]. 北京: 金城出版社, 2017.

云冈石窟之曹洞宗源流考

邓星亮[1] 尹刚[2]

(1. 山西大同大学云冈文化研究中心,山西 大同 037009;
2. 山西彩塑壁画研究保护中心,山西 大同 037009)

摘 要:朱明时期,曹洞宗之贾菩萨一派长期驻锡云冈石窟寺。本文对云冈石窟寺之贾菩萨宗的传入时间、第一代祖师明公和尚的身份以及其法脉传衍情况进行分析考辨,期待拓宽云冈石窟佛教史的研究视角,进而丰富中国禅宗史的研究。

关键词:云冈石窟;曹洞宗;贾菩萨宗;源流

中唐以后,南宗禅逐渐兴盛,成为禅宗主流,进而衍生出"五家七宗"诸派。宋元之际,沩仰、云门及法眼诸宗相继零落,唯余临济、曹洞两家兴盛不绝。当时,佛教全为禅宗领域,而禅宗又为临济、曹洞二家平分,有"临天下,曹半边"之称。[1]其中,洞山良价下八世芙蓉道楷之徒净因自觉(居湖北襄阳鹿门山,又称"鹿门自觉")所传法系,成为宋元之际的弘传主脉,开辟了其时曹洞宗的中兴局面。[2]此后,曹洞自江西移化于北方[1],迨于元代而迅速发展,在北方形成传衍曹洞宗法的两大中心:其一为雪庭福裕门下的嵩山少林派,其二为万安广恩门下的邢州开元寺贾菩萨宗(又称"大开元宗")。[3]

好风凭借力,送我上青云。如此情形下,曹洞宗势力一路直抵塞北大同。以现存大同文献资料来看,大同明清时期之曹洞宗,其法音不绝于古都平城,僧徒遍布诸梵宇僧楼,以云冈石窟寺和大同观音堂等地而形成了塞北曹洞宗法的弘传中心,并随时代的发展,最终如浪潮般涌涨于雁北大地。

一、云冈石窟之曹洞宗法脉

云冈石窟寺与曹洞宗风的最早接触,很可能在元代初期至元(1264—1294年)年间由河北一带僧人游方云冈而完成的。

云冈石窟第33窟北壁上曾经留有元代游人墨书若干,其中有两则来自河北一带僧人的游记墨书。其一为保定路众僧游记："至元廿三年七月■■■，」保定路玉川元？广□众僧六人？」到此。元？记■■■。"[4]其二为僧人游记："至元岁？□■。大都？院■■一行四人到此。■■■」■■■」■■■」悲■。"[4]

元代至元前后，正是曹洞宗中兴巨擘们诸如万松行秀、雪庭福裕、万安广恩、耶律楚材、李纯甫、刘秉忠等在中书省各地频繁活动的时期。[3]其中，万安广恩禅师住持邢州开元寺，弘扬曹洞宗风，厥功甚伟，影响深远。据至元十六年（1279年）《顺德府大开元寺重建普门塔碑铭》记载：

> ……逮国朝辛卯（1231年），万安恩公来主函丈，始图兴复。……其感化方便，人巨具举，第以菩萨目之。……癸卯（1243年）冬，师拂衣禅室，归寂真空。……其具戒门资万数，内嗣祖传法、解三藏教沙门今亦千计。其为世宗师，感来者盖如此。乙酉（1249年）岁，嗣僧崇朗因太保刘秉忠奏疏，请圣上为大功德主，遂嘉纳焉。且闻师梵行清修，乃遣近侍护持及建塔赐铭，谥曰弘慈博化大士，敕寺额曰大开元寺，塔曰普门之塔。尔后累降纶恩，优护赡恤，靡不备至。其绍化住持曰崇润，嗣传住持曰崇朗、崇悟、崇瑀，至崇严凡六代。……至元十六年（1279年）岁次己卯八月吉旦。[5]

又据大德五年（1301年）《顺德府大开元寺弘慈博化大士万安恩公碑》记载：

> ……四十九年，阅世之数也；三十年，夏腊也。门人相继住持，克遵先范。自余从师有得、达性相根源者五百人；绍续慧命、为人天眼者余百人；宠膺宝书、典司诸方及本宗者几半天下，道法之行也。岁巳（1255年）未，世祖南伐，两幸其寺。……既践祚……续有旨："贾菩萨门人创设一宗，官属宗摄、提点、僧录、判正、都纲等职。"……又从文正公之请，起资戒坛于本寺，国师琏真升坛演法，凡度僧尼余十万人。……敕答失蛮仍旧提调大开元一宗，直隶宣政院，释教都总统所毋得管领，□三朝眷注之隆也。……大德辛丑冬（1301年）十二月初吉，大开元一宗诸路都提点通辨大师法孙妙泽等建。[5]

如此可知，广恩禅师弘慈博化之力，加上元世祖擢拔宣助之功，其所创贾菩萨一宗必然名震一时。来自保定路或大都院的僧人必定熟晓贾菩萨宗，在与云冈石窟寺僧人的交往中，很有可能于游方期间传播曹洞宗风，甚至说不定云冈当地僧人就有可能是贾菩萨门下"内嗣祖传法、解三藏教"的沙门。

明确显示曹洞宗在云冈石窟寺开山传法的文献，来自明代一则塔铭。云冈石窟山顶南端现存《祖师明公等墓塔记》曰：

  开山历代祖师：明公、？公、汝？公、喜公、□□、□□、纟？惠、续贵，徒宗玉、宁崇福？。万历十九年（1591年）九月拾九日，重修见塔。释子宗禄、宗净？。门徒惠义、惠安，□徒？■■、明觉、■■」□朔平府石匠杨进？全。[4]

墓塔铭文中的开山历代祖师和重修墓塔的禅师之间，存在着明确的师承关系。以续贵，徒宗玉，宗禄、宗净，门徒惠义、惠安之间的传承情况来看，他们属于某一宗派同一谱系下的三代，各自字派分别为"续、宗、惠"三字。

这三个字派符合历史文献中曹洞贾菩萨宗派辈诗的顺序，如清代明喜撰辑《缁门世谱》云：

  又贾菩萨万安禅师，旁出一枝（计三十二字），派曰：广崇妙普，洪胜禧昌，继祖续宗，慧镇维方，圆明净智，德行福祥，澄清觉海，了悟真常。[6]

又如，清代守一重编《宗教律诸宗演派》云：

  洞山下二十八世（雪庭下十四世）顺德开元万安广□禅师，姓贾，另演三十二字，俗呼为贾菩萨宗。广从妙普，洪胜禧昌，继祖续宗，慧镇维方，圆明净智，德行福祥，澄清觉海，了悟真常。[6]

再如，离云冈石窟不远的观音堂里也存在这样的谱系记载。据笔者田野调查，观音堂

图1　大同观音堂之《云中城西十五里观音古刹碑记》（右碑）

钟楼旁碑亭中有一通万历三十五年（1607年）《云中城西十五里观音古刹碑记》碑（见图1），其碑阴有一段碑文（笔者抄录）如下：

  禅宗贾菩萨一派」广重妙普，洪胜熙昌；济祖续宗，惠镇惟方；」圆明净治，德行福祥；澄清觉海，了悟真常。」重修比丘惠安立」徒镇花、镇山」法侄镇亮」法孙惟海、惟樑、惟□、惟□。

比较上述三则文献，虽有几组字形不同，如"崇、从、重""禧、熙""继、济""慧、惠""维、惟""智、治"，但都是同音异字，可能是派辈诗在口耳相传之后形诸文字时引起的差别。可以肯定的是，它们记录的都是同一个祖本的

派辈诗。如此，则可以明确云冈石窟《祖师明公等墓塔记》记载的僧团为曹洞贾菩萨宗之法脉。

二、贾菩萨宗始驻云冈石窟之时间

云冈石窟所见《祖师明公等墓塔记》，是了解曹洞宗驻锡此地传法的唯一文献资料。要根据此塔记铭文来判断曹洞宗始驻云冈的时间，必须明确两个问题：第一，《祖师明公等墓塔记》铭文中涉及的僧徒是否全为曹洞宗贾菩萨派法脉；第二，铭文中第一代明公祖师的生活年代。

关于第一个问题，得从铭文内容和相关历史背景进行分析。员小中《云冈石窟铭文楹联》中所收《祖师明公等墓塔记》现已不存，其铭文转录自水野清一、长广敏雄之《云冈石窟》第二卷附录"云冈石窟金石录"，其铭文分为四行，全文内容如下（见图2）。[7]

从铭文中"开山历代祖师"与"重修见塔"等字眼来看，这无疑说明云冈石窟山顶南端历史上曾经是此处僧人的塔林之地。僧人去世后，多负薪茶毗、拾其烬余而同归于塔。佛教古制中规定塔林之地不应远离僧坊，似早在唐代已经百丈怀海准为定式，宋代释德洪觉范《石门文字禅》云：

图2 《云冈石窟》第二卷文本中《祖师明公等墓塔记》录文

自佛法入中国，奉持之者缆总其法度参差不齐。独百丈大智禅师（约720—814年）以禅律之学，约之人情，折中而为法，以寿后世：故其生依法而住，谓之丛林；及其化也，依法而火之，聚骨石为塔，号普同塔。诸方皆建塔近僧坊，远不过一牛鸣，盖大众将送火化则荷薪。[8]

又从唐代开始，官方准许各寺院修治祖师塔，如宋代赞宁《佛祖统纪》载曰"（大中）十二年（858年），（唐宣宗）敕天下诸寺修治诸祖师塔"[9]。此风于禅林因袭日久，渐有以世俗祭祀父母祖宗之仪式去礼拜祖师塔之习俗，比如，明代圆悟说、如学等编《密云禅师语录》载曰：

今日正当清明节，家家祭扫拜坟茔；祇为生身不忘本，所以追思远祖宗；明新禅人特修斋，供佛祭扫祖师塔；请我举扬无别事，报答父母及师长。虽然如是，其间多有随其风俗，以了故事而已。[8]

又如，明代德清撰、福善日录《憨山老人梦游全集》曰：

至庚子冬，予应请入山，时见公率诸弟子侍祖师塔。察其供养之精诚，宛若祖师在生无异也。余因叹曰：祖庭千年不朽者，所赖儿孙一点孝敬心耳，故世尊曰：孝名为戒，即儒之孝为仁本，此道根也。及余住山中，最初安居，凡所经营固出众心，而任劳任怨，珊公居多，其忧勤惕厉，小心敬慎，端若孝子之于慈父，忧喜疾痛，靡不关之。[8]

从上述文献分析可知，明代丛林之僧侣门徒如世俗家族中的宗子一样，视祖师、师长为祖宗父母，并为之立塔祭祀的现象非常普遍。如此风气之下，在云冈石窟《祖师明公等墓塔记》中，三代门徒按照"续、宗、惠"的宗派谱序出现（个别名号中没有体现贾菩萨派的派辈字，如宁崇福、明觉，原因不明，待考），十分明确地说明该墓塔记中的僧人全为曹洞贾菩萨派之法脉，是驻锡云冈石窟的谱系性僧团。同一禅寺之下的常住众都为同一祖师的法脉，既有利于祖法心要的传衍，也符合僧团财产利益分配的要求。毕竟，禅寺财产利益倾向于按谱系亲疏有别的习惯来分配和继承，诚如张雪英所说：

出家人的名号与其宗派谱序关系密切，名号排辈的构建是中国佛教、道教乃至各种民间教派、仪式专家组织构建的重要方式，并与寺庙财产继承，各种权利义务关系息息相关，值得我们重视并更加深入的研究。[10]

第二个问题的关键是明公的身份。塔记铭文中开山历代祖师里的第一代祖师明公，极有可能是曹洞宗贾菩萨一派最早入驻云冈石窟的人物。因此，分析明公祖师是谁及其生活年代就成为判断曹洞宗始驻云冈石窟时间的关键。以塔铭内容来看，开山历代祖师居第一行，分别为"明公、□公、汝公、喜公、□□"，其他三行里的人名分别为重修此塔的云冈僧人和石匠。或不以为然，认为此塔墓记中所列开山历代祖师为十位，即前两行所列人名都为开山祖师。这种认识不可靠，因为第二行里"宗玉、宁崇福"前面加了一个"徒"字，且又是改行另刻。既是开山历代祖师，在其前面加"徒"字则显然不够尊敬，这和前面分析的门徒视祖师、师长为祖宗、父母的情况不符。如果说加"徒"字，是为了注明师承关系，揆之第一行祖师名"明公、□公、汝公、喜公、□□"，显然也存在某公是某公的徒弟，那为什么不在其前面加"徒"字呢？因此，此塔记中的祖师只有第一行五人，第二行中的"□□、糸？惠、续贵"一样，很有可能都是"续"字辈见在主管僧人，正是他们，主持和携带"宗"字辈徒弟和"惠"字辈徒孙一起于万历十九年（1591年）重修祖师塔。按禅林古例，寺院僧人修建亡僧塔时，是有规则可依的，如清代仪润、证义所作《百丈清规证义记》所言：

> 证义曰：按古例，唯开山祖师及中兴祖师、于常住大有功者，方另造塔。其平常住持，即入普同塔；中间历代住持塔而已。凡塔院位，或三、或五、或七、或九之不同。若唯造三塔者，中间住持塔位，左本寺及十方比丘之普同塔，右本寺及十方沙弥之普同塔，其尼塔仍归尼庵，不许附僧寺也；或用五塔者，中间住持塔，左中本寺比丘，右中十方比丘，左边本寺沙弥，附优婆塞，右边十方沙弥，亦附优婆塞；或有七塔者，五塔同上，唯分出优婆塞两种，另为两塔。近来左末加比丘尼塔，右末加沙弥尼与优婆夷合塔，共成九塔。[6]

云冈石窟山顶现在只存北部一塔，其余俱不可见，因此不容易判断当时曹洞贾菩萨派僧人到底用哪一种制度为祖师建塔。但是，以其塔记铭文中并列五位开山历代祖师名字的情形来看，此塔很可能为普同塔，即云冈石窟"续"字辈僧人为五位祖师共同修治的普同塔。

关于明公祖师的具体身份问题，张焯《全真道与云冈石窟》文中云：

> 在云冈石窟山上，旧有三幢墓塔。其中《开山历代祖师》石铭，今已无存。按明万历十九年（1591）重修者，为"宗"字辈僧，上溯祖师约为七八代，住持云冈者约10人，加上现任住持宗禄，约为11人。即便中间没有漏记，开山始祖明公，也当系元代人。此明公，从大同及云冈历史推测，应当就是慧明和尚。可惜，碑中明公以下二人的名字泐不可辨，我们无法从《明公和尚碑》阴所刻徒、孙的名单中确认其人了。[11]

张焯先生认为，云冈石窟《祖师明公等墓塔记》中开山第一代祖师明公和尚应当就是大同华严寺《西京大华严寺佛日圆照明公和尚碑铭并序》中的慧明和尚。这种观点的说服力不强，难以令人肯定。首先，为尊敬礼貌故，古代社会一般不直接称呼人名，出家人也是如此，正确的称呼如张雪英所说：

> 我们在各种文献中常见之僧名，常常为四字，四字僧名，前两字为"字"，后两字为"名"，"名"中两字的第一个通常是派辈用字，可以省略，故有时为三字。如明末明僧密云圆悟，"密云"是字，"圆悟"是名，密云圆悟亦可略称为密云悟，尊称密云悟祖。[10]

如此，大同华严寺《西京大华严寺佛日圆照明公和尚碑铭并序》中所说的"明公"，"慧明"为其名，后人尊称"明公"，"佛日圆照"为其徽号。同理，云冈石窟《祖师明公等墓塔记》中的"明公"，乃云冈曹洞宗贾菩萨派法脉"糸?惠、续祖、宗禄、惠义"等僧徒对第一代祖师的尊称。明乎此，则华严寺之"明公"与云冈之"明公"大可不必是同一个人。其次，从大同华严寺《西京大华严寺佛日圆照明公和尚碑铭并序》内容来看，慧明和尚一生行迹非常清晰，其碑文曰：

> 师讳慧明，蔚州灵丘人。……稔闻西京崇玄寺崇业大师，籍甚一时，誉流四表，即从之落发，受满分戒。……后抵燕之庆寿，参海云老师，一见欣然，便通入室。……于是，遂隐灵丘之曲回寺，荒蓝废址，重兴新之。……庚戌中，西京忽兰大官人、府尹总管刘公、华严寺主法师英公具疏，敬请海云老师住持本府大华严寺。海云邀师偕行。既至云中，海云抑师住持，代摄寺任。……壬子春，今上皇帝未及龙飞，享师名德，特旨令太保聪公述书，命师陞堂开法，永住大华严焉。即其年六月十五日也。癸丑中，有独谋干翁主者，太祖之女也，权倾朝野，威震一方，仰师硕德，加"佛日圆照"徽号焉。乙卯春，庆寿虚席，燕京府僚及海云疏，命师主之。……今上皇帝及东宫太子，屡于庆寿作大法会，师厌于将迎，退归灵丘之曲回寺。……小师冲公及西京官僚知师在彼，扣门坚请，荐移大华严寺焉。……至元七年（1270年）二月初，觉有微疾，……至六日己未，……已逝矣。……门人两处建塔：一窆于华严寺之坟，一窆于灵丘曲回寺。[12]

则华严寺慧明和尚一生似乎与云冈石窟法缘甚悭，几无交集。又碑文中明载其亡后两处建塔，一处在大同华严寺，另一处在灵丘曲回寺，更是和云冈石窟之明公等墓塔没有丝毫关系。最后，云冈石窟和大同华严寺的两个明公之间，其宗风传承也大相径庭。上文已经分析，云冈石窟之明公为贾菩萨派法脉，属于曹洞宗。而大同华严寺之明公，其宗派传承情况非常明了。其师承燕京庆寿寺海云老和尚，明代明河撰《补续高僧传·海云大士传》云"护必烈王为建塔于大庆寿寺之侧。谥佛日圆明大师。望临济为十六世"[6]，又明代通容所集《五灯严统》将海云大士列于临济宗传灯中[6]，都不容置疑地说明慧明和尚与其师海云和尚一样法归临济宗。

至此，可以明确断定云冈石窟《祖师明公等墓塔记》中明公祖师和大同华严寺《西京大华严寺佛日圆照明公和尚碑铭并序》中的慧明和尚不是一个人。那么，云冈《祖师明公等墓塔记》中明公到底为谁？这需要从塔记中五位祖师及其法脉的谱序、邻近寺院贾菩萨宗的传承情况来综合分析。

邻近云冈石窟的寺院观音堂所存《云中城西十五里观音古刹碑记》碑阴之碑文，比较连续而详尽地记录了观音堂贾菩萨宗的传衍情况。该碑阴之碑文内容可以分为三部分。

其一，为观音堂赐额札文，录文如下：

正统十四年（1449年）三月二十五日礼部为」请寺额事，于内府抄出。守备大同长随奉御马儿题有：大同府城西原有古观音堂一处，每年军民人等祈雨灵感，臣见得本堂年久损坏，舍己资财，雇觅人工，修理完备。缘本堂未有额名，见有」僧人昌海在堂，领众焚修，如蒙」准题，伏望」圣恩怜悯」，请给寺额，就令僧人昌海住持本寺，朝夕领众焚修，永为祝」圣庇民道场，以图补报便益。具本差弟马原赍捧具题。正统十四年（1449年）三月二十五日奉圣旨：准他兴做观音寺，礼部知道。钦此！钦遵抄出到部：拟合通行。除外，合行到仰本僧钦遵前去本寺住持，恪守清规，领众焚修，施行须至札付者。……

其二，为禅宗贾菩萨一派的派辈诗，录文如下：

禅宗贾菩萨一派

广重妙普，洪胜熙昌；济祖续宗，惠镇惟方；

圆明净治，德行福祥；澄清觉海，了悟真常。

重修比丘惠安立

□徒　　镇花　　镇山

法侄　　镇亮

法孙　　惟海　　惟樑　　惟□　　惟□

…………

其三，为观音堂住持僧镇花重修前后佛殿纪念，主要为功德主姓名，姓名后刻有"万历四十三年（1615年）八月□日秋季造"字样。

从这些碑文内容及前文论述来看，至少可以得出三点结论。第一，曹洞宗贾菩萨一派最早在观音堂开山立派的人物为僧人昌海，其为清修合法计，奏请朝廷赐额，礼部赐额准他兴做观音寺的时间为1449年。第二，以可靠的文字记载来推算，贾菩萨派于观音堂传衍的准确时间为167年以上，始自正统十四年（1449年），迄止万历四十三年（1615年）。按贾菩萨宗字派诗对应观音堂僧人名称，可知观音寺常住之贾菩萨法脉已经传法八代，历经"昌、济、祖、续、宗、惠、镇、惟"八辈。第三，云冈石窟贾菩萨宗法脉和观音堂贾菩萨一派具有共同的派辈诗，虽驻不同丛林，实则源出一流。很明显，驻地如此紧邻的两支贾菩萨宗法脉，其祖师之间必定有密切的渊源关系。

为了分析云冈石窟、观音堂两地历代祖师之间及其与贾菩萨祖师的渊源关系，进而推测云冈明公祖师的生活年代，制作贾菩萨宗三地历代祖师渊源表，以便分析。

表1 贾菩萨宗三地历代祖师渊源

派辈	广	重	妙	普	洪	胜	熙	昌	济	祖	续	宗	惠	镇	惟	方
时间	1195—1243年	1279年	1301年					1449年			1591年		1600年左右	1615年		
云祖											续贵					
观祖								昌海					惠安	镇花		
贾祖	广恩	崇严	妙泽													

注：云祖是指云冈祖师，观祖是指观音堂祖师，贾祖是指万安广恩禅师，其嗣后住持之生活时间见前文《顺德府大开元寺重建普门塔碑铭》和《顺德府大开元寺弘慈博化大士万安恩公碑》记载。

从曹洞宗整体之时间进展脉络来看，自贾菩萨祖师寂灭（1243年）后传法13代至观音堂"镇"字辈修整佛殿（1615年）之僧人镇花，历时373年，则以字辈顺序计算，每世间隔时间约为29年；从曹洞宗观音堂局部之时间进展脉络来看，观音堂贾菩萨宗传法八世历时167年，以字辈顺序计算则隔代时间约为21年。如果在此基础上再适当放宽时间间隔的话，则可以得出曹洞宗按字辈顺序传承之每世间隔年限的一般规律，即下限为20年，上限为30年（贾菩萨去世后，其嫡传弟子崇润、崇朗、崇悟、崇瑀、崇严凡五代住持，则一世历时35年以上之久，全由当时贾菩萨之开元寺祖庭弟子众多、俊才辈出的结果，可以视为特例，不做一般规律的上限考虑）。

将曹洞宗按字辈顺序传承之每世间隔年限的一般规律，去考察云冈石窟贾菩萨宗历代嗣法祖师，则各位祖师的生活时代可以大概得知。以万历十九年（1591年）重修祖师塔之"续"字辈僧人上推，如五位祖师全为师徒关系，则明公祖师所处时代年限为1441—1491年。在极端情况下，"续"字辈僧人以上五代祖师全为师兄弟关系，则明公祖师的时代约为1556年。因此，云冈第一代祖师明公的生活时代，大致可以划定在1441—1556年。

如此考虑，则明公祖师的派字可能当为"祖→济→昌→熙→胜"上溯顺序中的任何一个字，即明公祖师的名可能为"祖明、济明、昌明、熙明、胜明"中任何一个。但是，万历十九年（1591年）重修祖师塔之云冈"续"字辈僧人与万历四十三年（1615年）修整寺院之观音堂僧镇花之间，他们的辈分由"续"到"镇"字辈已间隔四世，时间差却只有24年，说明同时代的云冈僧辈分要比观音堂的高，假如考虑观音堂僧昌海于1449年开山立派的历史情况，加上民间"幺房出长辈"的说法，那么明公祖师说不准叫"昌明"更符合历史本来面目。

综上所述，曹洞宗贾菩萨派始驻云冈石窟的时间范围，大概在1441—1556年。始驻云冈石窟的第一代祖师明公和尚，其名讳有可能为"昌明"，同至元七年（1270年）圆寂的大同华严寺之明公和尚不是一个人。

三、云冈石窟贾菩萨宗之法脉延续

承前文分析，曹洞宗贾菩萨派始驻云冈石窟之时间为1441—1556年，加上《祖师明公等墓塔记》中标明有万历十九年（1591年）重修现塔的记载，可知曹洞宗贾菩萨在云冈石窟至少传衍了35年以上至150年以内。万历十九年（1591年）以后，其当时见在僧人续贵、宗玉、宗禄、宗净、惠义、惠安等，到底继续传衍贾菩萨宗法至何时，由于文献阙如，则实为求之无门。

但是，另一种现象却值得注意。检查云冈石窟现存碑刻文献，第6窟楼阁顺治元年（1644年）《王之都造铁钟记》铭文载"住持僧人性礼，徒海角"等文字[4]，第5窟楼阁内东侧康熙三十七年（1698年）《重修云冈寺记》碑阴有"住持僧如玉，徒性悟，孙海澄、海润"[4]的字样，云冈山顶中部《无暇和尚灵塔记》记曰：

> 寂师公讳如玉，法号无暇，｜和尚之灵塔。俗普宗枝，｜后归释教。披剃于｜大佛禅林，度生向云西胜｜景，建阁修理，重新蓝若，｜庶一方之耆旧，表禅林｜之栋梁。大限临行时，□｜莚归去，遗留法派，绍隆｜法幢，永远续后云尔。康熙丙戌（1706年），岁次仲春。｜孝徒性悟，孙海澄、海润祀奉。[4]

塔铭中的如玉、性悟、海澄、海润和钟铭里的性礼、海角等禅僧，似是驻锡云冈大佛寺或石佛寺中的僧团。这一僧团的法脉，在云冈其他钟铭碑刻中继续传衍：1. 乾隆十七年（1752年）《重修云冈大路碑记》中其碑阴文载"焚修僧人寂容、寂宾、寂祥，徒照玺、照琏、照珵、照斑、照理、照秀、照琮、照明敬"[4]；2. 乾隆三十四年（1769年）《重修云冈石佛寺碑记》载"住持僧寂容，暨徒照理、照琮、照珮，徒侄照秀、照亮、照福、照满，孙普全、普合勒石"[4]；3. 同治十二年（1873年）《重修庙宇碑记》载"住持僧通喜，徒侄徒弟心明、心锐、心如、心良、心禄，徒孙源麟、源绪、源和"[4]。上述僧人的字派为"如、性、海、寂、照、普、通、心"，与清代明喜撰辑《缁门世谱》所载临济宗碧峰禅师旁出一枝的字派相符，其派曰"智慧清净。道德圆明。真如性海。寂照普通。心源广续。……"[6]

这些文献说明，自顺治元年（1644年）至同治十二年（1873年）的230多年间，云冈大佛寺或石佛寺所住僧人全为临济宗僧团。由于不知《祖师明公等墓塔记》所记曹洞宗僧团在云冈石窟的具体弘法寺名，也没有其他相关文献记载云冈曹洞宗的情况，则云冈曹洞宗法脉在清代早已不知其踪影。或许，正如顺治三年（1646年）《重修云冈石佛寺碑记》"云冈以甲申（1644年）三月，为闯寇过天星盘踞，屠人之肉，覆人之居，天日为晦，又何有于刹耶"[4]描述的那样，在明末过天星张天琳之寇乱中，云冈曹洞宗贾菩萨一派僧团迫于时局凶险，远避他处而作鸟兽散了。

大同观音堂现存三处碑记，个中透漏出观音堂贾菩萨宗余绪之踪迹：其一，观音殿前康熙四十七年（1708年）《修路碑记》曰"有善信杨荣等与寺僧"圆龙募缘捐修，余亦为偈赞之，不数月而工竣"；其二，观音堂山门康熙五十二年（1713年）《重修观音堂山门记》载"住持僧明贵、徒净通"；其三，观音殿前约乾隆四十九年（1784年）之后《碑志》载"少府从而"告予曰：此地原出于不意，缘是年修观音堂之费，住持僧德义领其师智聪命，合议……"。三通碑记中的僧人圆龙、明贵、净通以及智聪、德义的名字中，其字派分别为"圆、明、净、智、德"五字，正合禅宗贾菩萨一派"广重妙普，洪胜熙昌；济祖续宗，惠镇惟方；圆明净治，德行福祥；澄清觉海，了悟真常"之谱序，其中只有"智"与"治"同音异字不符而已，则上述僧人正为曹洞宗贾菩萨派余脉，且自明代正统十四年（1449年）之昌海，传至清代乾隆四十九年（1784年）之智聪、德义等，历时330多年，可谓灯灯相传，不绝如缕也。

明末，从云冈石窟消失的曹洞贾菩萨宗法脉，是否避乱寄身入观音堂而得以延续，则不得而知矣。

参考文献：

[1] 印顺，妙钦．中国佛教史略［M］．重庆：正闻学社，1947．

[2] 蔡日新．南宋元明清初曹洞禅［M］．兰州：甘肃民族出版社，2009．

[3] 杨曾文．元代邢州开元寺万安广恩禅师［C］//中国佛学：41期．北京：社会科学文献出版社，2017．

[4] 员小中．云冈石窟铭文楹联［M］．太原：山西科学技术出版社，2014．

[5] 冀金刚，赵福寿．邢台开元寺金石志［M］．北京：国家图书馆出版社，2013．

[6] 河村孝照，等．大藏新纂卍续藏经［M］．东京：株式会社国书刊行会，1980-1989．

[7] 水野清一，长广敏雄. 云冈石窟：第2卷 [M]. 北京：科学技术出版社，2014.

[8] 嘉兴大藏经 [M]. 台北：新文丰出版股份有限公司，1987.

[9] 高楠顺次郎，渡边海旭，小野玄妙，等. 大正新修大藏经 [M]. 东京：大正一切经刊行会，1924-1932.

[10] 张雪松. 晚明以来僧人名号及谱系研究 [J]. 玄奘佛学研究，2011（15）.

[11] 张焯. 全真道与云冈石窟 [N]. 山西日报，2014-07-30（C8）.

[12] 白勇. 大同华严寺元碑及其相关问题 [J]. 文物世界，2007（9）.

云冈石窟第 6 窟佛传故事犍陀罗文化因素初探

姚乐清　郭静娜

（云冈石窟研究院，山西　大同　037007）

摘　要：犍陀罗是佛教造像的源头之一，在这里创造出大量的佛教雕塑作品，其中，佛本行故事占重要比例。云冈石窟是中国规模较大的皇家石窟群，第 6 窟开凿于北魏孝文帝时期，其中有 30 多幅佛本行故事保存。文章选择其中 18 个故事情节，进行初步分析，找出其与犍陀罗雕刻在图像布局、表现内容等方面存在的不同。

关键词：犍陀罗；云冈石窟；佛传故事

一、概述

佛传故事，宣扬了释迦牟尼一生丰富的经历。在古印度，因为记载佛陀一生经历的内容很少，所以佛教徒就将当地的神话故事和民间传说附会在了佛陀身上。最初的佛传故事只用菩提树、窣堵坡等象征性的手法表示佛陀形象。1 世纪中期，犍陀罗区域内诞生了佛的形象，使得佛传故事雕刻更加具体生动，在向东传播过程中不断吸收外来文化，其表现形式上发生了很大变化。日本学者水野清一、长广敏雄编著的《云冈石窟》[1]最早考察了云冈石窟佛传故事内容。阎文儒比较全面地考订了云冈佛教故事题材。赵昆雨的《云冈石窟佛教故事雕刻艺术》[2]一书，归纳和总结了云冈石窟佛教故事。以上学者对云冈石窟佛传故事题材的研究取得了很大成果。不足的是，就云冈石窟第 6 窟中佛传故事体现的犍陀罗文化因素涉及较少。本文通过对云冈石窟第 6 窟其中 18 个佛传故事情节进行探讨，找出这些故事题材在云冈石窟与犍陀罗两个地区的传承关系及产生不同的原因，阐述其文化背景、艺术风格、地域性变化等特点。

二、佛传故事图像对比分析

从传统佛教传播论来看,丝绸之路沿线的石窟均不同程度地受到犍陀罗文化的影响。云冈石窟作为丝绸之路沿线规模较大的皇家石窟群,其佛传故事的图像也或多或少受到犍陀罗文化的影响,接下来,本文以云冈石窟第 6 窟佛传故事为例对比研究其中包含的犍陀罗因素。

（一）降生之前

1. 降神选择

云冈石窟第 6 窟佛传故事是从释迦菩萨在兜率天宫与众神商议选择降生开始的。犍陀罗雕刻中释迦菩萨结跏趺坐于莲台之上正与众神商议降生问题,左右各四位天人合掌敬礼（见图 1）。云冈石窟第 6 窟降生选择位于中心塔柱东侧下层,屋檐下的贵妇正是温和好施的摩耶夫人,她面前堆满了将要布施的财物,有两人前来接受布施（见图 2）。《普曜经》卷一《论降神品》中对摩耶夫人做了描写:"夫人曰妙,姿性温良……好乐布施,禁戒无漏。……前五百世为菩萨母。"[3] 释迦在兜率天宫观视父母也是他选择降生的一项重要内容。[1] 犍陀罗匠师们在这一主题表达上更加直白突出主题。

图 1　拉合尔博物馆藏
（采自孙英刚、何平著《犍陀罗文明史》）

图 2　云冈石窟第 6 窟
（采自水野清一、长广敏雄著《云冈石窟》）

2. 占梦

摩耶夫人梦见白象投胎,净饭王便请来占卜师为其占卜。犍陀罗雕刻中净饭王与占卜师坐于宫殿之中正交流着占卜的内容。占卜师束发,右肩袒露,看似年龄已长(见图3)。云冈石窟第6窟此题材雕刻在中心塔柱东侧下层。宫殿中净饭王和摩耶夫人坐于宝座之上,面前站立身穿北魏服饰的占卜师(见图4)。图3中占卜师坐着与净饭王交谈,云冈石窟第6窟此题材中占卜师身材矮小立于净饭王面前。这与两地不同的政治文化有关,在印度实行种姓制度,婆罗门和刹帝利属上层阶级,所以在犍陀罗雕刻中占卜师和净饭王可以相对而坐。北魏实行汉化制度,皇帝具有至高无上的权力,君臣之间讲究尊卑有序。

图3 大英博物馆藏(采自孙英刚、何平著《犍陀罗文明史》)

图4 云冈石窟第6窟(采自水野清一、长广敏雄著《云冈石窟》)

图5 新德里国家博物馆藏(笔者自拍)

图6 云冈石窟第6窟(采自水野清一、长广敏雄著《云冈石窟》)

3. 树神现身

佛经记载释迦太子在出生时或出生后会出现三十二种瑞,其中之一就是树神现身。犍陀罗雕刻中树神形象为体型丰满的药叉女。她身体几乎裸露,右手

105

向上攀枝果树的枝叶，左手持宝剑，双脚在前侧交叉而立，身体呈"S"形（见图 5）。云冈石窟第 6 窟树神形象雕刻在中心塔柱南侧，树神有卷曲的逆发，胡人打扮，坐于树下（见图 6）。两件作品中树神的形象截然不同。在印度树神的形象就是药叉女，代表了生命和繁衍。但几乎裸体的药叉女形象不被北魏当地文化所接受，所以在雕刻时匠师选择了头梳逆发、身穿长裙的胡人形象。

（二）出生

1. 右肋而生

释迦诞生充满了传奇色彩。在犍陀罗雕刻中摩耶夫人右手攀无忧树枝，身体呈"S"形，释迦太子从她的右肋下出生，帝释天接取太子（见图 7）。云冈石窟第 6 窟树下诞生见于中心塔柱西侧。摩耶夫人身穿汉服，右手攀树枝。太子从右腋下出生，帝释天接取太子（见图 8）。犍陀罗雕刻中摩耶夫人站姿成"S"形，云冈石窟第 6 窟中摩耶夫人站姿庄重典雅。据史料记载："（太和）十年（486 年）春正月癸亥朔，帝（孝文帝）始服衮冕，朝飨万国。……壬寅（494 年），革衣服之制。……（495 年）十有二月……甲子，引见群臣于光极堂，班赐冠服。"[4] 因为孝文帝实行服饰改革，云冈石窟二期作品中佛的袈裟样式由印度通肩式和袒右肩式变为"褒衣博带"式，菩萨及供养人服饰也都变为汉服样式。北魏经过一系列的汉化改革加速了封建化的进程。

图 7　弗利尔美术馆藏
（采自孙英刚、何平著《犍陀罗文明史》）

图 8　云冈石窟第 6 窟
（采自水野清一、长广敏雄著《云冈石窟》）

2. 七步宣言

犍陀罗雕刻中（见图 9）刚出生的太子裸体，两手放于体侧，太子左右分别站立帝释天和梵天，其他天人前来赞美歌颂。云冈石窟第 6 窟的七步宣言雕刻在中心塔柱西面（见图 10），刚出生的太子穿汉服，右手上举，左手下垂，画面左侧雕两位演奏乐器的伎乐。云冈石窟第 6 窟这一题材的雕刻中为了避讳裸体太子穿上了汉服，也没有出现佛经中记载的帝释天和梵天的身影，取而代之的是两位身穿汉族长裙演奏乐器的伎乐，伞盖之上雕一腾空的飞天，整个画面与犍陀罗相比生动活泼，简洁明了，易于理解。

图9　白沙瓦博物馆藏
（采自约翰·马歇儿著《犍陀罗佛教艺术》）

图10　云冈石窟第6窟
（采自水野清一、长广敏雄著《云冈石窟》）

3. 灌浴太子

古代印度婴儿出生后为除去污秽要取恒河水为其沐浴。在图11中太子裸体站于足台之上。帝释天和梵天手持水瓶为太子沐浴。云冈石窟第6窟的灌浴太子雕刻于中心塔柱西面（见图12），太子居中穿内裤立于台几之上。两侧各雕一合掌半跪菩萨装人物。菩萨头顶上方分别雕四条蛇形龙为太子洗浴。犍陀罗雕刻中为太子沐浴的是帝释天和梵天，符合《佛说太子瑞应本起经》"梵释神天，皆下于空中侍"[3]的记载。云冈石窟第6窟灌浴太子的是两位头顶八条龙的菩萨。笔者认为，两位菩萨是《修行本起经》中记载的为太子灌浴的龙王二兄弟，头上的龙代表了他们龙王的身份，左右各雕四条龙是在云冈二期作品中追求对称美的体现。

图11　维多利亚和艾尔伯特博物馆藏
（采自孙英刚、何平著
《犍陀罗文明史》）

图12　云冈石窟第6窟
（采自水野清一、
长广敏雄著《云冈石窟》）

4. 归城

太子在蓝毗尼花园出生后返回宫中。在犍陀罗雕刻中,摩耶夫人抱着刚出生的太子乘轿辇回到迦毗罗卫国,轿辇装饰豪华由四人抬起(见图13)。云冈石窟第6窟归城图位于中心塔柱西侧,净饭王单腿盘坐在高大的白象之上,双手抱着刚刚出生的太子(见图14)。《修行本起经》记载太子与母亲坐着蛟龙车一起返回迦毗罗卫国,但在犍陀罗雕刻中摩耶夫人和小太子坐的是轿辇,笔者认为在翻译佛经时,为宣扬释迦的形象加入了神话色彩,所以将轿辇翻译成了蛟龙车。云冈石窟第6窟雕刻符合《过去现在因果经》中净饭王抱着太子乘坐大象回宫的记载。

图13 大英博物馆藏　　　　　　　图14 云冈石窟第6窟
(采自孙英刚、何平著《犍陀罗文明史》)　(采自水野清一、长广敏雄著《云冈石窟》)

5. 阿私陀占相

得知太子出生,阿私陀仙人前来为太子占相。

犍陀罗雕刻中国王和王后并排坐于宝座之上。阿私陀仙人,婆罗门行者打扮。他从侍女手中抱过太子端详(见图15)。云冈石窟第6窟阿私陀占相雕刻在中心塔柱北侧。屋檐下国王与王后向仙人跪拜。仙人有胡须,袒右肩,正仔细观察太子(见图16)。云冈雕刻中国王夫妇向阿私陀仙人行礼,符合《修行本起经》:"王即出礼拜迎澡洗沐浴。施新衣服……"[3]的记载。印度婆罗门行者头发束起,不戴装饰物,有唇髭,有时左肩上挂着兽皮[5],这与云冈石窟第6窟阿私陀仙人的形象相似,所以在雕刻时云冈匠师还是选择性地继承了犍陀罗雕刻的题材。

图15 拉合尔博物馆藏　　　　　　图16 云冈石窟第6窟
（采自孙英刚、何平著《犍陀罗文明史》）　　（采自水野清一、长广敏雄著《云冈石窟》）

（三）成长

1. 太子上学

太子渐渐长大，净饭王寻找老师为太子传授知识。犍陀罗雕刻中太子上学主要有两种图像表达形式，第一种图像太子坐于两头羊拉的羊车上，在一群侍者和书童的陪同下赶往大学堂学习（见图17）。第二种图像太子已是少年，坐于树下正在书写板上聚精会神地学习（见图18）。云冈石窟第6窟关于太子上学的内容位于中心塔柱东侧。画面中太子站立于大学堂门口，菩萨装打扮（见图19）。犍陀罗雕刻注重写实，将太子去上学以及学习时的状态都雕刻了出来。而北魏的匠师则选择了用大学堂来表现太子上学，符合《过去现在因果》中"时白净王，更为太子起大学堂"[3]的记载。

图17 私人藏品　　图18 加尔各答印度博物馆藏　　图19 云冈石窟第6窟
（采自孙英刚、何平著　（采自孙英刚、何平著　（采自水野清一、长广敏雄
《犍陀罗文明史》）　　《犍陀罗文明史》）　　著《云冈石窟》）

109

2. 太子较艺

太子武艺高强，引起兄弟调达和难陀的嫉妒，三人进行比武。图20为雕射箭比赛，画面雕三人，其中二人风化严重，应为太子两个弟弟。太子居中，上身裸露，正撑开弓箭对准鼓心准备发箭。云冈石窟第6窟太子射箭雕刻在洞窟东壁北侧中层（见图21）。画面中间雕三人，前两位是调达和难陀，最后一位为太子，手中弓箭都已对准铁鼓准备发射。佛经记载太子比武共三项内容，云冈石窟第6窟只选择了射箭这一项内容雕刻，笔者认为与鲜卑善骑射有关。史料记载："（孝文帝）又少而善射，有膂力。年十余岁……及射禽兽，莫不随所志毙之。"[4]弓箭在北魏日常生活娱乐中扮演着重要角色。图21就是北魏宫廷射箭比赛的真实写照。

图20 大英博物馆藏
（采自孙英刚、何平著《犍陀罗文明史》）

图21 云冈石窟第6窟
（采自水野清一、长广敏雄著《云冈石窟》）

（四）婚后生活

1. 宫中娱乐

婚后太子与太子妃在皇宫中过着钟鸣鼎食的生活，可太子还是郁郁寡欢。收藏于卡拉奇国家博物馆的宫中娱乐雕刻上，半部分为太子在宫中娱乐的场面，太子斜躺在床榻之上，耶输陀罗坐在身边。床榻四周伎乐们或坐或立正在演奏（见图22）。云冈石窟第6窟太子娱乐雕刻在后室东壁。太子单独坐于宫殿之中似在思考。宫殿之外太子夫妇相拥而坐。台阶之下一人似已喝醉，另一人持酒瓶将酒倒入其口中（见图23）。与犍陀罗雕刻只体现出太子奢侈生活相比，云冈石窟第6窟此题材还表现了太子在宫中静修。在表现太子"昼夜娱乐"这一内容时，放弃了犍陀罗雕刻的歌舞升平情景，而选择了饮酒这一内容，笔者认为这与当时饮酒文化有关。鲜卑为游牧民族，早已形成了吃肉喝酒的习惯，上至皇族下到百姓都以饮酒为乐，图23中饮酒的雕刻正是这种社会生活的体现。

图 22 卡拉奇国家博物馆　　　　　图 23 云冈石窟第 6 窟
（采自孙英刚、何平著《犍陀罗文明史》）　（采自水野清一、长广敏雄著《云冈石窟》）

2. 出游四门

关于太子出游四门的时间及原因，各佛经的记载有所不同，现以太子出游遇病人为例，对犍陀罗及云冈石窟第 6 窟内容做简要分析。犍陀罗出游四门是一组连续的雕刻，画面左侧雕太子宫中娱乐，画面中部太子束发骑于马上，马前有一病人难以站立，他手臂和双腿枯瘦，腹部却高高鼓起（见图24）。云冈石窟第 6 窟出游四门故事雕刻内容完整，此题材位于后室东壁，画面中部雕刻了头戴宝冠骑马出行的太子。病人头梳逆发，右脚断裂，拄双拐坐于台座之上（见图25）。犍陀罗雕刻的病人，腹部高高鼓起，患腹水病，符合多部佛经中对病人的记载。由于腹水病在北魏平城少有发生，所以匠师将腹水病人雕刻为腿部有残疾，这是佛教雕刻在云冈的创新。

图 24 白沙瓦博物馆藏　　　　　图 25 云冈石窟第 6 窟
（采自宫治昭著《犍陀罗美术寻踪》）　（采自水野清一、长广敏雄著《云冈石窟》）

3. 出家决定

太子 19 岁时决定离开皇宫走上修行之路。为了让太子下定决心，众神施法使宫殿成为坟墓。在犍陀罗雕刻中（见图26）耶输陀罗在床榻上休息，伎乐们已经昏昏睡去，太子坐在床尾下定决心离去，召唤来车匿和犍陟。云冈石窟决定出家雕刻在第 6 窟后室南壁（见图27）。宫殿中太子妃已经熟睡，太子单腿盘

111

坐，右手托腮正在思考。床榻之下伎乐疲惫不堪。图26中出现了车匿和白马形象，图27中则并没有雕刻。云冈石窟第6窟此题材中乐伎演奏的乐器除了有犍陀罗画面中出现的腰鼓外，还出现了北魏流行的排箫等其他乐器。

图26 柏林亚洲艺术博物馆
（采自孙英刚、何平著《犍陀罗文明史》）

图27 云冈石窟第6窟
（采自水野清一、长广敏雄著《云冈石窟》）

（五）修行之路

1. 逾城出家

逾越城池，离开宫殿，是太子走向出家之路的第一步。图28中太子坐于马上，两夜叉捧举马足腾空而起。太子身后仆人车匿为其撑伞盖，众天神双手合十表示赞叹。图29位于云冈石窟第6窟后室南壁。太子坐于马上，四天人用手将马托起离开皇宫，太子身后一飞天为太子撑伞盖。犍陀罗这一题材场面宏大，整个故事的情节具体又形象。在云冈石窟第6窟这一题材中，匠师舍弃了众神赞叹的场面，雕刻内容简洁明了。

图28 加尔各的印度博物馆藏
（采自孙英刚、何平著《犍陀罗文明史》）

图29 云冈石窟第6窟
（采自水野清一、长广敏雄著《云冈石窟》）

2. 主仆惜别

太子来到阿奴摩国，到了与车匿和宝马分别的时刻。犍陀罗雕刻中太子束发，上身裸露，将衣物交与车匿。太子面前爱马犍陟屈膝舐足，恋恋难舍（见图30）。云冈石窟第6窟的主仆惜别雕刻在明窗西壁。盝型帷幕龛下，太子衣着华丽，半跏思惟，犍陟屈前腿，舔太子足与太子告别（见图31）。图30中的太子站立着，面对屈膝舐足的犍陟，表现出太子义无反顾地告别宫廷生活。图31中太子半跏思惟的姿势面对舔足的犍陟，表现出太子对世俗生活的留恋。[5]

图30　拉和尔博物馆藏
（采自孙英刚、何平著《犍陀罗文明史》）

图31　云冈石窟第6窟
（采自水野清一、长广敏雄著《云冈石窟》）

3. 降魔成道

太子由于苦修体力不支，接受了牧女的乳糜供养，于菩提树下战胜了魔王波旬对他修行的干扰，最终成道。

犍陀罗这一题材的图像有两种表现形式。第一种图像表现为释迦结跏趺坐于菩提树下，右手施触地印。分别雕刻了魔众进攻、魔子劝谏、放弃进攻、魔王思考和魔军倒地等内容（见图32）。第二种图像表现为释迦坐于狮子座上，地神作为释迦成佛的见证者出现在了宝座之下（见图33）。云冈石窟第6窟"降魔成道"雕刻于后室西壁，释迦结跏趺坐于佛龛正中，右手施无畏印。佛龛右侧雕三魔女诱惑。左侧已风化不清（见图34），云冈石窟第10窟也属于第二期作品，恰巧雕刻了此题材（见图35），通过图像可知佛龛左侧是魔子劝谏魔王的内容。云冈石窟第6窟此题材与犍陀罗雕刻画面布局相似。内容表达上犍陀罗雕刻更加注重与佛经的结合。云冈石窟第6窟此题材着重于战争场面的描述，这应该与鲜卑英勇善战有关。

113

图32 美国弗利尔美术馆藏

图33 柏林亚洲艺术博物藏

图34 云冈石窟第6窟
（采自赵昆雨著
《云冈石窟佛教故事雕刻艺术》）

图35 云冈石窟第12窟
（采自水野清一、长广敏雄著
《云冈石窟》）

4. 初转法轮

在犍陀罗表现佛陀初转法轮的图像有两种形式。第一种形式没有出现佛陀形象，三法轮代表佛教三宝，两头鹿代表说法之地鹿野苑（见图36）。第二种表现形式出现佛陀形象，释迦坐于菩提树下，右手施无畏印。宝座之下雕法轮及鹿，众弟子天人前来听法祝贺（见图37）。云冈石窟第6窟雕刻的佛初次讲法内容位于后室东壁。盝型帷幕龛下释迦结跏趺坐于宝座之上，右手施无畏印，佛座下雕三个法轮及两头鹿，弟子及天人合掌听法（见图38）。犍陀罗雕刻的"初转法轮"图像上经历了从无佛到有佛的过程。云冈石窟的雕刻借鉴了犍陀罗第二种图像表现，但在人物造型上表现出了地域性变化。

图 36　私人收藏 　　　图 37　弗利尔美术馆藏 　　图 38　云冈石窟第 6 窟
（采自水野清一、
长广敏雄著《云冈石窟》）

5. 降服迦叶

初次说法后，释迦收服了迦叶三兄弟，壮大了佛教团队的规模。其中，释迦在火室降服火龙，是收伏伽叶三兄弟的第一步。犍陀罗雕刻中释迦坐于火室之中结禅定印。火室内火焰冲天，伽叶以及弟子攀爬高梯之上，手拿水壶进行灭火，火龙已被释迦收服，化作蛇状，准备爬入佛钵之中（见图39）。云冈石窟第6窟的降服火龙雕刻在后室东壁。佛龛下释迦结跏趺坐，左手托钵，右手施无畏印，火龙已经进入钵内，伽叶及弟子前来灭火（见图40）。犍陀罗雕刻注重写实，迦叶及弟子攀爬扶梯救火。云冈石窟第6窟体现伽叶及弟子救火情景，采取了犍陀罗降魔成道的布局形式，场面宏大人物众多。

图 39　密歇根大学艺术博物馆　　　　图 40　云冈石窟第 6 窟
（采自孙英刚、何平著《犍陀罗文明史》）　（采自水野清、长广敏雄著《云冈石窟》）

三、结论

佛教自西汉传入中国后，在北魏时期得到迅猛发展。作为丝绸之路沿线规

模较大的皇家石窟群，云冈石窟第 6 窟的佛经故事图像与犍陀罗有必然联系。首先它继承了犍陀罗雕刻的布局形式和构图基本要素，如降魔成道、初转法轮等。但由于雕刻时参照经典、社会条件、历史背景不同，因此在雕刻中为了更好地服务于本土文化，对外来文化进行了选择性地吸收和创新。佛传故事雕刻不断地与中国文化融合，走上了中国化、世俗化道路。

参考文献：

[1] 水野清一，长广敏雄. 云冈石窟［M］. 北京：科学出版社，2014.

[2] 赵昆雨. 云冈石窟佛教故事雕刻艺术［M］. 南京：江苏美术出版社，2010.

[3] 高楠顺次郎，渡边海旭. 大正藏：第 3 册［M］. 北京：大藏经刊行会，1924.

[4] 魏收. 魏书［M］. 北京：中华书局，1974.

[5] 宫治昭. 涅槃和弥勒的图像学：从印度到中亚［M］. 李萍，张清涛，译. 北京：文物出版社，2009.

试析云冈第9、第10双窟的因缘故事画

周 澍[1] 官士刚[2]

(1. 首都师范大学历史学院，北京 100048；
2. 聊城大学历史文化与旅游学院，山东 聊城 252000)

摘 要：云冈第9、第10双窟是云冈第二期石窟中的精彩之作，双窟中存在大量的因缘故事题材图像，这些图像内容的出现并不是随意拼凑，而是有着更为深层的历史原因和宗教原因，同时这些内容也是世俗政治的力量对佛教石窟造像产生重要影响的具体反映。虽然第9、第10双窟具体开凿时间及其性质仍有争论，但是通过对关于第9、第10双窟问题的探讨进行简单梳理，试图结合历史背景对窟内故事画进行简要解读。

关键词：云冈第9、第10窟；因缘故事画；世俗政治

一、关于第9、第10双窟的相关探讨

关于第9、第10双窟的开凿年代及其相关性质的探讨已持续很长时间，曾围绕《大金西京武州山重修大石窟石碑》展开的"宿白说"和"长广敏雄说"的争论更是精彩至极，虽然现在此两种观点在某种程度上基本已达成一致，宿白先生的观点也已经为学界所接受，但仍然尚有一些争议存在。

宿白先生认为第9、第10双窟应是孝文帝宠幸阉臣钳耳庆时所修的"崇教寺"。这一观点主要基于先生在整理《永乐大典》时发现的金皇统七年（1147年）曹衍撰写的《大金西京武州山重修大石窟石碑》，同时结合对窟内图像进行的分析，认为双窟中释迦与弥勒的主像组合形制是这一时期新出现的，其他形制装饰如汉式的龛饰、繁缛的植物花纹等也都是这一时期的新元素，并首次出现在第9、第10两窟内。[1]在中国学术界"宿白说"基本已成共识性的结论，即第9、第10双窟为太和八年（484年）至太和十三年（489年）建成的"崇教寺"。

长广敏雄先生观点的得出主要基于造像样式的比较分析和《魏书》中记载

的北魏皇帝巡幸武州山石窟的记录。[2]最初长广先生认为《魏书》中皇帝多次行幸武州山应为参加大佛落成仪式的法事，认为记载的482年及483年最后两次的行幸应与第5窟、第6窟的完成相关，那么早于第5、第6窟的第9、第10窟的建成则应该在480年左右，如果将行幸时间与第二期石窟寺的修建相对应，那么应为：献文帝皇兴元年（467年）记载"丁酉，行幸武州山石窟寺"[3]应是参加昙曜五窟的建成法事，孝文帝延兴五年（475年）"丁未，幸武州山"[4]应与第9、第10双窟的修建有关，太和四年（480年）"戊申，幸武州山石窟寺"[3]应与第13窟主尊交脚菩萨像落成相关，太和六年（482年）"辛巳，幸武州山石窟寺"[3]应是为第五窟大佛开眼，太和七年（483年）"五月戊寅朔，幸武州山石窟佛寺"[3]是最后一次行幸武州山的记载，当与第6窟落成有关。可这种推测值得商榷。后来在被学界称为"金碑辩"的争论后长广敏雄先生还是接受了宿白先生的观点："从文献学的角度出发，宿白教授的推论当无误，因而分期论也是符合逻辑的。作为'宿白说'，我现在承认这种分期论。"[4]

  石松日奈子则有不同的看法。[5]她注意到了第11窟东壁上有太和七年（483年）铭的邑义信士女等五十四人造像龛的故事，推测这一时期的云冈石窟正经历着由国家工程向民间工程转化的过程，并进一步推测这一转变应与昙曜的失宠直接相关。以此为基础，其论断多基于对昙曜经历的分析。昙曜所译《杂宝藏经》中汇集了通俗易懂的因缘故事，而在第9、第10窟内同样存在大量的因缘故事，其认为这很可能是直接以《杂宝藏经》为文本，因此第9、第10窟的修建很可能有昙曜的因素在内，甚至是由昙曜直接监制。石松日奈子在《北魏佛教造像史研究》中认为昙曜的下台直接影响到武州山石窟的地位，其与皇家关系逐渐疏远，太和七年（483年）后断绝行幸记录，反而是行幸方山的记录多了起来，这应与师贤接昙曜任有关。因此，从此观点大可以推定石松日奈子理解的第9、第10双窟的修筑时间最晚应为太和七年（483年）左右。

表1　云冈第9、第10窟建造年代

宿白说	太和八年至太和十三年（484—489年）
长广敏雄说	延兴五年（475年）或480年左右/太和八年至太和十三年（484—489年）
石松日奈子说	最晚为太和七年（483年）左右

  从表1中或可对这三种观点进行一个综合，得出以下结论：第9、第10双窟的开凿时间最晚不晚于延兴五年（475年），而建成时间最早不会早于太和十

三年（489年）。将第9、第10窟的开凿限定于475年至489年这一时间范围内，以此为基础，进行下面的讨论。

二、第9、第10双窟内故事画相关问题

（一）故事画制作的历史背景

延兴五年（475年）至太和十三年（489年）虽然只有短短的十五年，但这十五年期间北魏王朝可谓是风雨飘摇、命途多舛。经过对《魏书·高祖纪》的不完全统计，十五年间北魏境内发生大小饥馑荐臻至少18次/处，而内外战争多达20多次。[3]

北魏政权从建立之初到太和初年这一阶段在政治构建上具有很浓重的原始性，这一时期的国家结构正处于由奴隶制向封建制度转换的关键阶段，各种矛盾极为突出。国家上层权力斗争不断，为保证权力的顺利交接，"立长杀母"的残忍方式竟成为定制，这虽然在很大程度上达到了要求稳定的效果，但同时也触动了很多既得利益者，道武帝拓跋珪和太武帝拓跋焘的死与权力斗争不无关系。贯穿整个南北朝历史的就是一个"乱"字，征伐不断，既有南北朝间相互攻伐，又有与西北外族的战争，更有一浪高过一浪的农民起义。似无穷尽的战争对国家来说耗费巨大，同时又是下层人民的噩梦，战争意味着兵役、劳役、加租、加税，不仅增加生活成本，

图1　五百弟子受记品
（第10窟后室东壁第三层）

图2　象护品缘
（第10窟后室南壁第一层西侧）

自身安全更是没有保障。另外，水旱灾害连年不断，"天降丧乱，饥馑荐臻"，北魏境内各地数以万计的民众不得不依靠政府历次开仓赈灾、施粥放粮以苟活。

当种种矛盾不断激化，小型冲突不断，大型冲突乃至动摇国本的动乱必然潜伏其下，改革势在必行，必须加快国家的封建化建设，由此则是孝文帝在位期间改革的发端。但在政治改革、完善社会政治体系与国家结构的同时，在思想方面施加政权力量，给予下层民众以精神慰藉也是有必要的。

所以，北魏自献文帝复佛至孝文帝时期也是佛教思想传播、佛教发展的黄金时期，尤其是孝文帝时，在笃信佛教的冯太后影响下，整个社会上下充斥着强烈的崇佛观念。"高祖时，沙门道顺、惠觉、僧意、惠纪、僧范、道牟、惠度、智诞、僧义、僧利，并以义行知重"[3]，高僧大德备受礼遇；广设寺院、广开石窟，如鹿野苑石窟、方山石堂以及云冈石窟的相当一部分都是开凿于这一时间段或有了相当规模的扩展；另外，对佛教的管理系统进行了完善，早年间曾有的道人统（沙门统）继续存在，又"立监福曹，又改为昭玄，备有官属，以断僧务"[3]。

宗教团体其实也是整个社会组织的一部分，其存在必然要遵守社会组织中的秩序，拥有良好秩序的社会体系才能更进一步发展。孝文帝对僧务的整顿实际上也在一定程度上促进了佛教的繁荣发展。总之这一时期"佛经流通，大集中国"[3]。

（二）故事画在窟内位置及内容

关于第9、第10双窟内故事画的主题内容，长广敏雄先生[4]和云冈石窟考古研究院赵昆雨先生[6]都做过较为详细的辨识、统计工作，关于个别图像的性质二人的观点又略有不同，以下结合两位先生的研究成果对其认识的不同之处再次做出辨识，并对第9、第10双窟内现存仍可识别的故事画进行一个简单整理。

两位先生认识的不同之处主要集中于两处：一处是第10窟后室东壁第三层，赵昆雨先生认为该图像是出自《妙法莲华经》的"五百弟子受记品"，长广敏雄先生认为是出自《杂宝藏经》第九卷的"妇女厌欲出家缘"；另一处是位于第10窟后室南壁第一层西侧，赵昆雨先生以为该处应是出自《贤愚经》第十二卷的"象护品缘"，长广敏雄先生认为这同样是出自《杂宝藏经》第九卷的"大光明王始发道心缘"。首先来看第一处图像（第10窟后室东壁第三层），一佛结跏趺坐于须弥座上，画面左侧四比丘跪拜于此，面似有喜色，右下角坐一比丘正在抚摸跪于其下的另一比丘的头顶，右上方有两人从发饰来看与比丘造型有较大差异，赵昆雨先生推测为"二供养天"，并表示垂足坐于右下角的比丘应为憍陈如，正在给五百僧众摩顶受戒，跪于其下及其他的四位比丘应是代表着五百受戒僧众。这一推测应是合理的，在年代稍晚的西魏时期，敦煌莫高窟第285窟南壁有一幅"五百强盗成佛图"，亦是在画面描绘中用五人代指五百强盗，这种表现手法或是当时流行。相比而言，长广先生将其解释为"妇女厌欲出家缘"则有些牵强附会，故事中的主要情节如"欲得与母私情欲"、"地即劈裂"、"捉的儿发在怀中"等都无法与画面对应。故此图像解释为出自

《妙法莲华经》的"五百弟子受记品"更为合理。

第二处故事画（第10窟后室南壁第一层西侧）展示一佛坐于须弥座上，左侧风化较严重，尚能辨识上方三人双手合十、面朝主佛，下方两人似跪拜于主佛坐下，最右有一头大象，象背象首各坐一人。长广敏雄先生将该幅图像标识为"大光明王始发道心缘"，然而现在所见大光明王始发道心的故事记载于《贤愚经》，并未见于《杂宝藏经》，且故事情节与图像很难相互对应。既无光明王为大象所伤害的画面，又没有散阄训象的场景。如果根据赵昆雨先生的观点将其作为《贤愚经》第十二卷的"象护品缘"，那么图文似乎可以对应，尤其是画面左上角白象上骑乘两人，可完美的释为象护父子共同乘象去觐见阿阇贳王的场面。同时，赵昆雨先生还将残破处解读为"一象或一塔"，与象护品缘故事相契合。关于第9、10窟内其他故事画的主题争议不多。

表2　第9、第10窟其他故事画主题

第9窟		
内容	来源	所在位置
天女华盖供养缘	杂宝藏经·卷三	后室南壁第三层东侧
兄弟二人出家缘	杂宝藏经·卷三	后室南壁第二层东侧
鬼子母失子缘	杂宝藏经·卷九	后室南壁第一层西侧
尼乾子投火缘	杂宝藏经·卷八	后室南壁第三层西侧
八天次第问法缘	杂宝藏经·卷三	后室南壁第二层西侧
须达长者妇获报缘	杂宝藏经·卷二	后室西壁第三层南侧
第10窟		
内容	来源	所在位置
须达长者妇获报缘	杂宝藏经·卷二	前室北壁腰壁
天女燃灯供养缘	杂宝藏经·卷五	前室东壁腰壁
吉利鸟缘或提婆与佛的因缘	杂宝藏经·卷三	后室南壁第二层东侧
魔王波旬欲来恼佛缘	杂宝藏经·卷七	后室南壁第三层西侧
五百弟子受记品	妙法莲华经	后室东壁第三层
象护缘品	贤愚经	后室南壁第一层西侧

从表2可以很明显地看出，第9、第10双窟故事画的文本来源主要是《杂宝藏经》与《妙法莲华经》等几部经典佛教典籍，尤其是传为昙曜所译的《杂宝藏经》，在图像中占有极大的分量，显得极为重要，也正是基于高僧昙曜的生平这一线索，石松日奈子得出这两窟的开凿很有可能是由昙曜亲自监督的结论，可以说是不无道理的。

（三）关于故事画功能的简单解读

巫鸿先生曾提出"研究者所致力发现的不是一堆散乱的艺术语汇，而是一件具有内在逻辑的完整作品"[7]。根据图像辨识出内容当然不是我们能做到的全部，而是更应该想办法解释图像与社会状况、宗教思想等方面的联系，从而揭示作为图像设计者所要表达的一个意图。

1. 图像的表现与附庸于帝王的佛教。

通过观察显而易见的是，窟内故事画情节的展开多围绕一尊佛像展开。佛像被塑造成或结跏趺坐或立于整个画面的中心位置或接近于中心位置，反而本应作为表现主体的因缘故事的情节却被放置在主尊佛像左右或四周进行。另外，本应是释迦佛说法的文本故事转到由图像形式表现出来时，佛手印却并不做说法印状，反而多数情况下是一手施无畏印，一手做与愿印状。故事情节围绕尊像展开，观者的视觉中心不再是因缘故事内容而变成了释迦尊像。

北魏时期，中国一统的集权制度已确立数百年，早已根深蒂固，加之儒家伦理道德作为主流意识形态广泛流行于整个社会，世俗权力中的君权无可置疑地列为整个权力链条的顶端。当初期外来佛教面对文化传统与政治结构完全不同的新环境时，直接传播宣扬不拜君亲、只拜佛祖，众生平等之类的新伦理观，无异于是对现有政权的挑战，北魏前期太武帝灭佛即是宗教权力与世俗权力斗争的直接反应。在这种情形之下，佛教徒不得不改变传教的策略，逐渐向世俗君权倾斜，并且依附性不断增强。早在道武帝时为僧人领袖的法果即常言："太祖明叡好道，即是当今如来，沙门宜应尽礼。"又有"能鸿道者人主也，我非拜天子，乃是礼佛耳"[3]之类言论，可见佛教为"鸿道"而依附君权成了最好的发展选择。太武帝灭佛更是推动了佛教为求安避祸向世俗君权的倾倒，在造像记里出现的为皇帝陛下或为国家等词句，之所以像套话一样到处出现，就是为了表达顾念国家和皇帝的心情。而对于佛手印更合理的解释应该从手印本身的含义出发，"在特定的社会环境中与传播布教过程中，仍着重于施无畏印和与愿印所显示的慈悲的佛及其精神，而忽视了释迦修行的历程，如苦修、降魔、成道等，社会对佛教的信仰、认识的趣向，仍是偏重于以简易的方法祈求救济，即利益现世的一面。尊像画中的释迦佛像，本应是对信众的说法相，但印相则多为施无畏印和与愿印，而不是说法印。多表现这两种印相，蕴含了大乘佛教倡导的利他精神，以施无畏印消除众生的不安，给予无所畏惧的力量，以与愿印福佑生灵，满足众生的愿望与要求"[8]。这正符合了传统中国下层民众对宗教功利化信仰的心态。

另外，由于普通民众的文化层次较低，群众向来是喜好通俗易懂的事物，而且"群体形象化的想象力不但强大而活跃,并且非常敏感。一个人、一件事或一次故事在他们头脑中唤起的形象,全都栩栩如生。……只会形象思维的群体,也只能被形象还有向中央政府表明他们绝非不满分子或危险集所打动"[9]。《杂宝藏经》的翻译和以此为文本的第9、第10窟的目的[2],甚至在修造佛像时也以当权者的相貌为摹本[3]。因此,或可以解释,作为第9、第10双窟中故事画表现中的视觉中心的释迦说法像,实际上是北魏皇帝的象征,由此,皇帝摇身一变不仅掌握世俗生活中的最高权力,同时也成为宗教生活中的最高存在,礼佛即礼拜帝王,而佛说法即帝王向国内子民弘道、播撒福音。帝王的话语不仅是世俗中的政治命令,而且也作为宗教中的最高行为准则存在。此时的佛教似乎已经成为王权的附庸,当然,教权与王权不仅是简单的谁是谁的附庸问题,在依附中也存在着合作关系,这一时期佛教利用王权的庇护迎来了一个发展的黄金时期,或许称为"现世王权的附庸型合作伙伴"更为合理。

所以这时候佛教就成为帮助帝王维护统治的思想工具,借之以"敷导民俗""助王政之禁律,益仁智之善性,排斥群邪,开演正觉……化恶就善,播扬道教"[3]。

关于佛尊像手印问题,也可以得到合理的解释。北朝时期是佛尊像画大为流行的一个阶段,不仅在第9、第10双窟内,同时期的敦煌石窟中也有大量的佛尊像画存在,手印亦多为施无畏印和与愿印而不是说法印。或许这一时期内佛尊像的表现都源自同一图像母本,故大量的图像都表现出统一形态,但以此来解释说法状佛尊像的手印表现不出第10窟内故事画的雕刻也正是这一方面的反映。《杂宝藏经》以因缘故事为主,故事以其流畅性和情节性更加容易理解与方便记忆,显现出独有的趣味性,而石窟内的雕塑是故事的直观反映,活灵活现的形象,会令群众产生更强烈的想象力和情感体验,并使情感的体验倾向于行动的表现,这也是"有偶像"崇拜的共性,这也正是统治阶级及北魏佛教官方所要取得的效果。

2. 因缘故事的选择与不平等社会中的意识形态解释权。

查尔斯·蒂利曾就持久的不平等状况的产生进行解释,"当跨越边界的重复交易对边界一边的那些人一律产生净优势;当跨越边界的重复交易复制那个边界",关键在于"类型边界一边的团体成员控制了产生价值的稀缺资源,并分配给自己大部分价值,然后利用这些价值的一部分去复制那个边界"[10]。简单来说,也就是作为利益既得者势必会为后来者进入利益集团设置障碍,以保证最广泛、最大限度地对利益集团之外的人进行剥削。

当宗教信仰依附于王权,实际上佛教及其意识形态也就成了北魏统治阶层设置的"边界"。

通过表3可以很清晰地看到第9、第10窟内故事画的文本来源主要是由昙曜所译的《杂宝藏经》，同时还有部分源于《妙法莲华经》《贤愚经》等佛教典籍，因此有必要对这些佛教典籍的主要内容做简要了解。《杂宝藏经》共十卷，包括因缘故事共一百二十一篇，以寓言方式集中表现了佛教的轮回思想与因果关系，特别强调关于亲情方面在孝道上的绝对义务，并在此基础上加以升华，达超越亲情的慈悲心对一切众生无条件的"爱"，以及对佛陀的无限崇敬。"象护缘品""五百弟子受记品"等虽非出自影，或许可以进一步理解为：这是北魏统治阶层利用佛教因素向所辖子民下放的政治信号，即尊崇教化、忠贞如一供奉帝王，方可如供养佛陀者获得因缘，生活圆满，如若不然，得到的将是严厉的惩罚。

表3 第9、第10窟因缘故事画主题

天女华盖供养缘	供养得因缘
鬼子母失子缘	外道皈依/对不当行为的惩罚
尼乾子投火缘	外道皈依
八天次第问法缘	供养得因缘
须达长者妇获报缘	供养得因缘
天女燃灯供养缘	供养得因缘
吉利鸟缘或提婆与佛的因缘	外道皈依
魔王波旬欲来恼佛缘	外道皈依
五百弟子受记品	外道皈依
象护缘品	供养得因缘

所以从以上叙述中可以看出，佛教及其思想成了王权为维护不平等状态而做出的选择，并且充分地反映在了云冈第9、第10双窟的开凿制作之中。

为维护利益集团的存在，统治阶层必须对不平等的现象进行合理的解释，以保证地位的稳固，继续维持不平等状态的存在，佛教附庸于王权之下正好做到了这一点。"皇帝即为当世如来"的说法使最高统治者集世俗王权与教权于一身，对其作为最高存在及其政权的合理性做出了充分解释。同时，宗教信仰代表了最高级的人文关怀，在动荡不安的世界中，更是需要心灵的慰藉。佛教倡导的，尤其是体现在第9、第10双窟因缘故事画中蕴含的观念恰好能起到"敷导民俗""化恶就善"的社会效用，这种社会效用的终极目标，仍然是强调帝王的至高无上与宣扬忠君思想因果关系和轮回思想的普及，似乎可视作一剂精神鸦片，使大众将此生所受种种不公与折磨寄希望于冥冥中的来世，以自我安慰自欺欺人，放弃了对此生权利的捍卫，一直作为被统治而存在的奴仆。

根据上述讨论，将第9窟、第10窟的制造时间限定在了延兴五年（475年）至太和十三年（489年）之间，对开窟历史背景稍加梳理后，或许可以得出一个结论：石窟的修建、故事画母题的选择和雕刻与当时的崇佛思想是密切相关的，同时作为政权下附庸型合作伙伴的佛教，在矛盾激荡的深入的汉化改革前夜，无异于是统治阶级给予被统治者的一剂安慰剂。

参考文献：

[1] 宿白. "大金西京武州山重修大石窟寺碑"校注——新发现的大同云冈石窟寺历史材料的初步整理 [C] //中国石窟寺研究. 北京：文物出版社，1996；宿白. 云冈石窟分期试论 [C] //中国石窟寺研究. 北京：文物出版社，1996；宿白. 大金西京武州山重修大石窟寺碑的发现与研究 [C] //中国石窟寺研究. 北京：文物出版社，1996.

[2] 石松日奈子. 北魏佛教造像史研究 [M]. 北京：文物出版社，2012.

[3] 魏收. 魏书 [M]. 北京：中华书局，1974.

[4] 长广敏雄. 云冈石窟第9、10双窟的特征 [C] //中国石窟·云冈石窟：第2卷. 北京：文物出版社，1994.

[5] 石松日奈子，篠原典生. 云冈第11窟太和七年邑义造像和武州山石窟寺的变化 [C] //2005年云冈国际学术研讨会论文集：研究卷. 北京：文物出版社，2006.

[6] 赵昆雨. 云冈石窟佛教故事雕刻艺术 [M]. 南京：江苏美术出版社，2010.

[7] 巫鸿. 汉画读法 [C] //文化的馈赠：汉学研究国际会议论文集：考古学卷. 北京：北京大学出版社，2000.

[8] 敦煌研究院. 敦煌石窟全集：尊像画卷 [M]. 北京：商务印书馆，2002.

[9] 勒庞. 乌合之众 [M]. 冯克利，译. 南宁：广西师范大学出版社，2007.

[10] 蒂利. 身份、边界与社会联系 [M]. 上海：上海人民出版社，2008.

北魏佛教发展微探
——以《魏书·释老志》为中心

刘旭冬[1] 张全晓[2]

(1. 贵州师范大学历史与政治学院,贵州 贵阳 550025;
2. 贵州师范大学国际旅游文化学院,贵州 贵阳 550025)

摘 要: 佛教自汉白马驮经一事而始入中国。北魏时期是中国佛教的大发展、大变革时期,于中国佛教发展有承前启后之功。《释老志》系《魏书》十志之最后一志,全志以3/4的笔墨着重记载了北魏佛教的发展历史,是研究北魏佛教乃至中国佛教的重要传统史料。通过对《释老志》的文献解读,可以窥探北魏佛教发展的若干表现及其发展中的矛盾与困境,从而达到对北魏佛教更深入的认识。

关键词: 北魏;佛教;《魏书·释老志》;僧官制度

《魏书》系北齐魏收等合力编纂。魏收,字伯起,北齐秘书监。关于《魏书》一书,自北齐至今各代史家学者争议不断且褒贬不一,激进者斥责《魏书》为"秽史",史学家刘知几也曾评论道:"收陷齐氏,于魏室多不平。既党北朝,又厚诬江左。"[1]对于《魏书》全书的褒贬评价不在本文探讨范围,本文仅就《魏书·释老志》从史料方面探究北魏佛教之发展。《释老志》系《魏书》十志之最后一志,该志对于政治内容涉及不多,较为直笔。《释老志》是北魏佛教发展的见证者,对于佛教的流传、僧官制度、造像建寺运动和其与皇室之间关系变化等都有一定表述,有学者曾评论道:"作为世俗史著中唯一一部以'志'的形式,系统化记述佛、道二教历史及其社会影响的专篇,应具有特殊的史学价值。"[2]

自民国以来,随着西方考古学的传入,中国近代考古学兴起,进而推动史学研究新发展,并由此产生新旧史学派别,持新旧史学观点的学者对古史研究产生分歧①,甚至出现"不看二十四史"这一诡异现象。[3]小子无意评判新旧史学观点之是非，但也不敢苟同"不看二十四史"之观点，特别是对唐代以前的古史研究，并无宋人笔记小说、明清文书等便利的非传统史料做支撑，单单依靠出土文物史料是远远不足的。学界仍要将目光回归到以"二十四史"为代表的传统史料上，在提倡新史料的同时仍不能放弃对传统史料的探索，《魏书·释老志》是典型的传统史料，亟待学者发掘其史学价值。

一、北魏的起源与佛教在北方的传播

鲜卑，东胡之余脉，崛起于漠北，兴于八王之乱之际。拓跋鲜卑，鲜卑之重要部族，北魏是拓跋鲜卑族建立的主要国家之一，历经十八帝而享国140余年。[2]北魏是十六国之后中国北方第一个少数民族王朝，系北朝之始。与以刘宋为代表的南朝对峙，开启了中国南北朝时期。

浮屠之教源于天竺，今世界三大宗教之一。一般认为佛教之于中国之缘起始于汉代白马驮经一事，但《释老志》却有另载，据志云：

案汉武元狩中，遣霍去病讨匈奴，……获其金人，帝以为大神，列于甘泉宫。金人率长丈余，不祭祀，但烧香礼拜而已。此则佛道流通之渐也。[4]

此说法以霍去病俘获匈奴之金人像为佛教流传中国之缘起，且以为金人像的烧香礼拜之俗与佛教的宗教形式相似。此举将佛教与中国的联系提前到了西汉武帝时期，远远早于东汉明帝时期。目前，对于志中所言，并无其他明显的证据予以佐证，但这无疑给我们提供了一种新的思考、新的方向。自汉始，佛教植根于中土。永嘉南渡之前，佛教主要在中国北方发展，如西晋时期，洛阳之佛寺已有42座矣。永嘉南渡之后，南北佛教双线发展且各有特色。这一时期，北方佛教的影响是由西向东扩展，这点与佛教由古天竺经西域传来之路径有关。在北魏建立之前，中国佛教已形成三个传播中心，北方已有其二，一时间北方佛教发展可谓蔚然大观。北魏迁都后，洛阳也跻身北方佛教中心之一。学者根据有关古籍、出土碑文统计，至北魏末年，其都洛阳寺刹林立，其寺院之数可达1300余所，此不可谓不多矣。

北魏建立之前，其先辈建国于北方玄朔之地，与西域相去甚远，莫能往来，佛教未能传至；且鲜卑源于东胡支系，其原始信仰似为萨满教崇拜[5]，早期也并未对佛教产生兴趣。十六国之际，鲜卑人崛起，南下中原并多次建立少数民族政权，建立北魏的拓跋部落是鲜卑人中的重要一支。北魏之于佛教，缘起于北魏先代之扩张，其佛教之始源于对凉州佛教之"移植"与"继承"。凉州即汉之河西之地，自西晋八王之乱起，五胡南迁而中原乱战，西北之凉州渐脱离中央政府管辖，出现五个以凉州为中心的地方割据势力，史称"五凉"，以张轨之前凉为始，历经后凉、北凉、南凉，至西凉为止，凡九主而历时七十余年。凉州地近西域，为连接西域之关口，佛教东传之要道，国内外佛徒往来频繁。《释老志》有言：

>凉州自张轨后，世信佛教。敦煌地接西域，道俗交得其旧式，村坞相属，多有塔寺。[4]

凉州自张轨始就极其重视佛教的发展，下至乡村都多有寺塔。随着拓跋鲜卑势力的增强，渐染指凉州，最终北魏击败西凉而完成对凉州的占据。

>太延中，凉州平，徙其国人于京邑，沙门佛事皆俱东。[4]

平定凉州后，北魏迁凉州之沙门于北魏之平城（今山西大同）。北魏"移植"了凉州的佛教文化，延续凉州的译经与修建石窟活动，最终完成对凉州佛教的"继承"，这一点在北魏后来的造像运动中体现得较明显，如始于北魏的大同云冈石窟造像就具有明显的凉州痕迹。随着不断地继承其他地方割据势力的佛教文化与僧寺，北魏终改变其宗教信仰，甚至发展为民众广泛信佛、皇室崇佛之潮流。

二、北魏佛教发展的体现

北魏与佛教有天然的亲近性，故而易于接受佛教信仰。北魏时期是佛教中国化历程的重要时期，直接影响了后世中国佛教的发展。这一时期佛教的发展具有众多体现，拓跋氏作为皇室引领崇佛潮流，然皇室之崇佛原因较为复杂。为了便于管理僧寺，政府设立了僧官制度来管理僧寺。举国上下造像建寺运动盛行，官修私修蔚然成风。

（一）皇室崇佛及其原因

东汉楚王英尚浮屠之教，开古代中国皇室信佛之始。北魏之崇佛，亦始于皇室之崇佛。汉晋时期，鲜卑一族被认为是胡族，初佛教流通中国时被视为胡教，胡族与胡教从天然属性上较为亲近，故而北魏皇室对佛教信仰易接收而不排斥。北魏皇室之崇佛几乎贯穿北魏一朝，除太武帝一朝有斥佛排佛之举外，历代鲜有斥佛排佛之举。单就太武帝一朝而言，该段时间的斥佛排佛之举也仅代表太武帝个人之倾向，政府的行动更多是尊上命，这是君主专制社会的特性。而且对于太武帝排佛一事，皇室也是有反对的声音的，《释老志》有证曰：

>时恭宗为太子监国，素敬佛道。频上表，陈刑杀沙门之滥，又非图像之罪。[4]

时恭宗（追尊，即景穆帝）拓跋晃为太子并代其父监管国事，其素敬仰佛家，对于太武帝灭佛一事频繁上表，陈明灭佛之害。从这一点也可看出太武帝灭佛之举不能代表整个皇室对佛教的态度。反而在斥佛排佛的背景下，部分皇室成员仍敬仰佛教。其后拓跋晃之子文成帝即位，恢复对佛教的敬仰，其后北魏历代皇室对佛教都多加推崇，直至北魏灭亡。

传统史学观点认为，古代帝王皇室信教崇教多出于政治目的。由于古代民众生活困苦、思想较愚昧，皇室及政府通过信教崇教来麻痹民众，提高自身的"法理性"和"神圣性"，并最终达到以教驭民之目的。北魏皇室崇佛无疑是有这方面的原因，但《魏书·释老志》中并未明显体现。笔者认为，其不体现可能有两种原因，其一，《魏书》的主要作者魏收作为封建帝制下的政府官员，有其自身的时代局限性，并未认识到皇室崇佛背后的政治动机；其二，主要作者魏收认识到皇室崇佛现象背后的政治动机，但作为既得利益阶级的一部分，且长期受儒学之熏陶，深知"为尊者讳"，君为臣纲则臣为君上隐，故不言及。

崇佛原因除了以教驭民的政治动机外，《魏书·释老志》中较多地体现了仁德惠民、纵生延福和度施资福。如志中所云："夫为帝王者，必祇奉明灵，显彰仁道，其能惠著生民。"[4]

三年（469年）十二月，显祖因田鹰获鸳鸯一，其偶悲鸣，上下不去。……帝乃慨然而叹曰："虽人鸟事别，至于资识性情，竟何异哉！"于是下诏，禁断鸷鸟，不得畜焉。承明元年（476年）八月，高祖于永宁寺，设太法供，度良家男女为僧尼者百有余人，帝为剃发，施以僧服，令修道戒，资福于显祖。[4]

显祖皇帝拓跋弘感叹人鸟虽别但性情相似，不忍鸳鸯雌雄离散而下"禁断鸷鸟"之诏，显祖皇帝深知"凡为善恶，必有报应"，故"绝鹰犬之驰逐，眷耆年以广德，纵生生以延福"[6]。其一，可显帝王之仁，德惠及生民；其二，可显帝王延福之愿。同理，高祖（孝文帝）元宏亲自为良家男女剃度并施赠僧服，以求为其父显祖拓跋弘资福，体现度施资福，此亦证明了中国古代社会是"利他主义"③之社会。

（二）僧官制度

僧官制度，古代中国政权为管理统治下僧侣人员户籍与生活日常以及寺院建制等佛教事务而设立的官方管理制度。僧官制度今人考之，其大抵最早草创于北魏、后秦以及同时期南方东晋等国，关于首创僧官之国仍有争议，但无疑北魏是早期设立僧官制度的国家之一。北魏之首创僧官与皇室崇佛态度不无关系，而其僧官制度也长时间依附于北魏之皇权。据《魏书·释老志》所载："初，皇始中，赵郡有沙门法果，……太祖闻其名，诏以礼征赴京师，后以为道人统。""和平初,师贤卒。昙曜代之,更名沙门统。"[4]

道武帝时期,北魏初设道人统,专管全国佛教僧侣之事,此系北魏僧官制度之肇始。文成帝和平年间,改道人统为沙门统,主管僧人称"沙门统都",另据志中所载,沙门统有一副职"都维那"帮助"沙门统都"统领全国僧众。目前并无证据表明道人统与沙门统有明显之区别,姑且可看为同官而异名。另据《广弘明集》载:"皇始中,赵郡沙门法果,……太祖诏征,以为沙门统,绾摄僧徒。"[6]

可以看出,《广弘明集》几乎抄录了《魏书·释老志》的记载,但将"道人统"或误载为"沙门统",其中也可以看出,道人统与沙门统大抵相差无几,若相差巨甚,后人早已言之、改之。对此,学者吴为民也认为道人统与沙门统相差无几。[7]对于道人统(沙门统)的设立,可以看作北魏僧官制的第一阶段,此阶段实属草创阶段,道人统(沙门统)为中央僧官而统率全国僧众,于地方并无机构也无下设僧官。北魏很快进入了其僧官制的第二阶段。

> 先是,立监福曹,又改为昭玄,备有官属,以断僧务。高祖时,沙门道顺、惠觉、僧意、惠纪、僧范、道弁、惠度、智诞、僧显、僧义、僧利,并以义行知重。……诸州、镇、郡维那、上坐、寺主,各令戒律自修,咸依内禁。[4]

僧官制度的第二阶段主要表现为僧官体系的完善和机构的建立。僧官制度的第二阶段始于高祖孝文帝时期,其以监福曹(后改为昭玄寺)的确立为标志。监福曹(昭玄寺)是中央一级的僧官机构,较之道人统(沙门统)更为完善。孝文帝时期出现道顺、惠觉、僧利等11位高僧相继主持该机构,可见其机构比较稳定。第二阶段最大的变化是地方僧官制度的建设,其僧官制度不再是中央一点,而是中央—地方成一线,这是"纵向"的延伸。地方僧官制度贴合北魏地方行政体制,其具体表现为设州(镇)级—郡级—寺庙级的三级体系,再付与都统、维那、上坐等管理者,这一点可能是借鉴了地方行政机构特色而设立。

(三)造像与建寺运动

造像是人们对崇拜的神秘力量进行"实体化"的一种行为,所造之"神像"是人与"神"直接沟通的媒介,多数是为了向神秘力量祈福庇佑,而造像这一过程是积累功德,如祭祀一般,是对神秘力量的一种变相"贿赂"。"造像"一词最早出现于曹魏陈王曹植的诗文中,但造像祭祀远远早于三国时代,匈奴之金人像就是例证之一。北魏之造像,主要是对佛教众佛之塑身;究其材质而言,可分为泥造像、石造像、金属造像(多为铜铁材质,或附以金箔为金身);究其种类而言,主要分为石窟之造像与寺刹之造像。石窟造像与寺刹造像是整个造像运动的具体表现，石窟多石造像，寺古刹多泥造像、铜铁造像。北魏之佛教造像，实乃深受凉州造像之影响。据学者考证，"凉州僧团是雕琢云冈石窟的主力，云冈石窟的窟制、龛形、题材内容、造像服饰、装饰与凉州石窟有明显的传承关系"[8]。云冈石窟为北魏早期石窟之代表，与凉州石窟具有明显的传承关系。当然，随着北魏扩张，北魏逐渐成为多元文化之国家，这一点也在其中后期的石窟造像中有所反映。这一时期，建造寺院运动也在同步开展。由于全民对佛教热崇，加之国家推行的僧官制度和寺户制度利于寺院僧侣，寺院僧人急剧增加，推动建寺运动的开展，以达到容纳急剧增加僧侣之目的。对于造像与建寺运动，官方是其主要推动者。

　　永平中，中尹刘腾奏为世宗复造石窟一，凡为三所。从景明元年至正光四年六月已前，用功八十万二千三百六十六。……灵太后亲率百僚，表基立刹。佛图九层，高四十余丈，其诸费用，不可胜计。……至于官私寺塔，其数甚众。[4]

　　至延昌中，天下州郡僧尼寺，积有一万三千七百二十七所。[4]

从刘腾为世宗元恪造石窟一事可看出，造像是为了积功德而求善报，其石窟之建造用时三年，用功竟达八十万有余，此不可谓不奢华。佛图，即浮屠，乃为佛寺也。世宗之妻灵太后建九层佛寺，用费不计其数，可谓工程浩大。这一时期，除了官修寺塔外，私修之举也蔚然成风，世宗晚期，北方寺院已有13727所，举世之罕见，此时的建寺之风达到高潮。

三、北魏佛教发展中的矛盾与困境

　　由于北魏的崇佛政策，一时间北方之佛教大兴。宽松的政策给予僧侣更多的权力，致使北魏的佛教发展过快过热，产生诸多矛盾。一时间佛教表面大兴，但这种发展道路偏离了佛教发展的初衷，僧人也发生了"质变"，不再为纯粹的虔诚教徒。僧侣权力增长过快，渐渐产生政治权力诉求。同时，有益的扶持政策致使僧员数量大增，且僧侣的生活急剧奢靡，道德腐化严重。再者，佛教的"大兴"引来了儒道的不满，佛道之宗教矛盾一触即发。

　　（一）权力膨胀

　　由于北魏崇佛过热，加之僧官制度的设立，僧侣的权力膨胀。僧侣膨胀的权力主要来源于三个方面。其一，随着北魏僧官制度的设立，僧人逐渐获得一定涉及佛教事务的官方权力。如《释老志》载曰："世宗即位，永平元年（508年）秋，诏曰：……自今已后，众僧犯杀人已上罪者，仍依俗断，余悉付昭玄，以内律僧制之。"[4]除杀人等重罪外，其他罪行或僧员事务皆由僧官自行制之，可以看出这种权力主要集中在佛教领域，但也有向外"辐射"之迹象。其二，其权力源自官方册封的俗世权力。如：

> 初，皇始中，赵郡有沙门法果，……永兴中，前后授以辅国、宜城子、忠信侯、安成公之号，皆固辞。……有子曰猛，诏令袭果所加爵。……亦加以老寿将军号。[4]

道武帝加封道人统法果辅国、忠信侯、安成公等官方爵位称号（虽然并未接受），最后其子竟承袭其爵位，殊为怪异。辅国（将军）、忠信侯等爵位早已超脱宗教之范围，是政权法定的爵位，享有特定的世俗政治权力，甚至出现承袭现象，僧权已产生明显的越界情况。其三，经济权力。由于北魏放纵寺院经济的发展，此时寺院经济严重膨胀。寺院包庇许多原国家佃农收取地租田产，此时寺院俨然成为大地主集团。由此三点可见，这一时期僧众的权力空前膨胀，为北魏及后来的北周灭佛反佛埋下了恶果。关于太武帝灭佛一事，原因众多，但无疑，上文所列第一、第二点所展现的特权现象是其灭佛原因之一。④北周武帝宇文邕灭佛一事涉及本文所列三点特权来源，特别是第三点经济权力，其所涉及的寺院经济膨胀是其重要原因，截流赋税、隐瞒人口对北周国家产生危害，这是一种特权乱政行为，扰乱了北周的政治统治，故灭佛一事随之而来。

（二）僧侣道德腐化

自汉代佛教传入中国，僧侣就已出现，此时为外来之胡僧。中国本土僧侣大抵始于汉明帝时期，但早期仍旧以胡僧为主，这一点与佛教的中国化发展历程紧密相关。至两晋时期，时局大乱而信佛者愈多，本土出家者也增加许多。在北魏政权的支持下，僧侣的数量与日俱增，且部分僧侣的道德开始腐化。志中记载："命有司案诛一寺，阅其财产，大得酿酒具及州郡牧守富人所寄藏物，盖以万计。又为屈室，与贵室女私行淫乱。"[4]

出家之人本应清贫乐道，虽不一定是苦行僧的生活，但物质生活一直不是佛教徒的追求。寺院藏纳酿酒具和大量俗世财物与僧侣求佛的初心相悖，与贵室女私行淫乱，这一点更是触犯了佛教色戒，又违背了儒家礼乐治国之策，为帝王、举国平民所不容。这一时期僧侣的思想腐化是极其严重的，僧侣道德的腐化不仅仅是思想道德的问题，道德腐化的僧侣甚至开始干涉政局，如出现了众多僧侣秘密造反事件，这严重危害了北魏的政治统治，僧侣道德腐化之危害大矣。

这一时期的僧侣道德腐化不独为北魏佛教独有之现象，早在几十年前的东晋，权臣桓玄曾对西晋僧侣奢淫现象批曰：

> 京城竞其奢淫，荣观纷于朝市，……乃至一县数千，猥成屯落，邑聚

游食之群，境积不羁之众。[9]

由此可见，这一时期的僧侣道德腐化不独为北魏佛教所独有之现象，南朝同样出现如此情况。这一时期的南北佛教发展都是极其兴盛的，但包含着不健康的因素。僧侣职业门槛的降低，使佛门鱼龙混杂，道德滑坡成为必然，佛门亟待整顿，后世律宗的产生似乎也是情理之中了。

(三) 宗教矛盾

北魏时期，在佛教蓬勃发展的同时，"道教也建立了自己的阵地。南方的道教以陆修静、陶弘景为代表，北方道教以寇谦之为代表，形成了有完备的系统理论，有宗教实践，有宗教仪式的宗教"[10]。中国本土道教的不断自我完善和积极开拓势必吸纳信众，这无疑和北方佛教势力产生冲突，宗教斗争在所难免。

> 世祖即位，……虽归宗佛法，敬重沙门，……及得寇谦之道，帝以清净无为，有仙化之证，遂信行其术。时司徒崔浩，博学多闻，帝每访以大事。浩奉谦之道，尤不信佛，与帝言，数加非毁，常谓虚诞，为世费害。[4]

崔浩，字伯渊，北魏太常卿，后迁司徒，与寇谦之善，信道而斥佛。北魏佛道之争始于太武帝宗教信仰的转变，其即位时信仰佛法、敬重沙门，后得道教之术，加之司徒崔浩于殿前对佛教多加诋毁，终改变了太武帝的宗教信仰，后太武帝果然灭佛兴道，下诏毁坏沙门佛像、屠戮僧侣。

北魏佛教的发展影响了道教在北方的传播，佛教的一步步昌盛壮大也加剧了佛道之间的矛盾，面对佛教无形的挤压，迫于生存的压力，道教开始反击。君上，一国之首也，与其困难地改变全国民众信仰，不如改变一国之君的信仰，此更易。道教最终改变了太武帝拓跋焘的信仰，使其成为一个坚定信仰道教的皇帝，宗教矛盾成为太武帝拓跋焘灭佛的重要原因之一。⑤于佛道两教而言，灭佛事件是其矛与盾的结果和反映。

结语

佛教在南北朝时期获得全面发展，南北佛教的发展各具特色。就北方佛教而言，北魏在北方佛教的传播过程中扮演了不可或缺的角色。皇室崇佛现象、僧官制度、造像建寺运动，这些是北魏发展的重要体现，同时也是北魏佛教发展的若干特点。这一时期，佛教与儒家、道教关系微妙，主要表现为三教既对立又互相吸收，这是三教基于自身发展需求和大环境的影响所致。事物的发展都有两面性，北魏佛教的发展同时也产生和暴露出诸多缺点与矛盾，这也是北魏灭佛事件的原因。总之，北魏佛教处于矛与盾的困境，但也在矛与盾式的困境共存中前进、变革，而《魏书·释老志》是北魏佛教矛与盾式发展的见证，其作为传统史料对这点的记叙尤显珍贵，通过对《释老志》的解读可以窥探北魏佛教发展的脉络。

注释：

①旧史学派以章太炎、陈汉章等为代表，提倡"古文传统史"研究，治史应先从读"二十四史"做起。新派多为"疑古派"，其学者以顾颉刚、胡适等为代表，提倡开拓新史料，把历代的边缘文学串起来作为正统，据以否定"古文传统史"。

②未包括被追尊的景穆帝拓跋晃、肃祖元勰、宣宗元劭、先帝元羽、穆宗元怀等五帝。

③"利他主义"（altruistic behavior），西方伦理学名词，指为他人或社会的利益以至于愿意牺牲自身利益的行为主义，与"利己主义"内容相反。

④北魏寺院经济真正形成时间为文成帝（高宗）和平初年，以僧祇户、佛图户、僧祇粟等制度确立为标志，其明显晚于太武帝时期。

⑤关于太武帝灭佛一事原因众多，涉及宗教、赋役、政治斗争等。任继愈先生认为：太武帝灭佛涉及佛道之争、佛儒之争、寺院影响国家赋役和卷入谋反事件。关于佛儒之争问题，《魏书·阳尼传》《魏书·高崇传》《魏书·张普惠传》等有所涉及，阳尼（道武帝时期）、高崇（孝明帝时期）和张普惠（孝明帝时期）俱为北魏儒者、汉族大臣，皆排佛。然其几子俱非太武帝时期排佛儒者。崔浩虽为儒者，但信道崇道于志中较为凸显，志中对佛儒之矛盾表现较隐晦，故不言及。

参考文献：

[1] 刘知几,姚松,朱恒夫.史通：外篇[M].贵阳：贵州人民出版社,1997.

[2] 向燕南.《魏书·释老志》的史学价值[J].史学史研究,1993(2).

[3] 罗志田.史料的尽量扩充与不看二十四史——民国新史学的一个诡论现象[J].历史研究,2000(4).

[4] 魏收.魏书[M].北京：中华书局,1997.

[5] 邵正坤.试论鲜卑早期的宗教信仰及其转变[J].东北史地,2007(2).

[6] 道宣. 广弘明集 [M]. 上海：上海古籍出版社, 1991.

[7] 吴为民. 释"比丘尼统"及相关北朝僧官 [N]. 光明日报, 2011-05-26 (11).

[8] 杨俊芳. 凉州石窟模式对云冈石窟造像的影响 [J]. 法音, 2019 (2).

[9] 僧祐. 弘明集 [M]. 上海：上海古籍出版社, 1991.

[10] 任继愈. 中国佛教史：第3卷 [M]. 北京：中国社会科学出版社, 1988.

试论西域僧入魏与北魏佛教的发展、演变及影响

高 强

(菏泽学院人文与新闻传播学院，山东 菏泽 274015)

摘 要：北魏时大量西域僧进入中原，其中有师贤、昙曜、菩提留支、勒那摩提等名僧。西域僧在北魏译经、传法、开窟、建寺，与国家政权相结合，传承凉州佛教带有的浓重西域元素，确立了北朝佛教强烈的国家经营色彩和重信仰福德的特征。北魏时期鲜卑统治者的佛教化、汉化和佛教的中国化融合在一起，佛教给已身融于其中的全新中原文化打下了深深烙印。西域僧入魏促进了北魏僧的西行求法和经教西传，加强了中西文化交流，推动了中国佛教宗派的发展演化。

关键词：西域；僧人；佛教

作为一种外来宗教，自佛教传入中土后的几个世纪中，西域来华僧人一直是译经传法的主力，他们在佛经翻译、义理传承创新、思想精神传播、佛教艺术传承发展等方面做出了不可磨灭的贡献。北魏统一中国北方后，亦有西域僧入魏居留演教传法，鉴于北魏王朝异族入主、胡汉杂居等自有属性，以西域僧为代表的佛教势力与统治阶级产生何种互动，西域佛教元素如何传承并与中原固有文化怎样碰撞交流融合，佛教在鲜卑民族的汉化进程中作用几多，在中国北方实现了何种样貌的中国化？这些问题学界已有相关研究[①]，在综合查阅相关文献资料的基础上，本文力图对西域僧与北魏佛教之间的关系及相关问题进行更深入的探究，以收抛砖引玉之效。

一、凉州与西域僧入北魏传法

据《魏书·释老志》，"魏先建国于玄朔，风俗淳一，无为以自守，与西域殊绝，莫能往来"，故此"浮屠之教，未之得闻，或闻而未信也"。[1]北魏政权未进入中原之前尚处于部落社会，不具国家形态，且僻处代北，未能与西域地

区建立密切联系，自然也就无法大量接触西域僧人，以及听闻和传播西域佛法。淝水之战后，道武帝拓跋珪复建代国，历经几代帝王的努力，至太武帝时统一北方，在这段历史时期内，北魏开始逐步接触和认识佛教，其帝王也出现了崇佛的现象。道武帝拓跋珪征战途中，"所经郡国佛寺，见诸沙门、道士，皆致精敬，禁军旅无有所犯"，且"颇览佛经"，明元帝亦信奉佛教，"京邑四方，建立图像，仍令沙门敷导民俗"。[1] 太武帝即位之初，亦延续父祖传统，时常与沙门谈论经教，亦曾亲至门楼，散花礼拜佛像。应当说，北魏几代君主对佛教的保护和信奉为佛教日后在北朝的传播与兴盛打下了坚实的基础。但在这一时期内，北魏统治阶级接触到的主要是北方汉地的佛教和僧人，如僧朗、法果、昙证等人，西域"胡僧"大量入魏居留传法始自太武帝平凉州后。

西晋末年至十六国时期，中原各政权征伐不已，战乱频仍，而凉州虽经过几次政权更迭，先后建立了前凉、后凉、北凉、南凉、西凉五个政权，但因远离中原，朝代更迭造成的乱局相对不甚剧烈。更重要的是，凉州因其卓越的地理位置，地当河西走廊这一中原与西域交通要冲，且"自张轨后，世信佛教"[1]，无疑给佛教在这一地区的繁荣兴盛提供了极佳的环境。故此，在晋末十六国时期，大量中外僧人聚集于凉州，学习典籍，翻译佛经，传播佛法，著名的如竺法护、佛图澄、竺佛念、鸠摩罗什、僧肇、昙无谶等，译出的佛经更是篇幅浩繁，据《贞元新定释教目录》，仅昙无谶就译出19部131卷经律集。可以说，凉州是这一时期西域佛教东传的重要据点和佛教翻译、传播、交流中心，凉州佛教带有浓重的西域佛教元素。北魏太延五年（439年）拓跋焘灭北凉，"徙其国人于京邑，沙门佛事皆俱东，象教弥增矣"[1]。之后甚至因僧人过多，下诏罢汰年五十以下者。大量僧人进入北魏京师平城等核心区域，与之所俱的必然也有凉州的浓郁佛教气息。而且，由于凉州归属北魏，其与西域的交通再无阻滞，胡汉僧人均可通过河西走廊进入魏境演教传法，魏僧亦可经此至西域学法求经，中西之间佛法交流传播的通道至此畅达。

二、入魏主要西域僧生平行止

北魏时期，入魏传法的西域僧主要有如下数位。

（一）昙无谶

昙无谶，又称"昙摩忏""昙无忏"，中天竺人，自少即聪敏出群，"诵经日得万余言"[2]，后依止名师求学。其先学小乘，后专攻大乘，"至年二十诵大小乘经二百余万言"[2]。后至罽宾，经龟兹进入姑臧（今武威），受到当时北凉统治者沮渠蒙逊的隆重接待与崇信。昙无谶在凉州与沙门智嵩、道朗等合作，共译《大般涅槃经》等经律十余部，其译经"临机释滞，清辩若流，兼富于文藻，辞制华密"[2]，且特别注重全面性和准确性。其翻译《大般涅槃经》时，因梵本品数不足，故而回国求访，正值其母亡故，因而留居一年有余，后在于阗寻得梵本中分，于姑臧译成33卷，故而《大般涅槃经》序中道朗赞其"临译敬慎，殆无遗隐，搜研本正，务存经旨"[3]。昙无谶在北凉深得沮渠蒙逊敬重，经常咨询其国事。拓跋焘听闻其大名，遣使迎请，沮渠蒙逊不愿其离去，因而不遣，却又畏惧北魏兵威，且愤恨其欲西行寻找《大般涅槃经》梵本后分，于是派刺客于路害之。北魏求得昙无谶的努力未获成功，但这是西域僧入魏传法的先声，自其之后便有大量西域高僧进入北魏，居住、任职和传播佛法。

（二）师贤

师贤，《魏书·释老志》称其为"罽宾国王种人"[1]，罽宾是存在于我国汉代至唐代的西域古国，信奉佛教。师贤少年即离家入道，"东游凉城，凉平赴京"，北魏太武帝拓跋焘灭佛时被迫还俗，"而守道不改"[1]。拓跋焘死后，文成帝拓跋濬恢复佛教，师贤随即还为沙门，"帝（文成帝）亲为下发"，且恢复其道人统的职位。师贤在任时，奉令雕制石佛像，雕成后"颜上足下，各有黑石"[1]，十分契合文成帝身体上的上下两个黑子，其后又在五级大寺内为太祖以下五帝（道武、明元、太武、景穆、文成）立像五躯。这些举动是对道武帝时期道人统法果带头礼拜皇帝，且称皇帝"是当今如来，沙门宜应尽礼"论的继承和发展，与南朝"沙门不敬王者"的争论形成了鲜明对比，对北朝佛教的发展繁荣和整体特征的形成意义重大。

（三）昙曜

昙曜，继师贤之后为道人统，更名为"沙门统"。对于昙曜的籍贯身世，文献记载甚少且语焉不详，《高僧传》中载"时河西国沮渠茂虔，时有沙门昙曜，亦以禅业见称，伪太傅张潭伏膺师礼"[2]；唐道宣《续高僧传》中说"释昙曜，未详何许人也，少出家，摄行坚贞，风鉴闲约"[4]，其他记载也皆类此，均未明指昙曜的乡籍为何处。学界一般认为昙曜非凉州籍汉僧，而是来自外国的"胡僧"，但具体是哪国人已不可知。云冈石窟研究院赵昆雨先生认为，昙曜极有可能与其前任师贤一样，是罽宾僧人[5]，笔者深以为然。昙曜"于京城（平城）西武州塞凿山石壁，开窟五所，镌建佛像各一，高者七十尺，次六十尺，雕饰奇伟，冠于一世"[1]，此即云冈石窟的首期工程——著名的"昙曜五窟"。相传这五窟中是为太祖以下五帝各造一像，这是对师贤造像传统的继承和更大程度弘扬。除主持开窟造像外，昙曜还更定寺院经济，设立所谓"僧祇户""佛图户"，鼓励民众为寺院输粟服役，壮大了寺院的经济实力，"于是僧祇户、粟及寺户，遍于州镇矣"[1]。昙曜亦曾于和平三年（462年）和延兴二年（472年）两次组织译经活动，"与天竺沙门常那邪舍等译出新经十四部"[1]，昙曜的译经团包括常那邪舍、吉迦夜、昙靖、刘孝标等，此十四部经是译经团两次努力之结晶。

（四）吉迦夜

吉迦夜，西域人，未详何国，"游化在虑，导物为心"[6]。其于孝文帝延兴二年（472年）参与昙曜组织的译经团，译出《大方广菩萨十地经》等经论传集共5部19卷，其中吉迦夜口译梵语，笔受人为刘孝标。刘孝标，名峻，本名法武，后归南朝，是著名的学者与文学家，历经宋、齐、梁三朝，曾注《世说新语》。

（五）菩提留支

菩提留支，也作菩提流支，北印度人，"遍通三藏，妙入总持，志在弘法，广流视听"[6]。菩提留支于北魏永平元年（508年）入华，受到宣武帝的敬奉，让其居于洛阳最富丽堂皇的寺院——永宁寺，供奉丰盛，并让其总揽佛经翻译事业，"以流支为译经之元匠也"[6]。菩提留支与勒那摩提共同翻译《十地经论》，佛陀扇多传语，②起初宣武帝亲自笔受，后方交付僧辩等形成全文。从永平元年（508年）至东魏孝静帝天平二年（535年）近30年中，菩提留支共译出30部经论。

（六）勒那摩提

勒那摩提，中印度人，"学识优赡，理事兼通，尤明禅观，意在游化"[6]，意即其禅法尤为突出。其于宣武帝正始五年（508年）至洛阳，翻译3部经论。菩提留支、勒那摩提和佛陀扇多合作翻译《十地经论》等论，后受流言的影响，"各传师习，不相询访"[6]③，以至于要参校三处，酌定其中异同，合之方能成文。菩提留支和勒那摩提各传后学，以《十地经论》为经典，形成了北朝至隋末唐初具有重要地位且一度颇为兴盛的重要宗派——地论宗。两人的传人又各成支派，菩提留支一系为地论宗道北派，勒那摩提系为道南派。

（七）瞿昙般若流支、月婆首那、毗目智仙

瞿昙般若流支，中印度人，婆罗门种姓，"少学佛法，妙闲经旨，神理标异，领悟方言"[6]，于孝明帝熙平元年（516年）至洛阳，北魏分裂为东、西二魏后，般若流支迁至邺城，共译出《无垢贤女经》等18部92卷经戒论。

月婆首那，中印度优禅尼国（今印度中央邦乌贾因附近）王子，先后在东魏、南朝梁及陈从事译经工作，译出《迦叶经》等3部7卷经。

毗目智仙，北印度乌苌国（今巴基斯坦西北）人，刹帝利种姓，亦是在北魏末东魏时期入华，曾在邺城与菩提留支共同译经，译出《宝髻经四法忧波提舍》等5部5卷论。

上述所列仅为名隆德卓、贡献高巨者，实际上北魏西域僧数量庞大，凉州平定后"沙门佛事皆俱东"，必然包括大量西域僧人，至宣武帝时仅永宁寺就有"七百梵僧"[6]，西域僧的总数可想而知。

三、西域僧与北魏佛教

如前所述，北魏的佛教主要源流来自凉州，凉州平定后"沙门佛事皆俱东，象教弥增"，包括师贤、昙曜、玄高、惠始在内的一批凉州胡汉僧人纷纷来到北魏，凉州与西域交通的畅达也为日后菩提留支、勒那摩提等西域僧人的入魏铺平了道路。这些一时的高僧硕德在北魏进行译经演教、造窟雕像、接引后学等活动，他们的活动和作为塑造了北朝佛教的基本特色，对后世佛教的发展走向具有深远、重大的影响，主要表现在以下几个方面。

（一）西域僧与北魏石窟造像

北魏平定凉州后，不仅有大量凉州胡汉僧人赴魏，且太平真君七年（446年）又强徙长安工匠二千家于京师，日后开凿云冈石窟的基本力量即来自凉州的工匠。文成帝时期又有师子国（今斯里兰卡）胡沙门邪奢遗多、浮陀难提等五人"奉佛像三到京都，皆云，备历西域诸国，见佛影迹及肉髻，外国诸王相承，咸遣工匠，摹写其容，莫能及难提所造者，去十余步，视之炳然，转近转微"[1]。可见其带来的佛造像精巧绝伦，受到北魏上下的推崇赞叹。如此一来，北魏早期石窟造像就顺理成章地表现出了大量西域特征。如昙曜主持开凿的昙曜五窟，其内主佛像皆深目高鼻，上身内着僧祇支，外袒右肩或着大衣，菩萨袒上身或斜披络腋，头戴宝冠，胸佩项圈、璎珞，腕饰臂钏，衣纹厚重，即唐初道宣律师所谓"造像梵相，宋齐间皆唇厚、鼻隆、目长、颐丰，挺然丈夫相"[7]，这显然受到了较多凉州造像艺术的影响，且保存了较多犍陀罗和笈多佛教造像的因素。[8]

莫高窟造像亦是如此，北魏中期（约465—500年）开凿的石窟，窟中佛、菩萨造像面相均呈长、圆形，佛像服装有袒右、通肩和双领下垂式，菩萨服装以裙披式为主，故事画作中的人物多着西域装和菩萨装，甚少见中原汉式服装，且采用凹凸晕染法以形成立体感，这些均是典型的西域佛教艺术手法。除佛菩萨造像外，供养人与伎乐的形象亦有浓重的西域特色。云冈石窟第5、第6窟（凿于465—494年）中经常出现高鼻深目、头发卷曲且穿交领衣、足蹬靴的胡相供养人。伎乐更是如此，无论是云冈石窟还是莫高窟，内中的伎乐莫不袒胸露腹,裸露臂膀,满身璎珞,衣饰华丽,这明显是典型的印度服饰特色,不是崇尚儒家伦理的中原王朝的产物。所有这些均与凉州平定后西域僧大量进入北魏并主持造像开窟工程具有直接关系,直到孝文帝迁都洛阳并实行大规模的汉化改革前后,以云冈石窟第5、第6窟为例,佛像才穿上汉式褒衣博带服装,供养人也开始身穿中原贵族常服,石窟艺术逐步中国化。

(二)西域僧与北朝佛教重福德特征的确定

东晋时期,慧远坚称"沙门不敬王者",并作洋洋洒洒的长文以佐证之时,北魏的法果和师贤却在高唱"拜皇帝即是拜如来"。师贤和昙曜主持的雕造佛像也是以皇帝的形象为蓝本,文成帝之后北魏朝廷不仅大力支持寺院经济,大规模开窟造像工程也是国家行为。可以说,北魏的佛教从一开始就和国家政权紧密结合,带有强烈的国家经营色彩,或者说是秉持凉州佛教特色和传统的胡汉僧侣与北魏中央政权间互为所用,各取其需。前者以信仰支持政权以获取佛教的隆盛,鲜卑统治者以所谓"蛮夷"而入主中原,通过佛教来抬高其自身地位,以从精神上驾驭和统治其治下的胡汉民众。这直接导致南北朝时期南北佛教间呈现出迥异的特色,简单来说,南朝义学风盛,"重清谈雅论,剖析玄微,宾主往复,娱心悦耳"[9];而北朝重在建功德。孝文帝时北朝佛教义学亦有所兴,"然朝廷上下之奉佛,仍首在建功德,求福田饶益。故造像立寺,穷土木之力,为北朝佛法之特征"[9]。正如杨衒之在《洛阳伽蓝记》中言,"王侯贵臣,弃象马如脱屣;庶士豪家,舍资财若遗迹。于是昭提栉比,宝塔骈罗,争写天上之姿,竞摹山中之影"[10]。故此在北魏时期,不仅有云冈及莫高窟及迁洛后龙门石窟的宏伟巨制,也有皇家寺院的瑰丽煊赫,如洛阳之永宁寺,"殚土木之功,穷造形之巧,佛事精妙,不可思议"[10],由此可以窥见北魏皇室贵族奉佛之热忱,求福之虔诚。

(三)西域僧影响与北魏的佛教化、汉化与佛教中国化

佛教,尤其是以建寺造像、求取福德代表的信仰佛教在北魏能如此繁荣,与北魏这一朝代的自有属性息息相关。鲜卑统治者作为外族入主中原,自然没有包袱,不用像传统的汉人王朝一样谨守所谓的"夷夏之防",对佛教这一"夷狄之教"抱有偏见和歧视,而能以相当程度的包容兼蓄态度平等对待中原的儒、佛、道等各种意识形态,也能接纳各种袒胸露腹、裸臂跣足,以中原标准看来"伤风败俗"的佛教艺术并传承和光大之。同时,面对占人口大多数的汉人民众及其文化制度与中原的巨大差距,鲜卑统治者急需一种精神信仰来巩固其合法性、抬高政治地位及确立神圣性,以稳定其对这一胡汉杂处国家的治理。面对统治者的这一政治需求,法果、师贤等宣扬的"拜皇帝即是拜如来"论无疑是

佛教的因应，也是必需的举动，否则就会失去世俗政权的支持。此时，不仅佛教如此，道教的领袖寇谦之也以太上老君之名授太武帝"太平真君"之号，积极向政权靠拢。太武帝灭佛，主要原因是感觉佛教势力有染指政权之嫌，而不是佛教的主张不能满足鲜卑统治者的要求，故太武帝死后佛教能很快恢复，并以雕造帝王版佛像进一步迎合统治者的需求，而取得全面繁盛。再者，北魏佛教的根底来自凉州佛教，因其地理位置、政治环境等诸多因素，凉州在西晋十六国时期是西域佛教进入东土的必由之路和一方胜土，胡汉僧侣在此翻译经典，传播经教，建寺开窟。入魏之后，大量凉州僧人和工匠进入魏都，更重要的是受统治者崇信的僧侣领袖如师贤、昙曜等也是凉州僧人，由于传统和惯性的影响，北魏佛教传承自西域至凉州一脉相承的特色也就是自然之事了。

　　对于北魏来讲，鲜卑统治者的佛教化和汉化及佛教自身的中国化（更确切地说是在中国北方的中国化）是融合在一起的。鲜卑统治者以异族入主中原，要面对中原汉地固有的政治经济文化存在，学习其先进和有利于己的成分以维护统治，由此置身于汉化的历史进程中。佛教自然也是上述存在之一，但问题是佛教作为一种传自天竺、西域的外来宗教，彼时其自身也处在与中原文化的碰撞融合中。鲜卑统治者选择佛教作为精神工具，通过开窟、建寺、造像等方式，实现帝、佛合一，君权佛授，其中虽有太武帝灭佛这样的反复，但大趋势未曾改变，太武帝死后，佛教很快恢复并更加炽盛。至北魏中后期对佛教的这种信仰由上及下，向王侯贵族甚至全体鲜卑、汉国民蔓延，北魏中后期云冈石窟出现的大量中小龛窟、低阶官员甚至平民窟主即为明证，《洛阳伽蓝记》也说"庶士豪家，舍资财若遗迹"，从这点上说，北魏时期鲜卑统治者是逐步佛教化，即无分上下几乎是全体信仰佛教的。

　　同时，鲜卑人也逐渐汉化，这一趋势从北魏立国之时即已肇始，至孝文改制达到高潮。其汉化亦在佛教化中有迹可循，从佛像的袒右肩、袒露上身、通肩大衣或斜披式僧衣，到北魏中后期的褒衣博带式僧衣，从云冈石窟上反映的早期世俗供养人的典型鲜卑式风帽、上襦下袴、紧窄衣袖、交领左衽、脚踏革靴，到孝文帝迁洛后龙门石窟宾阳三洞及帝后礼佛图中所见的峨冠博带、宽袍大袖，脚蹬笏头履的汉式贵族形象等均可明见这一历程。而基于鲜卑统治者的佛化和汉化轨迹，佛教在中国北方也在进行着富有自身特色的本土化与中国化。这种本土化与中国化，不是佛教被动地被并吞于中原固有文化之中，而是二者碰撞交融，以一种全新的姿态出现于世，中原文化吸收佛教的因素充实自身，佛教为这种新的中原文化打上了自己深深的烙印。其具体表现是，首先，以建窟造像为代表的佛像崇拜和艺术在中原的全面铺开。北魏之前，石窟造像仅在鄯善、龟兹等西域地区和凉州地区存在，北魏一朝石窟造像东进南下，在秦陇、晋豫地区全面开花，成为中原司空见惯的存在，甚至渡过长江，影响所及亦至南朝，④其造像形式也逐步由西域、异域式至中原、汉式。另据杨俊芳研究，魏晋之前中原并无活人塑像的先例，因佛教造像中供养人的出现，鲜卑人革故鼎新，堂而皇之地将自身形象塑造于窟龛之上，这种做法在北魏中后期直至隋唐时期大行其道，成为中原文化新的因子。再加之北魏佛像的"佛如帝身"特色，如追根溯源，可以穷究至西域犍陀罗佛教所承载的古希腊"人神合一"特征，从这点上说，这是西方文化、天竺文化、鲜卑文化及中原文化杂糅的结果。[11]其次，北魏及同时的南朝各代境内不断有高僧如昙曜、菩提留支、勒那摩提、佛陀跋陀罗、真谛等组织译经，佛教的大量经律论由梵语至华言，得到更广泛传播，加之南北佛教信仰的炽盛，其诸多核心思想逐步深入人心，并与儒、道等两家争论与融会，从这时起，"三教一致"与三教并用思想即已兴起。另外，传法僧侣也逐渐改变前代西域僧为主的情况，以中原汉僧占大多数，佛教从经教、义理上也逐步中国化。最后，北魏佛教"佛帝合一"及强烈的国家经营色彩对后世中国产生了深远影响。东西魏及隋唐时期，帝王贵族至平民百姓为求功德捐资造像者不可胜数，龙门石窟中的万佛洞即为唐高宗李治和皇后武则天做功德而建，卢舍那大佛传说是按武则天的形象雕制的。更重要的是，自北魏法果、师贤提倡"帝王即佛"后，皇权与佛教教权的鸿沟得以消弭，"沙门"与"王者"相互依附和利用成为中国历史的常态，世俗政权需要佛教以维护统治，佛教将统治者描绘成"佛心天子""弥勒转世"，以求得政权的支持，光大教门。

（四）北魏僧西游求法及经教西传

北魏西域僧入华开窟造像、译经传法，客观上促使北魏本土僧人效法法显等先贤，不惧路途艰险，西行求法，宋云和惠生是这方面的杰出代表。

宋云，敦煌人，为侍奉太后的主衣子统，神龟元年（518年）十一月胡太后派遣其和沙门惠生、法力等赴西域求法。其一行从洛阳出发，经吐谷浑、鄯善、左末城（今新疆且末）、捍䍲城、于阗，先后至朱驹波国（今新疆叶城）、汉盘陀国（今新疆塔什库尔干）、钵和国（今阿富汗东北）、嚈哒国（今阿富汗境内）、波知国、赊弥国（今巴基斯坦之契特拉）、乌场国（今巴基斯坦西北）。宋云、惠生等在乌场国居留两年左右，并向乌场国国王传讲中国历史文化，"说周孔庄老之德；次序蓬莱山上银阙金堂，神仙圣人并在其上；说管辂善卜，华佗治病，左慈方术"，引起乌场国国王的倾慕，"若如卿言，即是佛国，我当命终，愿生彼国"[10]。此后，宋云、惠生等在天竺广历多方，又至乾陀罗国（犍陀罗）、佛沙伏城等地礼拜佛迹，正光二年（521年）宋云、惠生一生始归国，带回大乘经典170余部。宋云、惠生西游，是继法显西行之后东土僧人往西域天竺交流求法的又一壮举，在其留下的行纪中对所经诸国的政治状况、风土人情、地理物产、宗教信仰等进行了详细的记载，他们涉流沙戈壁、越高山险阻，传播中华文化，学习西域佛法，带回大乘经典，有力地促进了当时的中西宗教和政治经济文化交流。

另外，北魏时期佛教经教的传播不仅仅是西域—中原单向的，在一定条件下也是双向的，这点有据可查。据《洛阳伽蓝记》，洛阳融觉寺有比丘昙谟最，善禅学，听其宣讲《涅槃经》和《华严经》的僧徒常有千人之巨，菩提留支见而礼之，称其为菩萨。留支曾读昙谟最所著《大乘义章》，深自赞叹，"即为胡书写之，传之于西域"，西域僧人"常东向遥礼之，号昙谟最为东方圣人"[10]。不过，在当时的历史条件下，这样的逆向传播是极少数、偶发事件。

（五）西域僧与佛教宗派发展演化

西域僧入魏，还推动了佛教宗派的演化发展，这方面以勒那摩提和菩提留支的贡献为最。摩提和留支两人各译《十地经论》，分别传示后学，以此为根本经典，形成了魏末至隋唐时名重一时的地论宗。摩提主要传学于慧光，慧光在魏末即名重当朝，其门下学士"翘颖如林，众所推仰者十人，拣选行解，入室惟九"[4]，见于僧传者有僧范、昙遵、慧顺、道凭、法上、道慎、昙衍、僧达、道云、道晖等，形成了地论宗的南道系。法上为传承慧光地论学说最著者，道凭传灵裕，灵裕传静渊，静渊传智正，智正传智俨，⑤智俨开辟华严宗端绪。从学系上说，华严宗可视为地论宗南道系的发展，所以汤用彤先生说："华严宗实地论师之后裔。"[9]慧光在律学方面亦有大建树，曾作《四分律疏》，道云、道晖等传承其律学系统，道云传道洪、道洪传智首，智首的弟子之一即为四分律宗的创立者道宣，故此佛教律宗也可看作地论宗南道系的演化结果。

菩提留支主要传学于道宠，道宠亦"学士堪可传道千有余人"，主要传于僧休、法继、诞礼、牢宜、儒果等，形成地论宗的北道法系。⑥相较于南道，北道的著述不多，影响较小，不过菩提留支与净土宗的形成亦有密切关系。据《续高僧传》，净土宗祖师昙鸾，曾往南朝寻访陶弘景求取仙方，回到魏境，在洛阳遇到菩提留支，昙鸾问菩提留支："佛法中颇有长生不死法胜此土仙经者乎？"菩提留支"唾地曰：是何言欤？非相比也，此方何处有长生法，纵得长年少时不死，终更轮回三有耳"[4]。故此将《观无量寿经》授予昙鸾，昙鸾将所得仙方焚烧，专修《观无量寿经》，"自行化他，流靡弘广"，为其创立净土一宗奠定了基础。以此论之，净土宗也可视为菩提留支学说的传承。地论宗南北道的

144

分歧主要在判教说和佛性说上。南道一般认为，佛教有四宗，"《毗昙》是因缘宗，《成实》谓假名宗，'三论'名不真宗，《十地论》为真宗"[12]；北道则从此四宗中另划出"法界宗"，以《华严经》为根本。两道对佛性的分歧，主要在于对阿黎耶识的解释，北道主杂染说，"计黎耶为无明"[13]；而南道主纯净说，修习使得本有的佛性得以显现。

四、结语

综上所述，以文献及石窟造像艺术等实物资料征之，北魏佛教自西域、凉州一脉相承，凉州平定后，中外交通之路畅达，大量胡汉僧人经河西进入北魏居住译经、演教传法。入魏胡汉僧人和北魏皇室达成合作，相互依附，口中高唱"皇帝即佛"，行动上造"佛如帝身"，开展了轰轰烈烈的开窟建寺造像运动，将西域佛教蕴含的天竺、犍陀罗甚至古希腊元素传承发展于中原，确立了北朝佛教国家经营，重福德、信仰而轻义理的基本特征。同时，由于北魏王朝的自身属性，鲜卑民族的佛教化、汉化与佛教的中国化是交织融合在一起的，这也是北朝佛教相比南方别具一格的鲜明特色。中原固有文化大量吸收了外来佛教的因素，佛教给全新的中原文化深深打上了自己的烙印。北魏之后，东西魏、北齐、北周并立，隋唐承袭自北周，北魏佛教的特征对后世佛教的传布发展影响极大。另外，西域僧入北魏译经传法也在客观上促进了佛教典籍的翻译和思想精神的广泛深入传播，促进了以宋云、惠生为代表的中国僧俗人士远涉西域求取佛法，丰富了我国对西域地理历史、政治经济文化及风土人情的了解，加强了中西沟通交流，亦为后世玄奘、义净等西行树立了榜样。西域僧菩提留支和勒那摩提入魏，各自传学于门人，推动了中国佛教宗派的演化，三论、华严、净土等宗皆出其源。总之，北魏时西域僧入华是中国佛教发展演化史上之大事件，意义重大，影响深远。

注释：

①对于这些问题，前代学人汤用彤先生在《汉魏两晋南北朝佛教史》、吕澂先生在《中国佛教源流略讲》、任继愈先生在《中国佛教史》等经典著作中均曾有过相关论述。近年来，学界也有对汉魏两晋南北朝时期入华西域僧进行专题探究的学术成果，如陈寒的《印度来华僧人考略》、赵晓达的《魏晋南北朝时期西域僧人在中华文化建构中的作用研究——以〈高僧传〉为例》、张志明的《北魏时期佛教文化的身份认同功能研究》、黄雷的《两晋南北朝时期罽宾来华

僧人与佛经传译》等。

②另说为菩提留支主译，摩提助译，扇多传语。

③据吕澂先生在《中国佛学源流略讲》中考证，这一说法不实。

④南朝栖霞山、千佛岩等处也有石窟开凿。

⑤关于杜顺、智正和智俨的师承关系，主流观点认为，杜顺为华严宗初祖，智俨受教于杜顺为二祖，不过日本学者境野黄洋、铃木宗忠，中国学者吕澂、汤用彤先生等皆质疑杜顺的初祖地位，认为杜顺偏重禅法，智俨的华严学主要得自智正。汤用彤认为，华严宗师承应以慧光—智正—智俨为主线，以杜顺—智俨为辅线。

⑥关于地论宗南、北二道得名的来由，一说认为，从邺城到洛阳有南、北两道，勒那摩提系居于道南，菩提留支系居于道北；另一说认为，摩提和留支分住白马寺与永宁寺，两寺分别位于洛阳御道之南北，故而得名。

参考文献：

[1] 魏收．魏书［M］．北京：中华书局，1974.

[2] 释慧皎．高僧传［M］．北京：中华书局，1992.

[3] 释僧祐．出三藏记集［M］．北京：中华书局，1995.

[4] 释道宣．续高僧传［M］．成都：巴蜀书社，1993.

[5] 赵昆雨．昙曜身世研究［J］．山西大同大学学报（社会科学版），2018（5）．

[6] 释圆照．贞元新定释教目录：大正藏第55册第2157［M］．东京：大正一切经刊行会，1934.

[7] 释道诚．释氏要览［M］．民国八年常州铅印本．

[8] 任继愈．中国佛教史［M］．北京：中国社会科学出版社，2015.

[9] 汤用彤．汉魏两晋南北朝佛教史［M］．北京：北京大学出版社，2011.

[10] 杨衒之．洛阳伽蓝记［M］．北京：中华书局，1963.

[11] 杨俊芳．希腊和印度艺术对云冈石窟的影响［J］．山西大同大学学报（社会科学版），2010（6）．

[12] 释吉藏．大乘玄论：大正藏第45册第1853［M］．东京：大正一切经刊行会，1934；释吉藏．大乘玄论：大正藏第45册第1934［M］．东京：大正一切经刊行会，1934.

[13] 释法云．翻译名义集：四部丛刊景宋本［M］．中国国家图书馆藏．

北魏比丘尼墓志中女性形象的书写策略

王 婧

(江汉大学人文学院，湖北 武汉 430056)

摘 要：北魏时期的比丘尼墓志是佛教文化与女性书写相结合的产物，墓志中呈现的比丘尼这一佛教女性形象体现了创作主体匠心独运的书写策略：其一，进行形象虚构，它包含文学性虚构以及社会心理化虚构；其二，身份差异下的多元想象，书写者的身份决定了主体个性化视角的认知与想象；其三，充分契合墓志的文体特征来建构其女性形象。外来的佛教文化既改变了当时女性群体的活动空间与生活方式，也不断加强着自身对中国固有文化传统的适应性。

关键词：北魏；墓志；比丘尼；虚构；文体

佛教文化的传入和兴盛为六朝女性提供了全新的社会活动空间，也令比丘尼这一新的女性群体走入历史视线。北魏时期，佛教在中土传播的兴盛之状从僧寺数目可见一斑。这一王朝虽经历了北魏太武帝的灭佛之难，但此事并未真正影响佛教的迅速发展，至孝静帝时，已达"僧尼二百万人，寺三万所"[1]的繁盛之况。在北魏一朝，诸多皇后、太后及公主出家，佛门与宫廷之间产生了分外紧密的关联。而正史及其他史料对这些后宫出家女性及当时其他比丘尼的记载相对较少，流传下来的由她们书写的文字作品也相对贫乏，因此出土的若干篇北魏比丘尼墓志便显得尤为珍贵。它们或由墓主人的比丘尼弟子书写，或由文人执笔，由此可以对北魏时期的比丘尼形象及女性的文学书写有更多认识。

《文章辨体序说·墓志》云："墓志，则直述世系、岁月、名字、爵里，用防陵谷迁改。"[2]墓志本是墓地的标识物，以防陵谷改迁。广义上的墓志包含了埋在地下的墓志铭和立于地面的墓表文，属碑文的一种，多记叙死者的家世及生平等，行文有简易与复杂之分。从北朝墓志的具体名目来看，称墓铭、墓志、墓记、墓表的情况皆有，北魏时期的比丘尼墓志有其独特的价值所在，其女性形象的塑造中包含创作主体独特的书写策略。

一、比丘尼墓志中的形象虚构

综观北魏时期的比丘尼墓志，其行文和结构已定型，散韵结合，多记叙墓主人家世、生平并赞其功德，具有一定的文采。诚然，要想做到对个体客观而准确的描述是十分不易的，就墓志对个体的描摹来看，比丘尼墓志的书写中存在着形象虚构的现象。

《文心雕龙·诔碑》云："写实追虚，碑诔以立。铭德慕行，文采允集。观风似面，听辞如泣。石墨镌华，颓影岂忒。"[3]首先，刘勰将立碑叙述死者的文章和诔文归为一类，他认为碑文和诔文的作用在于叙述具体的行事与追写抽象的道德。如此，人们似乎可以感受到书写对象的影像及风采。这就说明了对墓主人的描摹势必包含虚、实两个方面。书写者往往不吝笔墨来颂扬墓主人的才华与品德。比如，《魏故比丘尼统法师释僧芝墓志铭》云："禀三才之正气，含七政之淑灵，道识发于生知，神情出于天性。"[4]僧芝尼的墓志由弟子僧和、道和两位比丘尼撰写，她们用比拟及夸张的手法表达对师父的钦佩与敬仰。故而在涉及僧芝尼才能及品德的描绘方面，"追虚"是其显著的特色。又如，"法师雅韵一敷，慕义者如云；妙音蹔唱，归道者如林。故能声动河渭，德被岐梁者矣"[4]。寥寥数语，便将僧芝法师的才德表达得淋漓尽致，宛在目前。再如，"皇上登极，皇太后临朝，尊亲之属既隆，名义之敬踰重，而法师谦虚在己，千仞不测其高，容养为心，万顷无拟其广"[4]。据史书记载，"太后性聪悟，多才艺，姑既为尼，幼相依托，略得佛经大义"[5]。僧芝尼即宣武灵皇后胡氏的姑姑，灵皇后胡氏后来被肃宗尊为太后。僧芝可谓皇亲国戚，与皇家有密切的联系，地位殊荣，但能做到谦虚而有涵养，可见其令人敬佩的修为与德行。其弟子又称其"道冠宇宙，德兼造物"[4]，无一不是在用夸张的文学手法来树立其光辉的形象。另外，在表达其对逝者的哀痛之心时，又云"山水为之改色，阳春触草而不荣"[4]，达到了刘勰所说的"观风似面，听辞如泣"的效果。

此外，由北魏名家常景书写的《魏故比丘尼统慈庆墓志铭》亦用比拟的手法描摹墓主人的外在风姿与内在品行："于昭淑敏，寔粹光仪，如云出岫，若月临池。"[6]另一文人所书写的《魏故车骑大将军平舒文定邢公继夫人大觉寺比丘元尼墓志铭并序》同样用比拟与夸张的笔触来描摹女性的风姿和神韵："蟠根玉岫，擢质琼林，姿色端华，风神柔婉，岐嶷发自龆年，窈窕传于丱日。"[6]在文末的韵文，即铭文部分更是用多种手法生动展现了书写对象的德行与风采，并用拟人手法来叙写哀情：

金行不竞，水运唯昌，于铄二祖，龙飞凤翔。继文下武，叠圣重光，英明踵德,周封汉苍。笃生柔顺,克诞温良,行齐桥木,贵等河鲂。……生浮命促,昼短宵长,一归细柳,不反扶桑。霜凝青槚,风悲白杨,蕙亩兰畹,无绝芬芳。[6]

以上列举的"追虚"特色是从文学层面而言的,也是人物描绘的必然现象。《文心雕龙·夸饰》云:"夫形而上者谓之道,形而下者谓之器。神道难摹,精言不能追其极;形器易写,壮辞可得喻其真;才非短长,理自难易耳。故自天地以降,豫入声貌,文辞所被,夸饰恒存。"[3]毕竟,人物的声貌及道德都是难以用语言精确描绘的,而文学性的虚构反而给人以无限的想象空间,读者不仅能从这种"夸饰"中感受到描写对象的人格魅力,也能体会到书写者深厚的文学功底及素养。

除了文学层面的虚构外,北魏比丘尼的墓志中还存在一种社会心理层面的虚构。在社会环境影响下,书写者有意或无意地忽略了许多重要事实,所建构的人物形象与史料中的记载相比有较大出入,使人由此怀疑其形象建构的客观性与真实性,这在《魏瑶光寺尼慈义墓志铭》的书写中表现较为突出。

墓志中记载:"尼讳英,姓高氏,勃海条人也。文照皇帝太后之兄女。世宗景明四年纳为夫人,正始五年拜为皇后。"[7]慈义尼在出家前曾是世宗宣武帝的皇后,据正史记载,这个皇后有妒忌的特点:"宣武皇后高氏,文昭皇后弟偃之女也。世宗纳为贵人,生皇子,早夭,又生建德公主。后拜为皇后,甚见礼重。性妒忌,宫人希得进御。"[5]因高皇后嫉妒的特点,后宫很少有人能亲近皇帝。正史中又记载:"世宗暮年,高后悍忌,夫人嫔御有至帝崩不蒙侍接者。由是在洛二世,二十余年,皇子全育者,惟肃宗而已。"[5]因为高后悍忌,所以直到皇帝去世,后宫还有从未被皇帝宠幸过的妃嫔,因而世宗宣武帝也仅有肃宗一位皇子得以保全,高皇后的专宠跋扈由此可见一斑。另外,前皇后之死似乎也与其有关。史书中记载:

宣武顺皇后于氏,太尉烈弟劲之女也。世宗始亲政事,烈时为领军,总心膂之任,以嫔御未备,因左右讽谕,称后有容德,世宗乃迎入为贵人。时年十四,甚见宠爱,立为皇后,谒于太庙。后静默宽容,性不妒忌。生皇子昌,三岁夭殁。其后暴崩,宫禁事秘,莫能知悉,而世议归咎于高夫人。葬永泰陵,谥曰顺皇后。[5]

于氏是世宗宣武帝的第一任皇后,具备"静默宽容,性不妒忌"的贤良淑德形象,且生下皇子。但其皇子三岁时便夭折,于皇后本人也在不久后去世,世人认为他们都被高夫人也就是后来的高皇后所害,虽然后世无法知晓此事的详细经过,但历史上对高皇后的记叙和评价着实是负面的。肃宗即位后不久,尊高皇后为皇太后，尊其生母胡氏为皇太妃，后又尊为皇太后。然高皇后被尊为皇太后的第二个月就去了瑶光寺出家。史书记载："二月庚辰，尊皇后高氏为皇太后。……三月甲辰朔，皇太后出俗为尼。"[5]高太后出家之后，人身自由遭到限制，没有重大节日不能随意入宫，其女儿建德公主也被灵太后夺来抚养。神龟元年（518年），最终被灵太后迫害致死，以尼礼下葬，足见宫廷斗争之惨烈。

肃宗孝明帝于516年即位，高太后在其即位后不久出家，于518年去世。由此推算，其出家修行的时间应不满三年，且显然是被迫出家。佛门生活的时间如此之短，很难令人相信其有多么高深的佛学素养或对佛法有深刻的理解和体悟。高太后毕生见证了宫廷斗争的复杂与残酷，深陷宫廷斗争的泥潭，甚至最终沦为政治斗争的牺牲品。而弟子法王为其书写的墓志，依然以"贤""哲""善"为其形象的关键词，且希望其"芳猷"（美德）永远流传，为人们展示的是一种与正史记载反差极大的超尘拔俗之形象。《魏瑶光寺尼慈义墓志铭》云：

　　三空杳眇，四果攸绵，得门其几，惟哲惟贤。猗与上善，独悟斯缘，出尘解累，业道西禅。方穷福养，永保遐年，如何弗寿，祸降上天。……式铭慈（兹）石，芳猷有传。[7]

这种虚构属于认识评价层面，是个人一种社会心理的反映。其弟子未必不知道慈义尼出家前的经历和遭遇，但这样的书写或许是因对皇权的尊崇和依附而有意美化，也或许是出于师徒之间的真实情分。

另外，《魏故比丘尼统法师释僧芝墓志铭》也存在这一现象，上文已经分析过书写者用文学手法为读者呈现了一位"道冠宇宙，德兼造物"的高尼形象，才德堪称完美，但对比正史中的记载，僧芝未必有墓志中书写的那般超脱和完美，或有虚构的成分。史书记载："后姑为尼，颇能讲道，世宗初，入讲禁中。积数岁，讽左右称后姿行，世宗闻之，乃召入掖庭为承华世妇。"[5]僧芝即灵太后的姑姑，在灵太后还未入宫前，其姑僧芝尼已经在为世宗皇帝及后宫宣讲佛法。僧芝暗示左右称赞其侄女胡氏的容貌与品德，遂引起了世宗的注意并将胡氏纳入后宫，最终生育肃宗而成为后来的灵太后。可见，灵太后的荣宠与其姑姑的助力密不可分，而僧芝正是有意令其侄女吸引皇帝的目光，终获富贵荣华。这样的形象到底难与其墓志中的书写完全匹配，而这两篇墓志均由其弟子书写，此种虚构也许是出于师徒间的真挚情感，或许她们书写的形象更多是基于个人情感塑造的结果，但不排除有意美化的因素。

总的看来，对北魏比丘尼墓志中女性形象的书写，既有文学性质的虚构，又有社会心理化的虚构。而在文学层面的虚构中，读者能够体会到的是情感的真实。如此，其行文才有"观风似面，听辞如泣。石墨镌华，颓影岂忒"的书写效果。

二、身份差异下的多元想象

目前所能见到的北魏比丘尼墓志，或由其弟子书写，或由文人书写。而书写者的身份不同，对墓主形象描绘的侧重点便有较大差异，书写的风格及行文特点也各有不同。诚然，书写者无法对墓主人的一生进行全面的了解和客观精确的评价，对比丘尼的评判和眼光，更多是基于自身视角的认识与想象。

文人视角的观察与想象，以《魏故比丘尼统慈庆墓志铭》及《魏故车骑大将军平舒文定邢公继夫人大觉寺比丘元尼墓志铭》为典例。前者明确署"征虏将军、中散大夫、领中书舍人常景文"[6]，常景是北魏的名家，尤其擅长碑铭。世宗时，崔光曾评价："常景名位乃处诸人之下，文出诸人之上。"[5]常景尤为重视礼法。高肇曾娶平阳公主，在平阳公主去世后，高肇想让公主的家令居庐制服，相关官员征求常景的意见，常景严守纲纪，认为此举于礼法不合：

> 肇尚平阳公主，未几主薨，肇欲使公主家令居庐制服，付学官议正施行。尚书又以访景，景以妇人无专国之理，家令不得有纯臣之义，乃执议曰："丧纪之本，实称物以立情；轻重所因，亦缘情以制礼。虽理关盛衰，事经今古，而制作之本，降杀之宜，其实一焉。是故臣之为君，所以资敬而崇重；为君母妻，所以从服而制义。……家令不得为纯臣，公主不可为正君明矣。且女人之为君，男子之为臣，古礼所不载，先朝所未议。……朝廷从之。[5]

常景引经据典，以古礼纲纪为训，循君臣、男女伦常之节，最终朝廷也采纳了他的建议。另外，史书记载："朝廷典章，疑而不决，则时访景而行。"[5]朝廷在典章方面但凡有疑难问题的，也都征询常景的意见，可见其对礼法的推崇与熟稔程度远超他人。因此，从他为慈庆尼书写的墓志来看，其笔下的比丘尼更接近于一位遵守礼法的妇人形象。"禀气淑真，资神休烈，理怀贞粹，志识宽远。故温敏之度，发自韶华；而柔顺之规，迈于成德矣。"[6]在介绍慈庆尼的出身与家世后，开篇即以文人理想中的女性形象来整体塑造慈庆的人格特点。又详细记叙了她出家之前的经历，称赞其嫁人之后，"谐襟外族，执礼中馈，女功之事既绤，妇则之仪惟允"[6]。

至于《魏故车骑大将军平舒文定邢公继夫人大觉寺比丘元尼墓志铭》，其崇尚礼法的特色便更加鲜明。这篇墓志虽没有明确署名是哪位文人书写，但从通篇称呼墓主人为夫人来看，书写者并非佛门弟子。这篇墓志用了大量的笔墨来记叙及评价其出家前的生活经历,而遁入佛门后的经历只有一两句话一笔带过,详略之安排一目了然。且令人从中领略到的,依然是一位贤良淑德的女子形象:"初笄之年,言归穆氏,勤事女功,备宣妇德。"[6]其行为举止遵从礼法的要求,婚姻生活亦满足文人的想象与理想:"婉然作配,来嫔君子,好如琴瑟,和若埙篪,不言容宿,自同宾敬。奉姑尽礼,克匪懈于一人;处姒唯雍,能燮谐于众列。"[6]其形象在文人眼中完美至"女宗一时,母仪千载":"稀言慎语,白圭无玷,敬信然诺,黄金非重。巾帨公宫,不登袨异之服;箕帚贵室,必御浣濯之衣。信可以女宗一时,母仪千载,岂直闻言识行,观色知情。"[6]文中只简单交代了慈庆出家的因缘,并不能令人深刻感受到其在佛门的形象及人格特点。从文人的视角出发,其笔下的比丘尼形象蕴含着鲜明的世俗礼法之内涵,恰是文人理解与想象的结果。

然而,由墓主人的比丘尼弟子书写的墓志,呈现的则是另一种风貌,她们笔下的比丘尼是一副不累于物、超尘拔俗的高尼形象。例如,由其弟子书写的《魏故比丘尼统法师释僧芝墓志铭》开篇则以"禀三才之正气,含七政之淑灵,道识发于生知,神情出于天性"[4]来赞其总体的人格魅力。在铭文部分,更是用幽玄的笔触总结并赞美其智识与德业:

> 般若无源,神理不测。熟诠至道,爰在妙识。猗歟上仁,允臻寞极。凝心入净,荡智融色。转轮三有,周流六道。独善非德,兼济为功。幽镜寂灭,玄悟若空。怀彼昭旷,落此尘封。洞鉴方等,深苞律藏。微言斯究,奥旨咸鬯。宝座既升,法音既唱,耶(邪)观反正,异旨辄郸。德重教尊,行深敬久。[4]

铭文既体现了书写者的佛学素养与文学功底,也展现了她们对其师生平的认识与想象。又如,《魏瑶光寺尼慈义墓志铭》云:"三空杳眇,四果攸绵,得门其几,惟哲惟贤。猗与上善,独悟斯缘,出尘解累,业道西禅。"[7]《魏比丘尼慧静墓志》云:"离欲出家,舍身救人,摄心不乱,乃能成仁。悉除嗔恚,慈悲众生,猛勇精进,始名净行。"[7]这两篇墓志均由墓主人的比丘尼弟子书写,她们以佛门弟子的眼光及想象勾勒并赞颂其生平,令人感受到是智慧与慈悲并存的女性形象。

墓志浓缩的是人的一生,如没有史料记载,后人便只能通过墓志的书写了解墓主人的生平及形象,而其形象的呈现在很大程度上是由书写者决定的,他们的认识与想象对逝者生前的形象建构起到了重要作用。

三、文体特质与形象建构

从上文的分析可以看出，虚构和想象都是其中重要的书写策略。而对墓志文体特点的充分把握也是书写主体需要考虑的。《洛阳伽蓝记》云："生时中庸之人耳。及其死也，碑文墓志，莫不穷天地之大德，尽生民之能事，为君共尧舜连衡，为臣与伊皋等迹。牧民之官，浮虎慕其清尘；执法之吏，埋轮谢其梗直。所谓生为盗跖，死为夷齐，佞言伤正，华辞损实。"[1] 应该认识到，墓志的基本特点在于为逝者歌功颂德，故碑文多有溢美之词。因此，墓志语言虚饰、浮华的现象在所难免，墓志中的形象存在虚构成分也是可以理解的。但并非所有的墓志都以夸饰为显著特征。《文体明辨序说·墓志铭》曰："迨夫末流，乃有假手文士，以谓可以信今传后，而润饰太过者，亦往往有之，则其文虽同，而意斯异矣。然使正人秉笔，必不肯徇人以情也。"[8] 正直之人书写的墓志，仍会尊重客观事实，即使虚构也是在文学的手法范围之内，而这类墓志往往情辞恳切，不失为优秀的文学作品。另外，墓志本来是防止陵谷改迁的标识物，所以比丘尼书写的墓志文中也反映了这一观念。如《魏瑶光寺尼慈义墓志铭》云："弟子法王等一百人，痛容光之日远，惧陵谷之有移，敬铭泉石，以志不朽。"[7] 然而，对比同一时期的高僧墓志，却显示出不同的见解，《大魏比丘净智师圆寂塔铭》云："陵谷有迁，佛国久在。"[6] 书写者认识到对僧人而言，陵谷也只是诸法相而已，超脱生死轮回之后的佛国永远存在，又何惧陵谷迁移？显然，慈义尼的弟子法王仍然沿用世俗的观念，对佛法的理解有其局限性。

从墓志文的结构安排来看，开头往往要叙述逝者的家世，一般都要写明家族历史上的显达之人，尤其要突出本姓历史上最声名显赫之人。由比丘尼弟子书写的墓志依然沿袭这一习惯，可见官位及祖宗崇拜心理影响深远，其时的出家之人也未能免俗。

"法师讳僧芝，俗姓胡，安定临泾人也。虞宾以统历承乾，胡公以绍妫命国，备载于方册，故弗详焉。姚班督护军、临渭令、勃海公咨议参军略之孙，大夏中书侍郎、给事黄门侍郎、圣世宁西将军、河州刺史、武始侯渊之女，侍中、中书监、仪同三司、安定郡开国公珍之妹，崇训皇太后之姑。"（《魏故比丘尼统法师释僧芝墓志铭》）[4]

"尼讳英，姓高氏，勃海条人也。文昭皇太后之兄女。世宗景明四年纳为夫人，正始五年拜为皇后。"（《魏瑶光寺尼慈义墓志铭》）[7]

慈义尼的墓志体现得尤为显著，家族中地位最显赫的要数其姑文昭皇太后了，所以墓志只提及其与太后的亲缘关系。这种表述固然遵从墓志文的习惯，但这一现象也反映出人们自古以来的文化心理,《淮南子·修务训》云:"世俗之人,多尊古而贱今,故为道者必托之于神农、黄帝而后能入说。"[9]因此,从这些墓志的表述中可以看出北魏时比丘尼对传统思想的接受及对皇权的依附形象。有学者指出:"北魏僧官大多主动依附王权,这与南朝的僧官及许多上层僧侣为坚持佛教的特殊礼仪及政权的相对独立性而进行长期的斗争是大异其趣的。"[10]北魏僧官对皇权的依附性格应是整体氛围下的一种局部现象,北魏时期的僧尼当在此方面具有一致性。

另外,渐趋定型与成熟的墓志文中往往有表达生者哀痛之情的部分,有学者称其为"述哀"[11]。这些比丘尼在书写中依旧沿袭了这一特点:

"弟子法王等一百人,痛容光之日远,惧陵谷之有移,敬铭泉石,以志不朽。……徒众号慕,涕泗沦连,哀哀戚属,载拚载擗。"(《魏瑶光寺尼慈义墓志铭》)[7]

"第(弟)子等痛徽容之永绝,嗟大德之莫继,为铭泉石,以志不朽。……徒侣追慕,涕泗长沦。"(《魏比丘尼慧静墓志》)[7]

在述哀部分,她们无不将痛哭流涕的哀痛景象描绘得淋漓尽致,显示其内心的悲痛与酸楚,以"涕泗沦连""涕泗长沦"来描摹众人痛哭的场面。这一特点仍旧符合中国传统的伦理观念与礼法特色。《礼记·丧大记》曰:"敛者既敛必哭。"[12]《礼记·奔丧》曰:"始闻亲丧,以哭答使者,尽哀;问故,又哭尽哀。"[12]因此,用"哭"来表达对逝者的哀悼是丧礼的必备环节。于是,在墓志中表达对亡者的思念,以对哭的描绘显示生者的悲痛心理便成为一种必然和固定的书写模式。

北魏时期,在孝文帝迁都洛阳,进行一系列汉化改革后,儒家的传统思想对其少数民族的观念产生了巨大影响,对孝道的重视和推崇成为其时的显著特色。后来北魏王朝甚至废除了"立子杀母"这一残忍的宫廷制度。其重视的《孝经》即云:

子曰:孝子之丧亲也,哭不偯,礼无容,言不文,服美不安,闻乐不乐,食旨不甘,此哀戚之情也。……为之棺椁衣衾而举之,陈其簠簋而哀戚之。擗踊哭泣,哀以送之。卜其宅兆,而安措之。为之宗庙,以鬼享之。春秋祭祀,以时思之。生事爱敬,死事哀戚,生民之本尽矣,死生之义备矣,孝子之事亲终矣。[13]

因此,"死事哀戚"的传统思想必是举国上下尊崇与深入人心的理念。但比丘尼作为佛门弟子,其对这一思想的接受与佛教宣扬的理念相乖违。佛教追求能超越生死轮回的境界,所以必不会执着于死亡的苦痛。故而历史上的许多高僧大德都对死亡表现出超脱的态度。六祖慧能甚至告诫自己的弟子不要像世俗之人那样为其死亡而身着孝服,痛哭流涕,应能领会佛法的真谛:"师说偈已,告曰:'汝等好住,吾灭度后,莫作世情悲泣雨泪。受人吊问,身着孝服,非吾弟子,亦非正法。但识自本心,见自本性。'"[14]据《大般涅槃经》的记载来看,佛祖释迦牟尼在临终前也告诫弟子不要愁苦,当知诸行无常,自己将入超脱生死轮回的涅槃之境,所以不应啼哭,其说偈曰:"我今入涅槃,受于第一乐。诸佛法如是,不应复啼哭。"[1]

由此看来,北魏时期比丘尼的墓志书写仍遵从墓志文体自身的特色,反映了她们依然遵循现实礼法及传统的伦理观念,这在一定程度上体现了她们与原始佛教观念相冲突的世俗化特点。

透过北魏时期的比丘尼墓志,我们能够观察到这些基于虚构、想象等书写策略下的佛教女性形象,其对皇权的依附性虽是她们形象的重要之维,但佛教在中土的传播必然需要适应其本来的文化传统。此外,从当时女性的普遍文化水平来考量,其中由比丘尼弟子书写的墓志已具有较高的文学水准,这也得益于佛教文化的兴盛改变了这些女性原有的生活与活动空间,并为她们社会价值的实现提供了一定的平台和契机。

参考文献:

[1] 高楠顺次郎,等.大正藏[M].台北:新文丰出版有限公司,1992.

[2] 吴纳.文章辨体序说[M].北京:人民文学出版社,1962.

[3] 周振甫.文心雕龙今译[M].北京:中华书局,1986.

[4] 赵君平,赵文成.河洛墓刻拾零[M].北京:北京图书馆出版社,2007.

[5] 魏收.魏书[M].北京:中华书局,1974.

[6] 韩理洲等辑校编年.全北魏东魏西魏文补遗[M].西安:三秦出版社,2010.

[7] 朱亮.洛阳出土北魏墓志选编[M].北京:科学出版社,2001.

[8] 徐师曾.文体明辨序说[M].罗根泽,点校.北京:人民文学出版社,1998.

[9] 何宁.淮南子集释[M].北京:中华书局,1998.

[10] 谢重光.中古佛教僧官制度和社会生活[M].北京:商务印书馆,2009.

[11] 马立军.北朝墓志文体与北朝文化[M].北京:中国社会科学出版

社，2015.
    [12] 王文锦. 礼记译解 [M]. 北京：中华书局，2001.
    [13] 李学勤. 孝经注疏 [M]. 北京：北京大学出版社，1999.
    [14] 坛经译注 [M]. 魏道儒，译注. 北京：中华书局，2010.

昙曜身世研究

赵昆雨

(云冈石窟研究院，山西 大同 037004)

摘 要：因历史文献阙载，昙曜身世成谜。由目前存世的仅有文献材料入手，探讨昙曜抵凉州时间大约在沮渠牧犍时期(433—439年)；其籍贯应为罽宾；其卒年不晚于文明太后，在487—489年。

关键词：昙曜；罽宾；师贤；《杂宝藏经》

高僧昙曜的名字首次见载于史籍，是在梁·慧皎《高僧传》中："时河西国沮渠茂虔，时有沙门昙曜，亦以禅业见称，伪太傅张潭伏膺师礼。"[1]慧皎没有为昙曜单独立传，以上21字只是附于"玄高传"条目下。至于昙曜的籍地、生卒、师门等一概不言。慧皎是南朝梁代高僧，会稽上虞（今属浙江）人，生于齐明帝建武四年(497年)，卒于梁元帝承圣三年(554年)。他撰著的《高僧传》是中国佛教史上第一部系统的僧传，完成于540年前后，内中为汉明帝永平十年(67年)至梁天监十八年(519年)间的257位高僧立传。因慧皎系南朝人，故僧传中"缉哀吴越，叙略魏燕"，轻忽北方僧事。事实上，当时南北对峙阻隔，他也未必能够详悉北方僧事。

《高僧传》中关于昙曜记事的缺憾本有望在正史《魏书》中得到弥补，毕竟，昙曜作为北魏一代僧统，既有政治地位又有宗教影响力，加之《魏书》新增"释老志"欲畅论佛道。谈佛教，又怎能少了昙曜呢？然而，《魏书》中关于昙曜开篇即言："沙门昙曜有操尚，又为恭宗所知礼。"又云，"和平初，师贤卒。昙曜代之，更名沙门统。初昙曜以复佛法之明年，自中山被命赴京……昙曜白帝，于京城西武州塞，凿山石壁，开窟五所，镌建佛像各一。……昙曜又与天竺沙门常那邪舍等，译出新经十四部。"[2]同样不涉及昙曜身世话题。

魏收，钜鹿下曲阳（今河北晋州）人，生于宣武帝正始二年(505年)，历仕北魏、东魏、北齐三朝。天保二年(551年)，魏收奉敕编撰《魏书》，4年后书成，此时距昙曜太和十年（486年）最后一次露面隔70余年。按理说，魏收有条件也有能力找到关于昙曜的一些线索，为什么不去做呢？

有感于"僧史荒芜，高行明德，湮没无纪"，唐代丹徒人释道宣对慧皎《高僧传》进行了补苴增赓。道宣生于隋文帝开皇十六年（596年），唐高宗乾封二年（667年）十月卒，历隋、唐佛教全盛期。当时南北已经一统，不存在地域之困、交通之阻。道宣本人用力至勤，遍访郊郭碑碣，博览南北国史，编成《续高僧传》，除了叙述梁、陈、周、齐以来的高僧以外，还补叙北魏高僧昙曜、昙鸾、道辩、道登等，缉成正传。其中，《译经篇》列"魏北台石窟寺恒安沙门释昙曜传"，其云："释昙曜，未详何许人也。少出家，摄行坚贞，风鉴闲约。以元魏和平年，住北台昭玄统。绥缉僧众，妙得其心。住恒安石窟通乐寺，即魏帝之所造也。"[1]一句"未详何许人也"，宣告昙曜身世终成谜。

唐贞观二十二年（648年），大慈恩寺始建，释僧靖迈受玄奘之请，为撰《古今译经图纪》四卷，其中有"昙耀"称名，文云："沙门释昙耀，恒安石窟通乐寺僧。自少出家，器宇崇峙。风鉴闲约，戒行坚贞。……至和平三年岁次壬寅，昙耀为昭玄统。慨前陵废，欣今再兴，自于北台石窟寺，对印度沙门集诸大德译《净度三昧经》（一卷）、《付法传》（四卷），凡二部合五卷。"[1]此处"昙耀"自是"昙曜"之异写。靖迈，梓潼人，四川简州福聚寺僧。这段文字中新增了一些内容，但毕竟到了靖迈的时代对昙曜已不能详述了。

一、昙曜入凉时间

昙曜刚一现身，便已入凉州之境。昙曜不是凉州籍僧人，而是入华的外国人，对此学界无异议。

从西晋永嘉之乱到东晋末世的百余年间，中原大地正经历着纷争扰攘的乱世，各割据政权兵燹未止，鏖战方殷。凉州地接西域，南奉晋室，远离诸王朝之争，得以保持社会秩序安定，经济丰饶。西来的商人及僧侣因中原战乱以此为终点，驻锡传法；中州的儒英、世族以此为流徙避乱之地，寻一份安心。凉州自张轨以后，世信佛教，沮渠蒙逊更是"素奉大法，志在弘道"。永安十二年（421年），蒙逊攻克敦煌、高昌，得译经大师昙无谶，此后，无谶在姑臧城主持译场，凉州遂成为当时中国的译经中心及禅法流播之地。

游方弘化，是僧人宣法的主要途径。那么，昙曜是在何时进入凉州的呢？前引慧皎《高僧传》中如是言：

> 时河西国沮渠茂虔，时有沙门昙曜。

此言很值得玩味。河西国，指的是匈奴族卢水胡酋首沮渠蒙逊建立的北凉政权，先以张掖为都，永安二年（412年）迁姑臧，称河西王，凉州牧。433年，蒙逊死，其子沮渠牧犍亦即"沮渠茂虔"继位。太延五年（439年）七月，北魏攻陷姑臧，北凉灭。由此可知，蒙逊建立并统领北凉32年，牧犍在位仅6年。论影响，自然是开国之父沮渠蒙逊更有声誉威望。慧皎在介绍昙曜时，不言"沮渠蒙逊"却称"沮渠茂虔"，或许慧皎在不经意间已陈述了一个事实——沮渠牧犍时代，昙曜到达凉州。

北凉从蒙逊建都张掖开始，一直到牧犍归降北魏，其间数次组织大规模译经活动，译经达82部311卷，即便是北魏大军即将踏破姑臧城时，由天竺沙门浮陀跋摩主译、道泰笔受翻译的百卷《大毗婆娑经》仍在冲刺完成。只是，发生在姑臧城的诸多译经活动，均不见昙曜参与。

看来，茂虔当政的6年时间里，昙曜初入凉土，年纪轻、资历浅，又师出无门，在注重师承的禅学之地姑臧城，他能受到太傅张潭的礼遇，寻得个立足之地，比起此时仍名不见经传的师贤已经算很不错了。同时表明，昙曜这时已具备一定的汉语交流能力。

二、罽宾：昙曜的故乡

一般认为，昙曜为罽宾人，但并无直接支持的证据。

罽宾，是汉魏以前的称名，南北朝时称"迦湿弥罗"，今指克什米尔一带。罽宾盛小乘佛教，主张恪守佛教戒律，注重比丘自身戒律修行。该地域历史上曾为塞人所占，5世纪初，又遭白匈奴进犯，不堪侵扰的罽宾僧人，多离乡东游弘法。从东晋至南北朝，入华印度僧人共55人，其中来自罽宾的就有13人。前秦时期，在长安译经的昙摩蜱、僧伽跋澄、僧伽提婆等都是罽宾人。罽宾国虽以小乘教法著称，但有大乘方等部的经典。

昙曜，"少出家"。由于同出罽宾的弗若多罗、昙摩耶舍、师贤等也都是"少出家"，故有人据此认为"少出家"是罽宾僧人的特点。事实上，"少出家"现象普遍见于当时各国各地：北地人释慧义，少出家，风格秀举，志业弘正；凉州人释宝云，少出家，精勤有学行；临清人释普明，少出家，禀性清纯，以讽诵为业……所以，"少出家"尚不足以成为确认昙曜籍地的依据。欲探寻昙曜身世，有一个人和一部经不可忽视。人，指师贤；经，为《杂宝藏经》。

师贤是罽宾国王种人，他与昙曜先时同处于凉州，后又共同活动于平城。师贤在平城做道人统时，昙曜可能为辅职。和平初，师贤卒，昙曜继职。二人之间的关系，可谓于风轻云淡中见耐人寻味处。

师贤概年长于昙曜，其实他在凉州期间知名度尚不及昙曜，一生中也没有留下一纸译经。徙平城初期，师贤仍默默无闻，值玄高因罪被杀后，他才一跃荣升为道人统。做了那么大的僧官，佛教文献却不载，活端端地就像生生没此人此事！若不是《魏书》记载，师贤之名将湮灭于世。《魏书》云：

> 京师沙门师贤，本罽宾国王种人，少入道，东游凉城，凉平赴京。罢佛法时，师贤假为医术还俗，而守道不改。于修复日，即反沙门，其同辈五人。帝乃亲为下发。师贤仍为道人统。[2]

"道人统"一职始置于道武帝天兴元年（398年），赵郡沙门法果为首任，明元帝时法果仍任此职，直至泰常（416—423年）年中示寂。法果世寿八十余，其后由谁接替统领僧界，史书未载。文成复法后既称师贤"仍为道人统"，说明太武帝灭法前他可能已出任此职。

太平真君五年（444年）九月十五日，43岁的玄高在平城东隅因诬被杀，追随他的凉州沙门、尚书韩万德的门师慧崇一同受诛遇害。次年五月十七日，玄畅仓皇逃离平城，南奔扬州，成为玄高罹难后唯一免灾南渡的弟子。

玄高，冯翊万年（今陕西临潼）人，早在西秦国时就受到内外敬奉，被崇为国师。进游凉土后，为沮渠蒙逊深相敬事。北魏灭凉后，玄高被拓跋焘的舅父阳平王杜超迎请至平城，对于魏庭来说，玄高归之平城是一大盛事，它弥补了当年北魏与昙无谶失之交臂的遗憾。玄高既达平城，大流禅化，深受太武帝信重，此外，崇仰佛法的太子拓跋晃还事高为师。结果后来太子拓跋晃被谗有篡承之谋，太武帝心生疑窦，玄高既为太子师，即以教唆太子谋逆罪被羁押杀害。

玄高事件中，师贤、昙曜均不受牵连，说明他们当时处于玄高僧团势力范围之外。玄高死后，师贤被任命为道人统，成为北魏佛教的领袖。"沙门昙曜有操尚，又为恭宗所知礼"，太子晃师礼昙曜，也是玄高遇害之后的事情。太平真君六年（445年）九月，关中地区爆发盖吴起义。次年二月，太武帝亲征平乱，诏令全国灭法。法难时，师贤留在平城以医术行世，昙曜选择去了中山，两人分道避难，不致同灭。复法十余年后，师贤去世，昙曜接替其职。师贤既为罽宾人，昙曜与其相随相行、相处相继，既无师承关系，为同乡的可能性也就增大了。

昙曜一生的光芒全部绽放在了平城，他的成就集中表现在文成复法后的沙门统任上，开窟造像、翻译佛经、改制寺院经济。他"慨前凌废，欣今载兴"，集诸众僧，广译佛经，以"流通后贤""住持无绝"。武州山通乐寺所设的官署译场，是中国石窟寺最早的译经场。昙曜译经僧团主要人员有吉迦夜、常那耶舍、昙靖以及负责笔录汉文的刘孝标等。

昙曜在武州山石窟寺组织过两次译经活动，一次是在和平三年（462年），另一次是在延兴二年（472年），相隔十年。唐·智升《开元释教录》卷第六记云："以和平三年壬寅故为北台石窟集诸德僧，对天竺沙门译吉义等经三部。……以北魏孝文帝延兴二年壬子，为昭玄统沙门昙曜译《大方广十地》等经五部，刘孝标笔受。"[1] 又，隋·费长房《历代三宝纪》卷第三云："和平元三年昭玄沙门昙曜欣三宝再兴，遂于北台石窟寺，躬译《净度三昧经》一卷、《付法藏传》四卷，流通像法也。"[1] 梁·僧祐《出三藏记集》卷二并记云："《杂宝藏经》十三卷（阙）、《付法藏因缘经》六卷（阙）、《方便心论》二卷（阙）。右三部，凡二十一卷。宋明帝时，西域三藏吉迦夜于北国以伪延兴二年，共僧正昙曜译出，刘孝标笔受。此三经并未至京都。"[1]《魏书》记载的"昙曜又与天竺沙门常那耶舍等，译出新经十四部"，此"新经十四部"，应包括以上两次译经的内容。

昙曜与吉迦夜在译经上关系甚密。

吉迦夜，又称"吉弗烟"，西域人，"游化戒虑，导物在心"。他与昙曜共同翻译了《方便心论》《杂宝藏经》《大方广菩萨十地经》，重译了昙曜于和平三年（462年）独立翻译的《付法藏传》四卷（今已不存）。关于重译《付法藏传》一事，陈垣先生说："据现存大藏经《付法藏因缘传》六卷，题'元魏西域三藏吉迦夜共昙曜译'。可见吉迦夜当时系以昙曜所译者为底本，而从新改译，又在目上加'因缘'二字也。自吉迦夜译本行，而昙曜译本遂废。以今存昙曜译《大吉义神咒经》推之，昙曜所译较为朴僿，不如吉迦夜译之文采，亦未可知。此与笔受人极有关，吉迦夜译笔受人为刘孝标，孝标固南朝著名文学家也。"[3]

吉迦夜作为西域译师，精通梵文是毫无疑问的，至于汉语的文采倒不一定好于昙曜多少。昙曜屡与他合作，看中的正是他强大的梵文译读能力。他们的合作是由吉迦夜口诵梵语，昙曜作为双语翻译，把吉迦夜讲的胡语口译成汉语讲给刘孝标听，转录成汉文。之所以要重译《付法藏传》，是因为昙曜译经时尚未遇到吉迦夜，他拿到的译本不是梵文原本，内容不完整。而此时，不但有吉迦夜带来的梵文原文，还天赐刘孝标这等笔受良才。

刘峻，字孝标，本名法武，平原（今山东平原）人，本是东汉皇室胶东康王刘寄之后，生于宋孝武帝大明六年（462年），卒于梁普通二年（521年）。他历宋、齐、梁三朝，是著名学者和骈文家，以注《世说新语》扬名后世。陈垣先生说："以今日观之，孝标之注《世说》及撰《类苑》，均受其在云冈石窟寺时所译《杂宝藏经》之影响。印度人说经，喜引典故，南北朝人为文，亦喜引典故。《杂宝藏经》载印度故事，《世说》及《类苑》载中国故事。当时谈佛教故事者，多取材于《杂宝藏经》，谈中国故事者，多取材于《世说新语注》及《类苑》，实一时风尚。"[3] 皇兴三年（469年）北魏攻陷青州，这是南北朝历史上的重大事件，时年8岁的孝标被掳至中山，后又转徙平城。11岁时，迫于生活，孝标在武州山石窟寺出家为僧，因其才华出众，被安排参与译经活动。这一年是延兴二年（472年），正值昙曜第二次译经期。《杂宝藏经》是吉迦夜与昙曜此次共译的重点经目，由刘孝标笔受。年仅11岁的孝标能胜任翻译工作吗？对此，陈垣先生早有置疑，认为孝标最多不过是"笔录"。太和十年（486年）二月，因仕途不得意，孝标逃往江南，但他在云冈石窟寺译经的这段经历，对其以后的著作产生了深远影响。

《杂宝藏经》梵文原本今已散失，它是一部杂集抄聚分散在北传四阿含经以及各部派律藏中的因缘、譬喻及本生故事的小乘经集，全书共10卷，计121则故事，入梁后又增补为15卷。全卷故事大致分为孝养、慈悲、业力、诡伪、诽谤、行施、教化、诤斗八类，劝人作福、持戒、出生死、成菩提。该经译成后首先被用于云冈第9、第10窟中，反映了沙门统昙曜作为佛教领袖地位的影响力。长广敏雄先生说："第9、第10双窟后室南壁充斥因缘故事浮雕，而且其多出典于《杂宝藏经》，这即便不是沙门昙曜直接筹划的结果，也不能否定他所起的某些作用（况且无法断然排除他直接筹划的可能性）。"[4]

《杂宝藏经》中许多故事的发生地都是在罽宾。卷九"难陀王与那伽斯那共论缘"中的难陀王即指希腊人大夏王弥兰陀（或弥兰）王，"那伽斯那"则指那先比丘，他们的年代约在佛灭后二百年顷；卷八"月氏国王与三智臣作善亲友缘"中的言月支王名栴檀罽尼咤，其第一智臣是马鸣尊者。"栴檀罽尼咤王即迦腻色迦王，与马鸣尊者关系深厚，马鸣应为公元二世纪初人（公元100—160年），与迦腻色迦王的时代相当。因此本经可视为在公元二世纪之时完成。"[5] 经中提及的弥兰陀王、迦腻色迦王均曾统治过西北印度，说明《杂宝藏经》梵本应出自罽宾一带。

罽宾地区流行撰集譬喻类经典，是与该地区较完整地保存了小乘佛教"根本说一切有部"分不开的。"说一切有部"，简称"有部"，南北朝时期传入中国，称为"毗昙宗"，又称"因缘宗"。罽宾僧人精修毗昙学，毗昙经是来华僧人所携经卷中最多的一种。毗昙经将譬喻故事与佛、菩萨、弟子传记结合在一起再去教化信众，通常会产生更强感染力的释法效果。[6]

昙曜选译《杂宝藏经》不是偶然的，这意味着他作为罽宾人对经中反映的罽宾社会生活以及佛学理念持有与生俱来的兴趣与亲近感。

三、昙曜卒年

昙曜的一生充满了传奇色彩,他经历了太武、文成、献文、孝文四朝,其间险象环生,略有疏忽,必以生命为代价。北魏伐凉时,他守待姑臧城豪赌魏军对他的善待,后至平城如日中天;入魏不久,他以不介入僧团、不介入政治派系的政治智慧与经验,轻松规避了玄高案;太武法难时,虽"誓欲守死",终逾灭法之劫;文成复法,经举荐,"被命回京",自导自演了一场"马识善人"的情景剧,得蒙重任,官至沙门统职;献文时,完美避染帝后宫闱之争,在异常复杂的政治交锋缝隙中独善其身;孝文时,游刃于冯氏、孝文"二皇"之间,将沙门统职权进行到底,牢握至终。针对太武灭法时的"胡本无佛"论,他主持营建的象征北魏五帝的"昙曜五窟"(第16~20窟),依靠皇权势力,既赢得统治者的首肯,又广聚沙门、同修定法,传达了让佛法流通后世、永存无绝的三世佛思想。每一生死攸关时刻,高僧昙曜都无不闪烁着卓越的佛教智慧和敏锐的政治洞察力。

北魏僧官制度在道武帝一朝就设立了全国最早的僧务管理机构"监福曹","道人统"是由皇帝直接任命的全国最高僧官,法果、师贤均曾担此要职。文成帝时调整了僧署及僧官制度,改"监福曹"为"昭玄曹","道人统"为"沙门统",昙曜为首任沙门统。北魏国家政权通过这一僧官体系控制和处理日常僧务工作。僧官制度的建立与完善,表明北魏政权以佛治国,"助王政之禁律,益仁智之善性"的政治态度。和平初,昙曜创造性地提出设立僧祇户、佛图户制度,解决了灾民赈济、救危急难的问题,取得了极好的社会效果。

据《魏书》记载,延兴二年(472年)夏四月,山东济州东平郡发生了一件奇异的事情,"灵像发辉,变成金铜之色。殊常之事,绝于往古;熙隆妙法,理在当今。有司与沙门统昙曜令州送像达都,使道俗咸睹实相之容,普告天下,皆使闻知"[2]。这也是昙曜在《魏书》中的最后一次露面,当时仍为沙门统。

道宣《广弘明集》卷24"帝以僧显为沙门都统诏"载:"近得录公等表,知欲早定沙门都统。比考德选贤,寤寐勤心,继佛之任,莫知谁寄。或有道高年尊,理无絷纤;或有器玄识邈,高挹尘务。今以思远寺主法师僧显,仁雅钦韶,澄风澡镜,深敏潜明,道心清亮。固堪兹任,式和妙众。近已口白,可敕令为沙门都统。又,副仪贰事,缁素攸同,顷因辉统独济,遂废兹任。今欲毗德赞善,固须其人。皇舅寺法师僧义,行恭神畅,温聪谨正,业懋道优,用膺副翼,可都维那,以光贤徒。"[1]诏文的发布时间不详,由文意知是孝文帝与众臣商议拟定思远寺主法师僧显继任沙门统、皇舅寺法师僧义任副职之事。"副仪贰事"是前道人统所设的僚属，不知何因，过去由昙曜一身兼任，相当于废弃了此职。诏文表明，此时的沙门统昙曜已经卸职或者已经亡故。"思远寺，即方山（在今大同城北25千米）思远浮屠，实为文明太后冯氏陵墓守灵之寺。太和三年（479年）建寺，十四年（490年）九月太后崩。孝文帝先后多次驾临方山，僧显为帝知赏，当在此间；擢任沙门统，当在此后。分析诏书，显统受任时，曜统已过世良久。"[7]

唐明佺《大周刊定众经目录》卷1记："《大吉义咒经》一部四卷。右，后魏太和十年昙曜译。"[1]这是史籍中有关昙曜的最后可考时间记录。概译罢此经，昙曜已寿终正寝，其卒年不晚于文明太后，在487—489年间。

永平二年（509年），沙门统已更由惠深出任。永平四年（511年），尚书令高肇奏言："故沙门统昙曜，昔于承明元年，奏凉州军户赵苟子等二百家为僧祇户，立课积粟，拟济饥年，不限道俗，皆以拯施。"[2]宣武帝时，僧祇户制度仍在沿用，昙曜早已化为故人。

参考文献：

[1] 大正藏 [M]. 台北：新文丰出版公司，1983.

[2] 魏收. 魏书 [M]. 北京：中华书局，1984.

[3] 陈垣. 云冈石窟寺之译经与刘孝标 [J]. 燕京学报，1929（6）.

[4] 长广敏雄. 云冈石窟第9、10双窟的特征 [C] // 中国石窟·云冈石窟. 北京：文物出版社，1994.

[5] 丁敏. 譬喻佛典之研究：撰集百缘经、贤愚经、杂宝藏经、大庄严论经 [J]. 中华佛学学报，1991（4）.

[6] 黄雷. 两晋南北朝时期罽宾来华僧人与佛经传译 [J]. 兰州学刊，2015（2）.

[7] 张焯. 徐州高僧与云冈石窟 [J]. 文物世界，2004（5）.

昙曜译经《杂宝藏经》中的因缘故事分析

郭静娜[1]　王文星[2]

(1. 云冈石窟研究院，山西　大同　037007；
2. 山西大同大学美术学院，山西　大同　037009)

摘　要：高僧昙曜奉北魏文成帝之命开凿云冈石窟之后，又组织北魏的僧团翻译了14部佛经。《杂宝藏经》便是其中的一部，包含121个因缘故事。这些均是关于佛陀、弟子，以及佛陀涅槃之后的故事。本文通过对佛经故事的解读，分析昙曜翻译《杂宝藏经》的意图及其反映的北魏社会背景。

关键词：昙曜；《杂宝藏经》；忠孝；布施

一、《杂宝藏经》及其因缘故事分类

《杂宝藏经》现收于《大正藏》第四册，现存10卷，属阿含系统。据文献记载，此经是昙曜与西域僧人吉迦夜于和平三年（461年）共同翻译的，主要是关于佛陀、佛弟子，以及佛陀入灭后的种种事缘，共有121章。

本文以"卷"为单位，对每卷的因缘故事进行分类整理。卷一有9则因缘故事，根据每个因缘故事反映的内容，可分为以下几类：（1）忠孝——"十奢王缘"；（2）孝养——"王子以肉济父母缘""鹦鹉子供养盲父母缘""弃老国缘""佛于忉利天上为摩耶说法缘""慈童女缘""莲华夫人缘""鹿女夫人缘""佛说往昔母迦旦遮罗缘"。

卷二有17则，可分为以下几类：（1）布施——"六牙白象缘""兔自烧身供养大仙缘""波斯匿王女善光缘""须达长者妇供养佛获报缘"；（2）教化——"善恶猕猴缘""佛以智水灭三火缘""波斯匿王丑女赖提缘""内官赎所犍牛得男根缘""两内官共净道理缘""婆罗那比丘为恶生王所苦恼缘"；（3）孝养——"波罗㮈国有一长者子共天神感王行孝缘""迦尸国王白香象养盲父母并和二国缘""波罗㮈国弟微谏兄遂彻承相劝王孝化天下缘"；（4）诽谤——"驼骠比丘被谤缘""离越被谤缘"；（5）斗净——"梵摩达夫人妒忌伤子法护缘""昔王子兄弟二人被驱出国缘"。

卷三有13则，可分为以下几类：（1）诽谤——"兄弟二人俱出家缘""仇伽离谤舍利弗等缘""老仙缘"；（2）斗诤——"龙王偈缘""提婆达多欲毁伤佛因缘""共命鸟缘""白鹅王缘""大龟因缘""二辅相诡媾缘""山鸡王缘""吉利鸟缘""二估客因缘"；（3）教化——"八天次第问法缘"。

卷四有11则，可分为以下几类：（1）布施——"贫人以麨团施现获报缘""贫女以两钱布施即获报缘""乾陀卫国画师嚈那设食获报缘""嚈夷罗夫妇自卖设会现获报缘""沙弥救蚁子水灾得长命报缘""乾陀卫国王治故塔寺得延命缘""比丘补寺壁孔获延命报缘""弗那施佛钵食获现报缘""大爱道施佛金织成衣并穿珠师缘"；（2）供养——"长者子客作设会获现报缘"；（3）教化——"长者子见佛求长命缘"。

卷五有22则，可分为以下几类：（1）供养——"天女本以华鬘供养迦叶佛塔缘""天女本以莲华供养迦叶佛塔缘""天女本以燃灯供养生天缘""天女本以华散佛化成华盖缘""舍利弗摩提供养佛塔生天缘""长者夫妇造作浮屠生天缘""外道婆罗门女学佛弟子作斋生天缘""长者婢为主送食值佛转施生天缘""长者为佛造作讲堂获报生天缘""长者见王造塔亦复造塔获报生天缘""贾客造舍供养佛生天缘"；（2）教化——"天女本以受持八戒斋生天缘""须达长者妇皈依三宝生天缘""长者女不信三宝父以金钱雇令受持五戒生天缘"；（3）敬佛——"天女本以乘车见佛欢喜避道缘""长者夫妇信敬礼佛生天缘""女因扫地见佛生欢喜生天缘""女人以香敬心涂佛足生天缘""贫女从佛乞食生天缘"；（4）布施——"贫女人以氎施须达生天缘""长者造舍请佛供养以金布施生天缘""妇以甘蔗施罗汉生天缘"。

卷六有故事6则均属教化类，分别为："帝释问事缘""度阿若憍陈如等说往日缘""差摩释子患目皈依三宝得眼净缘""七种施因缘""迦步王国天旱浴佛得雨缘""长者请舍利弗摩诃罗缘"。

卷七有16则，可分为以下几类：（1）布施——"婆罗门以如意珠施佛出家得道缘""长者以好蜜浆供养行人得生天缘""波斯匿王劝化乞索时有贫人以氎施王得生天缘"；（2）教化——"十力迦叶以实言止佛足血缘""佛为诸比丘说利养灾患缘""罗汉祇夜多驱恶龙远入海缘""二比丘见祇夜多得生天缘""月氏国王见阿罗汉祇夜多缘""月氏国王与三智臣作善亲友缘"；（3）供养——"佛在菩提树下魔王波旬欲来恼佛缘"；（4）斗诤——"兄常劝弟奉修三宝弟不敬信兄得生天缘"；（5）敬佛——"贼临被杀遥见佛欢喜而生天缘""刖手足人感念佛恩得生天缘""波斯匿王遣人请佛由为王使生天缘""父闻子得道欢喜即得生天缘""子为其父所逼出家生天缘"。

卷八有故事8则，可分为以下几类：（1）教化——"拘尸弥国辅相夫妇恶心于佛佛即化导得须陀洹缘""佛弟难陀为佛所逼出家得道缘""大力士化旷野群贼缘""辅相闻法离欲缘""尼乾子投火聚为佛所度缘""五百白雁听法生天缘"；（2）斗诤——"提婆达多放护财醉象欲害佛缘"。

卷九有14则，可分为以下几类：（1）教化——"迦栴延为恶生王解八梦缘""鬼子母失子缘""天祀主缘""祠树神缘""妇女厌欲出家缘""难陀王与那伽斯那共论缘""波罗㮈王闻冢间唤缘""老比丘得四果缘""女人至诚得道果缘"；（2）布施——"金猫因缘""恶生王得五百钵缘""求毗摩天望得大富缘"；（3）孝养——"不孝子受苦报缘""不孝妇意欲害姑反杀夫缘"。

卷十有6则，分别为："优陀羡王缘""罗睺罗因缘""婆罗门谄伪缘""婆罗门妇欲害姑缘""乌枭报怨缘""婢共羊斗缘"，这6则皆是教化众生遵从佛法的故事。

根据以上对《杂宝藏经》每卷因缘故事内容的分类，现将所有因缘故事进行分类整理，具体情况如表1、表2所示。

表1 《杂宝藏经》因缘故事分类一览

卷次	表现的内容							
	忠孝	孝养	布施	教化	诽谤	斗诤	供养	敬佛
一	1	8						
二		3	4	6	2	2		
三				1	3	9		
四			9	1			1	
五			3	3			11	5
六				6				
七			3	6		1	1	5
八				7		1		
九		2	3	9				
十				6				
总计	1	13	22	45	5	13	13	10

二、《杂宝藏经》因缘故事分析研究

通过对此经包含的因缘故事反映的内容及数量的分析,可以发现布施和教化的故事数量较多,可见此经着重通过教化和布施这两类佛教故事向世间宣扬佛教的义理及修行方法,以此来推动佛教的发展。

表2 《杂宝藏经》因缘故事分类一览

卷次	忠孝	孝养	布施	教化	诽谤	斗诤	供养	敬佛
一	十奢王缘	"王子以肉济父母缘""鹦鹉子供养盲父母缘""弃老国缘""佛于忉利天上为摩耶说法缘""慈童女缘""莲华夫人缘""鹿女夫人缘""佛说往昔母迦旦遮罗缘"						
二		"波罗捺国有一长者子共天神感王行孝缘""迦尸国王白香象养盲父母并和二国缘""波罗捺国弟微谏兄遂彻承相劝王孝化天下缘"	"六牙白象缘""兔自烧身供养大仙缘""波斯匿王女善光缘""须达长者妇供养佛获报缘"	"善恶猕猴缘""佛以智水灭三火缘""波斯匿王丑女赖提缘""内官赎所犍牛得男根缘""两内官共诤道理缘""婆罗那比丘为恶生王所苦恼缘"	"驼骠比丘被谤缘""离越被谤缘"	"梵摩达夫人妒忌子法护缘""昔王子兄弟二人被驱出国缘"		

168

续表

卷次	忠孝	孝养	布施	教化	诽谤	斗诤	供养	敬佛
三				"八天次第问法缘"	"兄弟二人俱出家缘""仇伽离谤舍利弗等缘""老仙缘"	"龙王偈缘""提婆达多欲毁伤佛因缘""共命鸟缘""白鹅王缘""大龟因缘""二辅相诡媾缘""山鸡王缘""吉利鸟缘""二估客因缘"		
四			"贫人以麨团施现获报缘""贫女以两钱布施即获报缘""乾陀卫国画师罽那设食获报缘""罽夷罗夫妇自卖设会现获报缘""沙弥救蚁子水灾得长命报缘""乾陀卫国王治故塔寺得延命缘""比丘补寺壁孔获延命报缘""弗那施佛钵食获现报缘""大爱道施佛金织成衣并穿珠师缘"	"长者子见佛求长命缘"			"长者子客作设会获现报缘"	

续表

卷次	忠孝	孝养	布施	教化	诽谤	斗净	供养	敬佛
五			"贫女人以㲲施须达生天缘""长者造舍请佛供养以金布施生天缘""妇以甘蔗施罗汉生天缘"	"天女本以受持八戒斋生天缘""须达妇皈依三宝生天缘""长者女不信父以金钱雇受持五戒生天缘"			"天女本以华鬘供养迦叶佛塔缘""天女本以莲华供养迦叶佛塔缘""天女本以燃灯供养生天缘""天女本以华散佛化成华盖缘""舍利弗摩提供养佛塔生天缘""长者夫妇造作浮屠生天缘""外道婆罗门女学佛弟子作斋生天缘""长者婢为主送食值佛转施生天缘""长者为佛造作讲堂获报生天缘""长者见王造塔亦复造塔获报生天缘""贾客造舍供养佛生天缘"	"天女本以乘车见佛欢喜避道缘""长者夫妇信敬礼佛生天缘""女因扫地见佛生欢喜生天缘""女人以香敬心涂佛足生天缘""贫女从佛乞食生天缘"
六				"帝释问事缘""度阿若憍陈如等说往日缘""差摩释子患目皈依三宝得眼净缘""七种施因缘""迦步王国天旱浴佛得雨缘""长者请舍利弗摩诃罗缘"				

170

续表

卷次	忠孝	孝养	布施	教化	诽谤	斗净	供养	敬佛
七			"婆罗门以如意珠施佛出家得道缘""长者以好蜜浆供养行人得生天缘""波斯匿王劝化乞索时有贫人以氎施王得生天缘"	"十力迦叶以实言止佛足血缘""佛为诸比丘说利养灾患缘""罗汉祇夜多驱恶龙远入海缘""二比丘见祇夜多得生天缘""月氏国王见阿罗汉祇夜多缘""月氏国王与三智臣作善亲友缘"		"兄常劝弟奉修三宝弟不敬信兄得生天缘"	"佛在菩提树下魔王波旬欲来恼佛缘"	"贼临被杀遥见佛欢喜而生天缘""刖手足人感念佛恩得生天缘""波斯匿王遣人请佛由为王使生天缘""父闻子得道欢喜即得生天缘""子为其父所逼出家生天缘"
八				"拘尸弥国辅相夫妇恶心于佛佛即化导得须陀洹缘""佛弟难陀为佛所逼出家得道缘""大力士化旷野群贼缘""辅相闻法离欲缘""尼乾子投火聚为佛所度缘""五百白雁听法生天缘"		"提婆达多放护财醉象欲害佛缘"		
九		"不孝子受苦报缘""不孝妇意欲害姑反杀夫缘"	"金猫因缘""恶生王得五百钵缘""求毗摩天望得大富缘"	"迦栴延为恶生王解八梦缘""鬼子母失子缘""天祀主缘""祠树神缘""妇女厌欲出家缘""难陀王与那伽斯那共论缘""波罗㮈王闻家间唤缘""老比丘得四果缘""女人至诚得道果缘"				

续表

卷次	忠孝	孝养	布施	教化	诽谤	斗净	供养	敬佛
十				"优陀羡王缘""罗睺罗因缘""婆罗门诣伪缘""婆罗门妇欲害姑缘""乌枭报怨缘""婢共羊斗缘"				

  从因缘故事反映的内容来看,此经集中反映了忠孝、孝养、布施、教化、诽谤、斗净、供养、敬佛的内容。忠孝和孝养本是儒家一贯推举的思想,经文中反映此类思想的故事都是通过佛教的因果报应告诫众生孝养父母就会得到福报,反之就会遭到报应,命终后还将在地狱受苦。对于中国儒家思想中倡导的对君主忠诚、对父母孝养的思想,在佛教发展初期,其教义中是完全没有的。在古印度,佛教以远离尘世为修行之道,同时认为:天下之道,佛教为至上道,因此印度僧人不拜父母、君王,戒律还规定出家人必须剃除头发,且不能娶妻、生子。这些戒律,显然与中国儒家思想中的某些观念是相悖的。因此,佛教要想在中国更好地发展,就必须与中国的传统文化相融合。佛教在汉代初传时,来华译经的僧人为了使中国人更好地接受佛教文化,便自觉地调整译文,与儒家思想中的伦理观念相融合。如东晋后期佛教领袖慧远就竭力把儒家封建礼教和佛教因果报应融合起来,宣扬尊敬君主、孝顺父母的忠孝之道,并强调"内外之道,可合而明"。因此,在《杂宝藏经》中大量出现表现"忠""孝"思想的因缘故事,一方面是为了使北魏的百姓更容易接受佛教的教义与思想,即通过因果轮回宣扬忠孝,也促使当时的百姓在因果报应说的震慑下更好地忠于国君,积极拥护北魏的封建统治,同时孝养父母,从而使社会更加安定;另一方面是为了使佛教的发展得到北魏统治者的支持,便积极在佛经中向百姓宣扬有利于统治者统治的思想。当然对于"孝"的理解,中国传统思想中的"孝"与佛教中的"孝"的含义也是不同的:佛教中"孝"的含义不仅包括为孝养父母而牺牲自己、对父母恭顺,同时还把报恩与孝道紧密地结合起来,因此佛教认为子女回报父母的艰辛仅仅孝养是不够的,还应该为父母拔出苦难,而拔出苦难的方法只有用佛法引导、教化父母,让父母信奉佛法,修习佛教,从而脱离

轮回，命终升天。在卷二中"佛于忉利天上为摩耶说法缘"讲的就是释迦牟尼为使母亲获得果报，还阎浮提而往忉利天为母说法的故事，因此佛教认为，拔济父母，才是孝的最好方式。对于"忠"的深层次理解也是与孝联系在一起的。中国儒家思想认为，在小家中，子对父的孝，就如同在大家中，臣对君主的忠，这是封建伦理思想的两大支柱，所以在谈到孝的时候，必定包括忠的含义。此经是昙曜与西域僧人吉迦夜于和平三年（461年）共同翻译的，此时是文成帝复法之初，那么在《杂宝藏经》中宣扬"忠"的思想，除了为融合儒家思想外，笔者认为昙曜还是针对北魏太武帝灭佛事件提出的。为了避免佛教再次受到重创，借此经的因缘故事大肆宣扬佛教推崇的"忠君"思想，以迎合统治者，从而使佛教更好地发展。

此经中包含大量表现"孝养"内容的因缘故事，笔者认为也是昙曜针对北魏当时的历史状况提出的。北魏的建国者是鲜卑族拓跋氏，在这个部落逐渐向中原地区迁移且与汉族杂居之时，他们的统治者开始逐渐接受汉族的儒家思想，尽管很多儒家思想以及汉族的礼制均被他们接受，但是拓跋鲜卑保留了他们制度的独创性，这其中之一就是北魏的"子贵母死"制。据史料记载："魏故事，后宫产子将为储贰，其母皆赐死。"[1]这项制度自道武帝拓跋珪时实施，它的制定初衷是防止外戚干政，虽然历史事实证明这项制度对于制止外戚的干政是失败的，但是这一制度在北魏一直被沿袭下去。面对该制度的残忍性，笔者认为，高僧昙曜一定十分反对，然而由于此制度的制定与拓跋鲜卑部族的历史有一定的渊源，所以将其废除也是不易之事，因此昙曜利用所译佛经大肆宣扬孝养思想，不仅是为了融合儒家思想，也是为了唤醒北魏统治者的慈孝之心。

布施是对佛、僧、贫穷人布施衣、食等物资，从而使人远离贪心，获得好的果报。此经中表现布施内容的因缘故事讲的大都是贫人、信徒为诸佛布施钱、物、食物或是为寺庙修建佛塔、修补残破寺庙的故事，由此佛祖告诫众生无论是财施、法施、无畏施都是可以获得好的果报的。布施的内容由最初的食物、衣物扩展到后来的钱财、房屋、土地等，这是佛教能否顺利发展的物质前提，也为后来寺院经济的形成打下了坚实的基础，所以在佛教的发展历史中，布施一直都是很重要的内容，因此作为北魏僧团领袖的昙曜也一定非常重视这一内容。笔者认为，其一，布施是佛教僧团得以发展的物质基础；其二，与当时北魏佛教的发展状况有很大的关系。文献记载：太武帝在灭佛的诏书中，敕令有司烧毁大量寺庙、经书，毁坏大量的佛像，同时还将大批僧人坑杀、驱逐。可想而知，当时的佛教遭到了沉重的打击。文成帝继位之后，开始恢复佛法，下诏敕令在各州建造佛像、寺庙，并允许各州百姓剃度出家。[1]尽管文成帝发布了

173

一系列政策，但想要佛教在短时间之内快速地发展起来是不可能的，因此作为沙门统的昙曜，借此经中有关布施的因缘故事，同时利用佛教中的因果报应说向北魏的百姓大肆宣扬为佛教僧团、寺庙布施就会得到福报的道理，希望佛教可以获得北魏上至皇帝、贵族，下至百姓、贫民的支持，以求佛教能够重新、快速地发展起来。

据《长阿含·大本经》解释，教化，"教"就是以善法教导他人，"化"就是令远离恶法。[2]《杂宝藏经》中的因缘故事从教化的内容来看也均有不同，具体情况见表3。

表3 教化因缘故事分类

数量	故事类别	故事名称
1	释迦牟尼与提婆达多之间的关系	"善恶猕猴缘"
22	教化众生如何修行才能获得好的果报	"佛以智水灭三火缘""波斯匿王丑女赖提缘""内官赎所犍牛得男根缘""两内官共诤道理缘""八天次第问法缘""长者子见佛求长命缘""天女本以受持八戒斋生天缘""须达长者妇皈依三宝生天缘""长者女不信三宝父以金钱雇令受持五戒生天缘""帝释问事缘""度阿若憍陈如等说往日缘""差摩释子患目皈依三宝得眼净缘""七种施因缘""迦步王国天旱浴佛得雨缘""长者请舍利弗摩诃罗缘""十力迦叶以实言出佛足血缘""佛为诸比丘说利养灾患缘""罗汉祇夜多驱恶龙远入海缘""二比丘见祇夜多得生天缘""波罗㮈王闻冢间唤缘""老比丘得四果缘""女人至诚得道果缘"
10	释迦牟尼对他人或外道的教化，以说明佛法无边	"佛弟难陀为佛所逼出家得道缘""大力士化旷野群贼缘""辅相闻法离欲缘""尼乾子投火为佛所度缘""五百白雁听法生天缘""迦栴延为恶生王解八梦缘""鬼子母失子缘""天祀主缘""祠树神缘""妇女厌欲出家缘"
1	通过主人公对佛法的辩论与理解向众生讲述佛法	"难陀王与那伽斯那共论缘"
3	教化国王的故事	"月氏国王见阿罗汉祇夜多缘""月氏国王与三智臣作善亲友缘""拘尸弥国辅相夫妇恶心于佛佛即化导得须陀洹缘"

昙曜翻译此经的根本目的是想借宣扬佛法无边的因缘故事宣传佛法的威力，同时笔者认为昙曜更是想借机打击道教及其信徒。在太武帝灭佛的事件中，道教信徒崔浩起到了推动作用，而太武帝在对佛教进行压制的同时，对道教则大力支持，不仅将年号改为太平真君，同时建造道观，因此当时信奉道教的人一定不在少数。之后，文成帝虽然大肆恢复佛法，但史料中并没有对道教进行限制的明确记载，所以当时信奉道教的人数在短时间内应该不会有所减少，因此昙曜借经中关于释迦牟尼教化外道，从而使之皈依佛教的因缘故事，教化信奉其他宗教的人，希望其能虔诚皈依佛教。那么，其中包含的教化国王的因缘故事，笔者认为更有针对性，如"月氏国王见阿罗汉祇夜多缘"是通过阿罗汉祇夜多对月氏国王的教化，以告诫该国王应该"持戒布施，修造僧坊，造立塔寺，广积众善"。"月氏国王与三智臣作善亲友缘"是通过大臣对月氏国王的预言而告诫国王其受到惩罚的原因，以及如何做才能去除祸端，正如经文中所说：受罚的原因为"王前后征伐，杀三亿余人"，如能忏悔就应"修檀持戒，造立僧房，供养僧众，四事不乏，修诸功德，精勤不倦"。"拘尸弥国辅相夫妇恶心于佛佛即化导得须陀洹缘"，讲的是佛化身鹦鹉对拘尸弥国辅相夫妇的劝导，而使其皈依佛教而得须陀洹的故事，故事中借鹦鹉口讲述了国王的几种恶行，分别为："一者耽荒女色，不务贞正；二者嗜酒醉乱，不恤国事；三者贪着棋博，不修礼教；四者游猎杀生，都无慈心；五者好出恶言，初无善语；六者赋役谪罚，倍加常则；七者不以义理，劫夺民财，有此七事，能危王身。又有三事，倾败王国，一者亲近邪佞谄恶之人。二者不附贤圣，不受忠言。三者好伐他国，不养人民。"同时，经文还阐述了如何才能成为转轮王："夫为王者，率土归仰，王当如桥，济渡万民；王当如秤，亲疏皆平；王当如道，不违圣踪；王者如日，普照世间；王者如月，与物清凉；王如父母，恩育慈矜；王者如天，覆盖一切；王者如地，载养万物；王者如火，为诸万民，烧除恶患；王者如水，润泽四方。"笔者认为，这是昙曜借佛经中的故事对当朝皇帝的劝诫。对于昙曜的劝诫，笔者认为也是事出有因的，据文献记载："文成帝皇后李氏，梁国蒙县人，顿丘王峻之妹也。后之生也，有异于常……后与其家人送平城宫。高宗登白楼望见，美之，谓左右曰：'此妇佳乎？'左右咸曰：'然。'乃下台，后得幸于斋库中，遂有娠……，及生显祖，拜贵人。"[1]而此事是不合礼仪制度的，所以昙曜在经文中提到作为国君应远离女色。同时，文献还记载在文成帝统治时期征伐较多，如"兴安元年（453年）十二月诛河间郑民为盗贼者"[1]，"兴光元年（454年）十一月，北镇将房杖击蠕蠕"[1]；"太安二年（456年），秋八月甲申攻于河南，是月，平西将军、渔阳公尉眷北击伊吾，克其城，大获而还"[1]，

"太安五年（459年）春正月，征西将军皮豹子略地至高平，大破孝祖，斩获五千余级"[1]；"和平元年（459年）六月，南郡公李惠等督凉州诸军出北道，讨吐谷浑什寅。"[1]北魏的建国者是鲜卑族，作为游牧民族，其历代皇帝都十分热衷征战，战乱多，杀戮也会增多，这完全违背了佛教心怀慈悲、戒杀戮的教义，因此昙曜欲借此经对文成帝进行劝诫，即少伐他国，以使百姓幸福安康。对于昙曜的劝诫，似乎也是有效的，据文献记载，和平四年（463年）秋七月壬午，诏曰："朕每岁以秋日闲月，命群官讲武平壤。所幸之处，必立宫坛，靡废之功，劳损非一。宜仍旧贯，何必改作也。"[1]之后，八月又下诏曰："朕顺时攻猎，而从官杀获过度，既殚禽兽，乖不合围之仪。其敕从官及典围将校，自今已后，不听滥杀。其攻获皮肉，别自颁赉。"壬申诏曰："前以民遭饥寒，不自存济，有卖鬻男女者，尽仰还其家。或因缘势力，或私行请托，共相通容，不时检校，令良家子息仍为奴婢。今仰精究，不听取赎，有犯加罪。若仍不检还，听其父兄上诉，以掠人伦。"[1]

此经译于和平三年（462年），以上诏书均颁布于和平四年（463年），诏书的内容不仅表达了文成帝要求节俭，不随意大肆建造宫殿的旨意，还对以往毫无节制的田猎行为进行了深刻反思，而且对于百姓的疾苦深有感触，文成帝也希望在其统治时期政治清明、百姓安康，并成为转轮王。由此可见，昙曜对文成帝的劝诫起到明显的作用。

在经中表现诽谤内容的因缘故事均是运用佛教的因果报应、轮回转世的教义，告诫众生："世人于一切事，应当明察，莫轻诽谤用招咎罚。"在故事中，诽谤的对象均为佛教的修行者，笔者认为昙曜仍是利用此经针对北魏的某些历史事实进行告诫。太武帝灭佛事件给佛教造成了重创，昙曜高僧在当时也深受其害。太武帝灭佛的直接推动者崔浩，曾对佛教进行诽谤，据史料记载，当时太武帝在长安寺庙中发现不洁之物时，非常气愤，此时崔浩趁机进谗，促使太武帝下诏灭佛，同时太武帝在灭佛的诏书中讲到佛教"虽言胡神，问今胡人，共云无有。皆是前世汉人无赖子弟刘元真、吕伯强之徒，接乞胡之诞言，用老庄之虚假，附而益之，皆非真实"[1]。对于太武帝与崔浩对佛教的诽谤，昙曜是不可能完全不介意的，为此昙曜利用此经一方面表达对太武帝及崔浩之流对佛教诽谤的不满；另一方面告诫世人，如果对佛教及佛教徒进行诽谤，就会得到不好的果报。

表现斗诤的因缘故事按照内容情节可以分为两类，具体情况见表4。

表4 斗诤因缘故事分类表

数量	故事类别	故事名称
12	表现提婆达多对佛祖及佛教的不尊与诋毁	"梵摩达夫人妒忌伤子法护缘""昔王子兄弟二人被驱出国缘""龙王偈缘""提婆达多欲毁伤佛因缘""共命鸟缘""白鹅王缘""大龟因缘""二辅相诡媾缘""山鸡王缘""吉利鸟缘""二估客因缘""提婆达多放护财醉象欲害佛缘"
1	表现其他教派与佛教的斗诤	"兄常劝弟奉修三宝弟不敬信兄得生天缘"

经文中释迦牟尼对信奉他教的人与信奉佛教的人得到的不同果报进行了对比，在"兄常劝弟奉修三宝弟不敬信兄得生天缘"中讲到两兄弟，一个因信奉佛教，供奉三宝，而得以生天；另一个因为信奉富兰那，而不能获得福报，由此可见只有信奉佛教才能得到好的果报。

此经在因缘故事中还多次讲到提婆达多，意在特指那些在太武帝灭佛之时恣意破坏、诋毁佛教的外道之人。从史实来看，昙曜应是针对崔浩之流，同时也告诫世人，首先不要对佛教进行迫害、诋毁，否则不会有好的果报，会命终坠入地狱；其次是对不信奉佛教之人的规劝，只有信奉佛教、供奉三宝才能获得福报，这种教化对佛教的发展起到了推动作用，也是护法的一种表现。

此经反映供养内容的因缘故事，主人公皆因为佛供养钱财、屋舍、华鬘、莲花、明灯、佛塔、浮屠、斋会、食物、讲堂等，而获得好的果报，命终得以升天。如在"佛在菩提树下魔王波旬欲来恼佛缘"的故事中，佛为魔王波旬讲述了由于前世对佛的供养不同，释迦牟尼与他拥有不同的果位。佛经中存有大量关于为佛供养的故事，是十分常见的，这是佛教一贯的宣传方法，即希望信徒虔诚供奉三宝，但是结合北魏的历史，翻译关于此类故事的佛经就更有针对性。前文已述太武帝灭佛之后，北魏佛教处于百废待兴状态，因此就更需要信徒对僧团及寺院的供养，从而使佛教迅速恢复并发展起来，反映这样内容的因缘故事，在此时就显得格外重要。

敬佛是指对佛产生尊敬、敬畏、欢喜之心。在供奉三宝的同时，如能有此心，就可命终生天。在经中反映此类内容的故事均表现了主人公对佛的恭敬、欢喜之心，以及对佛救助的感恩之心，同时由于此心的产生，而命终均得以升天。笔者认为，昙曜借用经中这类故事向世人宣扬：如果对佛及佛教怀有敬畏之心，就可以得到好的果报，命终升天。此时，北魏战乱较多，同时又由于其统治者是鲜卑族，对于众多汉族百姓来讲不仅在文化上有障碍，也会因民族的不同而划分出一定的等级。据史料记载，文成帝时期汉族与鲜卑族是不能通婚的，那么在此社会背景下，百姓对于未来的生活应是十分迷茫的，因此寻求来生的福报，成为当时百姓的心理追求。在《杂宝藏经》中讲道，只要对佛怀有恭敬之心，就可往生极乐，对于这种极易做到的事情，百姓是十分愿意的。同时，笔者认为昙曜并非希望百姓仅对佛祖怀有恭敬之心，因为只有对佛心怀敬畏才能信奉佛教，只有信奉佛教才能供养三宝，由此可见，昙曜是想通过对百姓的教化，逐步使百姓成为虔诚的教徒，扩大佛教的势力，从而加速佛教的发展。

三、结论

昙曜是北魏著名的高僧，同时也是当时的沙门统，为了恢复佛法，昙曜不仅主持开凿了云冈石窟，还翻译了14部佛经，《杂宝藏经》就是其中的一部。这部经中包含的121个因缘故事是通过讲述佛陀、弟子或是对外道的教化等一系列故事来宣扬佛教教义的。昙曜翻译此经不仅是为了宣扬佛法，还想利用这部经中的因缘故事及其阐明的佛教教义影射北魏当时的政治情况、社会现实以及佛教发展的状况，从而对北魏上至君主、下至贫民进行教化，同时也表达了昙曜坚定的护法之心，由此希望北魏的君主、贵族、百姓都能虔诚信奉佛教、支持佛教，最终促使佛教更好地发展。

参考文献：

[1] 魏收. 魏书 [M]. 北京：中华书局，1974.

[2] 高楠顺次郎，渡边海旭. 大正藏：第1册 [M]. 东京：大藏经刊行会，1924.

[3] 杜斗城. 北凉译经论 [M]. 兰州：甘肃文化出版社，1995.

[4] 黄志翘. 汉译佛典的今注今译与中古汉语词语研究：以《贤愚经》《杂宝藏经》译注本为例 [J]. 古籍整理研究学刊，2002（1）.

[5] 谢生保. 从睒子经变看佛教艺术中的孝道思想 [J]. 敦煌研究，2001（2）.

[6] 霍旭初. 《杂宝藏经》与龟兹石窟本缘壁画 [C] //云冈国际学术研讨会论文集（研究集）. 北京：文物出版社，2005.

[7] 张淼. 昙曜兴佛及其历史地位 [J]. 五台山研究，2005（3）.

修缮保护·传播影响

辽金崇佛与云冈石窟的修缮

宣 林

(云冈石窟研究院,山西 大同 037007)

摘 要：佛教传入中国以后,经过魏晋南北朝到隋唐时期的发展,逐渐本土化,成为中国的第一大宗教。辽金政权建立伊始便重佛崇佛,大量修建寺院,不断赐给寺院土地、钱财。特别是对云冈石窟寺更为重视,多次进行修缮,并加以重视保护,极大地促进了佛教在这一时期的发展。佛教的发展,也为辽金时期民族矛盾的缓和、民族融合的加强起到了重要作用。

关键词：佛教；辽金；云冈石窟；修缮

佛教自1世纪东汉明帝时期正式传入我国,建立了第一座寺庙——白马寺。佛教刚传入并不被国人接受,也无人信奉更无人出家当和尚。寺院只是作为外国人朝拜或是歇脚的地方。到了魏晋时期,由于社会动乱,民不聊生,人们开始反思儒家思想。这时,佛教的"苦的根源""善恶因果""修行"等内容被身处苦难中的人民所接受,成为精神寄托,因此这个时期佛教大规模发展,以至于在南北朝时期出现了"南朝四百八十寺"的盛况。从此佛教便开始被统治者所重视,南朝后梁武帝崇佛更甚,曾三次舍身同泰寺。佛教便在我国大规模发展起来。

第一个大规模重视佛教的少数民族是建立北魏的鲜卑族,鲜卑族建立北魏政权后,在其都城平城修建了雄伟壮观的云冈石窟,这座石窟依山开凿,规模宏大、巧夺天工,造像众多,石窟主体东西绵延1公里,现存大小窟龛252个(其中,大窟45个),共有大小造像51000多尊,其中最高的高达17米,唐朝人道宣记载"龛之大者,举高二十余丈,可容三千人",最小的仅1厘米。郦道元的《水经注》中记载"栉比相连三十余里"。调查发现,云冈石窟除主体1公里外,东西相延15公里,西起焦山寺,东至观音堂。云冈石窟以西主要开凿了鲁班窑石窟、吴官屯石窟、青磁窑石窟等,以东为佛字湾,建有众多寺院,规模之宏大，历代史书屡有记载，云冈石窟是中国石窟艺术名副其实的杰出代表，是中西方佛教文化交流的伟大结晶。

鲜卑族为什么要修建规模如此浩大的石窟呢？一个最重要的原因就是利用佛教统一民众思想，达到其实现统治的目的。北魏是迁都平城以后才开始接触佛教的，当时佛教也在寻找政治上的依靠，他们把皇帝称作佛祖在人间的代表，皇帝即如来佛祖，北魏统治者很欣然地接受了这一称谓，这样民众就把对佛祖的崇敬很自然地转移到了皇帝身上，巩固了其统治，统治者当然也会重视佛教的发展，所以修建石窟、寺院。当时，仅京城僧尼就达2000人，寺院100多所。而武周山石窟寺又为皇家佛教活动场所，僧尼众多，寺院相连，《水经注》中所载，"武州川水又东南流，水侧有石袛洹舍并诸窟寺，比丘尼所居也，其水又东转迳灵岩南，凿石开山，因岩结构，真容巨状，世法所希，山堂水殿，烟寺相望，林渊锦景，缀目新眺，栉比相连三十余里"[1]，这是何等壮观的景象。云冈石窟群的建造极大地促进了佛教在我国的发展，此崇佛习俗一直延续到辽金时期。

一、辽代崇佛与大修云冈石窟

（一）辽代崇佛

辽代统治者重佛崇佛比之北魏鲜卑统治者有过之而无不及。辽自太祖耶律阿保机在912年"以所获僧崇文等五十人归西楼，建天雄寺以居之，以示天助我雄武"[2]便开始重佛。之后太宗即位，更为笃信佛教，祈佛活动屡见史籍。继太宗之后，世宗、穆宗、景宗，多崇佛，"以沙门昭敏为三京诸道僧尼都总管，加兼侍中"[2]。侍中为朝廷命官，任命一个僧人为侍中，可见对佛门的重视。辽圣宗、兴宗时期，崇佛达到了鼎盛，修建了大量寺院，重熙八年（1039年）"十一月……戊戌，辽命皇子梁王召僧论佛法。辽主重佛教，僧有正拜三公、三师兼政事令者凡二十人"[3]。"辽主溺浮屠法，务行小惠。"[3]刊印佛经更是投入了大量的人力、物力，留下了大量的佛家经典，如《辽藏》《大般若经》《大宝积经》等。由此看来，辽代统治者崇佛已成一种习惯。仅在西京大同府就修建了上下华严寺、观音堂、南堂寺大佛、禅房寺塔，扩建了邓峰寺，数次重修灵丘觉山寺，还在应县修建了文殊寺，寺内的应县木塔是现存最高、最古老的木结构寺塔，其建筑之精美，无与伦比。辽代崇佛还有一个重要的例证就是，某些有地位、有名望的人起名字与佛有关，如辽圣宗的皇后萧菩萨哥、辽道宗的皇后萧观音，还有名耶律观音，大定府少尹尚暲的孙女名文殊，太和宫副使耶律弘益的夫人名萧氏弥勒女，静江军节度使萧孝忠的一女儿名萧天王女、一女名萧观音女，这充分说明了佛教在其生活中的重要影响。

辽代统治者之所以崇佛，一是因为政权建立初期利用佛教来完成移民政策。辽代占领了幽云十六州后，由于此地战乱频繁人口锐减，辽代统治者便把在战争中俘获的其他民族（包括汉人、渤海人、女真人）强制移民到此，而这些民族都是信奉佛教的，辽代统治者便广造佛塔寺庙用佛教来安定移民、稳定人心。二是为缓和统治阶级与民众之间的矛盾，达到维护其统治的目的。辽代是少数民族建立的政权，其与汉族在生活习惯、思想文化上存在明显的不同，难免会有民族矛盾。而辽代统治者重视佛教，上至达官贵人、下至普通百姓，都信奉佛教，这样不同民族的人通过佛教这一共同的信仰联系到了一起，极大地缓和了民族矛盾和社会矛盾。辽崇佛极大地促进了民族融合，为我国多民族国家的发展做出了极大的贡献。

（二）大修云冈石窟

辽对云冈石窟的修缮，便能很好地反映其对佛教的重视。云冈石窟的开凿在北魏时已基本完成，历代屡有毁坏、修缮。自北魏孝文帝迁都洛阳后，平城即被遗弃，且大同地处苦寒之乡，戎马生郊，因此乍盛乍衰。北周武帝在建德三年（574年）进行灭佛运动，使得"数百年来官私佛寺，扫地并尽"，"关陇佛法，诛除略尽"[4]。唐武宗在会昌年间（841—846年）进行了大规模的灭佛运动，这次灭佛运动被佛教徒称为"会昌法难"。云冈石窟在灭佛运动中也饱受摧残，且历经百年的风雨侵蚀，云冈石窟难免残败。直到唐朝也未有大的修缮动作，一直到辽时期，由于统治者崇佛，大同被定为西京，且西京又是辽重要的佛教要地，云冈石窟才得到了大规模的修缮。

云冈石窟的历代修缮以辽代皇室的重修最具规模。今天我们如果去云冈石窟参观，就可以在五华洞看到大型、细致的辽代泥塑修补工程遗迹，可以深刻地感受到当时是尽可能依照北魏时期的原始风貌进行补塑的。其中，最明显的重修实例是第八窟中心塔柱南壁下龛，主佛被包泥彩绘，真正的容貌已经难以看见，但两侧的侍从菩萨补刻为辽代风貌的塑像，菩萨浮雕的身躯变薄，右像头顶高冠被截掉，大概是当年因旧像毁坏严重而重雕的。

再者，根据金代人曹衍的《大金西京武州山重修大石窟碑》记载，辽代确在云冈有过规模相当大的修缮工程。宿白先生《"大金西京武州山重修大石窟寺碑"校注：新发现的大同石窟寺历史材料的初步整理》中有"辽重熙十八年，母后再修。天庆十年赐大字额，咸雍五年禁山樵木，又差军巡守。清宁六年又委刘转运监修……屡次重修"[5]的记载。可见，辽代对云冈石窟的修建工程是多么宏大。据《辽史》可知，"辽重熙十八年，母后再修"之"母后"者，为辽圣宗钦哀皇后，兴宗母萧氏，也称"章圣皇太后"。钦哀皇后早年比较暴戾，犯下许多过错。重熙三年（1034年），欲废兴宗而立少子重元，被废幽。后帝召僧讲《报恩经》后，悔悟。迎奉太后回京。十八年（1049年）时，重修云冈石窟，盖是兴宗为母后祈福。这是有明确纪年与由来的辽代重修云冈石窟规模比较大的一次。由此可见，佛教修庙祈福在辽代统治者的心目中是多么重要。又根据近年来的调查、清理、发掘，以及全面抗战时期日本人的发掘，逐渐证实了辽代在云冈确有浩大的修缮工程，与《大金西京武州山重修大石窟碑》中记载的屡次重修符合。辽代的修缮工程自云冈主体1公里以迄与东西15公里都有涉及，具体工程如下。

1. 对云冈石窟主体部分的修缮

对云冈主体部分的修缮主要是石窟造像前的佛寺营建。据曹衍的《大金西京武州山重修大石窟碑》记载及宿白先生的《"大金西京武州山重修大石窟寺碑"校注：新发现的大同石窟诗历史材料的初步整理》载："西京大石窟寺者，后魏之所建也，凡有十名，一通示（乐）、二灵岩、三鲸崇、四镇国、五护国、六天宫、七崇教（福）、八童子、九华严、十兜率。"这"十名"也分别见于《魏书·释老志》《续高僧传》卷1、《开元释教录》卷6、《古今译经图纪》卷3、《贞元新定释教目录》卷9等，北京图书馆藏的成化《山西通志》卷5所记："石窟十寺，在大同府城西三十五里，后魏时建……其寺，一同升，二灵光，三镇国，四护国，五崇福，六童子，七能仁，八华严，九天宫，十兜率。寺内有元载（'载'疑为'魏'之讹）所修石佛二十龛。"根据宿白先生推测此"十寺"约自辽代开始，约在明中期以后"十寺"荒废。由此可知，云冈石窟并非今日所见之石窟洞佛，在第1~20窟的窟前都曾修有木结构的寺庙，即后面是原有的窟室，前面是后建的木结构窟室，这种前木后石的特殊建筑结构，就称为"佛寺"，"十寺"之称也便由此而来。其形状与原貌大体类似于清朝所建第5窟、第6窟的石佛古寺，我们现今所见的是木质建筑被毁后的露天佛龛。且根据发现，第1窟到第20窟上面的崖面上，的确都分布着曾经容纳木结构的梁孔、椽眼等痕迹，所以由此可推断出当时确实在石窟造像前有木结构的建筑。自1933年起到新中国成立后，在云冈石窟的第5窟、第8窟、第9窟、第11窟、第12窟、第13窟的窟前及昙耀五窟的窟前分别发现了大量辽代的石础、铺地方砖、满文砖、兽面瓦当、指纹板瓦当和陶片等。因为其发现位置在石窟前面，所以可以和安装在窟前的木结构联系起来。由此，我们可推断出辽代在这些石窟前确实都兴修了巨大的木结构。

2. 对云冈石窟以东寺院的修建

对云冈石窟以东寺院的修建主要是在观音堂、佛字湾一带。根据《乾隆大同府志》卷15所载"观音堂，府城西十五里佛字湾，辽重熙六年（1037年）建"[7]。观音堂、佛字湾都为云冈石窟东西15公里延伸的范围内。

佛字湾因其悬崖上有一个约2.5米见方的巨大"佛"字而得名，但此崖壁上除了这个"佛"字外，再没有任何刻字、题名，究竟这个"佛"字是刻于何时、出于谁人之手，翻遍大同县志及各种典籍，均无明确记载。因此，这一"佛"字的由来众说纷纭。一直到1933年，经梁思成先生考证，此"佛"字为辽代遗迹。大同学者姚斌先生称，大同自古就为少数民族集散地，是古之交通要道，塞外少数民族各部落向中原王朝朝贡、互市、通商、和亲都要经过此路。辽代战争不断，百姓生活困苦，在此交通要道上盗匪猖獗。于是修建观音堂，又刻"佛"字，以规劝世人诚心向佛、与人为善。

据史料所载，观音堂始建于辽重熙六年（1037年），屡次焚毁、重修，现在看到的观音堂是清顺治八年（1651年）总督佟养量重建的。现今观音殿内尚存一尊辽代砂岩石雕的观音大像，且根据发掘，在观音堂及其附近又发掘出许多辽代的满文砖，这些都是辽代修建留下的痕迹，在观音堂西石崖壁上留有高丈余的双钩"佛"。据考证，此双钩"佛"也是辽代遗迹。对于为什么刻这些双钩"佛"，张焯先生在其所著的《云冈石窟编年史》一书中提到：观音堂为众多寺院的门户，建观音堂、书大"佛"字，即有到此步入佛境之意。

3. 对云冈石窟以西寺庙的营建

对云冈石窟以西寺庙的营建主要是鲁班窑石窟前寺庙的营建与焦山石窟的寺院营建。曹衍的《大金西京武州山重修大石窟碑》中所载："十寺之外，西至悬空寺，在焦山之东，远及一舍，皆有龛像，所谓栉比相连者也。"按云冈石窟以西，傍武州川水，现存的北魏石窟遗迹共有三处：一是鲁班窑石窟，在云冈石窟西南；二是吴官屯石窟，从云冈石窟西行，上溯约4公里；三是焦山石窟，从云冈沿武州川西行约15公里。即鲁班窑石窟、吴官屯石窟、焦山石窟都位于云冈石窟以西15公里内，其中，焦山石窟距离云冈石窟主体最远。根据1952年在鲁班窑石窟前发掘出大量辽代砖瓦，且在石窟崖壁上残存有建制的窟檐痕迹，可以断定，在辽代，鲁班窑石窟前确实曾经建有木结构的屋檐。后毁于辽末天祚帝保大年间，明代在其上面建有烽火台，并没有重修寺院。所以，鲁班窑石窟自辽末毁坏后，再没有修复，荒废至今。

焦山石窟位于云冈石窟西15公里处，根据现存遗迹可知，其建造大体可分作三期：第一期是北魏时期，主要开凿了大量的石窟；第二期是辽金时期，这一时期主要是对北魏所造石窟在窟前建造木结构寺庙；第三期是明代以后，主要为大规模重修，现今所见主要为明代嘉靖年间修缮的焦山寺。1950年，在焦山南坡及焦山寺东侧都发现了辽代的满文砖，说明辽代对焦山石窟有过修建活动，且碑刻中也有"辽大安五年（1089年）重修"的记录。在焦山寺内现存一座实心结构的砖塔，据考证，此塔为辽代修造。根据宿白先生的考证，辽人不仅在此营建了寺庙，而且就北魏石窟中被毁的佛像重新进行了泥塑。焦山寺第二层东大窟中的释迦塑像上还残存五代北宋时期常见的石绿彩色。

据南宋《佛祖统计》记载："西京龙门山石龛佛岁久废坏，上命沙门栖绘工修饰，凡一万七千三百三十九尊。"[7]由此可见，辽代重修云冈石窟除了统治者崇佛、重视佛教发展，以及用佛教达到缓和民族矛盾实现其统治的目的外，还一定程度上受了宋朝修龙门石窟佛像的影响。

二、金代崇佛与重兴云冈石窟

（一）金代崇佛

金代为女真族建立的政权，其基本沿袭了辽代对佛教的政策，其崇佛的原因与辽类同。女真族的祖先有崇佛的习惯，《金史》中就有"金之始祖讳函普，初从高丽来，年已六十余矣，兄阿古迺好佛"[8]的记载，《三朝北盟会编》中有女真人"奉佛尤谨"[9]的记载。金灭辽时，把辽代兴建的寺庙大半毁了，这一方面是战争的结果，另一方面和金太祖完颜阿骨打对佛教的淡漠有关，但在夺取政权后，太宗完颜晟很快对佛教热衷起来，这与少数民族在文化上的民族自卑感有关，少数民族由于其生产力水平相对低下，文化建设相对比较薄弱，使其不得不吸取中原文化来加强自身的文化建设，强化民族认同感。这种文化上的劣势在战争时期体现得不明显，一旦夺取政权后，就必须利用文化来加强各民族的认同感，达到统治的目的，这时少数民族文化上的劣势就暴露无遗，其统治者便开始注重文化建设，而佛教便是少数民族强化民族认同感的重要工具。因此，为了促进佛教的发展，金太宗完颜晟不但自身皈依佛门，还每年设立斋会；到熙宗时，僧侣待遇颇为优渥，在上京修建了储青、庆元等6座寺院；到金世宗时期，佛教发展达到全盛，很多寺院都是在这一时期修建的。对佛经最大的贡献是刊印了《大藏经》的金刻本。女真族建国以后在五京都修建了大量的寺院。其对西京云冈石窟的修缮也是崇佛重佛的表现。

（二）金代重兴云冈石窟

《三朝北盟会编》卷5中记载：辽天祚帝在保大二年（1122年），自中都西逃到云中（今大同），经云冈入天德军。随后金兵又追逐天祚帝，官军所到之处，大同府城内寺院都遭到毁坏。金大定二年（1162年）僧省学在《重修薄伽教藏记》中云"至保大末年，伏遇本朝大开正统，天兵一鼓，都城四陷，殿阁楼观俄而灰之"。曹衍的《大金西京武周山重修大石窟碑》中记"先是亡辽季世，盗贼群起，寺遭焚劫，灵岩栋宇，扫地无遗"。都记录了凡是辽天祚帝沿途经过的地方，寺庙楼阁都遭到了焚毁，况史书中明确记载天祚帝逃到了石窟寺，那云冈石窟遭到金兵的毁坏确属无疑。金代在取得政权后随即开始崇佛，云冈石窟也得到了修缮。

1. 完颜宗翰对云冈的保护

金朝沿袭辽代设置陪都的制度，继续设大同为西京陪都，而且设置了元帅府。《金史》卷55《百官志》一："都元帅府，掌征讨之事……天会二年（1124年）伐宋始置。"[9]金代把西京大同府作为南下征伐宋朝的前沿阵地，设置元帅府总领西京的一切事物。而且，史书中有"非亲王不得主之"的记载，说明了金代统治者对西京大同府的重视程度是很高的。根据《金史》卷2《太祖纪》的记载，"故元帅晋国王……已巳至西京，壬申西京降……（七年六月）宗翰为都城……驻兵云中"；同书卷3《太祖纪》记载"（天会三年）十月甲辰，诏诸将伐宋……宗翰兼左副元帅……自西京入太原，……（闰十一月）癸巳，宗翰至汴，丙辰，克汴城……（五年四月）宗翰、宗望以宋二帝归"；同书卷74《宗翰传》记载，"是时，河东寇盗尚多，宗翰乃分；留将士夹河屯守，而还师山西……（六年）以宗翰为国谕右勃极烈兼都元帅"；同书卷4《熙宗纪》记载"（天会）十三年，以国谕右勃极烈都元帅宗翰为太保，领三省事，封晋国王。……十五年……七月辛巳……宗翰薨"。即完颜宗翰（粘罕）在天辅六年[辽保大二年（1122年）]攻下了辽的西京大同府，后在天会五年[宋靖康二年（1127年）]灭了北宋，俘虏了北宋徽、钦二帝北上，之后，由于山西地区盗贼较多，所以还师山西，一直驻在西京。史书上说明了完颜宗翰从辽保大二年（1122年）至天会十五年（1137年），一直掌管着西京。

因此，据曹衍的《大金西京武周山重修大石窟碑》记载，"本朝天会二年，大军平西京，故元帅、晋国王到寺随喜赞叹，晓谕军兵，不令侵扰。并戒纲首，长切守护"。说明了完颜宗翰对云冈石窟的喜爱，并加以了保护。之后，此碑又记有"九年，元帅府以河流近寺，恐致侵啮，委烟火司差夫三千人，改拨河道"。根据时间推断，正好是完颜宗翰总理西京的时期，所以"改拨河道"应与完颜宗翰有关。完颜宗翰"改拨河道"即改变武州川水的流经方向。在金代以前，武州川水由西北流向石窟，到了石窟的最西面改为由西向东流径直从石窟底下流过，可以说是紧邻着石窟从西往东流的，在武州川水中可见石窟及寺庙的倒影，然后武州川水右转向东南，所以才有《水经注》中"山堂水殿，烟寺相望"的情景。今天在云冈石窟的前面立有一块"北魏河坝展示"的碑刻，碑上记录了曾经武川水从石窟下面流过的事实。完颜宗翰担心武州川水离石窟像太近而侵蚀石窟，发动人员将东西走向流经石窟的河道整体往南改拨了大约400米，形成了现在的样子，至今，武州川水（今十里河）以南无任何石窟建筑。

2. 禀慧修复灵岩寺

曹衍的《大金西京武州山重修大石窟碑》记载："皇统初，缁白命议，以为欲图修复，须仗当仁，乃请惠公法师主持。师既驻锡，即为化缘。富者乐施其财，贫者愿输其力，于是重修灵岩大阁九盈，门楼四所，香厨、客次之纲常住寺位，凡三十楹，轮奂一新。又创石垣五百余步，屋之以瓦二百余楹。皇统三年二月起工，六年七月落成，约费钱二千万。自是，山门气象，翕然复完矣。"皇统三年（1143年）至六年（1146年），惠公法师即禀慧禅师，在任住持期间，通过化缘，富者出钱，贫者出力，用了长达6年的时间修复了灵岩大阁。灵岩大阁，即今云冈石窟第3窟前曾经的木结构建筑，其有别于今天的灵岩寺。第3窟是云冈石窟最大窟，其石窟为特殊的前后室形制，其雕刻风格，营造样式也都比较独特，从今天石窟上留下的容纳木结构的梁孔、椽眼等痕迹可以看出灵岩大阁雄伟宏大。但考古发掘从未在此发现金代的遗物、遗址，只是在第3窟的前面有较大面积的平地，由此可推断，在第3窟前曾经有过较大规模的建筑，符合《大金西京武州山重修大石窟碑》中有关第3窟前灵岩大阁修建的记载。金代从统治者到皇戚贵族都重视佛教，大量施舍钱财、土地给寺院，极大地促进了佛教发展。

契丹、女真在进入华北地区并建立政权后，大量吸收了中原汉族文化，其中，对佛教的重视，就是对汉族文化的吸收。辽金统治者崇佛与其民族自卑及民族自尊的矛盾心态有很大的关系，由于其自身是游牧民族，在文化建设方面与中原民族有很大差距，所以在其用武力征服了中原民族后，马上重视其文化建设，吸收中原的文化以缓和民族矛盾，增强民族认同。所以，佛教对巩固辽、金统治起到了极大的作用，而辽金统治者也因佛教对其统治的作用而重视佛教的发展。

辽、金统治者对佛教的重视，使佛教在这一时期得到了飞速发展，一个重要表现就是修建寺院，而云冈石窟是我国佛教石窟艺术中的杰出代表，辽金时期对云冈石窟做出大规模的修缮活动，是其崇佛的最好例证。对这一时期的佛教研究，有利于我们更深刻地了解各民族的文化融合，也有助于对佛教在我国的发展情况有更深刻的了解。

参考文献：

[1] 郦道元. 水经注 [M]. 北京：中华书局，2009.

[2] 脱脱，等. 辽史 [M]. 北京：中华书局，1974.

[3] 毕沅. 续资治通鉴 [M]. 北京：中华书局，1957.

[4] 释道宣. 续高僧传 [M]. 北京：中华书局，2014.

[5] 宿白."大金西京武州山重修大石窟寺碑"校注：新发现的大同云冈石窟寺历史材料的初步整理 [J]. 北京大学学报，1956（1）.

[6] 吴辅宏. 乾隆大同府志 [M]. 大同：大同市地方志办公室，2007.

[7] 释志磐. 佛祖统计 [M]. 上海：上海古籍出版社，2012.

[8] 脱脱，等. 金史 [M]. 北京：中华书局，1975.

[9] 徐梦莘. 三朝北盟会编 [M]. 上海：上海古籍出版社，1987.

传承与保护：民国以来云冈石窟修缮与保护

王志芳　段冰杰

（山西大同大学云冈文化研究中心，山西　大同　037009）

摘　要：云冈石窟始建于5世纪中叶，是我国规模最大的古代石窟群之一，它以规模宏大、雕刻精美、历史悠久、价值丰富驰名中外。其从北魏建造至今已有1500多年的历史，饱经沧桑。在唐、辽、金、元、明、清及现代等各个时期都有关于云冈石窟的修缮保护记录。民国以来，云冈石窟由于社会、自然等因素影响遭到了巨大损毁，这一情况直到新中国成立之后才得到改善，国家从加固、风化、水害、环境等多方面对石窟进行了修缮保护，取得了很大的进展，但随着时间流逝云冈石窟还是会出现各种问题，这不得不引起我们的重视。

关键词：民国以来；云冈石窟；修缮保护

云冈石窟位于大同西郊武州山南麓，是我国早期石窟艺术的杰出代表，体现出十分浓烈的中国皇家政治色彩和民族特色，其不仅具有无与伦比的科学、历史和艺术价值，还是研究中国古代尤其是北魏年间政治、经济、文化、历史的珍贵资料。自民国以来，由于中国社会动荡不安，云冈石窟在我国近代史上遭受到了重大破坏，直到新中国成立之后，云冈石窟才逐渐得到了国家十分系统的修缮与保护。

一、损毁原因

从民国时期开始，云冈石窟在几十年中由于各种因素遭受到了严重的损毁。这一情况在民国时期尤为严重，民国时期由于中国处于民族危亡之时，战乱频繁，社会动荡不安，云冈石窟遭受到了巨大的灾难。不仅有日军对云冈石窟的洗劫，也有国人出于愚昧多次进行的偷盗，还有云冈周围居民对它的破坏，云冈石窟受到了十分严重的损毁，这一状况到新中国成立之后才得到一定程度的改善，下面我们主要从自然和社会两个方面梳理云冈石窟的损毁状况及其原因。

(一) 社会因素

1. 侵占问题

云冈石窟早在清末时期就有农民居住其中，民国时期也有居民在石窟居住，这对石窟造成的破坏很大。1918年，陈垣与叶恭绰等6人游云冈石窟时，云冈石窟好多佛窟都被村民占用，甚至许多村民平时做饭睡觉都在佛像前，断瓦颓垣，横阻当路，许多佛像被掩埋，还有许多被偷凿，窟中一片狼藉，损毁严重。从第5窟至无名窟的石佛寺范围长期被当地农民用作土房，损毁较大。在日军占领此地前，相关部门及政府就对云冈石窟采取过一些保护措施，但是效果不大。在解放战争时期，政府无暇顾及云冈石窟，此时石窟处于不被保护状态，无人过问，现今石窟墙壁上还保留有居民刻画的文字，痕迹无法消除。直到新中国成立后，国家加强了对云冈石窟的保护，这一情况才得以改善。

2. 历史问题

这一问题主要是日军对云冈石窟的损毁。1937年，日军占领大同之后以保护为借口将云冈石窟围起，仅允许日本学者在云冈进行研究。日本诸多学者如水野清一、长广敏雄等，从1936年起就对云冈石窟进行调查及考古发掘，日军占领大同之后研究工作更加便利，到1944年撤离前共8次对云冈石窟进行盗掘，云冈石窟在这一时期丢失了大量的石刻资料，遭到了严重的人为破坏。此外，在"文化大革命"时期掀起的"破四旧"运动中，我国的传统文化和大量文物遭到了破坏，云冈石窟在这一时期内人为损毁也十分严重。

3. 盗损问题

民国以来，云冈石窟的盗损现象极其严重，从清末到民国年间丢失的佛头、佛像达1400多尊。许多文物流失海外，在许多国家的博物馆中，都陈列有来自云冈石窟的文物。这一偷盗情况在1929年更加严重，1929年9月，国民政府古物保管委员会派常惠前往调查云冈石窟的盗损状况，常惠对云冈石窟佛头被盗事件做了调查报告。据记载："山西大同云冈石佛为晋北古迹，去年四月至八月间，被外来军阀勾结股东商与附近村民趁夜斧凿佛头96颗，私售外人。自此消息传出后，国家学术机构至为痛惜，纷纷函电地方主管机关严加保护，使我国古代文化美术之胜迹不致再受摧残。"由于这一时期国家处于民族危亡之时，战乱不断，虽然南京国民政府颁布了古物保护法，但是由于石窟没有专门人员看管，云冈石窟的偷盗情况还是屡禁不止。偷盗者中不仅有当地百姓和商人，还有军队中的副官、士兵，这些人为了各自私利，置国家文物于不顾，致使许多云冈石窟佛头被盗卖出，散失海外，造成了巨大损失。几十年间石窟因偷盗造成了巨大损失，这不仅是云冈文化的损失，更是中华民族的巨大损失。

（二）自然因素

云冈石窟位于大同武周山南麓，开凿于十里河北岸的陡崖上，长约1公里，此地岩体多为沙石，容易受到侵蚀，千百年来，石窟由于受特殊的地质结构以及气候、地理环境等因素影响，遭到巨大的破坏，据记载"今尚存三分之二"。我们将石窟的自然损毁因素主要概括为以下几点。

1. 风化问题

关于石窟的风化问题，可分为叶片状风化、粉状风化、板状风化以及带状与洞穴状风化。石窟受岩体和地质环境的因素影响，经历的侵袭由来已久，风化问题从建造之初就开始了，相当严重，这也是石窟损毁的主要因素之一。石窟风化的因素十分复杂，主要影响因素是水与盐，其他还有温湿度变化、大气污染的作用等。

2. 崩塌问题

崩塌是石窟损毁的主要因素之一。石窟开凿的地方位于边坡岩体，此地卸荷裂隙十分突出，这种地貌造成石窟边坡失稳，这是影响石窟保护工作的关键问题之一。它极易形成变形、滑移、崩塌、错落等状况，使石窟的许多地方存在崩塌和落石的危险，石窟的稳定存在很大隐患。

3. 水害问题

降水因素通过直接冲刷、岩体渗水等形式使得石窟大面积潮湿，主要有毛细水、山体渗水、凝结水等，从而导致石窟严重风化。由于新中国成立之前无人看管，窟内积水导致石窟长期干湿交替，下部石雕全部损毁，这也是石窟石质文物遭受的最大的危害。

4. 大气污染问题

大气污染是石窟损毁的重要因素之一，大气中的二氧化硫、一氧化碳等气体会与降水结合形成酸性降水，与岩石中的胶结物发生化学作用，从而加速岩石水解，造成风化。另外，煤尘依附到石雕表面，具有吸收空气中水分的作用，对石窟的风化起了催化作用。大气污染问题对石窟的稳定性造成了很大破坏。

二、修缮与保护

（一）保护机构

虽然早在民国时期，针对石窟破坏严重这一情况，南京国民政府颁布过古物保护法，民国二十年（1931年）成立云冈石佛寺保管委员会，加强石窟的管理，并且采取了一些临时性的保护办法，但是由于局势动荡，政府重视不够，成效不大。新中国成立之后，1952年，成立了专门的保护机构负责石窟的日常保护管理，名为"大同市古迹保养所"，这是云冈石窟最早的保护机构；1953年，更名为"山西云冈古迹保养所"；1957年，更名为"山西云冈文物管理所"；1962年，更名为"山西云冈石窟文物保管所"；1992年，更名为"山西云冈石窟文物研究所"；2006年，再次更名为"云冈石窟研究院"，一直沿用至今。机构的设立对云冈石窟的保护起了决定性作用，对于云冈石窟的修缮与保护工作做出了巨大贡献，具有非常重要的意义。

（二）修缮与保护措施

在整个民国时期，中国处于民族危亡之时，社会动荡不安，战乱不断，政府虽然针对石窟的损毁情况做了一些保护措施，并且设立了相关保护机构，但由于政府对古迹文物重视程度有限以及紧张的社会状况，这些措施作用并不大。直到新中国成立之后，石窟的修缮保护工作才得到政府的高度重视，在20世纪50—60年代，国家相对来说比较贫穷，主要做了一些准备工作和初期试验，从20世纪70年代开始，国家针对石窟的损毁情况做了几次大规模的修缮保护，成果斐然。

1. 新中国成立初期

早在新中国成立之初，政府及相关工作人员就对石窟进行了简单的整修工作，使得石窟基本上能够对外开放。文物保护工作者努力克服各方面的困难，先后对云冈第5、第6、第7窟的木结构窟檐进行了整修，对别墅院增设了围墙护栏，并且整修了窟前道路。之后，对山门前的斜坡路、戏台、山门外东西两侧的围墙、东西厢房等都进行了整修。并且，经过两年的筹建，1958年，在云冈投资架设的电路正式开通，结束了云冈石窟的无电历史，并于同年，为第9、第10、第12、第13窟铺建了地砖，在第20窟前铺建了石阶，为石窟的研究保护工作提供了极大的便利。经过多年的整修，为云冈石窟的修缮与保护工作提供了更好的条件。

早在20世纪50年代，国家就对云冈石窟高度重视，并且派裴文中进行调查，然后发表了相关调查报告。到20世纪60年代，云冈石窟保护项目被列入十年科研规划，之后相关部门召开了"云冈石窟保护会议"，拉开了科学保护云冈石窟的帷幕。20世纪60年代初期，相关工作人员成立了调查组对石窟进行了大规模的调查，对各方面的资料进行了收集整理，在整体上对石窟的地质、地貌、水系、岩层以及石窟的风化情况有了一个全面的认识，之后进行综合分析找到云冈石窟风化崩塌的原因并争取提出解决的方案。主要修缮工作是以石窟第1、第2窟为试点进行了整修实验，此项工作在"云冈石窟保护会议"提出，于1963年开工，主要是针对第1、第2窟岩石风化和崩塌的情况，采取各种措施进行加固和治理，并在此基础上进行了石窟的环境治理。在 1962 年及 1964 年分别对第 1 窟塔柱，第 10、第 11 窟内佛头像，第 14 窟塔柱以及西部窟群进行了加固、危岩支护、黏结复位等工作。通过初步试验，从中总结修缮的经验，为云冈石窟的全面修缮打下基础。在这段时期内，经过长时间的调查报告和大量资料的收集，王大纯、沈孝宇将云冈石窟的破坏状况、自然破坏的因素以及对今后整修的建议撰写成了《云冈石窟工程地质问题》，提出了风化与崩塌是影响石窟的主要问题并且给出了具体建议。

2. 20 世纪 70 年代以后

（1）抢险加固

云冈石窟虽然在新中国成立之后经历了几次修缮，但是由于云冈石窟历经 1500 多年，经历的自然侵袭由来已久，许多地方都有一定程度的崩塌和落石现象，相当危险。20 世纪 70 年代，周恩来总理陪同法国总统乔治·蓬皮杜参观云冈石窟时意识到了云冈石窟存在的这一问题的严重性，之后做出了"刚才听说有个十年规划，十年太长，三年搞好"的指示。随即拉开了云冈石窟保护工程的序幕，怀着周恩来总理的嘱托，在政府及各相关部门的率领下，开始了对云冈石窟大规模的"三年保护工程"。该工程开始于 1974 年，结束于 1976 年，所以称为"三年保护工程"。该工程以"抢险加固，排除险情，保持现状，保护文物"为原则，前后共投资 160 万元，到 1976 年 10 月中旬完工。由于经过了新中国成立初期多次试验，相关工作人员对应用环氧树脂的方法已经熟悉，在该工程中采用环氧树脂对云冈石窟的裂缝进行灌浆加固，对残断的雕刻进行黏结复位，并对窟前立壁进行锚杆固定和传统土建支护。此次工程中应用的"围岩裂隙灌浆加固技术"开创了文物保护的先例，获得了巨大的科研成果，直到现在此技术仍在广泛运用。经过三年左右的云冈石窟加固维修保护，有效地解决了云冈石窟当时面临的岩体崩塌问题，挽救了大批面临危险的石窟，保证了云冈石窟内的稳定，保持了云冈文物的原状，并且为之后云冈石窟的保护拉开了序幕。

（2）风化治理

云冈石窟的风化问题由来已久，自其建造之日起就已经存在，风化的治理也是云冈石窟修缮与保护工作面临的最重要的课题。早在 20 世纪 60 年代，相关工作人员就开始了对云冈石窟风化问题的研究工作，20 世纪 80 年代，黄克忠针对云冈石窟风化的类型、原因进行了调查研究，并且在 20 世纪 90 年代初期提出了全面对策，经过多年的研究表明，水和盐是影响石窟风化最主要的因素。到 20 世纪 90 年代初期，国务院副总理田纪云视察云冈石窟时针对云冈石窟的风化情况，提出了中央联合地方共同投资进行风化治理。之后根据这一提议，各级政府和各部门共投资1000万元，开始了对云冈石窟的保护维修工程。因为该工程是在国家"八五"期间，也就是1992年到1997年进行的，所以叫"八五"保护维修工程。此次工程主要针对石窟水系和结构造成的风化问题进行了大量工作，最终根治了石窟底部风化的现状，较好地保持了石窟原貌、维持了石窟稳定。

（3）环境治理

早在1988年，解廷藩、苑静虎就针对环境污染对石窟的影响做了调查研究，得出环境污染对石窟具有催化作用。之后，在1989年，相关部门对石窟周围的环境污染状况做了监测，还提出了一些治理措施。到了20世纪90年代，黄继忠、苑静虎对气候条件和石窟保护做了研究。多年的研究表明，环境污染是云冈石雕风化的重要原因。众所周知，山西是煤炭大省，云冈周围的煤矿多达数十所，每年生产的煤炭都是经交通枢纽109国道运输。由于109国道距离石窟不足1千米，每天经过的运煤车数以万计，对云冈石窟造成了巨大的大气污染，经过检测分析，该污染形成的酸雨加速了云冈石雕的风化过程，109国道云冈段改线越来越受到关注。1997年，国家计委主任陈锦华在考察云冈石窟时说："迟改不如早改，越迟损失越大。"1998年，政府做出了109国道改线的决定，各级政府共投资2.6亿元，在石窟约1500米外，建设了一条新的运煤专线，将原来的道路修改为旅游专线。该段道路经过改线之后，云冈石窟的环境污染得到了有效改善。

（4）防水保护工程

各种水文地质的侵蚀是造成云冈石窟风化的最重要原因，这其中尤其以雨水和渗水两种因素造成的破坏最为严重，云冈石窟的水患治理十分紧迫。在云冈石窟的顶部存在许多凹凸不平的洼地，这些低洼区会形成积水，由于整体结构的影响，这些积水渗下之后主要形成上层滞水风化壳网状裂隙水等问题。2002年召开的"大同云冈石窟防渗保护工作会议"拉开了启动云冈石窟防水保护工程序幕。工作组针对石窟水害情况做了详细的勘探调查报告，之后根据具体情况进行了防水试验，将整体与局部相结合，最终阻挡了90%以上的渗水，取得了巨大的成功。此次工程基本上解决了水文因素对石窟石雕风化的影响问题，还为以后石窟的防水保护工作积累了宝贵的经验。

20世纪80年代之前，主要是我国自己对云冈石窟进行修缮保护研究；20世纪80年代之后，我国进行了改革开放，与其他国家的交流增多，开启了云冈石窟保护工作的中外合作历程。20世纪80年代末到90年代末，中国分别与美国和德国针对云冈石窟气候条件、风化治理、防水工程以及科技保护等多个方面进行过合作与探讨，在云冈石窟的保护研究历程上具有重大意义。值得一提的是，2005年7月在大同召开的"云冈国际学术研讨会"，规模空前盛大，参与此次会议的代表约330位，就云冈石窟的考古研究和保护进行了研讨，收到相关文章160多篇。经过此次研讨会，将云冈石窟的研究保护推上了一个新的高峰，在云冈石窟的研究工作中留下了浓墨重彩的一笔。

三、云冈石窟的申遗及保护意义

（一）石窟申遗

为了更好地推进云冈石窟的修缮与保护工作，政府于1999年正式启动了申报云冈石窟列入世界文化遗产这一项目。同年10月，相关工作人员开始了申报文本《云冈石窟》的制作，并为此进行了大量工作。在申报期间，仅投入云冈石窟环境整治的资金就有2500多万元。2001年12月24日，联合国正式将我国云冈石窟列入世界遗产名录，标志着云冈石窟的申遗取得了成功。申遗的成功不仅促进了云冈石窟保护的国际化，提高了云冈石窟在世界上的知名度，还促使我国对云冈石窟的修缮和保护工作有了一个较大的提高，在云冈石窟的修缮保护工作史上具有重大而深远的意义。

（二）保护意义

云冈石窟具有十分悠久的历史，许多朝代对石窟均有修缮记录，石窟在佛像艺术上具有很高的成就，是研究中国古代佛教文化的重要资料。其中，出土的各种文物以及石窟本身是我们今天研究中国古代尤其是北魏年间社会历史、经济、政治、文化等的珍贵史料。保护石窟就是在保护我们的宝贵遗产，其具有不可磨灭的历史价值。

此外，云冈石窟具有得天独厚的自然景观和文化内核，云冈石窟今天已经成为国内外重要的旅游场所，它是国内、国际友人向往的旅游胜地，有利于推动大同经济多元化发展，对于大同经济、文化发展具有重要意义。

经过研究者几十年的不懈努力，云冈石窟的修缮与保护工作取得了巨大的进展，石窟在基本安全问题上得到稳定，还取得了许多关于文物保护的重要科研成果，为今后云冈石窟的工作提供了宝贵的经验和财富。但随着时间的流逝，石窟还是会出现各种各样的问题，石窟在渗水、防风等问题上并没有得到根治，云冈石窟的修缮保护工作还需要我们继续努力，继续提高，运用现代科学技术进一步做好研究，云冈石窟的修缮与保护任重道远。

参考文献:

[1] 黄继忠. 云冈石窟的科学保护与管理 [J]. 文物世界, 2003 (6).

[2] 李治国. 云冈石窟科技保护研究 50 年 [J]. 文物世界, 2004 (5).

[3] 任建光, 王旭升, 黄继忠. 云冈石窟建造特征与水患的关系 [J]. 工程勘察, 2012 (11).

[4] 唐智亮. 固结灌浆在保护云冈石窟石质文物遗址的应用研究 [D]. 长春: 吉林大学, 2013.

[5] 王恒. 云冈石窟辞典 [M]. 杭州: 江苏美术出版社, 2012.

[6] 苑静虎, 石美凤, 温晓龙. 云冈石窟的保护 [J]. 中国文化遗产, 2007 (5).

[7] 苑静虎. 云冈石窟风化研究 [J]. 文物世界, 2004 (5).

[8] 张焯. 云冈石窟编年史 [M]. 北京: 文物出版社, 2006.

[9] 张静晖, 米晓俊, 李治国. 一生痴情为云冈 [J]. 先锋队, 2006 (7).

[10] 张力. 云冈石窟让 109 国道改线 [J]. 时代潮, 1998 (7).

云冈石窟北魏遗迹及石质文化研究
——以第 3 窟为例

郭静娜[1,2] 范 潇[2]

（1. 山西大学历史文化学院，山西 太原 030006，
2. 云冈石窟研究院，山西 大同 037007）

摘 要：云冈石窟第 3 窟属二期工程，1993 年对第 3 窟前庭及窟内进行了全面发掘和清理，发现大片北魏采石遗迹。论文通过对采石遗迹的深入研究，探究云冈石窟的开凿过程并分析北魏时期的采石方法。同时，通过对北魏建筑遗址中石料的对比分析，探讨第 3 窟采石遗迹的意义与石料的用途。

关键词：云冈石窟；第 3 窟；采石遗迹；开采方法

一、概述

第 3 窟位于云冈石窟整个石窟群的东部，是规模最大的洞窟，窟外面阔约 50 米，崖壁高约 28 米。第 3 窟窟前有前庭，窟内分为前、后两室，前室东西长约 23.6 米、南北宽约 6.5 米。前室分为东、西两室，东西两室平面呈"凸"字形。后室东西长约 42.7 米、南北宽 15.2~15.8 米，平面呈"凹"字形。1993 年 7 月，为配合云冈石窟"八五"保护工程，对第 3 窟进行了考古发掘。在窟前布置 20 个（5 米×5 米）探方（93T209~93T218、93T301~93T310），同时又在 93T211、93T215~93T218 探方南部又布置了 6 个（5 米×5 米）探方（93T103~93T108），之后又在东前室布置 3 个（5 米×5 米）探方（93T401~93T403），西前室布置 1 个（5 米×5 米）探方（93T404），并在后室东西两侧布置了 5 条宽 1 米的探沟，其中，东西向探沟 3 条（93TG2、93TG3、93TG4），南北向探沟 2 条（93TG1、93TG5），这次发掘共揭露遗址面积 900 余平方米，发现了北魏时期的基岩面，并在基岩面上发现了取石遗迹（见图 1）。[1]

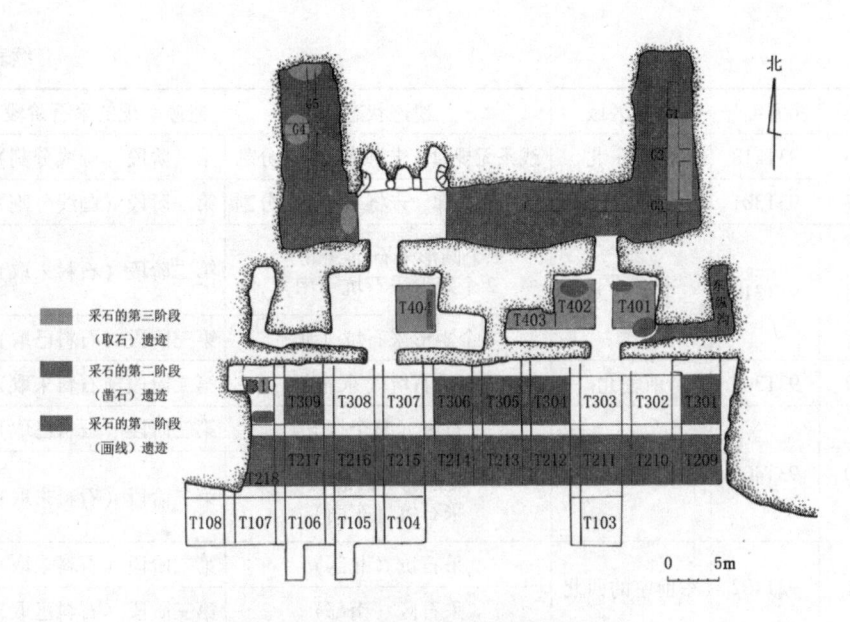

图1 第3窟探方、探沟及采石遗迹分布

表1 第3窟采石遗迹统计

序号	探方编号	所在区域	遗迹状态	遗迹呈现的采石阶段
1	93T210	前庭东南部	有规律的沟槽，将基岩分割	第一阶段（画线分割）
2	93T212	前庭南部	有规律的沟槽，将基岩分割	第一阶段（画线分割）
3	93T213	前庭南部	有规律的沟槽，将基岩分割	第一阶段（画线分割）
4	93T214	前庭南部	有规律的沟槽，将基岩分割	第一阶段（画线分割）
5	93T215	前庭南部	有规律的沟槽，将基岩分割	第一阶段（画线分割）
6	93T217	前庭西南部	有规律的沟槽，将基岩分割	第一阶段（画线分割）
7	93T218	前庭西南部	有规律的沟槽，将基岩分割	第一阶段（画线分割）
8	93T304	前庭北部	有规律的沟槽，将基岩分割	第一阶段（画线分割）
9	93T305	前庭北部	有规律的沟槽，将基岩分割	第一阶段（画线分割）
10	93T306	前庭北部	有规律的沟槽，将基岩分割	第一阶段（画线分割）
11	93T309	前庭西北	有规律的沟槽，将基岩分割	第一阶段（画线分割）
12	93T209	前庭东南	线条无规律，未将基岩完全分割	第一阶段（画线分割）
13	93T215	前庭南	线条无规律，未将基岩完全分割	第一阶段（画线分割）
14	93T215	前庭西南	线条无规律，未将基岩完全分割	第一阶段（画线分割）
15	93T216	前庭西南	线条无规律，未将基岩完全分割	第一阶段（画线分割）

续表

序号	探方编号	所在区域	遗迹状态	遗迹呈现的采石阶段
16	93T218	前庭东北	线条无规律，未将基岩完全分割	第一阶段（画线分割）
17	93T301	前庭西北	线条无规律，未将基岩完全分割	第一阶段（画线分割）
18	93T310	前庭西北	1个圆形采石坑（北）、2个矩形采石坑（南）	第二阶段（石料未取）
			1个矩形采石坑（北）	第三阶段（石料已取）
19	93T305	前庭北	1个采石坑（东北角）	第二阶段（石料未取）
20	93T401	东前室的东北	采石区（整个探方）	第三阶段（石料已取）
			采石坑（西北）、采石坑（东南）	第二阶段（石料未取）
21	93T402	东前室的西北	采石坑（北部）	第二阶段（石料未取）
			采石区（南部）	第三阶段（石料已取）
22	93T403	东前室的西	采石区	第三阶段（石料已取）
23	93T404	西前室的东北	采石区	第三阶段（石料已取）
			沟槽将基岩分割（东、东南）	第一阶段（画线分割）
24	G1、G2、G3	东后室	采石区（北部、西部）	第一阶段（画线分割）
			采石坑（南部、中部东侧）	第三阶段（石料已取）
25	G4、G5	西后室	采石区（西部）	第一阶段（画线分割）
			采石坑（北部、西部、东部）	第三阶段（石料已取）

二、采石遗迹

采石遗迹分布在第3窟的窟外前庭、东西前室、后室及东纵沟的地面上。通过对现存采石遗迹的分析可知，虽然采石是一个连续的过程，但这些采石遗迹分别再现了北魏时期采石过程的不同阶段。第一阶段为画线，即在基岩上画出凿石的线条，做好开凿的准备。这些线条根据所要开凿石料的需求进行刻画。第二阶段为开凿，即按照提前刻画的线条进行凿刻。第三阶段为取石，即揭取石料。下面根据采石遗迹所在区域的不同，将其分为三个区域进行说明。

（一）窟外前庭

在窟外前庭布5米×5米探方26个，分别为：93T103～93T108，93T209～93T218，93T301～93T310，其中93T303、93T307、93T308、93T211四个探方未

清理到基岩地面，此区域现均已回填。

该区域的采石遗迹将采石过程的第一、二、三阶段均表现出来，接下来以探方为单位进行分析说明：在93T210、93T212、93T213、93T214、93T215、93T217、93T218、93T304、93T305、93T306、93T309内出现大量有规律横纵交错的沟槽，将基岩分割成若干部分，其形状有矩形、正方形、圆形或是不规则的形状，形成大面积的采石区。而在93T209、93T211、93T215、93T216、93T218、93T301中也发现无规律的几条沟槽，沟槽呈长方形、"卜"字形、"T"字形、"十"字形、半圆形，长度为0.3~0.4米、宽度为0.05~0.24米、深度为0.01~0.40米。这些沟槽基本呈南北走向，由于沟槽不连续，并没有将地面分割成若干部分，这两处皆是采石第一阶段的表现，即根据对石料的需求在岩石面上画线，将基岩分割。

在93T310的北部及南部，出现4个采石坑，北部为1个圆形和1个矩形。圆形坑内的石头未揭取，矩形坑内的石块已揭取。同时，位于该探方南部的基岩上凿有东西向和南北向的两条沟槽，形成两个矩形采石坑，沟槽宽度为0.12~0.16米，深度为0.12~0.24米，但坑内矩形石块未揭取。在93T305内的东北角，也有一个采石坑，坑呈圆形，壁有凿痕，坑内堆放石块，石块边缘有凿痕，与坑边的凿痕吻合。这两个探方中出现的采石坑可分为两种情况，一种是基岩上画出的线已经凿出沟槽，但石料没有被揭取，这种遗迹呈现的是采石的第二阶段；另一种是坑里的石料已经被揭取，这呈现的是采石的第三阶段。

（二）西前室与东前室

在西前室布方93T404，在东前室布方93T403、93T402、93T401。在93T404的中部有两个采石坑，两坑为打破关系，坑内石头皆被揭取。在93T404分布有两沟槽，一处位于探方的东侧，该槽南北走向，中间隔断，长1.34米、宽0.04~0.05米、深0.04米；另一处位于探方的东南角，由东西向和南北向两条沟槽组成，与探方的东壁与南壁形成一个矩形，东西向槽长1米，南北向槽长0.8米、宽0.1米、深0.13~0.2米。这两处沟槽面均有凿痕，由此可见，该探方的采石遗迹呈现了采石的第一阶段与第三阶段。

在93T403的西部现存2个采石坑（见图2），坑内的石料皆被揭取。通过对该遗迹分析可知，这两个采石坑呈现的是采石的第三阶段。根据采石坑的形状可知揭取的应是圆形石料。两个采石坑的关系是右边的将左边的打破，可见当时应是先揭取左边的石料，之后揭取右边的石料。

在93T403、93T402、93T401及毗邻的东纵沟中还存有大面积的采石遗迹，这片采石区呈现出的是采石的第一阶段，即画线。整个地面布满圆形、环形、南北向交织的沟槽，沟槽的宽度为0.04~0.16米，大部分石块已被揭取（见图3、图4、图5）。在93T401的东南部现存一个采石坑（见图5），周围刻有两道石槽，宽度为0.32~0.1米，坑内有形如驮碑石的石坯，已经撬离基岩，但没有运走。这个采石遗迹呈现的是采石的第二个阶段，即开凿石料。

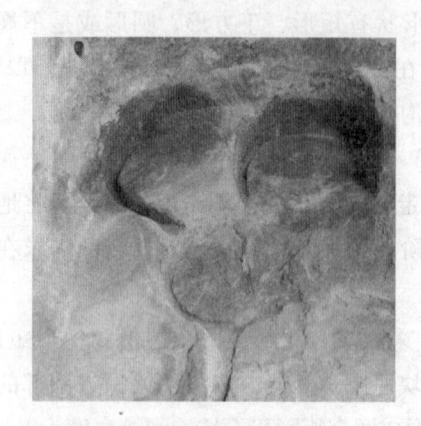

图2　93T403采石遗迹一

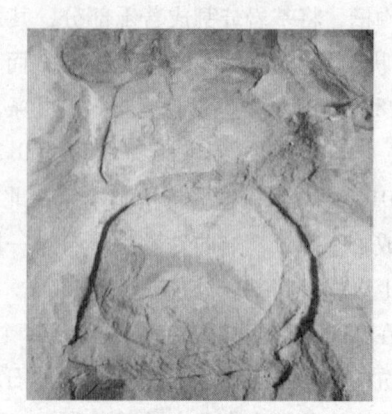

图3　93T403采石遗迹二

图4　93T402采石遗迹

图5　93T401采石遗迹

在后室做探沟G1、G2、G3、G4、G5，在此区域内发现大面积的揭取石块遗迹（见图6、图7），在探沟G1、G2、G3处的基岩面上纵横交错着数条沟槽，将基岩分割成若干形状，有的近似矩形，有的形似正方形，有的为圆形，但该区域地面呈东低西高的阶梯状，可见该区域有部分石料已被一层层地揭取，因此该区域呈现的是采石流程的第一阶段和第三阶段。探沟G4、G5区域内的基岩上同样凿刻着数道沟槽，这些沟槽构成了矩形与圆形的轮廓，形成大面积的采石区，但在该区域也存有独立的采石坑，该区域呈现的是采石流程的第一阶段和第三阶段。

图6 探沟G1、G2、G3采石区全貌　　图7 探沟G4、G5采石区局部

三、采石方法

（一）石料的分割

该窟的窟外前庭和窟内前室、后室，分布着大片的取石遗迹。通过对遗迹的分析，可以发现当时工匠会根据地形、石块形状的不同，采用不同的方法分割、揭取石块。

第一种方法是，首先在地面的基岩上凿出东西向和南北向的沟槽，东西向和南北向的沟槽纵横交织，形成"井田"状，将基岩面分割成四边形，此种分割方法一般用于大面积揭取石料。这类采石区在窟外前庭、窟内西后室均有出现。这里选择窟外前庭西部基岩地面的取石遗迹为例说明：该片遗迹位于窟外前庭93T217、93T309中，属于大片的采石区。在东西宽约3.6米、南北长约5.08米的范围内，分别凿有南北向沟槽4条、东西向沟槽6条，沟槽宽度为0.04~0.16米。这些沟槽将基岩分割成12块四边形的石料，每块石料长度和宽度皆不相同，可见工匠仅仅是将地面分割出石坯，在将石料揭取后，还应再按照需求对石料进行后期加工。

第二种方法是，首先在地面上凿刻出南北向的沟槽，将基岩面划分成几个部分；其次根据对石料的需求在基岩面上凿刻出东西走向的沟槽。由于东西走向的沟槽是根据每块石料的大小、形状等需求而凿，东西走向的沟槽有的呈直

203

线、有的呈弧线，这些沟槽有的呈连续性、有的在某处断开，因此分割出的石料形状不一，大小不同，此种方法也出现在大片的采石区。由于此种分割方法可以获得较多形状的石料，满足对石料的多种需求，因此在窟外前庭、窟内前后室多有出现，如前庭的93T305、93T306，后室的探沟G1、G2中就可以发现。现以探沟G1、G2中的采石区为例加以说明（见图6）：在长11米、宽5.95米的范围内，出现大片的采石区。通过对该区域的观察，可以发现基岩上南北向的沟槽呈连续性、东西向沟槽呈阶段性，且走向不一，有的为直线、有的为弧线，沟槽深度为0.26~0.4米、宽度为0.1~0.2米，这些沟槽将地面的基岩分割成若干部分，这些石料形状不一，有的近似圆形、有的近似矩形、有的近似正方形、有的为不规则形状。这部分采石区的南部及中部东侧的石块已被揭取，北部及西部的石块没有被揭取。

第三种方法是，首先在靠近石壁的基岩上凿出东西向2道沟槽、南北向1道沟槽，沟槽宽度为0.1~0.2米，这样以石壁为边就形成了矩形；其次在此矩形的北面以此矩形东西向的一道沟槽为边凿出另一个矩形，用这种方法依次由南至北排列，形成若干个矩形。这种方法仅用于四边形石料的采集，且所采集的石料在大小上较为相似。在后室的探沟G4、G5处就可发现此种取石现象的遗迹，以此采石区为例加以说明：在长11.5米、宽6.45米的范围内，以石窟西后室西壁为边，在基岩面上分别凿东西向2道沟槽，南北向1道沟槽形成矩形，之后在此矩形的北面再凿出东西向、南北向沟槽各一条，这两道沟槽与旁边矩形北边的东西向沟槽以及西壁再次组成一个矩形，用此种方法由南至北形成了有序排列的若干矩形采石区。

此种方法由于不用将采石坑的四边沟槽一一凿刻，较前两种分割方法较为省力，但此种方法除受地形的局限以外，仅能获取近似矩形且形状大小相似的石料，因此在整个第3窟的区域内，运用此种分割方法留下的取石遗迹较为少见。同时，在此区域内，仅见一块石料被揭取（见图8）。

第四种方法主要用于圆形石料的分割。首先确定圆心；其次以圆心为中心，刻出一个规整的圆，再依该圆外缘扩充0.1~0.2米凿刻出另一个圆，这样两圆就构成了一个同心圆。之后再凿去内圆外侧与外圆内侧之间的环形部分，那么内圆即为所需揭取的圆形石块。这些环形沟槽分割的圆形石块直径一般在0.73~0.11米，此种圆形石料的取石遗迹在窟外前庭及窟内前室、后室均有分布。在此以窟内东前室93T401为例加以说明：在探方西北部的基岩上有一圆形取石遗迹。在该遗迹的中心隐约可以发现一个约1厘米的圆形凹坑，在以该凹坑为圆心约0.50米处，可以发现一条很清晰的圆形沟槽。同时，在该圆形沟槽的外侧，距离圆心0.68米处又有一条圆形沟槽，沟槽宽为0.1~0.18米，这样两圆之间就形成了一个环形的部分。该遗迹仅仅刻出了沟槽，并未将圆形石块揭取，但是通过与已揭取石块的遗迹对比可以很清晰地观察到当时取圆形石分割方法。

第五种方法也是用于圆形石料的分割。即直接在岩面上刻画出圆形的线条，将圆形线条凿出沟槽，然后直接取石。这种类型的分割方法在第3窟较为常见，下面以探沟G4、G5处的圆形采石遗迹为例进行说明。在探沟G4、G5的北部现存一个圆形的采石坑，通过对该遗迹的分析可知，当时

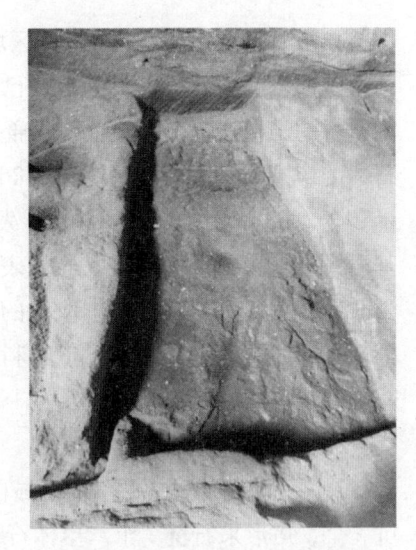

图8 探沟G4、G5采石区局部

首先是在基岩上刻画圆形的线条，其次按照线条的轮廓凿出沟槽。

上述开凿石窟揭取石块的分割方法，无论是圆形石块还是方形石块，分割石块沟槽的宽窄、深浅，一般都会根据所需石块的薄厚来确定，分割石块厚者沟槽普遍宽深，薄者沟槽明显浅窄。采石遗迹中，圆形石的厚度一般为0.08~0.33米，矩形石料的厚度一般在0.25~0.5米，沟槽断面基本上呈"U"字形，上面口部较宽，向下逐渐缩小变窄，底部为圆弧形。槽壁遗留有斜向凿痕，凿痕间距0.025米左右，槽宽为0.09~0.21米、深约0.3米，沟槽内填充物一般为纯净的碎石屑。

（二）石料的揭取

1. 大面积石块的揭取

大面积石块的揭取顺序一般为由窟门向窟内即由外向里逐块逐层揭取。现以东前室及东后室的采石区为例对圆形石块和矩形石块的揭取进行详细说明。东前室布方3个，全部清理到基岩面，除甬道外其高度基本上在一个平面上，在93T403、93T402内分布着大量的圆形取石痕迹，此区域形状呈曲尺形，地面基岩上分布有大面积的圆形石采石遗迹。该区域的圆形石块基本全部被揭取，仅留下若干圆形的采石坑。该区域石料的总体揭取顺序采用由东至西逐块揭取，揭取石料的具体步骤为：首先选择所需揭取石块的某几处凿出楔窝；其次在楔窝处打入楔子，使石料脱离基岩；最后将整个石料揭取。之后再以已揭取石料处为中心，依次揭取四周的石料。由于已揭取石料的区域地势较低，工匠以此为中心揭取周围石料较为省力。

205

在东后室即探沟G1、G2的区域内分布有大面积的四边形石料取石遗迹，南部及中部东侧的石料皆被揭取，已揭取石料的遗迹处地面上仍留有凿痕，但分割石块的沟槽痕迹较为模糊。中部西侧的石料大部分没有被揭取，基岩上分割石料的沟槽依然清晰，深度在0.26~0.4米。在靠近北壁的基岩上有一块长5.9米、宽3.25米近似矩形的平台，发掘时发现其上没有覆盖文化层，可见该处的基岩面一直裸露于外，所以该处表面的取石痕迹应早已被磨损。由此可见，在当时，西后室应为一个整体取石的采石区，同时这种由外及里按照逐层、逐块揭取石料的顺序不仅有利于工匠利用地势高低的不同较为省力地开采石料，同时也便于石料的运输。

2. 单体石块的揭取

在西后室即探沟G4、G5区域内有5处单独取石的采石坑，分别为圆形采石坑4个，矩形采石坑1个。单体石料的揭取与大片采石区石料的揭取方法不同，通过对该区域圆形采石坑遗迹的观察发现，单体圆形石的取石方法分为两种：第一种是首先在地面基岩上找一个中心点，其次以此为中心刻出两个半径不同的同心圆，再次将两圆中间的环状部分凿出沟槽，最后将石料揭取。第二种是首先在基岩面上按照需求刻画圆形的线条；其次按照线条的痕迹凿出沟槽，其次在采石坑的沟槽外沿凿6个或7个深度为0.22~0.26米、宽度为0.15~0.25米的楔窝，在每个楔窝的岩石底部斜向处打入楔子，将所需石料与岩石分离；最后将石料从某一缺口处撬起，单体矩形石料的揭取方法与之相似。

四、采石的意义及用途

（一）采石的意义

根据上述对石窟前庭、前室、后室地面采石遗迹的分析，可将采石的意义归为两类。

1. 配合石窟的开凿

在第3窟的前庭、前室、后室的基岩上可以发现大面积的采石遗迹，根据基岩上有规律的沟槽，可以断定当时的取石行为应是配合石窟的开凿同时进行，且反映出云冈石窟的开凿顺序。

云冈石窟依傍武周山而开凿，所以开窟前应首先将山体凿出一定的空间，因此工匠在开凿洞窟的过程中也会将地面的石料一层一层揭取。之后，为了方便搬运揭取的石料，工匠在取石的同时会将洞窟的地面凿出一定坡度或在取石时凿出台阶。比如，东前室的东纵沟处的地势就呈现出里高外低，即北部高南部低的状态，同时此处还存有四处取石遗迹，该遗迹依东纵沟的狭长地形，将基岩分割为五块矩形石料，这五块石料没有揭取，并依地势依次形成了阶梯状，每层高度为0.18~0.4米、宽度为0.68~0.8米。又如，在东前室通向东后室的甬道内凿出了形状不一的台阶，每层高度约0.3米、宽度为0.25~0.55米，台阶的形成显然与开凿洞窟时清运石块有关。在洞窟的空间形成之后，最后将地面修整平坦。

2. 单独取石以作他用

在前庭、前室及后室的基岩面上可以发现许多单独的采石坑。坑的形状、大小不一，有的呈矩形、有的呈方形、有的呈圆形、有的呈四边形，且分布不集中，在一个探方内仅存一个或几个，且排列顺序较为凌乱没有规律，如位于93T401西南部、探沟G4、G5西北部的圆形采石坑。单独采石也分为两种情况：第一种为重新画线、揭取石料，第二种是在已分割好的原有采石区根据需求选择合适的石料直接揭取。

（二）采石的用途

1. 采石区的石料

采石区的石料多为四边形，也有少量圆形。对圆形石料进行测量统计后发现，这些圆形石料的直径基本都为0.96~1.26米，可见圆形石料的尺寸较为相似，进一步证明此类石料应为同一种用途。这些石料应是当时工匠进行的有规律、有规划的成批揭取，这些石料可能用于大规模宫殿的建造或是被再利用。北魏明堂建于491年[2]，1996年，对遗址南门进行了发掘，发掘面积825平方米，揭露出建筑基址一座，圆形水沟一段，同时出土了一些建筑材料等。这些建筑材料部分材质为砂岩，如基址用雕琢整齐的砂岩块石垒砌而成，圆形水沟的底部也采用大小不等的砂岩片石平铺，水沟两侧还有砂岩石块垒砌的石壁，而在其他地段也发现了保存下来作为基础的毛料石块，这些建筑材料均为砂岩。

利用便携式显微镜分别对云冈石窟第3窟底部砂岩（Y1、Y2、Y3）和明堂水沟两侧垒砌石块的砂岩（M1）、圆形水沟底部的砂岩片石（M2）进行对比观察（见图9、图10），结果显示：云冈石窟第3窟底部砂岩与明堂砂岩残件M1岩石结构与成分基本一致，均为粗粒长石英砂岩，石英含量70%以上，长石含15%~20%，石英粒径0.5~1毫米，自形—半自形结构，长石高岭土化，3窟砂岩因长期裸露风化带有褐铁矿化。明堂残件M2与其他岩石明显不同（见图11），为细粒长石岩屑砂岩，长石含量约40%，岩屑含量约35%，大部分褐铁矿化。值得指出的是，在3窟较高层位有与之类似的岩石结构，所以不排除M1也出自3窟的可能。同时，利用便携式XRF对云冈石窟3窟底部的岩石Y1、Y2、Y3以及明堂M1和M2岩石化学成分进行分析，结果显示，这些样品的主要元素含量也基本一致（见图12）。由此可见，M1、M2出自云冈石窟第3窟的可能性极大。

图9　3窟底部Y1砂岩显微照片

图10　明堂M1砂岩显微照片

图11　明堂M2砂岩显微照片

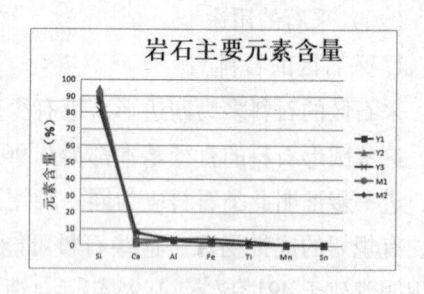

图12　岩石化学成分分析

2. 采石坑的石料

采石坑的石料均为单独采集，分布零散，这些石料形状、大小不一，应是为了某种需要而进行的单独采集。在北魏平城时期的墓葬中，可以发现大量石质葬具，这些葬具的石质与云冈石窟的石质较为相似，同属砂岩，因此推测石葬具的石料可能也来自云冈石窟第3窟。

五、结论

第3窟主体工程属于云冈石窟第二期工程（465—494年），通过对该洞窟前庭、窟内的发掘与清理，发现了大面积的采石遗迹。这些采石遗迹对北魏采石流程进行了分阶段、详细的呈现，这对于了解、研究北魏时期的采石方法具有重要的参考价值。

通过对第3窟采石遗迹的分析、研究，不仅初步了解了云冈石窟的开凿过程，同时通过对同时期北魏建筑遗址中出土的建筑材料的石质对比以及化学成分分析，可知云冈石窟第3窟应是当时的大型采石区，其石料开采的时间应该是在465—494年，以及494年之后。

参考文献：

[1] 刘建军，曹臣民，王克林. 云冈石窟第3窟遗址发掘简报[J]. 文物，2004（6）.

[2] 刘俊喜，张志忠. 北魏明堂辟雍遗址南门发掘简报[C]//山西省考古学会论文集（3）. 太原：山西古籍出版社，2000.

民国报刊中的云冈石窟

王志芳　薛栋阁

（山西大同大学云冈文化研究中心，山西　大同　037009）

摘　要：云冈石窟是北魏开凿保存至今集考古、历史、佛教、艺术等方面价值于一体的珍贵历史文化遗产。20世纪以后，对云冈石窟的研究国内外都取得了丰硕的成果，其中报刊是反映云冈石窟变迁的重要媒介，笔者以民国报刊这一全新的视角来研究云冈石窟，主要从石窟的形制变迁、学术研究、修缮保护和旅游参观四个方面深入阐释，以期体现民国时期云冈石窟的丰富价值，同时也有利于对云冈石窟做进一步的研究。

关键词：形制；学术；保护；游历；意义

云冈石窟规模宏大，雕刻艺术精湛，造像内容丰富，形象生动感人，堪称中国佛教艺术的巅峰之作，代表了5世纪世界美术雕刻的最高水平。云冈石窟坐落在大同城西17千米的武周山南麓。其依山开凿，东西绵延1千米。按自然地势划分为三个区域：东部第1~4窟，中部第5~13窟，西部第14~45窟。现存大小龛252个，主要洞窟45座，造像51000余尊。1916年，国务院公布云冈石窟为全国首批重点文物保护单位；2001年，云冈石窟被联合国教科文组织列入世界遗产名录。

一、概述

（一）石窟简介

云冈石窟佛教艺术按石窟形制、造像内容和样式的发展，分为三期。

第一期是460—465年，即文成帝和平初年，是今第16~20窟，称为"昙曜五窟"，《魏书·释老志》有："初，昙曜以复佛法之明年，自中山被命赴京，值帝出，见于路，御马前衔曜衣，时以为马识善人。帝后奉以师礼。昙曜白帝，于京城西武州塞，凿山石壁，开窟五所，镌建佛像各一。"[1]昙曜五窟揭开了云冈石窟开凿的序幕。早期洞窟平面为马蹄形，穹隆顶，主要造像为三世像，佛像高大而且面相丰圆，体现出一种劲健而质朴的造像风格。

第二期是471—494年，即北魏孝文帝时期，是今第5~13窟、第1窟和第2窟以及未完成的第3窟。此时期的洞窟平面多呈方形，造像题材内容多样化，佛像面相丰圆适中。这一时期，云冈石窟积极于改革创新，掀起了佛教石窟艺术中国化的进程，从石窟的形制到雕刻内容都有明显的汉化特征。

第三期是494年北魏迁都之后，主要在第20窟以西，第4、第14、第15、第11窟以西崖面上的小龛，约200座中小型洞窟。洞窟大多以单窟形式出现，不再成组。造像题材多为释迦、多宝或弥勒，其佛像面形消瘦，这种造像是因为在北魏晚期推行的"汉化"改革，而出现的"秀骨清像"的艺术风格。

（二）研究现状

对于云冈石窟的研究，开始于金代曹衍的《大金西京武州山重修大石窟寺碑》，之后到清代初年有朱彝尊的《云冈石佛记》，到了20世纪迎来了云冈石窟研究的蓬勃发展时期。1902年，日本学者伊东忠太等在中国考察旅行，无意间踏入云冈石窟，发现了北魏石窟建筑群，之后就发表了《云冈旅行记》《支那山西云冈石窟寺》，引起了学术界的注意。1907年，法国专家沙畹来到云冈，并将其收集的资料写成了《华北考古学使命记》。20世纪前半期，对于云冈石窟的研究以日本学者为主，着重探讨了云冈石窟的艺术形式与艺术来源。而中国学者陈垣、梁思成、周一良等对云冈石窟的研究也取得了丰硕的成果。1919年，陈垣著有《记大同武周山石窟寺》；1933年，梁思成、林徽因等学者著有《云冈石窟中所表现的北魏建筑目录》；1936年，周一良著有《云冈石佛小记》等。这些著作侧重于解析云冈历史。1938—1944年，以水野清一、长广敏雄为首的京都大学调查队，对云冈石窟进行了详细调查，其研究成果结集在《云冈石窟》巨著中，水野清一、长广敏雄将云冈艺术区分为西方外来与中国传统两个方面，取得了很大成就。1947年，宿白在整理北京大学图书馆书籍时发现了皇统七年（1147年）曹衍撰的《金碑》即《大金西京武州山重修大石窟寺碑》的传抄本，并于1956年发表了《"大金西京武州山重修大石窟寺碑"校注——新发现的大同云冈石窟寺历史材料的初步整理》，后又发表《云冈石窟分期试论》《平城实力的集聚和"云冈模式"的形成与发展》等，使云冈石窟的研究取得了很大进展。进入21世纪后，张焯的《云冈石窟编年史》问世，是目前云冈石窟的第一部通史。综上所述，国内外专家学者主要研究了云冈石窟的石窟形态、佛教价值和石窟兴修等问题，而笔者要从报刊这一全新的视角来看民国时期的云冈石窟，研究的内容将更为丰富。

二、报刊内容

民国时期,报刊数量多、种类丰富,是当时学者之间进行学术交流的重要渠道,同时也为我们研究民国报刊中的云冈石窟留下了丰富的文献资料。

表1 民国时期涉及云冈石窟报刊一览

刊物名称	年份	期号	刊文内容
《东方杂志》	1920	第17卷第4号	《大同云冈石窟佛像记(附图一)》
	1930	第27卷第2号	《云冈石窟》
《北京大学日刊》	1924	第1553期	《国学门云冈图片继续展览》
		第1554期	
		第1555期	
《国闻周报》	1929	第6卷第42期	《大同云冈石窟志略兑之》
		第6卷第43期	《大同云冈石窟志略(续)兑之》
《国立中央研究院院务月刊》	1929	第1卷第4期	《(丁)关于保护山西大同云冈石窟石像来往电文》
《燕京学报》	1929	第6期	《云冈石窟寺之译经与刘孝标》
	1930	第8期	《文化之劫——云冈石佛之厄运》
《国立中央研究院历史语言研究所集刊》	1930	第1卷第4期	《调查云冈造像小记》
《中国营造学社汇刊》	1934	第4卷第3期、第4期	《云冈石窟中所表现的北魏建筑目录》
《艺风(杭州)》	1935	第3卷第5期	《大同兴修云冈石窟寺》
		第3卷第9期	《云冈石窟古寺大门前》

212

续表

刊物名称	年份	期号	刊文内容
《文学》	1936	第 7 卷第 1~6 期	《云冈途中（游记）》
《考古》	1936	第 4 期	《云冈石佛小记》
《飞鹰》	1936	第 2 期	《云冈石佛》
《三六九画报》		第 9 卷第 7~10 期	《大同云冈石窟寺考》
		第 9 卷第 12~13 期	
		第 9 卷第 15~17 期	
		第 10 卷第 2~6 期	
《新中华》	1944	第 2 卷第 6 期	《出塞纪行——云冈石窟造像（游记）》
《旅行杂志》	1951	第 25 卷第 8 期	《参观云冈石窟》

（一）形制变迁

民国时期时局动荡，战事频发，或是自然原因，或是人为原因，石窟遭到一定的破坏，其外貌形制发生了极大变化。

1. 自然原因

因大同多大风暴雨，石窟诸洞石质部分剥削已经过半。石鼓洞洞外有清代朱廷翰所刻字，多半已消失。楼窑子洞前本有庙，但已颓尽，寄骨洞中佛像已全毁，白佛洞内主佛下部损毁超过了一半，而宝生洞只留下了洞形。东部第四洞的人形柱已经损坏了很大一部分，并且一些洞口因石质风化太多。一些石刻雕像、建筑结构已经无法辨认，而且由于当时云冈石窟居悬崖的形势，崖上高原的雨水顺崖而下，一些佛龛壁面被水冲毁。

2. 人为原因

由于石窟多为游人、居民、无知僧侣甚至政府任意残毁和凿伐，石窟诸多佛像破坏严重，尤其是佛头，多被偷盗售卖，被毁佛头见表2。

除了这些人为破坏之外，石窟在修葺的过程中，石窟形制也有所变化，如在修补石佛时，会在石佛上重加泥塑，再施以彩画。由于当时的修补方法还比较粗糙，修补之后跟之前相比，多少有些出入。还有在修补佛像时是用黏土涂在衣纹上并且在衣纹上多凿有小方孔，在方孔中插入木栓来供给修补涂泥之用，这些都会改变石窟原有面目。

表 2　民国时期被毁佛头统计

(单位：颗)

洞名	被毁数量		
	《东方杂志》	《燕京学报》	《国立中央研究院历史语言研究所集刊》
石鼓洞	22	22	137
寒泉洞	7	6	
灵严寺洞	6		
又寺顶洞	3	3	
准提阁菩萨洞	2	2	
接引佛洞	2	4	
亦万佛洞		4	
白佛洞后第四洞		7	
白佛洞后第十八洞		13	
总计	42	61	

总体来说，在这一时期，石窟的形制包括建筑构造、石佛都有一些改变，不管是自然因素还是人为因素，都需要政府和社会各界人士的协力维护。

(二) 学术研究

1. 中国学者

民国时期，中国很多学者对云冈石窟都有所研究。

首先，在建筑历史方面，《三六九画报》在第 9 卷第 7 期的《大同云冈石窟佛寺考》自序中有记载，"故在东汉明帝，遣使乞经摹及画图。究于宏旨无关。迨至北魏太祖，生知信佛，深求刻像。始得大气包举。乃有平城故都。武州古塞。据灅水之合流，击云冈之巨窟。显密兼宗，延几卅里。殿堂相望，容逾千人"[1]；婴行在《云冈石窟》中对云冈石窟的位置以及石窟的建造过程也有明确的记载；陈之平在《参观云冈石窟》中也简单介绍了石窟的建造历史；而《大同云冈石窟志略》有较大篇幅涉及石窟历史；在《大同云冈石窟佛像记》里，袁希涛先生对石窟的佛像做了分析；在《调查云冈造像小记》中，作者详细介绍了石窟造像的历史；在《三六九画报》第 9 卷第 15 期的《大同云冈石佛寺考》中，作者对石像的建造者有所介绍，如"载太安初，有师子国胡沙门邪奢遗多、浮陀难提等五人"，"又谓博昌。蒋少游，性机巧，善刻绘"[2]；周一良在《云冈石佛小记》中对云冈开凿的动机、石窟寺的名称与数目也都有详细的记载。

其次,在建筑构造方面,关于云冈石窟诸洞,在《调查云冈造像小记》中有记载:"石窟连亘里余,大小约计四十余所,大者高七八尺,小者不过数尺。其他小龛错落,不可胜数。东起石鼓,依岩开凿,与龙门相似。石鼓之东,依稀尚有残像,有洞址全毁,莫可指名。兹自东阻西,约略述之。"[3]同时详细介绍了第一洞至第四十三洞各洞的洞名及洞的构造;在杨啸谷先生的《大同云冈石佛寺考》附考中也有涉及云冈石窟诸洞的内容,介绍了洞名及各洞特点;并且梁思成、林徽因等对西部、中部、东部一些洞的平面结构做了分析;《大同云冈石窟志略》从东往西依次介绍了三十九洞的特点;而在《云冈石窟》中,作者认为各窟都是各个调查者主观命名,所以把沙畹、关野贞和小野玄妙三人对同一洞的不同编号及名称进行了罗列。

最后,关于石窟建筑构造的内容也极其丰富,在《三六九画报》第9卷第15期《大同云冈石窟寺考》中,对石窟寺的西域式和中土两汉式的结构进行了讨论;而在婴行的《云冈石窟》中,作者详细介绍了石窟伽蓝的结构,并依次对西部、中部和东部的各大小窟龛进行了分析;还有,陈之平在《旅行杂志》上发表的《参观云冈石窟》中也依次介绍了东部、中部和西部几大窟的特征。而《云冈石窟中所表现的北魏建筑目录》主要对石刻上表现出来的建筑形式进行了详细分析,主要从塔、柱、栏额、斗拱、藻井以及飞仙等不同的角度进行介绍,还附有梁思成等的手绘图,极其生动形象。

综上所述,这些学者主要从云冈石窟的建造历史、建筑构造、佛教艺术等方面进行研究,内容丰富,而且各有侧重,为当今各个专家学者对云冈石窟的研究提供了很好的资料和借鉴。首先,学者在自己的文章中参考的文献如《魏书·释老志》《大唐内典录》《云中郡志》《开元释教录》《历代三宝记》《水经注》《大清一统志》《支那建筑史》《支那佛教雕塑篇》等都为之后的学者提供了借鉴。其次,随着云冈石窟的不断风化损毁,现如今的石窟形制多已变样,不利于当今学者对云冈石窟进行更深入的研究,因此民国时期一些学者保留的图片资料就成了极其珍贵的史料(如表3所示)。但是,由于当时云冈石窟作为旅游景区没有得到普遍推广,一些学者对云冈石窟关于旅游方面的研究也较少,这也是当时学术研究比较缺乏的一部分。

表3 民国时期报刊中图片资料统计

著作	图片名称
《大同云冈石佛寺考》	《十九窟之大佛（近影）》
	《云冈石窟之一》
	《云冈西片窟全景》
	《云冈石窟之二》
	《云冈石窟之一部》
《大同云冈石窟志略》	《大同云冈石窟佛像（1）》
	《大同云冈石窟佛像（2）》
	《大同云冈石窟佛像（3）》
《大同云冈石窟佛像记》	《云冈石窟》
《游北岳恒山记》	《云冈石窟之护楼》

2. 外国学者

民国时期，外国学者对云冈石窟的研究成果也甚多，1933—1944年，由长广敏雄率领的调查队对云冈石窟进行了7次调查，著有《大同的石佛》等，而且松本文三郎、关野贞合、中井宗太郎、大村西崖等的研究都对中国学者有很大的影响，如婴行在《云冈石窟》结尾专门罗列了松本文三郎的《支那佛教艺术篇》、大村西崖的《支那美术史雕塑篇》、长盘大定的《古贤之迹》、中川中顺和新海竹太浪合著的《云冈石窟》等，并且强调这是当时仅有的几部重要著作。周一良和婴行也在文中对沙畹、关野氏、小野氏各自命名的各洞洞名进行了对照，而且当时很多学者直接采用这些洞名。除此之外，梁思成等在《云冈石窟中所表现的北魏建筑目录》中也参考并引用了伊东忠太的《支那建筑史》和小野玄妙的《极东之三大艺术》等内容。由此可见，这一时期外国学者的研究之深入。

（三）修缮保护

民国时期，因为自然和人为原因，云冈石窟遭到了极大破坏，所以政府和许多民间人士都投入到保护云冈石窟的行动中。

1. 官方力量

政府对云冈石窟的保护起了很大作用，在《大同兴修云冈石窟寺》和《关于保护山西大同云冈石佛事来往电文》中，都详细记载了当地政府为保护云冈石窟实施的措施：第一，由县中派警察常驻，并且经常派官员密查有无偷盗毁坏佛像的事情；第二，禁止驻守警察与当地村民及古玩商勾结，并预防外人游历偷盗或伤毁；第三，修理由县中和本地的绅董担任，还可由中央拨款修理较大工程。在《大同云冈石窟志略》中，也载："近报载该处奸人有偷盗佛像之事。若不早为之所，则千五百年之遗迹，不毁于天然而毁于人力。"[4] 这些都体现了政府及专家学者认识到了保护云冈石窟的重要性和迫切性。

2. 民间力量

除了政府对云冈石窟的保护之外，也有很多民间力量呼吁保护云冈石窟。首先，很多学者诗人在自己的文章中强调保护云冈石窟的重大意义，如在《大同兴修云冈石窟寺》中有"行见此一千五百年前之造作，修理完美之后，在保存民族文化上，固具有重大之意义也"[5]，《大同云冈石窟佛像记》中有"斯尤盼教育之发展。而社会富力之渐能维护也"[6]。其次，很多学者如赵邦彦与当地政府共同商议保护云冈石窟，为此建言献策。同时，在政府颁布的云冈石窟保护措施中，当地民众参与了石窟大部分的修理工作，修理的经费也有很多为地方筹集。

（四）游历参观

云冈石窟作为一处旅游景区自然吸引着一批游客来访，包括学者、政府人员、普通民众等，但他们出游的目的各有不同。

首先，学者或专为研究而游，或偶然兴起而游，如陈之平在叙述他的参观目的时提到他不是单纯游览或凭吊古迹，也不是去参观佛门圣地，而是想从石窟中现存的一些造型艺术中研究追寻古代有关雕刻等方面的各种问题。这可能代表了许多学者的心声，但梁思成等也提到他们是趁着营造学社到大同测绘华严寺、善化寺时临时决定到云冈游览并考察。

其次，很多政府要员去云冈石窟游历，如蒋介石、何应钦等。但大多是为调查保护云冈石窟而游，如当时的古物保管委员会成员、大同县县长等主要为调查石窟佛头被盗之事而参观云冈石窟。

最后，许多普通民众游览云冈石窟，包括一些诗人、摄影师和当地民众等，大多慕名而去，如有许多诗人亲游云冈石窟，借云冈的一山一水一像一窟来抒发情感。因此，有了吴伯兴的《游石佛寺并引》、郑中还的《前提和韵》、石碣韵的《石佛寺四首》以及王达的《寒泉灵境》等。除此之外，一些摄影师也记录下了当时的云冈石窟，如蒋炳南摄有《云冈石窟》、孙伏园摄有《云冈石窟古寺大门前》等。

217

三、研究意义

云冈石窟与龙门石窟、敦煌莫高窟、麦积山石窟合称为"中国四大石窟",都是中国古代文化艺术的瑰宝,因此对云冈石窟的研究有重大的意义和价值。

(一)文化价值

云冈石窟是佛教文化思潮兴盛发展的产物,是一项集政治性和宗教性的文化工程。首先,云冈石窟从昙曜五窟的开凿开始,就本着为帝王祈福的目的,并且经历了北魏佛教艺术文化发展的重要时期。这从石窟的建筑构造、石窟佛像、雕刻花纹等方面都有所体现,是中国佛教艺术与古印度犍陀罗艺术的融合。其次,研究云冈石窟对保存本民族文化具有重大意义。民国时期,战争频繁,社会动荡,乱兵劫掠,匪众残毁,保护不当甚至有军阀与民众联合偷盗石佛,售于市肆或国外,使本民族文化遭到极大破坏。因此,需要通过研究唤醒本民族人民保护本国传统文化的意识,共同维护石窟形象,以达到教育当世,影响未来的目的。

(二)旅游价值

云冈石窟作为中国四大石窟艺术宝库之一,不管是地理位置、景区环境,还是文化艺术等方面,都是不可多得的旅游胜地。首先,从地理位置来说,北魏以及之后的朝代,云冈石窟一直处于边塞重镇,能吸引周边各族人士前来参观。民国时期,在平绥路修建之后更是吸引了众多游客,而如今云冈石窟北接内蒙古,又临近北京,交通便利,更是保证了旅游的可进入性。其次,从景区环境来看,云冈石窟山水相映,风景独特,历史悠久,且备受学者、诗人们的青睐。现在随着大同市旅游景区的开发,完善了云冈石窟的基础设施建设,云冈石窟更是闻名中外,其旅游价值也是极高的。

(三)美学价值

云冈石窟也有其独特的美学价值。走进云冈石窟,能够产生山、水、天、佛法合一的美学体验,石窟的开凿是集众多能工巧匠的智慧,充分利用了大自然赋予的东西,使整个石窟与大自然融为一体。人置身洞外,望着满壁的佛像,虽已毁坏一些,但仍能感受到佛法的力量。若置身洞内也能聆听佛陀的教诲,遥望这个石窟,让人不禁感叹人与自然的和谐共生之美。

总之,经过一系列的整理和总结之后,笔者发现民国报刊中关于云冈石窟的内容确实丰富多样,许多日刊、学术期刊、旅游杂志等都有所涉及,深入挖掘研究这些资料不仅可以勾勒出民国时期的石窟变迁,更可以了解民国时期官方、社会群体与云冈石窟的关系,也可以为当今开发与保护云冈石窟提供有益的历史借鉴。

参考文献：

[1] 魏收. 魏书 [M]. 北京：中华书局，2011.

[2] 杨啸谷. 大同云冈石佛寺考 [J]. 三六九画报，1941（9）.

[3] 赵邦彦. 调查云冈造像小记 [J]. 国立中央研究院历史语言研究所集刊，1930，1（4）.

[4] 大同云冈石窟志略 [J]. 国闻周报，1929，6（42）.

[5] 大同兴修云冈石窟寺 [J]. 艺风，1935，3（5）.

[6] 袁希涛. 大同云冈石窟佛像记 [J]. 东方杂志，1920，17（4）.

[7] 张焯. 云冈石窟 [M]. 北京：文物出版社，2008.

[8] 关于保护山西大同云冈石窟石像来往电文 [J]. 国立中央研究院院务月刊，1929，1（4）.

[9] 余逊，容媛. 文化之劫：云冈石佛之恶运 [J]. 燕京学报，1930（8）.

民国时期云冈石窟佛头盗毁事件与媒介传播

张月琴

（山西大同大学云冈文化研究中心，山西　大同　037009）

摘　要：1929 年前，人们对云冈石窟的认知停留在一般性的介绍上。1929 年，《申报》对云冈石窟佛头盗毁事件进行了较为详细的报道，之后云冈石窟的关注度提高，对云冈石窟的报道和文字记载较多见诸报端，出现了梁思成《云冈石窟中所表现的北魏建筑》和戴蕃豫《云冈石窟与域外艺术》等的研究性探讨。

关键词：云冈石窟；《申报》；形象

民国时期，云冈石窟的相关文章见诸报端。这些文章有游记、日记、论文、电文、展览公告等，有的记述云冈石窟游历的所见所闻，有的对云冈石窟的来龙去脉进行考证，有的介绍云冈石窟的艺术。诸多游记、日记中谈及云冈石窟佛头盗毁事件，并呼吁加强对石窟寺的保护。有鉴于此，笔者拟以《晨报》《申报》《国闻周报》《北洋画报》等报刊的报道为视域，回溯云冈石窟盗毁事件，进而透过媒介考察民国时期国人对云冈石窟形象认知的发展变化。

一、1929 年前云冈石窟盗毁事件

云冈石窟"以如此伟大之古迹，而自北魏迁都以后，绝鲜好事之文人为之点染鼓吹，则以地处塞上游踪鲜至故也"[1]。1914 年，京绥铁路通车之后，云冈石窟改变了"龙门造像，宇内知名；武周石窟，言者盖寡"[2]的状态，"京师去大同朝发夕至，游人渐众"[1]。事实上，京绥铁路大同段的开通，不仅使北平与大同之间的距离缩短，也在无形中缩短了大同与其他城市之间的距离，各地来同人数增多。大同东通北平、天津，西达包头、银川，南经怀仁、代县、忻县直至太原，向北则可越过长城到达蒙古、俄国等地。"故民国以来，中外人士对于云冈之记载公布问世者接踵而兴。"[2]不过，云冈石窟的艺术吸引了游客，

也引发了一些人的非分之想,"云冈这个地方虽然渐次地为人所注目,但同时因为外国人爱云冈石佛的艺术想把它带回去,不惜重价来收买,庙内不肖的和尚和本地人,偷偷地把佛头砍下来,卖给外国人,云冈的佛像,大半归于无头了"[3]。

在1929年《申报》对云冈石窟盗毁事件进行报道之前,云冈石窟的佛头就已经开始被零星盗卖。陈垣在《记大同武州山石窟寺》中提到云冈石窟有新凿的斧痕。叶恭绰在其《大同云冈发现经过》中也提及"居沪时,阅报知云冈雕刻为人盗运出国不少。经与文化界同人向各方质问,也不过敷衍了事。但盗挖、盗卖之事,仍未中止"[4]。1918年,叶恭绰、陈垣、俞人凤、郑洪年诸先生一起参观云冈石窟。此文在收入《民国山西读本》中标记为1919年。陈垣和叶恭绰先生的文字中关于云冈石窟佛像盗毁情形的描述是笔者所见较早论及云冈石窟佛像被盗卖的记载。不过,此时云冈石窟的盗毁情形并不严重。1920年,袁希涛在《东方杂志》发表的《大同云冈石窟佛像记》中提到了龙门石窟被盗毁的情形,"我闻伊阙石窟佛像,土人多加削毁"[5],对于云冈石窟的相关情节并没有提及,只是指出云冈石窟历经了千年的沧桑,其破坏、损坏较为严重,希望有关部门能够重视并采取保护措施。

1923年,吴新吾到云冈石窟旅行,将云冈石窟自东至西做了分区和编号,在第4洞窟看到了,"门口有一佛首,新被人盗去,殊为可恨。盗者若为外国人,则为不道德;若为本国人,则毁灭本国文明,实属罪大恶极。第十六洞是大洞,中实干草,失去佛像三尊,有新斧凿痕,确为近时被人盗去者。……第二十四洞亦有斧凿痕,被人盗去佛像两尊"[6]。但是,小规模的盗卖并没有引起世人的警觉,直至1929年10月8日《申报》第17版《教育部保护云冈残余佛像》报道了云冈石窟佛头盗毁事件;10月25日《申报》第10版又以《云冈石佛失去九十六尊》为题,对云冈石窟佛头盗毁事件和各界相关电文进行了较为详细的报道,载"云冈造像石头入市北平古物店,见佛头陈列,询之,知为大同云冈造像之头"[7]。也呼吁各界对云冈石窟进行保护。

二、1929年云冈石窟盗毁事件

能够引起当时国内最著名的报纸的报道,说明1929年的云冈石窟盗毁事件最为猖狂。5月1日,张家口某军副官和古董商在兵士的保护之下利诱当地穷人斫凿佛头。寺僧报案后,警察捕获嫌犯刘某和邢润喜,盗毁事件的缘由也逐渐清晰。贩卖珍贵的造像艺术带来的巨大利益,驱使军官、古董商、无业游民等一起参与盗毁。被盗毁的佛头流向各处,被外国人和一些学术团体购得。

有识之士了解到云冈石窟佛像被盗毁、售卖之后，纷纷强调云冈石窟的艺术价值，呼吁加强对石窟艺术的保护和研究。在强烈的呼声之下，各方开始积极采取行动。1929年《国立中央研究院院务月报》第1卷第4期登载了《关于保护山西大同云冈石像事来往电文》。同年10月15日，蔡元培先生发电文给阎锡山，陈述云冈石窟在中外美术史上的重要意义，"山西大同云冈石像，工程伟大，雕刻瑰奇，出龙门造像之前，集北朝美术之粹，久为世界有识者所称美。近闻被匪偷割，售诸市肆，名迹因以毁损，国宝日就销亡"，蔡元培先生请阎锡山，"电令地方文武长官，先行负责防护，并妥商永久保护之法"；同时，蔡元培先生还发电文给北平古物保存委员会张溥泉先生对云冈石窟立刻采取措施并寻求永久保护之策。阎锡山在电文中对山西采取的措施进行了回复，"云冈石佛，弥足珍贵，承示被人割售，如果属实，深为可惜，已转饬地方官吏将保管经费，列入预算，设法保护矣"[8]。张浦泉先生对云冈石窟盗毁事件也给予关注。"我们正在那里徘徊，就有一位八爷来干涉我们，才知道前几天张溥泉先生来逛云冈，看见庙破了，石佛头也没了，才通知当局驻兵来保护，把偷卖佛头的大法师也捉将官里去了。"[3] 云冈石窟被盗佛像也引起了相关人士的重视，"彦由所派往云冈调查，并与大同县政府接洽保护石窟造像之事"[9]。

1929年，《申报》报道了云冈石窟盗毁事件之后，关于云冈石窟佛像被盗毁的言论也频现于其他报刊。兑之在《大同云冈石窟志略》中提及："近报载该处奸人有盗窃佛像之事。若不早为之所，则千五百年之遗迹，不毁于天然而毁于人力。举世界可痛惜之事，无过于此矣。"[1] 据张焯先生编纂的《云冈石窟编年史》记载丰子恺在《云冈石窟》一文中对各报刊报道云冈石窟佛像盗毁事件做了记述，"去年（1929年）十月间上海各报上载有'云冈石窟失去佛头九十余颗'的消息。略云：大同云冈石佛为我国古代文化美术之胜迹，今年四月至八月间，被无知流氓私将佛头凿下九十余个，零售于外人"[10]。中央及省政府不断命令保护石窟寺，但是佛像盗毁之事仍频频发生。

在1929年之后的文献中，国人对云冈石窟盗毁事件也有记载。1933年闻国新在云冈石窟时，对露天大佛侍佛缺失情况做了描述："两边原各有侍佛一座，现在东面的尚存在，西面的则已连根刨去，只余个身影儿平贴在岩壁上，痕迹尚新，似遭难并不很久。据说又是某某人干的好事。此佛失踪后，晋省当局才加注意。"[11] 1933年9月28日，《北洋画报》有文称："去岁又有某国人来同收买'五头佛'，曾出价数万，幸经地方人士反对，始未沦入外人之手。"[12] 谢国桢参观云冈石窟时，发现"在云冈的石窟大小不下于二三十处，现在有缺坏的，有已经湮没了，被盖成民房的，然而现存的也不下廿多处，因为有许多佛头被

222

人盗卖,现在已经封锁"[3]。陈赓雅先生考察西北,途经大同时参观了云冈石窟,"最可憾者,多数小佛头已为无知乡愚,盗卖于某国人"[13]。1935年,陈兴亚参观云冈石窟时,认为云冈石窟"历百余年始成,艺术之精,为中外人称赞。惜今寺仅存一二,窟亦多湮没,石像或为风雨剥蚀,或为古玩商盗卖,四肢不全者,比比皆是"[14]。

三、报刊报道与云冈石窟的形象传播

《申报》由外国人创办,覆盖区域广泛,分销处遍布各省会城市,在中国极具影响力。云冈石窟佛像盗毁事件被报道后,国人关注事件的调查者、石窟的参观者纷纷而至。笔者通过对目前收集到的民国时期关于云冈石窟的报道、日记、游记、图片等资料做了初步统计分析,可以看出,《申报》报道云冈石窟盗毁事件前后,云冈石窟受关注的程度呈现明显不同。

在云冈石窟盗毁事件广为传播的1929年之前,叶恭绰、陈垣、陈宝琛、袁希涛、吴新吾曾经到云冈石窟参观游览并留有文章。其中,目前学术界公认陈垣先生对云冈石窟的贡献最为重要。陈垣先生的《记大同武州山石窟寺》和《云冈石窟寺之译经与刘孝标》可以说是开启了近代中国研究云冈石窟的先河。叶恭绰跻身政界热心于文物保护、陈宝琛晚年投身教育事业、袁希涛为教育家、吴新吾在油画方面颇有建树。他们在《东方杂志》《晨报》《北京大学日刊》发表的与云冈石窟相关的文章也可以反映民国时期人们对云冈石窟的认识,不过此时人们对于云冈石窟的认知还较为粗浅,停留在一般性的介绍上。婴行在《云冈石窟》一文中指出,云冈石窟的形象被日本、法国学者传播至国外之后,引起了全世界的关注,"但中国听凭外国人去发现、研究、宣传,一向漠然视之,绝不谈起"[10]。

1929年,云冈石窟盗毁事件被《申报》报道之后,与云冈石窟相关的报道和文章开始增多,其形式突破了一般的记述,游记、日记、图片、专题研究等文章也频频出现。同年,《国立中央研究院院务月报》《国闻周报》《燕京学报》《北洋画报》对云冈石窟俱有不同程度的介绍。《北洋画报》在1929年12月12日、1932年10月20日、1933年9月28日均有云冈石窟相关文章刊登。《三六九画报》1941年第9卷第7、第8、第9、第10、第12、第13、第15、第16、第17期,第10卷第2、第3、第4、第5期,侧重于登载云冈石窟的图片,夹杂些许文字介绍。其余,如《国立中央研究院历史语言所集刊》《新中华》《文学》《南大半月刊》《飞鹰》《文华》《快乐家庭》等报刊登载的多为游记、日记等。除了游记、日记、图片之外,还出现了较为系统的研究性文章。正如婴

行的《云冈石窟》一文中所指，他的研究是云冈石窟佛头盗毁之后的"亡羊补牢"之举。陈垣的《云冈石窟寺之译经与刘孝标》、婴行的《云冈石窟》、梁思成的《云冈石窟中所表现的北魏建筑》和戴蕃豫的《云冈石窟与域外艺术》等，这些文章考察了云冈石窟的开凿年代，主持开凿的僧人，对石窟进行了编号、分期，剖析了其艺术形成的源流。特别是，梁思成和戴蕃豫的文章对云冈石窟的艺术形态做了深刻剖析，探讨了云冈石窟在中外艺术史上的地位。戴蕃豫认为，近世学者综览佛教艺术发展途径之后得出了云冈石窟受到了西域艺术的影响，可以称得上石窟开凿的原因之一。北魏时期，"西域文华，骈集代京，佛教艺术，蒙其影响，故意中事矣"[15]。但是，"外寇亟行，燕云之割将重现于今世，正恐云冈之沦丧在旦夕间矣"[16]。20世纪30年代后期，受到战争的影响，到云冈石窟考察和研究的中国人少之又少，见诸报端的文章也寥寥无几。

结语

自云冈石窟被重新发现和认知之后，云冈石窟佛头盗毁事件时有发生，1929年的佛头盗毁事件虽然发生于地方一隅，但在《申报》上报道以后，在社会上引起了强烈反响。分析其主要原因在于：一是《申报》为当时国内影响力颇大的报纸，其发行范围之广可以将消息迅速传播开来；二是事件之恶劣引起了各方的重视。通过对1929年前后十年与云冈石窟相关的文献记载来看，1929年之后，对于云冈石窟的相关报道和研究逐步增多，除了游记、日记、图片之外，深入的研究和探讨也开始出现。这一现象表明，随着云冈石窟形象的传播，人们对它的认知也逐渐深入，其在中国佛教史、艺术史上的地位开始逐步通过媒体展现在国人面前。

参考文献：

[1] 兑之.大同云冈石窟志略[J].国闻周报，1929，6（42）.

[2] 陈垣.记大同武州山石窟寺[C]//苏华，何远.民国山西读本：考察记.太原：三晋出版社，2013.

[3] 谢国桢.晋汾遗踪——民国山西游记[M].南京：南京师范大学出版社，2016.

[4] 叶恭绰.大同云冈发现经过[C]//苏华，何远.民国山西读本：考察记.太原：三晋出版社，2013.

[5] 袁希涛.大同云冈石窟佛像记[J].东方杂志，1920，17（4）.

[6] 吴新吾. 大同云冈游记及其感想 [J]. 晨报五周年纪念增刊, 1923 (12).

[7] 云冈石佛失去九十六尊 [N]. 申报, 1929-10-25 (10).

[8] 国立中央研究院院务月报 [J]. 1929, 1 (4).

[9] 赵邦彦. 调查云冈造像小记 [J]. 国立中央研究院历史语言所集刊, 1930, 1 (4).

[10] 婴行. 云冈石窟 [J]. 东方杂志, 1930, 27 (2).

[11] 闻国新. 云冈途中 [J]. 文学, 1936 (7).

[12] 铮然. 记大同云冈石窟寺 [N]. 北洋画报, 1933-09-28.

[13] 陈赓雅. 西北视察记 [C] //苏华, 何远. 民国山西读本: 旅行集. 太原: 三晋出版社, 2013.

[14] 陈兴亚. 晋省游记 [C] //苏华, 何远. 民国山西读本: 旅行集. 太原: 三晋出版社, 2013.

[15] 戴蕃豫. 云冈石窟与域外艺术 [J]. 边疆人文, 1947 (4).

[16] 周一良. 云冈石佛小记 [J]. 考古社刊, 1936 (4).

融媒体语境下云冈石窟文化的传播策略

王海燕

(山西大同大学新闻学院，山西 大同 037009)

摘 要：从传统媒体到新媒体、全媒体，再到融媒体，技术的发展引领传播形态的变革，点对面的传统线性大众传播模式完全让位于点对点的超越时空限制的多种传播模式。同一信息源头，多次分发于不同信息传播渠道，大大提升了传播的关注度和到达率，这就是融媒体时代带来的全新传播形态。本文以世界物质文化遗产——云冈石窟的文化传播模式为研究对象，构建融媒体时代优秀传统文化全新的传播模式：培育多元化的传播者主体、尊重个性化的消费需求、注重分享式传播等。

关键词：融媒体；云冈石窟文化；传播模式

随着互联网社交媒体的普及和发展，一个融传统媒体与新兴媒体，融传媒与受众于一体的"融媒体"时代迅速到来。融媒体非实体媒体，它是一种传播理念，是一种具体行为，以发展为前提，以扬优为手段，把传统媒体和新媒体的优势发挥到极致，把单一媒体竞争力变为多媒体的共同竞争力，从而为"我"所用[1]；它是一种信息共享，同一传播信息源，经过传播技术处理，分发到不同的新旧媒体平台，供该平台属性用户群进行阅读与传播。"一次采集，多次分发，多种渠道传播"是融媒体时代信息传播的重要特征。传统意义上的传播模式是报纸、广播、电视等，这些报道方式曾经为优秀传统文化的传播立下汗马功劳。融媒体时代这些报道方式不能独立存在，拆分包装、二度创作、分层传播思想必不可少。融媒体时代的传播格局已经发生了翻天覆地的变化，如果不能与时俱进，优秀传统文化将会在海量的信息洪流里渐行渐远。融媒体时代优秀传统文化聚拢移动端是必然的趋势。

一、云冈石窟文化的传播现状

云冈石窟,是以佛教文化为特色的巨型石窟艺术,是中国古代传统文化艺术的瑰宝。它规模宏大,雕刻艺术精湛,造像内容丰富,形象生动感人,是佛教文化最具地域性、代表性和标志性的文化,堪称中国佛教艺术的巅峰之作。"真容巨壮,世法所希",5世纪,云冈石窟以皇家气派矗立于武周山南麓,令人叹为观止。[2]近年来,在政府的倡导和支持下,云冈石窟积极寻求各种传播途径展示自己的文化内涵和艺术魅力,新增设云冈博物馆、美术馆、院史馆、皮影木偶表演馆、影视厅等多种文化项目,在"一带一路"建设背景下,云冈石窟文化立足既定空间,走向世界的传播意义非凡。

目前,大同市政府设立云冈石窟研究院专门领导和组织相关工作。在传统媒体传播方面,通过以新华社、中央电视台、山西电视台等主流媒体紧密播出进行宣传,如2011年央视播出纪录片《云冈石窟》,2015年央视《远方的家》讲述云冈石窟故事,2017年《新闻联播》报道云冈大佛利用3D打印技术成功复制;2017年,《人民日报》《人民日报海外版》《光明日报》相继报道《云冈石窟佛造像》,与此同时,凤凰卫视以专题报道的形式聚焦云冈石窟,让世界领略了一个高大上的云冈石窟;2018年,央视《旅游指南》摄制组来到云冈景区拍摄旅游专题片。在互联网传播方面,截至2019年8月20日,人民网累计发布1011篇关于云冈石窟的报道,内容涉及云冈石窟的历史、影响力以及3D打印技术与VR技术应用创造的成果;网易报道云冈石窟频次也很高,从云冈景区建设的创新、石窟历史和保护等方面都给予了相当篇幅的关注。2017年,全球媒体竞相报道云冈石窟第3窟原比例复制项目成功落成的喜讯,《环球时报》、新华社以中、英、俄、法等多种文字发布,港澳台多家新闻网站、腾讯网、搜狐网、新浪网等国内几十家网媒专门刊发大篇幅报道,引起强烈反响。2018年,"网媒看大同"全国网络媒体报道团走进享誉世界的云冈石窟景区,瞻仰历经千年风雨的中华艺术瑰宝;同年,"爱奇艺"播出《博物奇妙夜——马未都解读云冈》,吸引了大量年轻人对云冈石窟的关注。当然,云冈石窟官方网站、微信、微博、APP每一次都会第一时间发布相关新闻,并做成专题发布后续报道,引起强烈反响。在线下活动方面,走入校园、应邀参加各种旅游大会、博物展览大会等,举办"金牌讲解员"活动,开展"文物知识培训班",全方位展示云冈石窟形象,让更多的人了解了云冈石窟文化。

在地方政府的重视下,云冈石窟依托传统媒体和新媒体构建基础宣传,知名度和美誉度得到了有效传播,成绩斐然。但在融媒体环境下,传统媒体和新媒体的宣传也存在诸多不足，依然可以继续完善提升。其一，地方政府和云冈石窟研究院承担着云冈文化传播的主体作用，有待于传播主体的多元化；其二，云冈文化以其内蕴的文化和艺术价值，吸引着各种传播渠道的报道，但是各自为政，需要由整合分散传播转化为集中融合传播；其三，传播形式缺乏时代感，更多的是传统传播形式，对于融媒体时代下受众的需求关注不够；其四，2011年，云冈石窟成为山西省文化产业发展示范基地，但文化产业发展的道路任重道远。

二、融媒体时代云冈石窟文化传播的新思考

融媒体时代的关键词就是"多元化"，涵盖传播主体、传播媒介、传播语境、传播过程和传播效果等，云冈石窟文化的传播必须掌握融媒体时代的传播规律，选择合适的传播渠道和传播方式，既要发挥各种媒体的优势，又要确保传统文化的正确传播。云冈石窟围绕"新媒体与传统文化传播"这个时代课题做出了有益的、有担当的探究。积极发挥品牌优势，整合省内外媒体资源，全力打造以云冈石窟文化为主题，以弘扬中华优秀传统文化为宗旨的新兴媒体群；团结各方力量，为云冈石窟文化研究和传承传播做出更大贡献。云冈石窟文化的传播值得我们做出一些新的思考。

（一）培育多元化的传播主体

科技推动传媒变革，点对点的传播已经完全颠覆了点对面的大众传播模式。人人都可以在不同场景下获取传播内容，充当传播主体。融媒体时代的重要特征就是变单一媒体的竞争力为多个媒体共同的竞争力。传播主体单一化，注定传播效果微弱化。云冈石窟文化现在的传播主体主要是依托政府利用传统媒体、网络媒体和自身的官网、微信、微博进行报道。如果能将学校、文化公司、旅游企业、社会组织都转化成云冈石窟文化传播的主体，并且主动发布和传播，善于制造热点，形成话题，吸引社会群体关注，就会形成多维传播格局。文化座谈、文艺演出、社交活动、互动活动、文化展览都是培育多元化传播主体的发力点。云冈石窟发起的"云冈石窟文物知识培训"活动，让文物知识"走入寻常百姓家"，不再高冷深奥，从而让更多的人爱上文物，传播了文物知识，让文物"活"了起来。

同时，云冈文化研究的专家学者以其深厚的学术造诣，完全可以成为云冈文化传播的意见领袖，所以对这些文化学者进行包装和塑造，让其成为佛教文化领域的话语领袖切实可行。云冈石窟研究院推出的"历史名家讲坛游学"就是一种尝试，云冈石窟的历史和艺术成绩得到了很好的宣传，成为一种强有力的文化传播模式。

（二）尊重个性化的消费需求与体验

受众在哪里，我们的传播就应该到达哪里。融媒体时代，受众需求达到了空前的多样化，必须尊重用户需求和供给方面的互配。如何围绕受众需求研发定制型的传播模式成为一个重要课题。融媒体时代衡量一个媒介产品是否优秀的重要标准是能否培育受众成为传者。策划媒介产品需要从思维方式、语言表达、行为特征、心理诉求、话语领袖等方面综合考量，在迎合而不盲从中找到最合适的传播路径。云冈石窟作为佛教文化的典型代表，博大精深，用年轻人喜欢的方式做文化内涵的呈现，轻松又精致，准确又自由。一种文化的吸引力在于它与受众的对话方式，运用创意活动是一种非常好的满足个性化需求的方式。开发互动游戏，通过虚拟现实技术让参与者足不出户便可参观。截至2018年3月，短视频用户规模已达4.61亿个，短视频传播平台势头十足，以短视频的方式进行云冈石窟文化的传播成为满足受众个性化需求的必然选择。云冈石窟文化传播做了积极的尝试，如结合网络流行语，通过C位解读石窟，让云冈文化具有现代色彩，适合年轻人的喜好。线下主办相关知识培训班，如壁画保护修复与日常保养，深入挖掘世界文化遗产的历史与文化内涵，更好地传承了传统文化。云冈石窟的皮影、木偶馆等演艺中心，以及北魏《皇家礼佛》巡游表演、北魏民间风情展示都可以借助于移动端进行直播，大大满足游客的需求。

融媒体平台的打造提供了渠道传播的可能性，但不代表内容传播的必然性。融媒体时代还要考虑它对社交的应用，跟别人聊天的时候转发、分享并加上个人的意见，受众的主体意识不断加强。强烈的自我分辨力，特别尊重自我的"感同身受"。3D打印、数字壁画、VR体验，全方位、多层次展现云冈石窟的经典艺术魅力，体现现代科技与文化遗产的完美结合，"行走的"云冈，无与伦比的精彩。云冈石窟研究院发起的摄影艺术大赛，让游客在体验中记录心目中的云冈美景。以这种思维传播云冈石窟文化，还可以尝试对市民开展"诗文创作"征集活动，"我与云冈石窟短视频"评选，线下开设手工制作，文化课程、社交体验活动，在体验中感悟，在体验中传播。

（三）依托大数据的精准传播

清除垃圾信息和整理、利用大数据是融媒体发展的重要特征。受众在融媒体环境下是重要的生产资源，任何传播行为和社会动态都会被捕捉，捕捉之后的大数据就是生产力。这就给传播的精准性以重要的参照，实现了精准营销。[4]云冈石窟通过官网、微信、微博、电视、互联网、移动终端的每个信息传播，都可以成为数据采集、分析、分类的样本依据。从性别、年龄、喜好、文化层次、接受形式、参与程度等方面进行分类，绘制每一类群体的"人物画像"，从而为之后的传播实现精准传播，最大限度地实现内容的价值。大数据支撑精准传播已经不再是难题，《衣观云冈》《云冈石窟数字化成果亮相福州博博会》《诗赋：云冈石窟》等精彩内容通过大数据的支撑，可以真正找到自己的目标受众，当在目标群体发生"感同身受"情感共鸣时，分享式传播也将同步展开。

（四）注重分享式传播

在微信和微博未出现之前，我们在互联网进行的交流，几乎都是通过论坛、博客这样单向或双向的方式沟通，人们的影响力非常有限，但是当微信和微博这种社交媒体出现后，就带来了不一样的变化。在社交关系场景中，"分享"是必不可少的思维，产品设计必须给用户足够的分享空间。分享式传播最重要的是抓住用户心理，提供足够的传播动力，在每个环节降低用户操作门槛。融媒体时代，"90后""00后"是主力军受众，他们是"原生态的网络住民"，因此云冈石窟文化传播中绝不能忽视社交化传播，必须发布能引发关注并且能迅速扩展的信息，给受众创造能参与互动分享的媒介产品，让充满正能量的云冈石窟文化在社交朋友圈中产生长尾效应。云冈石窟的开凿背景、造像特点如果能结合长图、横图、H5、手游等技术，很容易产生"吸睛点"，实现让受众参与互动、融入情景进行分享式传播。比如，利用社交媒体发起"牵手云冈——十佳志愿者评选活动推介会"，鼓励游客实地参观游览之后书写游记也是一种书写云冈风采的有力方式。如"2018云冈金牌讲解员"，可以让网民参与投票，带动全市人民的参与度与关注度，在提高讲解员业务素质的同时，讲好大同故事，展示云冈风采；以及"山西十大镇馆之宝"网络评选活动将云冈石窟文化在社交场景中发扬光大。

（五）打造全球化理念下的文化传播产业

围绕国家的文化战略，发挥平台功能，促进传统文化与科技、教育、旅游、设计、知识版权、文创产业等行业的交互融合是必然要求。山西省大力扶持和发展文化旅游产业，将文化旅游列为山西省结构调整的十大产业之一。近年来，云冈石窟在注重遗产保护和建设的同时，在文创产业上着重发力，研发文体小产品、明信片、北魏石砚（仿）、邮票、图书、影像、纪念品、平城魏都十二品，承载文化内涵，跨越时空限制展示云冈石窟的形象，并且同步云冈石窟官方淘宝店，云冈石窟官方微店进行销售。[5]近期亮相"第八届中国博物馆及相关产品与技术博览会"的佛光书签，"萌"菩萨鼠标垫等，进行再现传播，都是很好的产业化实践，可以让更多的人了解云冈石窟文化。云冈石窟未来的发展之路应该是在做好世界遗产传承和保护的同时，注重文创形式与运营方面的成果，让云冈石窟的文化价值得以综合显现。

融媒体时代，传播方式多样化，完全超越时空限制，是一个传播矩阵。这为云冈石窟立足既定空间走向全球提供了难得的机遇。纵观佛群，石雕满目，蔚为大观。云冈石窟的开凿与佛教的东传、中西文化交流有着密切关联，既有印度、中西亚艺术元素，也有希腊、罗马建筑造型、装饰、纹样、相貌特征等，反映了世界各大文明的融汇交流，是中华艺术宝库中独一无二的宝贵遗产。云冈石窟作为"一带一路"历史辉煌的见证者，在当今时代，承担文化交流的使者有着可能性与必然性。目前，云冈石窟通过汉语、英语、日语三种语言进行对外传播，在全球化传播过程中，务必寻求与国际受众对接的完美形式，克服文化差异、思维方式、语言表达等跨文化传播的障碍。以合适的形式在合适的时机搭建合适的平台，云冈石窟文化可以置于传统表现形式中，如书画创作、音乐传播、歌舞表演的形式，抑或是寻求与国外文化的融合，给受众无障碍的软浸染，传播博大精深的云冈石窟文化，为加强国际文化的交流添砖加瓦。

三、结语

鉴于融媒体时代传统文化传播呈现出的新特征，在云冈石窟文化传播实践中一定要遵循新的传播规律，培育多元化的传播主体，尊重受众的"感同身受"，围绕受众需求研发定制型的传播模式，以"培育"受众带动分享式传播，增强裂变式传播的原动力。以大数据作为精准传播的支撑，创造出更多针对个性化需求的云冈石窟文化内容，为参与者创造舒适的体验感。同时，立足既有空间，放眼全球文化传播，既做好世界遗产传承和保护，又注重文创形式与运营方面的成果，让云冈石窟的文化价值得以综合显现，力争使云冈石窟文化传播内容一经发出就在融媒体不同载体中复制、蔓延、发酵，实现永续传播的长尾效应。

参考文献：

[1] 梁童捷. 县级融媒体中心发展浅议 [J]. 新闻研究导刊，2018（9）.

[2] 赵一德. 云冈石窟的文化价值 [C] //中国古都协会. 中国古都研究（第10辑）：中国古都学会第十届年会暨学术研讨会论文集. 天津：天津古籍出版社，1992.

[3] 佚名.2018新媒体内容实践峰会圆满结束 [EB/OL] . （2018-10-07）

[2019-8-25]. http://www.ftvmi.com/.

[4] 穆彤. 浅谈融媒体时代下的大数据研究[J]. 传播力研究, 2019 (12).

[5] 黄芙蓉. "互联网+"视角下文化产业经营管理模式改革[J]. 统计与决策, 2015 (24).

皇族礼制·文化认同

多才多艺的北魏冯、胡太后

杜成辉 刘美云

(山西大同大学辽金文化研究所,山西 大同 037009)

摘 要:北魏冯太后和胡太后以政治上敢作敢为著称,二人也擅长文墨,雅善辞章,能够在亲览万机、手笔断决之余,与群臣以诗歌酬唱,并有诗作存世。冯太后的《青台雀》工整典雅,谱曲后入国乐;胡太后的《杨白花》哀婉动人,后来成为乐府杂曲歌辞名,历代文人吟咏不绝。

关键词:北魏;冯太后;胡太后;多才多艺

北魏太后以干政著称,在政治上富于谋略,敢作敢为,不少举措深受好评,对后世影响深远。然而,也有擅长文墨者,其中尤以文明太后冯氏和灵太后胡氏最具代表性,二人均曾与群臣以诗歌相酬唱,并有诗作存世。

一、文明太后冯氏

冯太后是我国历史上的杰出人物之一,她采取的各种改革措施,对我国封建社会历史产生了深远影响[1],古今历史学家对其推崇备至。这位巾帼英烈,与历史上任何一位有作为的帝王相比,都毫不逊色,人们对其政治改革成就推崇备至。然而,鲜为人知的是,冯太后也具有很高的文学修养,有诗作传世,并在谱曲后入国乐演唱。

(一)雄才大略 开启盛世

冯太后(442—490年),长乐信都(今河北冀州)人,汉族,祖父为北燕末代国王冯弘。北魏太延二年(436年),太武帝拓跋焘攻灭北燕,冯弘逃奔高句丽,其子冯朗归降北魏,后历任秦州、雍州刺史,封西郡公。冯朗妻乐浪(今朝鲜平壤)王氏,为冯氏生母,冯氏出生于长安(今陕西西安)。

冯氏幼年时,父亲冯朗被太武帝诛杀,她被没入平城(今山西大同)皇宫。庆幸的是,冯氏的姑母是太武帝的左昭仪,她入宫后得到了姑母的照顾。正平二年（452年）十月，12岁的拓跋濬被立为帝，是为文成帝。冯氏被新登基的文成帝选为贵人，时年11岁。宫人李氏生下一子，取名拓跋弘，并于太安二年（456年）被立为皇太子。按北魏旧制，太子生母李氏被赐死，太子由冯氏抚养。不久冯氏被册立为皇后，时年14岁。

和平六年（465年）五月，年仅25岁的文成帝病逝。在焚烧文成帝生前衣物的仪式上，痛不欲生的冯氏哭喊着纵身跳入火堆，准备殉情，被侍从拉了出来，昏迷很久才苏醒过来。12岁的皇太子拓跋弘即位，是为献文帝，尊冯氏为皇太后。后朝政危机，冯太后采取果断措施，捕杀了欲趁机谋反的太原王、车骑大将军乙浑，宣布临朝称制，掌握了朝政大权，稳定了政局。

这次临朝听政持续了18个月。皇兴元年（467年）八月，献文帝妃李夫人生子拓跋宏，冯太后十分高兴，决定停止临朝，让14岁的献文帝亲政，由自己来抚养皇孙。不料献文帝亲政后，对冯太后信任的人加以贬斥，导致了与冯太后的冲突。皇兴四年（470年），冯太后宠臣都官尚书李弈被献文帝处死，使冯太后深为不满。皇兴五年（471年），献文帝将皇位内禅给5岁的儿子拓跋宏，是为孝文帝。献文帝虽然做了太上皇，但仍勤于政事，与冯太后的关系也日渐疏远。承明元年（476年）六月，献文帝暴死，很可能为冯太后谋杀。冯太后第二次临朝听政。

冯太后发挥高超的政治智慧，对北魏的政治、经济和风俗习惯等进行了一系列大刀阔斧的改革，如兴办学校，推行俸禄制、"均田制"和"三长制"等，促进了北魏政权向封建制的转化，使北魏的国力逐渐强盛起来。她严惩腐败，关心民间疾苦，尽量为百姓排忧解难。在生活上，她厉行节约，反对铺张浪费，并且以身作则，营造了良好的风气。如她穿戴的都是普通的衣服，没有华丽的装饰；她改变过去花样繁多的用餐旧制，平日只在一种特制的小饭桌上就餐，仅放几种简单的饭菜，使皇宫的食谱比原来减少了十分之八。她生前对自己的丧葬做了安排，一切从俭，坟墓不过三十步，内室一丈见方，棺椁很普通，不用随葬器物，甚至连一般的素帐、陶瓷也都不要。后来坟墓和内室扩大一倍，那是孝文帝擅自改动的。[1]冯太后重视文化教育，最早在地方上设立乡学，每郡置博士二人，助教二人，学生六十人，以后大郡增置助教两人，学生增加到一百人，小郡学生也增加到八十人。她还尊崇孔子，下诏祭祀孔庙，封孔子二十八世孙孔乘为崇圣大夫。[1]

太和十四年（490年）九月，冯太后于平城皇宫的太和殿去世，享年49岁。谥文明太皇太后，葬于方山永固陵（在今山西大同北）。永固陵始建于北魏太和五年（481年），历时8年而成。陵园以永固陵为中心，由万年堂、永固石室、思远佛寺、御路、灵泉宫、灵泉池等建筑组成,是一处集墓葬、园林、佛寺于一体的大型陵园,在历代帝陵中有其独特性。

据郦道元《水经注》卷十三载:"羊水又东,注于如浑水,乱流径方山南,岭上有文明太皇太后陵,陵之东北有高祖陵。二陵之南有永固堂,堂之四周隅雉,列榭阶栏及扉户、梁壁、椽瓦,悉文石也。檐前四柱,采洛阳之八风谷黑石为之,雕镂隐起,以金银间云矩,有若锦焉。堂之内外,四侧结两石跌,张青石屏风,以文石为缘,并隐起忠孝之容,题刻贞顺之名。庙前镌石为碑兽,碑石至佳,左右列柏,四周迷禽暗日。院外西侧,有思远灵图,图之西有斋堂,南门表二石阙,阙下斩山,累结御路,下望灵泉宫池,皎若圆镜矣。如浑水又南至灵泉池,枝津东南注池,池东西百步,南北二百步。池渚旧名白杨泉,泉上有白杨树,因以名焉,其犹长杨、五柞之流称矣。南面旧京,北背方岭,左右山原,亭观绣峙,方湖反景,若三山之倒水下。"[2]

高祖指孝文帝,庙号高祖。高祖陵即万年堂,为孝文帝衣冠冢。北魏故都平城(旧京)北面的方山、永固陵周围景观尽在笔下。唐朝诗人温庭筠在游览冯太后墓后,曾赋《题元魏冯太后永固陵》诗云:

云中北顾是方山,永固名陵闭玉颜。

艳骨已消黄壤下,荒坟犹在翠微间。

春深岩畔花争放,秋尽祠前草自斑。

欲吊香魂何处问?古碑零落水潺湲。

表达了唐人对于一代英后的崇敬之情,表明在唐代永固陵依然保存较好。冯太后深受百姓爱戴,即使在北魏末年六镇起义、故都平城被毁为废墟,甚至隋唐战乱时,永固陵也没有受到破坏。但在金代,永固陵遭受严重破坏,往日建筑不复存在,只剩下残垣断壁供人凭吊。

(二)诗作传世 辞入国乐

冯氏自幼受到良好的汉文化教育,史载其"性聪达,自入宫掖,粗学书计。及登尊极,省决万机",又载"及高祖生,太后躬亲抚养"。[3]她雅善辞章,著述丰富,史载:"太后以高祖富于春秋,乃作《劝诫歌》三百余章,又作《皇诰》十八篇,文多不载。"[3]冯太后对孝文帝的培养可谓费尽心血,《劝诫歌》和《皇诰》的创作,也表明其颇具文学功底。在冯太后的精心培育下,孝文帝"雅好读书,手不释卷,五经之义,览之便讲,学不师受,探其精奥。史传百家,无不该涉。善谈《庄》《老》,尤精释义。才藻富赡,好为文章,诗赋铭颂,任兴而作。有大文笔,马上口授,及其成也,不改一字。自太和十年已后诏册,皆帝之文也。自余文章,百有余篇"[3]。足见其文学造诣之高深,而其中冯太后的教养功不可没。李冲曾为《皇诰》作注，吕文祖又用鲜卑语译注，说明其曾被普遍颁布，而文意艰深。

《魏书》因其内容太多而没有录入，其文今佚。吕思勉先生说："孝文之为人，盖全出文明太后所卵育；其能令行天下，亦太后专政时威令夙行，有以致之。故后实北魏一朝极有关系之人物也。"[4]《魏书》卷五十四《高闾传》载：

又议政于皇信堂，高祖曰："百揆多途，万机事猥，未周之阙，卿等宜有所陈。"闾对曰："臣伏思太皇太后十八条之令，及仰寻圣朝所行，事周于百揆，理兼于庶务。孔子至圣，三年有成；子产治郑，历载乃就。今圣化方宣，风政骤改，行之积久，自然致治。理之必明，不患事阙。又为政之道，终始若一，民可使由之，不可使知之。政令既宣，若有不合于民者，因民之心而改之。愿终成其事，使至教必行。臣反复三思，理毕于此，不知其他。但使今之法度，必理、必明、必行、必久，胜残去杀，可不远而致。"[3]

高闾所言"太皇太后十八条之令"，可能就是指冯太后所制《皇诰》十八篇，从中我们可以获知一些《皇诰》的内容，主要为政治制度和规则，高闾对其颇为推崇，评价甚高，认为只要坚持实行，就会"自然致治"。

《太平御览》卷一百七十八录冯氏所作《青台歌》一首，其《居处部六·台下》条云：

又曰：金河府青台，方山北五里，文明太后恒于六宫游戏，因歌曰："青台雀，青台雀，缘山采花额颈着。"其曲并在大乐部。

又曰：金河府，自平城遥登台出渴钵口，梁元帝横吹诗曰："朝发青陂道，暮宿白登台。"即天女神生后魏始祖神元地也。[5]

方山即今山西省大同市新荣区镇川乡西寺儿梁山，南距大同市区25千米，与长城相邻，海拔1447米，周围群山耸峙，御河从旁流过，风景秀丽，冯太后墓永固陵位于山顶南部，古代以"魏陵烟雨"列为云中八景之一。北魏时期，这里建有皇家行宫灵泉宫，旁有灵泉池。《魏书》载："太后曾与高祖幸灵泉池，燕群臣藩国使人、诸方渠帅，各令为其方舞。高祖帅群臣上寿，太后忻然作歌，帝亦和歌。遂命群臣各言其志，于是和歌者九十人。"[3]可见冯太后曾与孝文帝在灵泉池宴会使臣，并与群臣诗歌酬唱，和歌者竟多达九十人，也表现出冯太后的文学修养非同一般。青台当在方山北外长城边上。诗中描写了在方山青台游玩嬉戏的情景，将后妃宫女比作快活的麻雀，沿山采花戴在额头和脖颈上，可谓细致入微，一副太平景象。虽然只有三句，却是传世最早的皇后诗作之一，在现存皇后诗中仅次于曹魏文帝后甄氏之《塘上行》，逯钦立将其辑入《先秦汉魏晋南北朝诗》北魏诗卷二。大乐，指典雅庄重的音乐，古代用于帝王祭祀、朝贺、燕享等典礼。《礼记·乐记》："大乐与天地同和，大礼与天地同节。"汉徐幹《中论·治学》："大乐之成，非取乎一音。"冯太后的诗歌在谱曲后加入大乐，说明其工整典雅。歌辞能入大乐，这在历代后妃中恐怕也是最早的。梁元帝萧绎（508—555年）博学多才，也是一位出色的文学家。白登台即今大同市东北七里的马铺山，古称"白登山"。

冯太后十分喜欢方山，据统计，她和孝文帝19年间共巡幸方山38次[6]，年均2次，以游玩为主，也包括对陵园工程的监管，以及后来孝文帝对太后陵园的祭祀拜谒。《魏书》卷十三载：

> 太后与高祖游于方山，顾瞻川阜，有终焉之志。因谓群臣曰："舜葬苍梧，二妃不从。岂必远祔山陵，然后为贵哉！吾百年之后，神其安此。"高祖乃诏有司营建寿陵于方山，又起永固石室，将终为清庙焉。太和五年起作，八年而成，刊石立碑，颂太后功德。[3]

冯太后自己立陵，而不与丈夫合葬于皇陵，尽显改革家的胆识。《魏书》载孝文帝安葬冯太后之后所颁诏书云：

> 尊旨从俭，不申罔极之痛；称情允礼，仰损俭训之德。进退思惟，倍用崩感。又山陵之节，亦有成命：内则方丈，外裁掩坎；脱于孝子之心有所不尽者，室中可二丈，坟不得过三十余步。今以山陵万世所仰，复广为六十步。辜负遗旨，益以痛绝。其幽房大小，棺椁质约，不设明器。至于素帐、缦茵、瓷瓦之物，亦皆不置。此则遵先志，从册令，俱奉遗事。而有从有违，未达者或以致怪。梓宫之里，玄堂之内，圣灵所凭，是以一一奉遵，仰昭俭德。其余外事，有所不从，以尽痛慕之情。其宣示远近，著告群司，上明俭诲之善，下彰违命之失。[3]

诏书中也引用了冯太后遗命的部分文字，可见其对葬事从俭的安排，令孝文帝十分为难，彰显了反对铺张浪费的可贵品德。冯太后将遗命颁于金册，其中尚有"逾月而葬，葬而即吉"等内容，"令早即吉者，虑废绝政事故也"[7]，也就是要孝文帝在葬礼之后即除去丧服，参与吉礼，为的是不让孝文帝耽误政事，事见《资治通鉴》卷一百三十七。冯太后在自己葬礼的安排上，处处以江山社稷为重，也为后人树立了典范。

二、灵太后胡氏

胡太后是北魏继冯太后之后另一位两次临朝称制，在政治上敢作敢为，又多才多艺的太后。在她称制前期，北魏达到极盛时期，离自己称帝也只差一步，但后期因朝制腐败，很快盛极而衰，各族人民起义沉重打击了北魏的统治，她自己也最终沉河身死。胡太后的经历与后来的女皇武则天有几分相似，其当政时期是北魏由盛转衰的转折点。

（一）两次称制　敢作敢为

胡太后（491—528年），名仙真，安定临泾（今甘肃镇原东南）人，汉族，孝明帝登基后称胡太后。胡太后祖父胡渊在太武帝攻打夏国统万（今陕西横山境内）时归降北魏，赐爵武始侯，父胡国珍袭封武始伯。她聪敏颖悟，幼时依靠出家为尼的姑母，粗知佛经大义。

孝文帝去世后，太子元恪继位，是为宣武帝。胡太后的姑母利用出入内宫宣讲佛经之机，通过宣武帝左右近人，称赞胡仙真姿行，宣武帝听后心动，于是将她召入内宫，为承华世妇。由于当时北魏实行残酷的"立子杀母"制度，后妃们都害怕怀孕，即使怀孕了也是愿生诸王、公主，而不愿因生太子而无辜丧命，致使宣武帝面临绝嗣的状况。胡仙真则与众不同，公开宣称："天子岂可独无儿子，何缘畏一身之死而令皇家不肯冢嫡乎？"在她怀孕后，"幽夜独誓云：'但使所怀是男，次第当长子，子生身死，所不辞也。'"[3]永平三年（510年），胡氏生子元诩，宣武帝很高兴，晋升她为充华嫔。两年后，延昌元年（512年）冬十月，"立皇子诩为太子，始不杀其母"[7]，北魏建国以来一直实行的"立子杀母"制度宣告终结。胡氏勇敢地向旧制度挑战，不愧有胆有识。

延昌四年（515年）正月，宣武帝病逝。5岁的太子元诩即皇帝位，是为孝明帝。孝明帝即位后，其生母胡氏被尊为太妃，不久又尊为太后，移居太后所居的崇训宫，胡氏取得了临朝称制的资格。

胡太后很有才干，在临朝听政之初，亲自批阅朝臣奏章，审理重大案件，考核地方官员，一时间朝纲整肃。胡太后采取了一些果断措施，如依靠汉化的宗室贵族和汉士族，暂停对南朝的战争，平息羽林、虎贲之乱，颁布《停年格》，敕令制造申讼车等，在稳定局势和促进社会发展方面发挥了积极作用，北魏出现了"神龟、正光之际，府藏盈溢"[3]的繁盛局面。

在政局稳定，国力渐趋强盛的情况下，胡太后变得骄奢起来，开始放纵情欲。她带头奢侈浪费，曾让大臣到仓库里尽力取绢帛，归为己有，当时绢可做货币使用。在她的带动下，贵族官僚奢侈浪费、贪污腐败、重租盘剥成风。她又大兴土木，修建佛寺和滥施钱物。如她亲自奠基修筑的永宁寺，金像高一丈八，"佛殿如太极殿，南门如端门，僧房千间，珠玉锦绣，骇人心目，自佛法传入中国，塔庙之极，未之有也"[7]。她佞佛法耗费的钱财和人力，已超出北魏经济的承受限度，百姓劳役繁重，苦不堪言，怨声载道。

胡太后的所作所为激起朝野内外的不满。神龟三年（520年）七月，发生了以其妹夫元叉和宦官刘腾为首的宫廷政变，他们杀死太尉、侍中、清河王元怿，宣称"还政于帝"，把胡太后幽禁在后宫嘉福殿，年方10岁的孝明帝元诩被软禁在显阳殿，禁止二宫来往。元叉和刘腾互为表里，共树党羽，专权擅政，贪得无厌。这场政变成为北魏由盛到衰的转折点。

正光四年（523年）刘腾死后，由于元叉对胡太后疏于防备，胡太后便利用母子亲情打动儿子孝明帝，迫使元叉解除了二宫之禁，重获自由。胡太后趁机与高阳王元雍合谋夺取元叉的兵权。正光六年（525年），元叉被迫辞去领军将军职务，后被贬为庶民，赐死于家中。胡太后再次临朝摄政。

胡太后重用一批佞臣，主要有元徽、郑俨、徐纥、李神轨等，这些人"手握王爵，轻重在心，宣淫于朝，为四方之所厌秽。文武解体，所在乱逆，土崩鱼烂，由于此矣"[3]。葛荣和杜洛周领导的两支农民起义军势力发展迅猛，孝昌三年（527年），横扫河北，兵锋直指洛阳。崛起于北秀荣（今山西朔州）的尔朱荣集团势力强大，雄居北方。形势岌岌可危，可胡太后不但不检点行为，而且权欲极度膨胀，竟然想做女皇。她"临朝听政，犹称殿下，下令行事。后改令称诏，群臣上书曰陛下，自称曰朕"[3]。她诛杀孝明帝的亲近，使孝明帝深感处境危险，便向车骑将军尔朱荣求援。结果，武泰元年（528年）二月，胡太后毒杀了19岁的孝明帝，先诈以潘充华所生女为男，立为太子，后又立临洮王之子3岁的元钊为帝，朝野震动，胡太后等成为众矢之的。

尔朱荣拥立孝明帝的心腹元子攸为帝，是为孝庄帝。尔朱荣举兵南下，进军洛阳，守军非降即逃，"百僚相率，有司奉玺绂，备法驾，至奉迎于河"[3]。胡太后的佞臣四散逃窜，她自己也落发入道。尔朱荣处置胡太后及其党羽，在河阴（今河南孟津东北）进行了一场血腥大屠杀，二千余朝官惨遭杀害，胡太后和幼主也被沉入黄河，史称"河阴之变"。

胡太后妹冯翊君将其收瘗于双灵寺。至孝武帝时，方以皇后之礼重新安葬，追谥号曰灵。

（二）文武双全　诗作名世

胡太后文武双全，多才多艺。她武艺高强，精于射术，曾在西林园命侍臣射箭，自射针孔中之；又登鸡头山，自射象牙簪，一发中的，敕示文武[3]，其射艺即使与历代名射手相比也毫不逊色。在对南朝萧梁的寿阴一战中，胡太后亲自指挥部署，用人得当，捷报频传，最终大获全胜。这些作为都使得她在文官武将中颇具威望。她也擅长文墨，"颇好读书属文"[7]，能作诗，《魏书》本传载：

太后性聪悟，多才艺，姑既为尼，幼相依托，略得佛经大义。亲览万机，手笔断决。幸西林园法流堂，命侍臣射，不能者罚之。又自射针孔，中之。大悦，赐左右布帛有差。先是，太后敕造申讼车，时御焉，出自云龙大司马门，从宫西北，入自千秋门，以纳冤讼。又亲策孝秀、州郡计吏于朝堂。

胡太后与肃宗幸华林园，宴群臣于都亭曲水，令王公已下各赋七言诗。胡太后诗曰："化光造物含气贞。"帝诗曰："恭己无为赖慈英。"王公已下赐帛有差。[3]

从"亲策孝秀、州郡计吏于朝堂"，以及与群臣赋诗来看，胡太后的文化修养确实非同一般。胡太后另有《杨白花》诗传世。武都（今属甘肃）仇池人杨大眼为北魏名将，历任平东将军、荆州（今属湖北）刺史，其妻潘氏，也长于骑射，有子杨华。《梁书》卷第三十九载，杨华少有勇力，容貌魁伟，胡太后逼通之，杨华在父亲去世后率部下投奔南方的梁朝。胡太后思念杨华，于是作《杨白花歌辞》，"使宫人昼夜连臂蹋足歌之，辞甚凄惋焉"[8]，歌辞如下：

阳春二三月，杨柳齐作花。春风一夜入闺闼，杨花飘荡落南家。含情出户脚无力，拾得杨花泪沾臆。秋去春还双燕子，愿衔杨花入窠里。

这首恋歌对爱情的表白十分大胆，也非常巧妙，充满芬芳悱恻、哀感顽艳之情。首四句脱胎于南朝诗人鲍照（414—466年）《拟行路难》八之"中庭五株桃，一株先作花。阳春夭冶二三月，从风簸荡落西家"，暗写与杨华的恋爱。春风入闺闼比喻春心荡漾，萌生爱意；杨花落南家暗指情人舍己而去，投奔梁朝。后四句寄托相思情愫，因思念情人而感到双脚无力，表现失恋女子的娇慵之态；拾得杨花而泪流沾襟，乃睹物思人，情不自禁。因为爱深思切，故忽发奇想，盼望秋去春来的双燕能衔杨花入巢，将情人带回身边。诗中比兴皆用，杨花既是普通的自然物象，又是胡太后朝思暮想的心上人。全诗句句写杨花，又句句诉相思，只有像胡太后这样敢作敢为的女子，才能写出这等感情炽烈的诗篇。南宋许𫖮（字彦周）《彦周诗话》评曰："此词亦自奇丽。"明代钟惺《名媛诗归》评曰："有狐媚气，有英雄气，妙在音容声口全然不露，只似闲闲说耳。"[9]明末清初王夫之的《船山古诗评选》评价道："胡妇媟词，乃贤于南朝天子远甚。"清人沈德潜将其编入《古诗源》，并评曰："音韵缠绵，令读者忘其秽亵。后人作此题，竟赋杨花，失其旨矣。"给予了很高的评价，但沈氏将"秋去春来"改为"春去秋来"，则不妥当，与燕子的迁徙习性不符。清张玉谷《古诗赏析》评曰："用笔双关，饶有古趣。"《杨白花》与《木兰辞》一样，都是描写北朝妇女的著名诗篇。诗人吴奔星说："诗贵画人。《杨白花》一诗画出了己的外貌与内心，可以不朽了。"又说，"北朝妇女虽然也具备着作为女性的温柔的一面，但比江南的妇女多了一点粗犷或刚悍的气质。胡太后的诗虽然写得柔媚，但字里行间仍不免流露一点阳刚之美。"[10]

杨华与当时另一位由魏降梁的将军王神念齐名，《梁书》卷三十九载："神念少善骑射，既老不衰，尝于高祖前手执二刀楯，左右交度，驰马往来，冠绝群伍。时复有杨华者，能作惊军骑，并一时妙捷，高祖深叹赏之。"[7]可见王神念和杨华的骑术已经高超到使梁武帝萧衍（高祖）也为之惊叹的程度。风华正茂、"能作惊军骑"的杨华，品行端正，被擅长射术的胡太后看中，也在情理之中。杨华后来在梁朝屡立战功，历官太仆卿，太子左卫率，封益阳县侯。太清二年（548年），由东魏降梁的侯景发动叛乱，第二年攻占梁朝都城建康（今江苏南京），将梁武帝活活饿死，掌控了梁朝军政大权。侯景相继拥立又废黜萧正德、萧纲和萧栋三个傀儡皇帝，最后于西魏废帝大统十七年（551年）自立为帝，国号汉。次年侯景败死，叛乱平息。杨华反对侯景的叛乱行为，但因其妻子为侯景所擒，只得归降，后卒于侯景军中。杨华颇具远见，对妻子也一往情深，不愿与胡太后纠缠，既避免了日后身败名裂，也保持了对妻子的忠诚。

胡太后的两首诗也被逯钦立辑入《先秦汉魏晋南北朝诗》。《杨白花》另收入《乐府诗集·杂曲歌辞》，成为乐府杂曲歌辞名。[11]作为乐府"杂曲歌辞"的一种体式，经考证，就像"菩萨蛮"始于李白之手一样，"杨白花"就始于胡太后之手，后来被世人沿袭为乐府母题，吟咏传唱不绝。

北魏与隋唐有着千丝万缕的联系，唐人对于北魏情有独钟。在唐代这段宫廷艳史还牵动着著名文学家柳宗元（字子厚，773—819年）的心，也拟了一首《杨白花》歌辞：

> 杨白花，风吹渡江水。坐令宫树无颜色，摇荡春光千万里。茫茫晓日下长秋，哀歌未断城鸦起。

"长秋"为汉代皇后宫名。《后汉书·马皇后记》李贤注："皇后所居宫也。长者，久也；秋者，万物成熟之初也，故以名焉。"胡太后的宫树在杨花被风吹渡江后，都失去颜色；随着万里春光飘荡到江南，而情丝难断。末句"哀歌未断城鸦起"隐射胡氏最后的衰败，尔朱荣称兵渡河，入匡朝庭，大军入城，城鸦惊起。许顗《彦周诗话》说："子厚乐府杨白花，言婉而情深，古今绝唱也。"宋刘奉世，明唐皋、高启、陈子龙、女诗人柳如是等都有以杨白花为题的乐府体诗作传世。

参考文献：

[1] 白寿彝，黎虎，等. 中国通史：第 5 卷（下册）[M]. 上海：上海人民出版社，2004.

[2] 郦道元. 水经注校正[M]. 北京：中华书局，2013.

[3] 魏收. 魏书[M]. 北京：中华书局，1974.

[4] 吕思勉. 两晋南北朝史[M]. 台北：开明书店，1977.

[5] 李昉，等. 太平御览[M]. 北京：中华书局，1960.

[6] 大同市博物馆. 大同北魏方山思远佛寺遗址发掘报告[J]. 文物，2007（4）.

[7] 司马光. 资治通鉴[M]. 北京：中华书局，1956.

[8] 姚思廉. 梁书[M]. 北京：中华书局，1973.

[9] 苏者聪. 中国历代妇女作品选[M]. 上海：上海古籍出版社，1987.

[10] 吴奔星. 诗中有画贵在画人：读胡太后《杨白花》[J]. 名作欣赏，1990（1）.

[11] 曹道衡，沈玉成. 中国文学家大辞典：先秦汉魏晋南北朝卷[M]. 北京：中华书局，1996.

北魏冯太后汉化改革的多维视角探究

赵 敏 王建敏

(山西大同大学文学院,山西 大同 037009)

摘 要:基于冯太后汉化改革的学术史研究现状,笔者分析了冯太后汉化改革的独特性和特点,并从多学科、多视角出发,指出家族政治与政改需求、母族传统与女主干政、族群认同与文化取向是冯后汉化改革的主要原因,旨在深入探究历史上鲜卑族汉化改革的独特特点和规律。

关键词:冯太后;汉化改革;多维视角

北魏政权是我国古代统治时间较长的少数民族政权,原居于"幽部之北,广漠之野"(今内蒙古自治区鄂伦春自治旗一带),以"畜牧迁徙,涉猎为业"[1]。后逐步南迁,直至魏晋时期,拓跋珪创建北魏,移居平城(今山西大同),实行"计口授田"后,拓跋鲜卑的原始部落才开始解体,逐渐汉化,形成了以农耕定居经济生活形态为主的社会。然而,真正推进北魏汉化进程的汉化改革,还是北魏孝文帝南下迁都洛阳的改革。就北魏汉化改革历史进程来看,孝文帝即位以来,基本上在太和十四年(490年)以前,孝文帝的祖母太皇太后冯氏曾两次临朝称制,把持朝政达二十余年之久。在冯太后执政期间,其制定的汉化改革等施政纲领,对北魏孝文帝之后的改革起到了提纲挈领的作用。从某种程度上讲,冯太后的汉化改革堪称孝文帝汉化改革的前奏和序曲,对整个北魏王朝的汉化改革来说,冯太后功不可没。

一、关于冯太后汉化改革的学术史回顾

关于冯太后及其汉化改革的相关研究,自20世纪90年代以来,就受到广大学者的关注和重视,业已取得许多研究成果,主要期刊文献详列如下(暂以发表的时间为序):何兹全《北魏文明太皇太后——中国历史上一位女政治家》(《北京师范大学学报》1961年第4期),初步认识到冯太后汉化改革的特色;

胡刚《铁腕冯太后》(《中南民族学院学报》1983年第2期）指出，冯太后赏罚分明、胸怀豁达，颇有政治家的手腕和风度，肯定了冯太后汉化改革的内容和功绩；张金龙《"冯氏改革"说商榷》(《中国史研究》1986年第2期），将冯后的改革看作汉化改革的第一阶段，积极改革旧制；覃主元《论北魏冯太后》(《广西民族学院学报》1994年第2期），指出冯太后汉化改革的主要贡献和特点；杨丽珍等《略论冯太后平城时期的政治经济改革》(《山西师大学报》1994年第1期），指出冯太后在经济改革上的独特性；赵玉钟等《论冯太后在北魏太和改革中的主导作用》(《山西师大学报》2002年第4期），指出冯太后在改革中的主导、决策作用；史宗义《敢作敢为的冯太后》(《文史天地》2008年第7期），重塑冯太后改革形象；王新丽《北魏冯太后治国理政之道探析》(《领导科学》2017年第9期），注重冯太后治国理念及政策的探究；许永涛《试论北魏政权的汉化》(《黑龙江史志》2010年第5期），首次指出其汉化改革中对儒家教育的重视；徐海晶等《冯太后生平述略》(《黑龙江教育学院学报》2010年第12期），指出冯太后的汉化、封建化进程；郭永琴《文明太后、灵太后干政与北魏政局演变》(《重庆科技学院学报》2011年第22期），认为文明太后推进了北魏封建化的历程；盛义《试论北魏文明太后》(《西南民族学院学报》1986年第S1期），指出文明太后的汉化改革原因及评价；许栋《试论北魏冯太后与佛教》(《延安大学学报》2012年第4期），特别指出冯后对佛教的重视和发展，大力提倡佛教，开凿方山石窟，扩建云冈石窟，修造寺塔，剃度僧尼等，冯太后既利用佛教巩固统治，又对佛教加以限制，以防止其危害她的政治专治统治；杨国栋《冯太后：引领鲜卑深"汉化"》(《海峡通讯》2013年第11期），指出冯太后的改革对后世王安石、张居正以及雍正帝的"摊丁入亩"改革影响深远。值得一提的是，束莉《区域文化交流与北魏汉化新境界——以文明太后的文化功绩为中心》(《安徽大学学报》2015年第3期）从汉化改革之区域文化交流融合中探究文明太后的汉化改革及其意义，高瞻远瞩，见解独特。

综上可见，众多专家学者已从不同角度对冯太后汉化改革的原因有了一定的分析，但关于冯太后汉化改革的研究还不是很全面，冯太后的功过是非，冯太后汉化改革的多学科、多思维以及深层原因等这些问题，还需要做深入的考证分析研究。

二、冯太后汉化改革始末及特点

北魏高宗文成帝的皇后冯氏，是历史上著名的女政治家，出身北燕皇族，在显祖献文帝和高祖孝文帝两朝，先后以皇太后和太皇太后的身份，临朝称制长达二十余年，是北魏当时实际的统治者，其进行的汉化改革，对孝文帝之后的汉化改革起到了促进和推动作用。

（一）出身显贵，自幼入宫

冯太后（442—490年），长乐信都人（今河北冀州人）。长乐信都，自汉代时期，就作为一个地方行政单位出现，是上古时期的中心地带，自古被誉为"九州之首"。冯太后性敏达，杀伐果断，善用权术。其父冯朗，据《魏书》卷九十七《海夷冯跋传》记载，为冯弘次子，冯弘之父为北燕国君冯跋的三弟，身份分外显贵，后北魏太武帝拓跋焘灭北燕，其父冯朗便归顺北魏，其母王氏，又为陇中大姓，极具汉文化底蕴，冯太后出生不久，冯朗便"坐事诛"[1]。冯太后被收没于宫中，身份低微，初为拓跋氏的婢女，得遇"世祖（北魏太武帝）左昭仪，后之姑也，雅有母德，抚养教训，年十四，文成践极，以选为贵人，后立为皇后"[1]。冯左昭仪的名字虽难以考证，但其伯父为北燕太祖冯跋，虽贵为皇亲国戚，但命运多舛，据史料载，北魏神䴥二年（429年），其父冯文通就发动宫廷政变，逼死其兄冯跋，自立为北燕国君，不久，北魏太武帝拓跋焘进逼北燕，无奈之下，冯文通于北魏延和三年（434年）向太武帝请罪称藩，并愿以小女儿充掖宫廷，以求生路。因此，相似的命运、共同的国戚身份，使得身处异乡的冯昭仪分外关照冯太后，并努力帮她实现生命中的逆转。

然而，真正对冯太后掌权影响颇大的还是昭太后常氏，文成帝的乳母。《魏书》记载，常氏祖籍辽西，其父为前秦渤海太守，母为宋氏，其父"以事入宫"，常氏是以"罪家眷属"身份入宫，这些经历又与日后受她庇护的冯太后何其相似。并且，在北魏特殊的"子贵母死"制度下，常氏以保太后的身份被尊为皇太后，处死了文成帝的贵人李氏（献文帝的生母），立冯氏为皇后，从最底层爬到最高层，其人生历程被冯太后所借鉴利用，这对冯太后执政掌权有很大的影响和作用。

（二）临朝称制，汉化改革

和平六年（465年），献文帝初即位，年仅12岁，冯太后年24岁。此时，朝政大权旁落到丞相乙浑手中，冯太后沉着镇定，很快杀死叛军，平息叛乱，开始临朝称制。一年半后，冯太后表示要躬亲抚养皇孙，乃还政于献文帝，然朝政决策大权依旧掌握在冯太后手中。此后献文帝与冯太后矛盾日渐加剧，致使献文帝有遗世之心，终于在皇兴五年（471年）传位于太子拓跋宏，自己被尊为太上皇。然献文帝仍用心于朝政，终被冯太后借故鸩杀。冯太后再次临朝称制直至孝文帝太和十四年（490年）九月逝世，冯太后此次听政长达十五年之久。此次临朝听政，政局动荡不安，官吏残暴苛刻，民众叛乱屡起，冯太后用自己高超的政治智慧和才干，巩固了自己的权力地位。

首先整顿朝纲，除掉李䜣这样的贪官污吏；其次，诛杀孝文帝外祖父南郡王李惠及其弟、其子和其妻，并为此大开杀戒，掌握政权；最后，安抚笼络那些旧有贵族，重视培养贤能之士。在处理这些问题的同时，冯太后看到了北魏王朝的积弊，于是她开始从政治、经济、思想、文化等方面全力推进汉化改革。

班禄酬廉，整顿吏治。北魏前期，吏制混乱，地方官吏没有固定俸禄，到任后随意搜刮。献文帝时期，皇兴四年（470年），北方士人张白泽明确提出了"班禄酬廉"："如臣愚量，请依律令旧法，稽同前典，班禄酬廉，首去乱群，常刑无赦。苟能如此则升平之轨，期月可望，刑措之风，三年必致矣。"[1]对此，文成帝、献文帝也曾多次下诏整顿吏治朝纲，要求地方官恪尽职守，若贪赃违法，必定严惩不贷。但令人遗憾的是，这些措施直到孝文帝时才真正实行起来，但不管怎样，这些制度措施，还是有利于加强中央集权的统治。

推行均田，赋税改革。冯太后"多智略、猜忌，能行大事，生杀赏罚，决之俄顷"[1]。太和元年（447年），冯太后根据李世安的建议决定实行"均田制"，即根据政府掌握的土地数量，按照人口多少分给无地或少地的百姓耕种。"均田制"的推行使北方的战乱经济迅速得以恢复和发展，使农耕的生产方式最终得以推行并固定，促进了民族交融和发展。同时，太和十年（457年），冯太后又采纳李冲建议，在实行"三长制"的同时，实行了"户调制"，改变了北魏前期九品混同、杂乱不堪、流弊严重的情况，也改变了过去征收赋税的随意性，这些政策的提出对抑制土地大量兼并、维持农业正常生产、稳定国家政治秩序、保证国家财政收入，都有着积极的意义和深远的影响。

建立三长，加强管理。北魏初期实行宗主督护制，在该制度下，民多隐冒，五十家、三十家方为一户，豪强地主趁此机会荫庇人口、兼并土地，危及政府的财政收入，汉族士人李冲进谏提出"三长制"，冯太后览而称善，力排众议，设立"三长制"，即"五家立一邻长，五邻立一里长，五里立一党长，长取乡人强谨者"[1]。"三长制"的实施，对加强中央集权的统治，有重要的意义和价值。

重礼重孝，儒学治国。虽然以儒家思想为主的中原文化形成了独特的民族观念和民族意识、情感，且有"华夷之防"的观念，对此，少数民族统治者向来颇为不齿，但冯太后深知儒学的重要性，她力图仿效尧舜之道，儒学治国。

其一，重礼重孝。儒家思想中，重礼重孝观念很重要，冯氏对孝文帝的抚养和帮助，使孝文帝本人身上体现出"雅性孝谨"，成为当朝统治者内部深层意识形态范本，有利于加强统治者的集权统治。《魏书》卷八十六《孙益德传》

载,孙益德之母为人所害,其年幼为母报仇,"还家,哭于殡,以待县官。高祖、文明太后以其幼而孝决,又不逃罪,特免之"[1]。可见北魏朝廷对儒家思想的认同和践行。

其二,推崇儒士。推崇儒士表现在于对儒学大宗的推崇和重视。如河西大儒索敞对拓跋弟子进行儒学教育、教授门徒,在代京整理儒家经典;另外,索敞还收集儒家关于服丧的规范性礼义编订成篇《丧服要记》,以方便拓跋氏了解并吸收儒家思想及文化。到献文帝拓跋弘时,出现了大批精通儒家经典的拓跋贵族,从而在统治者上层形成了汉化改革的基础和中坚力量。

其三,重汉文士。早在拓跋珪起,鲜卑贵族就开始重视汉族文士,通过召请名儒、名士,修整文学,整顿风俗。冯太后执政期间,更是大量重用这些治国安邦之才,比如,河西人士李冲、渤海人士高允、广平人士游明根、渔阳人士高闾、彭城人士刘芳等,这些士人皆为儒学大宗,来自各个地方,但冯太后不拘一格,提拔寒门之才,知赏重用,以贤任能,使得他们"岁中而至王公","数年便为宰辅"[1],不仅换得这些汉族士子感恩戴德、全心回报,而且为孝文帝一世的汉化改革奠定了深厚的基础,进而为北魏鲜卑融入中华文明做出了不可磨灭的贡献。

难能可贵的是,冯太后推崇儒学的同时,还废除了谶纬之学。当时,一些贵族守旧势力,就试图"假称神鬼,妄说吉凶",干扰和破坏汉化改革的相关活动。对此,冯太后严加禁止,最终使拓跋统治者与中原士大夫在儒学基础上进一步相互融合发展,推进了汉化改革的进程。

其四,重视文教,改革旧俗。史载自拓跋珪至拓跋焘之前,"群雄竞起,故锐意武功,未修文德"[1],直到道武帝拓跋珪在位期间,设立五经博士,并于平城设立太学,之后的帝王也仅仅是恢复了国子学,直到献文帝天安元年(466年),冯太后认为加强儒学教育能使"里人父慈子孝,兄友弟恭,夫和妻柔",于是置官办学,大力推崇儒学教育和发展。

一是设立郡学,规范教学。天安元年(466年),由汉族士人高允建议,"郡国立学,自此始也",即根据郡之大小规格制定相应的等级规范:大郡立博士二人、助教四人、学生一百人,次郡立博士二人、助教二人、学生八十人,中郡立博士一人、助教二人、学生六十人,下郡立博士一人、助教一人、学生四十人。[1]在高允看来,相应的博士及学生都要有严格的要求,为人必须忠厚清白,高门为先。此外,他还对太学的建立提出了自己的看法,这次建议的提出,对北魏儒学治国的方针策略有重要的意义和价值,进一步推动了北魏汉化的改革进程。

二是重视对皇子的教育。冯太后"以高祖富于春秋，乃作《劝戒歌》三百余章，又作《皇诰》十八篇"[1]，就此严格要求孝文帝学习中国古代先贤的治国经验，当时大臣高允这样评价冯太后："诲而不倦，忧勤备于皇情。"[1]同时，她还致力于让皇族子孙咸蒙教化，冯太后令曰："自非生知，皆由学诲，皇子皇孙，训教不立，温故求新，盖有阙矣。可于闲静之所，别置学馆，选忠信博闻之士为之师傅，以匠成之。"[1]

三是尊崇孔子，改革旧俗。冯太后用儒学治国，而且推崇孔子，下诏祭祀孔庙，尊奉孔子二十八世孙孔乘为崇圣大夫。[2]废止鲜卑族原始巫术，严禁鲜卑同姓、族内通婚、鼓励民族融合，这一诏令直接意味着北魏文明的进步，拉开了孝文帝全面汉化改革的序幕。从某种程度上讲，它和孝文帝以后的禁鲜卑语、改穿汉服、弃鲜卑姓氏、改用汉姓等风俗比较起来，更加彻底，深入人心。冯太后的这些汉化措施自上而下把儒学文化在鲜卑内部扩展，不但深化了汉化改革的内容，而且为北魏孝文帝的改革奠定了更加坚实的基础。

尊孔子、修礼乐、整风俗、兴学校，都是推行汉化的必备动作，这些表现也足以说明鲜卑统治者已经渐渐主动全面融入汉文化。从某种程度上讲，汉化改革虽不始于冯太后，北魏历史上道武帝拓跋珪和太武帝拓跋焘都推行过汉化改革，但是冯太后的汉化改革，变革的幅度更大，对旧有的制度和贵族触动更深，对孝文帝的彻底改革有更大的促进作用。

三、冯太后汉化改革原因的分析探究

关于冯太后汉化改革的深层次原因，众多研究者多从文化、经济、政治及个性等因素进行分析，然笔者认为，冯太后的汉化改革有着自己的独特性与价值，还应该从多学科、多思维的角度进行综合性的分析考证探究。

（一）后族政治与政改需求

尽管冯太后以降臣这样低贱的身份进宫，但不能否认她本身家族带给她的显贵身份与影响。据统计，"在冯氏的婚姻关系中，要数与元氏宗室结婚的人数最多，比例最大，婚姻等级也最高……冯氏男性有4人尚主、拜驸马都尉，1人娶宗王女；女性则有3人为皇后，3人为昭仪，7人为王妃"[3]。可见，长乐冯氏家族一直是北魏皇室重要的通婚对象和外戚，特别是在冯太后和孝文帝时期，曾经显赫一时，这种庞大的家族势力以及当时独特的政改需求相互碰撞，形成了独特的家族政治势力集团，这无形中成为冯太后改革坚定的后族力量。同时，后族政治中曾经的治国方略与思想，又潜意识地成为其执政改革中最好模拟的范本。

这种以冯太后为主的家族政治中，其根本的治国思想还要追溯到冯太后的北燕皇族身份中，其伯祖父冯跋伺机弑君自立，建立的北燕王朝，前身为慕容氏所建的前燕、后燕。慕容氏国君就于征伐之余，重视农桑、重用人才、复兴学校、亲自讲学，形成了"路有颂声，礼让兴矣"的盛世景观。后来的北燕国君冯氏虽是一介武将，但在治国上颇有建树，全面延续了慕容氏以来的汉化政策：政治上，完善官制、拔擢人才、整顿吏治；经济上，鼓励农桑、勤勉政事；文化上，重视教育，营造太学，"简二十石以下子弟年十五以上教之"。这些治国方略与冯太后改革的措施何其相似，北燕国虽然短祚，但对冯太后执政有很大的影响，冯跋等的治国方法也成为其独特的家族遗产得以继承。

此外，冯太后掌权执政时期，鲜卑贵族大量占有劳动力，圈占土地，不纳租调、不服徭役，流弊严重，北魏财政收入大为减少，再加上北魏政治制度不健全，贪污受贿严重，一时间地主官僚垄断成风，官吏受贿贪污严重，这些都严重危及北魏统治，因此向先进的汉族文化学习，改革势在必行。

（二）母族传统与女主干政

推崇母权，是包括鲜卑族在内的北方游牧民族的一个显著习俗，鲜卑与乌桓有着浓厚的母系社会遗留传统。据《后汉书·乌桓鲜卑传》载，乌桓"怒则杀父兄，而终不害其母，以母有族类，父兄无相仇报故也"[4]。而鲜卑"其语言习俗与乌桓同"。《三国志》注引王沈《魏书》记载与此同，再加上游牧民族独有的流动特性，妇女也必须参加劳作，能征善战也是必然，因此，尊崇、重视女性，女性地位之高，显而易见。

女主干政得益于北魏道武帝拓跋珪制定的"子贵母死"的制度，这项制度起源于拓跋部历史上外戚势力的庞大、专权，其初衷是保卫皇权，以免外戚干政，于是"将立为嗣子的王子之母先行赐死"[5]。就王权的集中和巩固来讲，这项制度的确发挥了重要作用，然而，这项制度的极端阴冷，却无法避免后妃生发出对夫家即北魏王室的不认同感。因此，这项制度带来两个后果。其一，北魏皇嗣王族减少；其二，直接催生了北魏历史上奇特的"保太后"制度，即为了抚育年幼的嗣子，因其生母被赐死，只能靠乳母代养，等其即位之后，乳母就顺理成章地成为保太后，拥有至高无上的权力，并且少有皇族其他子嗣的干预和争权。对此，清代史学家赵翼颇为困惑，"亲母则必赐死，保母转极尊崇，魏法矫枉过正，莫不善于此"[6]。文成帝、献文帝两朝中的常氏、冯氏莫不得益于此，最终形成女主干政的局面，冯太后更是登上权力的顶峰，相应地，冯太后进行汉化改革也相对容易得多。

251

（三）族群认同与文化取向

自道武帝拓跋珪起，北魏拓跋族就开始进行类似于"弃牧从农""分土定居""计口授田"等汉化改革，然而无论其改革的力度还是成效，都不如冯太后及之后的孝文帝改革更大、更彻底、更加深入人心，或许从民族文化心理这个角度能给我们一点启示。

众所周知，自西晋灭亡后，东晋偏安一隅，北方陷入十六国战乱时期，鲜卑拓跋部先后统一了北方，建立了统一的北魏王朝，然而，十六国的地理分布和族群定位，使得北魏前期的统治无论是从思想上还是权力掌控上都举步维艰，必须向先进的文化学习，北魏拓跋氏君主也及早地认识到了这一点，自道武帝时起，就不断开始推行汉化改革，比如进行"弃牧从农""分土定居""计口授田"等汉化改革。然而，具有决策权的拓跋氏君主，身为鲜卑族，又无法超越本民族的利益诉求和心理习惯，一旦发现汉化改革的趋势有可能脱离掌控，或者对自己的政权有危险，就会对汉化的士人进行严酷的打压，所以北魏前期的汉化进程往往是治标不治本，不进则退。

诚如前文所述，冯太后个人的独特人生经历及"子贵母死"制度的施行，使其不可避免地对夫家北魏皇室有着明显的疏离之感。她所能信赖和依赖及身份上的认同，更倾向于北燕冯氏，这从她对北燕王统的追怀和思念就可以看出她的思想倾向。"立思燕佛图于龙城，皆刊石立碑。"[1]先后对其父、其兄等加以追封。最能代表其心境的，当属她自己自择陵园一事，"高祖乃召请有司营建寿陵于方山，又起永固石室，将终为清庙焉"[1]。清庙为方山祭祀之所，冯太后的用意不言而喻。冯太后追宗敬祖，有着对汉文化的认同和追思，这一简单的身份认同，看似无关紧要，却在冯太后执政当权二十年之后，极大地改变了北魏朝政的政策导向，即全力推行汉化改革政策。此前，拓跋氏君臣的那种狭隘的民族心理，以及人为设置的汉化认识和障碍已经不复存在，汉化改革的进程终于得以全面推进和深化。

综上所述，冯太后一生两度执政，达二十年之久，她在北魏汉化进程中起着承前启后的作用，她的种种汉化改革措施，对后来的孝文帝的汉化改革有着重要的指引作用，经过她的改革，北魏政权建设更加稳固，民族融合进程步伐加快，整体推动了北魏国力的强盛，冯太后堪称千古一后，功不可没！

参考文献：

[1] 魏收.魏书[M].北京：中华书局，1974.
[2] 李延寿.北史[M].北京：中华书局，2016.

[3] 鲁才全.长乐冯氏与元魏宗室婚姻关系考：以墓志为中心[J].魏晋南北朝隋唐史资料，1996（14）.

[4] 范晔.后汉书[M].北京：中华书局，1965.

[5] 田余庆.拓跋史探[M].北京：生活·读书·新知三联书店，2003.

[6] 王树民.廿二史札记校证[M].北京：中华书局，1984.

论北魏皇族女性干政

李小瑞

(山西大同大学文学院,山西 大同 037009)

摘 要:北魏皇族女性干政一直贯穿北魏王朝兴衰的全过程。学界多从母权制的影响、北魏官僚体制的缺陷、干政女性的个人能力等方面考察其原因,却鲜见从女德角度分析北魏皇族女性干政的成败得失。女德是女性走进并参与北魏政治的重要因素之一,然而女性干政本身有违女德,干政后的女性又因失德加速了北魏政权的灭亡。女德作为传统文化的重要组成部分,在北魏女性干政过程中的作用不容忽视。

关键词:北魏;女性干政;女德

西汉刘向编撰的《列女传》被认为是女德教育起源的标志。《列女传》将先秦女性划分为七类:母仪、贤明、仁智、贞顺、节义、辩通、孽嬖。前六类从女性的容貌和品德出发,指出女性德行的标准。其中,母仪之姿是讲女性的外在容貌之美,而贤良明理、仁义智慧、贞节随顺、贞洁义气、明辨通达是指女子的内在品德之美。女德是北魏皇族女性干政的重要内因之一。首先,外在容貌之美与内在品德之美,或二者取其一,或两者兼而有之,这是获得君王宠幸或走上后妃之位的重要条件。其次,贤良明理、仁义智慧、贞节随顺、贞洁义气、明辨通达等内在品德之美又助其干政。然而,女性干政本身有违女德,部分干政女性的失德又加速了北魏政权的灭亡。蔡一平先生指出:"探讨女主政治可以为深入研究中国封建社会的政治制度和政治结构,正确理解中国传统文化的发展变迁提供一个有益的新视角。"[1]女德作为传统文化的重要组成部分,在北魏女性干政过程中的作用不容忽视。另外,从这一视角还可厘清一些问题,如冯太后的出身问题。

一、北魏建国前

北魏建国前期尚未建立完整成熟的封建政权体制，仍处于部落联盟状态中，因而君权无法自立。而"百世不婚"的原则又使得拓跋后妃多来自外族。拓跋政权不稳固，君长初死而新君未立之时，或为稳定原有部落联盟，或为破坏原有平衡建立新的联盟，或为争夺君位，或为制约君权，拓跋后妃的部族都会通过后妃干预其中，起到举足轻重的作用。因此，母权干政现象在拓跋鲜卑时期既已发生。史有记载且较为突出的是桓帝之后祁氏摄国监政。"桓帝后（祁氏）以帝（平文帝郁律）得众心，恐不利于己子，害帝，遂崩。"[2]祁氏谋害了丈夫的侄子平文帝拓跋郁律，先后立自己的两个儿子为主，自己摄政临朝。

祁后临朝之后，又有平文帝郁律王皇后护储有功，左右朝政。"平文崩，昭成在襁褓。时国有内难，将害储皇子。后匿帝于袴中。"[2]王皇后力保尚在襁褓之中的昭成帝什翼犍而免于内乱，且力排众难，辅佐什翼犍顺利即位，"烈帝之崩，国祚殆危，兴复大业，后之力也"[2]，此为其仁义智慧之德。后来，在昭成帝继位初期，王皇后过问朝政，甚至有足够的发言权来决断朝堂上"议不决"的国家大事。"昭成初欲定都于灅源川，筑城郭，起宫室，议不决。后闻之，曰：'国自上世，迁徙为业。今事难之后，业基未固。若城郭而居，一旦寇来，难卒迁动。'乃止。"[2]究其原因，当初仁智的护储之功奠定其坚实的地位。

昭成皇后慕容氏虽未直接摄国干政，但凭借"后性聪敏多知，沉厚善决断"[2]的精明能干而"专理内事"，而且其主张提议多被什翼犍采纳，且"每事多从"。这正是慕容氏自身智慧通达的内在素养，才使得其间接干政。昭成皇后慕容氏也具备政治敏锐性和慧眼识人的洞察术，这一点从她对刘悉勿祈的告诫之事便可看出。"初，昭成遣卫辰史悉勿祈还部落也，后戒之曰：'汝还，必深防卫辰，辰奸猾，终当灭汝。'悉勿祈死，其子果为卫辰所杀，卒如后言。"[2]慕容氏曾告诫刘悉勿祈要提防他奸猾狡诈的哥哥刘卫辰，后来果被言中，事实证明了慕容氏的政治敏锐性及其识人辨人的能力。

二、北魏前期

如果说拓跋鲜卑时期因其尚未完善国家政权制度，相关史料记载较为简略，由此表现出的女性干政现象尚不明显直接，那么进入北魏以后的后权干政则要明显得多，对北魏社会、政治、文化等的影响也更直接。

(一) 北魏开国皇后——献明皇后贺氏

北魏开国皇后献明皇后贺氏，太祖道武帝拓跋珪之生母，以其端容仪态逐渐走上后位，"后少以容仪选入东宫"[2]。在后来的动乱之中，她能够避难迁徙，躲过追杀，又劝说兄长拥戴儿子，护得太祖道武帝周全。贺氏虽未干政，但是她的智勇之德行在北魏政权更替中发挥过关键作用。

(二) 第一位保母皇太后——惠太后窦氏

为防止长期存在于拓跋部的生母弄权和外戚干政现象，太祖道武帝效法东汉乳母封君的旧制，制定了"子贵母死"制度。这个制度确实有效杜绝了母权干政，却造就了另一段北魏奇闻——乳母干政，称皇太后。尚在幼年的皇子一旦被立为储君，生母就被处死，皇子由精心挑选的乳母奶养伺奉。一方面，乳母代替生母扮演了母亲的角色，给予皇子缺失的母爱与护养，皇子自然会对乳母生发出教养之恩和母子之情。另一方面，北魏进入父系宗长制时期不久，尚未完全摆脱母系氏族社会母权为尊的影响，女性拥有较高的社会地位。保母虽为仆为婢，但较晚入主中原的北魏，尊卑礼制并不健全，这便使得封赏保母为太后，进而保母干政的现象出现在北魏的政治舞台上。北魏历史上共有两位保母获封皇太后。第一位保母皇太后是世祖拓跋焘的保母窦氏，第二位保母皇太后是文成拓跋濬封的保母常氏。她们因其特殊身份，或多或少都染指北魏政治。

世祖太武帝拓跋焘被立为太子之时，其生母杜氏便因"子贵母死"之制被赐死。"太祖命为世祖保母"[2]，窦氏成为太子乳母，为日后干政做好了准备。"世祖感其恩训，奉养不异所生。及即位，尊为保太后，后尊为皇太后"[2]，并且"封其弟漏头为辽东王"，足见世祖对乳母的恩宠。不仅如此，在军国大事方面，太武帝也十分在意窦氏的建议。神䴥二年（429年），太武帝欲讨伐经常骚扰边塞的蠕蠕，群臣"尽不欲行"，窦氏与众臣观点一致，认为不可行"亦固止帝"。唯有崔浩一人赞同伐蠕之举。太武帝出兵意志坚决，令崔浩说理辩论，群臣方才同意。即便如此，只因"保太后犹疑之"，太武帝亦不能果断决定。太武帝"复令群臣至保太后前评议"，且令崔浩"善晓之令悟"，最终在征得窦氏同意之后，太武帝方才出兵讨伐。如果说这次是窦氏间接干预了太武帝的用兵决断，那么太延五年（439年）在太武帝征战在外，国内无主之时，窦氏则调兵遣将，则是直接干政，护佑平城于危难之时。"世祖征凉州，蠕蠕吴提入寇"[2]，平城内外猝不及防陷于混乱，"总录机要"大臣穆寿此时竟欲请景穆太子弃城避乱。窦氏则坚决反对穆寿弃城之念，果断决定出兵御敌，"太后命诸将击走之"。在这场生死攸关的平城保卫战中，窦氏可否决"总录机要"大臣的主张，且可以调兵遣将，号令出兵抗敌，足见其威望与政治权力之大。

"初以夫家坐事诛,与二女俱入宫"[2],保母皇太后窦氏是作为罪妇,被没收进宫的末等宫女。因其"操行纯备,进退以礼。太宗命为世祖保母",可见,窦氏入宫前受过良好的教育。她操守德行纯良皆备,又懂礼仪知进退,这种德行的女子在当时北魏后宫中定是鹤立鸡群,广受赞誉。正因如此,不论是太宗慧眼识珠,还是他人举荐,窦氏才有机会从一个罪妇之身的末等宫女被提拔为太子的保母。

太武帝即位之后,以窦氏"性仁慈,勤抚导。世祖感其恩训,奉养不异所生","及即位,尊为保太后,后尊为皇太后。封其弟为辽东王"[2]。两次尊封太后,不论是对于以罪妇身份入宫的保母,还是对于北魏皇族乃至整个中国古代来说,都是史无前例的。一般来说,一个皇室外人从罪妇身份走上后宫的至高位置,朝廷上下,宫苑内外必是阻力重重。可是窦氏反而受到皇室内外的推崇,很顺利地掌管皇宫后院乃至朝堂政务。女德是其走上高位,且参与政治决策的根本内因。首先,窦氏性格仁厚慈爱,善于抚养引导。拓跋焘感激她的恩情教导,侍奉她如同亲生母亲一般。其次,"太后训厘内外,甚有声称。性恬素寡欲,喜怒不形于色,好扬人之善,隐人之过"[2]。窦氏处世清心寡欲,淡泊名利,得尊太后之后,在保持皇室秩序的同时,她依然保持过去的仁慈勤劳,扬人之善,隐人之过,用优良的德行赢得了皇室及朝廷的赞誉与拥戴。从罪妇出身的末等宫女,被挑出做太子保母,直至可以"训厘内外,甚有声称"的保太后,窦氏的操守德行、母仪之姿、仁慈勤劳、智慧通达等女德魅力都是不容忽视的原因之一。

(三)保母太后常太后

常太后,辽西人,祖父常亥与父亲常澄均官至太守,母亲是常澄的妾侍。北魏拓跋族开疆拓土,攻打前秦,使之覆灭,常氏携家逃至北燕,过着颠沛流离的生活。在北魏对北燕的一次战争中,常氏被掳入平城宫中为婢。太延年间,世祖太武帝选其为高宗文成帝的乳母。

《魏书》记载常氏有"慈和履顺,有劬劳保护之功"[2]。"劬劳"一词出自《诗经》中"哀哀父母,生我劬劳",指父母抚育儿女的辛劳。由此可见常氏对高宗的辛劳抚育之情胜比亲生母子。"保护",保卫护佑,则缘于常氏在"宗爱之乱"中的护驾之功。在这次叛乱中,常太后在危急时刻,护佑高宗逃出平城,于鹿苑藏身,直至平叛结束。其间,常氏对高宗的保全照顾,愈加奠定了其在高宗心中的地位。故高宗在即位后的第二个月,便尊常氏为保太后,次年又尊其为皇太后。与窦太后不同,常氏是高宗的乳母,常氏对高宗除了"宗爱之乱"中的保护之恩,还有从小的奶养之功。另因高宗生母郁久闾氏早已过世,故常太后不论在后宫还是前朝，势力与影响都极大。从兴安元年（452年）获封保太后，至其和平元年（460年）崩，常氏以至尊身份干预北魏朝政八年之久。在后宫，常氏拥有一人之下、万人之上的话语权。献文帝拓跋弘生母李氏被依旧制赐死，虽说依"子贵母死"的旧法赐死李氏无可非议，但不合高宗之情，却合于常氏之理。一方面，李氏当初是由高宗私自召幸于"斋库"，他们感情笃深，赐死李氏有违高宗之愿；另一方面，李氏为高宗诞下长子，且被立为太子，何况她还是高宗选中的意中人，李氏无疑会动摇常氏在后宫专权的地位。故有违高宗之情而赐死李氏当与后宫主政者常氏有关。在朝中，常氏铲除异己，大力扶植亲信，以扩大其权势范围。常氏之兄常英被封为辽西王，官至太师、平州刺史、太宰，其弟常善被封为燕郡公，官至洛阳刺史，常氏姐妹被封为县君，子嗣都得以厚赏，常氏家族便跻身朝廷。当然还有其他官员因常太后而拜官，如林金闾，官至尚书，平凉公。从上至下，从内至外，形成了强大的常氏集团，造成了另一种意义上的外戚干政。

三、北魏中期

冯太后作为北魏最有作为的参政女性，其一生最专情也最风流，最狠心又最慈善，女德与失德在她身上体现得最为复杂矛盾。

文成帝拓跋濬英年早逝之后，冯太后痛不欲生，一度投火欲随文成帝而去。然而，被从火中救出的冯氏似乎变了一个人，"太后行不正，内宠李弈"，冯氏所养男宠不在少数，李弈只是被显祖献文帝诛杀的男宠之一。显祖献文帝认为冯氏淫乱，世人也常有异言，故而"献文帝因事诛之（李弈），太后不得意。显祖暴崩，时言太后为之也"[2]。毒害儿子，狠心如斯的冯太后，却对差点误伤到她的厨子手下留情，一笑而过。"宰人上膳，案裁径尺，羞膳滋味减于故事十分之八。太后尝以体不安，服菴蕳子。宰人昏而进粥，有蝘蜒在焉，后举匕得之。高祖侍侧，大怒，将加极罚，太后笑而释之。"[2] 此外，冯太后重视培养接班人并且能够体恤民情，太和三年（479年）"二月辛巳，帝、太皇太后幸代郡汤泉，问人疾苦。鳏贫者妻以宫女"[2]。

一面是以死殉情刚烈坚贞，另一面却肆养男宠风流成性；一面是报复心强狠心毒子，另一面却是"笑而释之""问人疾苦"。这种反差之大，首先是冯氏敢爱敢恨、敢作敢为的性格特点使然；其次是由于北魏社会风气开化，妇女地位较高，受封建礼教束缚较小；再次是24岁即守寡干政的冯太后身为女主的政治和生理需要。然而，更重要的是冯太后的一体两面性，其出身当为鲜卑化的汉人，如此才能解释她身上传统汉人女子鲜见的巨大矛盾反差。关于冯太后的出身问题，在众多争议的观点中，笔者更赞同"鲜卑化的汉人"。日籍学者内田昌功指出："在太后出生的前期，北魏社会仍保持着鲜卑的习俗，推测冯氏在成为太后时，依然保留不少鲜卑的特性。《魏书》卷十三《文成文明皇后传》记载，'太后性聪达，自入宫琅，粗学书计'，表明太后自身还缺少作为儒教汉人的素质。"[3]

四、北魏后期

宣武灵皇后胡氏，姓胡，名仙真，又名充华，孝明帝的生母。"胡灵皇后是北魏后期临朝称制的皇太后，……但是她的淫乱，她的野心，她的专制，她的宠用奸佞，是导致北魏朝政动荡的主要原因。她是导致北魏覆灭的重要人物。"[4]

胡太后能进入北魏后宫，除了姑姑的智慧举荐外，还得益于其"姿行"。"后姑为尼，颇能讲道，世宗初，入讲禁中。积数岁，讽左右称后姿行，世宗闻之，乃召入掖庭为承华世妇。"[2]同历朝历代大多数皇族女性一样，母仪之姿的容貌美是迈进后宫的敲门砖。众妃嫔因"子贵母死"之旧制，"皆愿生诸王、公主，不愿生太子。唯后每谓夫人等言：'天子岂可独无儿子，何缘畏一身之死而令皇家不育冢嫡乎？'"[2]，与其说这是冒死的一步险棋，不如说是胡太后过人的智慧与胆识。胡太后非常清楚后宫之中"皆愿生诸王、公主，不愿生太子"的状况已经使北魏濒临绝后，北魏急需皇子的出世，"子贵母死"制度必将走向消亡。这一点从肃宗出生后，宣宗的谨慎护养即可看出。"先是，世宗频丧皇子，自以春秋长矣，深加慎护。为择乳保，皆取良家宜子者，养于别宫，皇后及充华嫔皆莫得而抚视焉。"[2]正是这些理性大胆的分析，才使胡太后成为"子贵母死"制度的终结者，从众妃嫔中脱颖而出，一跃成为皇太后且临朝听政："及肃宗践阼，尊后为皇太妃，后尊为皇太后。临朝听政，犹称殿下，下令行事。后改令称诏，群臣上书曰陛下，自称曰朕。"[2]

如果说胡太后的明理智慧使其诞下皇子，进而走上北魏政坛，那么当时正处于极盛时期的北魏朝，正是在胡太后的淫乱妄为，失德行为之下，盛极而衰，加速了灭亡。宋其蕤在其《北魏女主论》一书中称胡太后为"亡国艳后"。通览《魏书·皇后列传》中宣武胡灵皇后的传记，不难发现通篇出现最多的就是其淫乱不检之行。"时太后得志，逼幸清河王怿，淫乱肆情，为天下所恶。"[2]"太后自以行不修，惧宗室所嫌，于是内为朋党，防蔽耳目。肃宗所亲幸者，太后多以事害焉。"[2]"灵后淫恣，卒亡天下。倾城之戒，其在兹乎？"[2]

纵观北魏参与政治的女政治家，兴，德也；败，失德也。

参考文献:

[1] 蔡一平. 汉宋女主的比较 [J]. 中国典籍与文化, 1994 (3).

[2] 魏收. 魏书 [M]. 北京: 中华书局, 1974.

[3] 内田昌功, 姚义田. 北燕冯氏出身与《燕志》《魏书》[J]. 辽宁省博物馆馆刊, 2007 (2).

[4] 宋其蕤. 北魏女主论 [M]. 北京: 中国社会科学出版社, 2007.

北魏祭祀制度研究

刘凤雪　赵昆生

（重庆师范大学历史与社会学院，重庆　401331）

摘　要：北魏祭祀制度以孝文帝改革时期为界呈现出不同的阶段性特点，孝文帝改革前的北魏社会以女性祖先和自然神祇为重要祭祀对象，意在利用母权余威和自然崇拜来巩固北魏统治，而孝文帝改革后的北魏祭祀以华夏圣君和儒家先贤为主要内容，旨在树立北魏政权的合法性基础以及实现社会整合。北魏统治者出于不同的政治需求不断进行祭祀内容的革新，极大推动了北魏祭祀的发展，进而有力推动了北魏政权的封建化。

关键词：北魏；祭祀；政权转型；孝文帝改革

一、祖先祭祀制度的规范

北魏建国初期，作为统治阶层主要组成部分的拓跋贵族势力庞大。伴随着统治区域的变化，拓跋贵族由原来的部落酋长转变为北魏宗室贵族，由于周期较短，他们身上仍旧保留了较多的鲜卑化部落酋长色彩，这在一定程度上冲击了北魏统治者的权威，十分不利于新建立不久的北魏政权的巩固。为有效巩固北魏统治，魏初统治者结合鲜卑化的政权特征确立了以血缘祖先为主的祭祀制度，试图通过血缘祖先的权威增强统治阶层的内部凝聚力。除了祭祀男性祖先外，对于女性祖先的祭祀也尤为重视，这使得女性祖先在北魏祭祀中地位突出。

作为祖先祭祀的重要组成部分，女性祖先在北魏前期祭祀中地位尊崇。而女性在祭祀中地位的尊崇主要表现在女性祖先可以进入宗庙祭祀范畴，甚至可以享有和男性祖先同等的待遇。道武帝时期，"帝亲祀上帝于南郊，以始祖神元皇帝配。为坛通四陛，为壝埒三重。天位在其上，南面，神元西面"[1]。与此同时，又"瘗地于北郊，以神元窦皇后配。五岳名山在中壝内，四渎大川于外壝内"[1]。北魏初期的宗庙祭祀中，以神元皇帝配天的同时又以神元皇后配地，使得神元皇后在宗庙祭祀中的地位几乎不亚于皇帝。女性祖先在北魏前期祭祀中的地位崇高有别于汉家之制，这在一定程度上体现了北魏前期社会的鲜卑化特征，是拓跋鲜卑部落崇尚母权遗俗在北魏社会的再现。据《魏书·序纪》记载，在拓跋鲜卑还处于原始游牧社会时，部落首领的母亲封氏下葬，相传"远近赴者二十万人"[1]，规模之大，世所罕见。北魏前期，拓跋首领虽然建立了政权，但保留了大量的鲜卑部落遗俗。由于拓跋鲜卑刚刚过渡到父系氏族社会，母权余威强盛，而母权强盛的社会现实成为北魏前期统治者在宗庙祭祀中重视女性祖先的重要原因。北魏统治者试图通过提升女性祖先在宗庙祭祀中的地位来强化女性权威，并进一步通过母权威信来增强统治阶层内部凝聚力，避免因统治阶层分化而危及新建立政权的局面出现。

北魏前期祭祀崇尚母权，除了尊崇女性祖先在宗庙祭祀中的地位外，还表现为由女巫主持重要的祭祀仪式。北魏初期最神圣的祭天仪式多由女巫主持，《魏书·礼志》记载："又置献明以上所立天神四十所，岁二祭，亦以八月、十月。神尊者以马，次以牛，小以羊，皆女巫行事。又于云中及盛乐神元旧都祀神元以下七帝，岁三祭，正、冬、腊，用马牛各一，祀官侍祀。"[1]在这一过程中，女巫负责祭祀最尊贵的天神和祖先神，且掌握祭祀中最重要的献牲权，而祀官只能扮演侍祀角色。由此可见，女巫在北魏初期祭祀仪式中的重要地位。女巫在祭祀中，地位不仅远远高于祀官，甚至有与北魏统治者不相上下之势。《魏书·礼志》有载"女巫执鼓，立于陛之东，西面。选帝之十族子弟七人执酒，在巫南，西面北上。女巫升坛，摇鼓。帝拜，后肃拜，百官内外尽拜。祀讫，复拜。拜讫，乃杀牲"[1]。在这样一场庄严的祭天仪式中，由女巫发号施令，依据女巫的指示，帝之十族子弟各司其职，统治者和百官虔心叩拜。不仅可以体现出北魏前期统治者重视祭天，也表明了女巫在北魏前期祭祀中的重要性。女性祖先和女巫在北魏前期祭祀中享有的优待与汉家封建化国家祭祀中排抑女性的做法大相径庭，这使得北魏前期祭祀呈现出的鲜卑化特征明显。而女性在祭祀中的崇高地位也反映出女性对现实政治拥有强大的影响力。

北魏前期统治者在祭祀中重视女性，除却北魏前期社会崇尚母权的因素，主要在于女性在现实政治生活中地位尊崇。纵观北魏前期社会，女性拥有巨大权力，甚至在政治舞台上也不乏女主当政的现象。道武帝之母贺太后辅佐道武帝建立代国，对北魏起到了救亡承绝的作用；密、常二位太后以皇帝乳母身份身居太后之位，影响着北魏政治走向；文明太后冯氏临朝听政达二十年之久，主持太和改制，掌握着北魏的实际决策权。可以说，女性在北魏前期政治中扮演着极为重要的角色，她们或参与政治，或干预政治，成为笼罩在北魏皇权之上的铁幕，影响着北魏统治者的政治决策，进而影响着北魏前期政治的发展方向。鉴于女性对北魏政权建设的重要意义，北魏前期统治者不得不重视女性并试图通过祭祀强化其权威以利用其强大的现实影响力，最终达到巩固北魏统治的目的。

由于母权强盛，时有抑制男权、干预政治之势，北魏初期统治者在提升女性祖先在宗庙祭祀中地位的同时又竭力遏制女权在现实政治中的泛滥。为此，道武帝不惜依汉武帝故事实行"子贵母死"制度，使得"不令妇人后与国政，使外家为乱"[1]，以减小女性参与政治的可能性，使其再不能威胁君主权威。但由于母权遗威尚存，北魏统治者在剥夺了女性参与现实政治的机会之余，试图通过提升女性祖先在宗庙祭祀中地位的方式来作为补偿。由此，北魏前期统治者在即位后多以追尊谥号和别立寝庙专祭的方式提升女性在宗庙祭祀中的地位。道武宣穆刘皇后在太祖末年以"旧法薨"，明元帝在即位后立刻"追尊谥号"并让她"配享太庙"[1]，明元密皇后在死后也享有同等待遇，同时太武帝"又立后庙于邺"并命刺史"四时荐祀"[1]。此后的文成元皇后、献文思皇后等也都依循此例。除却这些生育过储君的皇后，由储君保姆身份获得晋封的女性也享有此等尊荣。太武帝保姆窦氏故去后获得"别立后寝庙于崞山，建碑颂德"[1]的特权；文成帝不惜为其保姆常氏"别立寝庙"，更"置守陵二百家，树碑颂德"[1]。北魏前期，女性在故去后享有的别立陵寝和立碑颂德的殊荣不亚于汉家之制中对帝王的礼遇规格。而孝文帝在冯太后去世后尊谥为"文明太皇太后"[1]，将其葬于永固陵，永固陵规模之宏大远胜于帝陵。

北魏统治者为巩固政权，在利用女性对现实政治巨大影响力的同时又极力限制女性参与政治统治，试图避免女主当政进而倾轧皇权局面的出现。为此，北魏前期统治者有意识地遏制女权在现世生活中的膨胀，而通过提升其在彼岸世界地位的方式予以平衡，并通过频繁的祭祀仪式作为强化其政治权威和现实影响力的有效手段。北魏统治者对女性既利用又打击的心理趋向使得女性在宗庙祭祀中享有极致的尊崇，这使得北魏前期祭祀呈现出鲜明的母权崇拜特征。但这只是特定时代的产物，当北魏政权实现由部落军事性向封建国家化的转型，统治者利用君主权威已足够实现对社会各阶层的有效控制之时，女性权威因其严重威胁君主集权作为皇权回归与合并道路上的最大障碍，统治者必将除之而后快。相应地，削弱女性在祭祀中的地位成为抑制现实女权膨胀的最有效方式。太和十四年（490年），文明太后葬于永固陵后，孝文帝正式下诏，诏曰："尊旨从俭，不申罔极之痛；称情允礼，仰损俭训之德。进退思惟，倍用崩感。又山陵之节，亦有成命，内则方丈，外裁掩坎，脱于孝子之心有所不尽者，室中可二丈，坟不得三十余步。今以山陵万世所仰，复广为六十步。辜负遗旨，益以痛绝。其幽房大小，棺椁质约，不设明器。至于素帐、缦茵、瓷瓦之物，亦皆不置。此则遵先志，从册令，俱奉遗事。而有从有违，未达者或以致怪。梓宫之里，玄堂之内，圣灵所凭，是以一一奉遵，仰昭俭德。其余外事，有所不从，以尽痛慕之情。其宣示远近，著告群司，上明俭诲之善，下彰违命之失。"[1]由此，孝文帝通过规范北魏丧葬制度消除了女性在丧葬中的特权，这在一定程度上推动了北魏祭祀的封建化进程。同时，也有利于削弱女性对现实政治的影响力，建立以君主为核心的政治权力秩序。

二、自然神祇祭祀的发展

北魏前期的祭祀除却母权崇拜色彩，还表现出自然崇拜特点。自然神祇作为国家祭祀的重要对象，受到北魏统治者的高度重视，祭祀仪式庄严神圣，祭祀活动频繁。其中，对天和天神的祭祀被视为国家头等大事。祭天仪式不仅由专门的女巫主持和帝之十族子弟辅助，而且由皇帝率领内外百官参与。在庄严的祭祀仪式中，北魏统治者化身为忠实的信徒，以亲自叩拜的方式表达内心的虔诚。具体到现实政治中，北魏统治者将君主即位与祭天紧密联系起来。据载，道武帝在登国元年即代王位的第一件大事就是"郊天"，也就是祭天，之后才"建元，大会于牛川"[1]，足见其对祭天的重视程度，而在此后即皇帝位的过程中更是不忘"立坛兆告祭天地"[1]。之后的明元、太武诸帝即位时也多会祭天。

北魏前期统治者如此执着于祭天，意在利用天的权威构筑北魏政权的合法性基础。据《魏书·序纪》可知，在早期的拓跋社会中流传着北魏始祖神元皇帝的身世传说，相传神元皇帝由天女所生，并由其亲自送往人间，而"神元皇帝"的谥号也与此有关。关于这一传说是否真实我们无从考证，但从中我们可以看出北魏统治者为树立其权威可谓煞费苦心，试图通过神化祖先的方式来增强拓跋鲜卑在族群里的权威性。由此，祭天成为拓跋鲜卑族群最庄严和神圣的活动，成为早期拓跋社会中拓跋首领凝聚部落力量和强化其统治秩序的重要手段。《资治通鉴》中曾有记载："魏之旧俗，孟夏祀天及东庙，季夏帅众却霜于阴山，孟秋祀天于西郊。"[2]由此可知，早期拓跋社会十分重视祭天，固定的祭祀时间以及部落首领的出席使其成为鲜卑部落最重要的集会。各个部落首领到场参与的行为不仅强化了天和天神的权威，而且使整个部落更加团结。而部落首领通过掌握主祭权强化其权威。《魏书·序纪》记载："三十九年，迁都于定襄之盛乐。夏四月，祭天，诸部落君长皆来助祭，唯白部大人观望不至，于是征而戮之，远近肃然，莫不震慑。"[1]这段材料记叙了神元皇帝立威以白部大人缺席祭天仪式为由"征而戮之"的事例。从"远近肃然，莫不震慑"的结果不难看出，神元皇帝通过规范祭天秩序的方式强化其在部落中的权威，进而有效控制各个部落。

北魏初期为强化统治者权威和巩固统治，北魏统治者十分重视对天的祭祀。一方面，统治者通过开展频繁的祭天仪式强化天的权威，在祭天过程中呈现出的严格等级差别秩序明确了现实政治中君主和臣民尊卑等级；另一方面，通过祭天强化拓跋祖先与天的关系，表明拓跋统治者均是天之后裔，从而增强北魏统治者的权威，并使北魏政权的合法性得到论证。至此，源于拓跋鲜卑早期社会的祭天遗俗在北魏前期社会得以固定，并不断发展完善，成为北魏统治者增强内部凝聚力和强化其政治权威的有效手段。直到孝文帝时期改革祭祀制度，才正式"罢西郊祭天"[1]。

北魏前期热衷于对自然神祇的祭祀，除却频繁的祭天，北魏统治者还多祭祀与天相关的日月、山川河泽。明元、太武帝统治时，北魏开始大肆祭祀五岳四渎，除了为其修建专门供奉神祇的庙宇外，还遣有司定期祭祀，《魏书·礼志》载："立春之日，遣有司迎春于东郊。祭用酒、脯、枣、栗、无牲币。又立五岳四渎庙于桑乾水之阴，春秋遣有司祭。"[1]同时，又在州郡遍立山川及海若诸神的三百二十四所，并在每年的十月"遣祀官诣州镇遍祀"[1]。为了进一步推动北魏社会对祭祀五岳四渎的重视，明元帝还亲自祭祀。据载，明元帝外出巡行，"幸代，至雁门关"时，亲自"望祀恒岳"[1]。次年，明元帝南巡恒岳"祀以太牢"，幸洛阳"遣使以太牢祀嵩高、华岳"[1]，并亲登太行山；同年五月，明元帝"至自洛阳，诸所过山川，群祀之"[1]。祭祀庙宇的修建使得祭祀五岳四渎有了固定的场所，北魏朝廷设置祀官定期祭祀表明了北魏政权的支持态度，统治者亲自祭祀更凸显了北魏政权的重视程度。明元帝作为北魏统治者，如此重视祭祀山川河渎诸神，在实现让百姓"若有水旱则祷之"[1]目的的同时巩固了北魏对底层民众的统治。北魏统治下的百姓虔诚信仰北魏统治者推崇的自然神祇，久而久之转化为对北魏政权的政治信仰，以至于在面对突发的自然灾害时，百姓更多的是希望通过祭神来祈免灾祸而无暇思考北魏统治的合法性，更谈不上反抗北魏统治。比起雷霆手段，此举将可能的动乱消弭于无形，更有利于实现北魏统治者对底层民众的有效控制。因此，明元帝之后的太武帝也十分重视对五岳四渎的祭祀。太延元年，太武帝"立庙于恒岳、华岳、嵩岳上，各置侍祀九十人"[1]，侍祀规模之大远超之前。至此，北魏前期对五岳四渎等自然神祇的祭祀达到高峰。

以自然神祇为主要对象的祭祀在北魏前期如此盛行，离不开北魏统治者的大力支持和提倡。北魏统治者此举除了受到个人的信仰因素影响，更多是看到祭祀自然神祇能够获得的政治效益。因此，北魏前期统治者充分挖掘自然神祇祭祀的政治性功能，借以巩固北魏统治。道武帝时期多通过祭天来增强部落凝聚力和强化其统治权威；明元帝通过频繁祭祀五岳四渎来整合底层民众的政治信仰以巩固其统治；太武帝时期承袭旧制，继续大肆祭祀自然神祇，用以鼓舞士气和保障军事的胜利，作为维护统治和扩大统治区域的重要手段。据载，神䴥二年（429年），太武帝在攻打柔然前"省郊祀仪"，并"以小驾祭天神"，获胜归来后归功于"祖祢"，并立刻"遍告群神"[1]。总的来说，北魏前期统治者通过大肆祭祀自然神祇增强了统治阶层内部凝聚力，获得了北魏征服区域民众对北魏政权的心理认同感，最终达到了推动北魏祭祀制度发展、巩固北魏统治和扩大统治区域的目的，为北魏孝文帝改革的实现奠定了坚实的思想基础。

三、孔子祭祀礼制的完善

祭祀制度作为国家统治指导思想的外延，发挥着整合社会政治信仰和维护统治的功能，祭祀制度的革新在一定程度上反映了政治统治方式的变化。北魏前期祭祀呈现出母权崇拜和自然崇拜的特点，体现了北魏前期政权的非封建化特征。不同于北魏前期以血缘祖先和自然神祇为主要祭祀对象，历经孝文帝改革后的北魏在祭祀对象上明显地向华夏圣君和儒家先贤倾斜。在祭祀中有意识地增加这些形象，不仅丰富了北魏的祭祀内容，使北魏祭祀呈现出封建国家化的特点，也推动了北魏祭祀的规范化和制度化，为北魏统治的巩固提供了思想保障。而孝文帝改革后北魏祭祀的制度化和封建化特征又在一定程度上印证了北魏政权的封建国家化性质。

北魏前期祭祀主要以血缘祖先和自然神祇为主，虽然不乏对华夏圣君尧、舜、禹的祭祀，但与当时频繁的祭天相比，屈指可数；直到孝文帝改革时期，以尧、舜、禹等为主的华夏圣君成为北魏祭祀的重要内容。同时，对于汉晋诸帝帝陵的祭祀也开始受到北魏统治者的空前重视。《魏书·高祖纪下》载："（太和十六年）丁酉，诏祀唐尧于平阳，虞舜于广宁，夏禹于安邑，周文于洛阳。"[1] 孝文帝通过诏祀的方式表明了他及其代表的北魏政权对待尧、舜、禹等华夏圣君的态度。在诏祀的基础上，孝文帝又于"（太和二十一年）夏四月庚申，幸龙门，遣使者以太牢祭夏禹。癸亥，行幸蒲坂，遣使者以太牢祭虞舜。戊辰，诏修尧舜禹庙……壬辰，遣使者以太牢祭周文王于酆，祭武王于镐"[1]。此举标志着由少数民族建立的北魏政权对华夏圣君的祭祀达到高峰。北魏统治者以太牢作为牺牲的做法进一步提升了华夏圣君在北魏祭祀中的地位，诏令修建宗庙进行祭祀标志着北魏祭祀华夏圣君的制度化和规范化。在大力祭祀尧、舜、禹等华夏圣君的同时，孝文帝在太和二十年（496年）"遣使者以太牢祭汉光帝及明、章三帝陵"[1]，并诏令"汉、魏、晋诸帝陵，各禁方百步不得樵苏践踏"[1]。次年丙戌，"遣使者以太牢汉帝诸陵"[1]。自此，华夏圣君和汉魏帝陵成为北魏祭祀的重要内容。孝文帝通过对其进行频繁的祭祀向世人表明了北魏政权礼遇华夏圣君的决心，优待的同时成功将其代表的政治权威移植到北魏的政治土壤中。伴随着孝文帝祭祀的仪式性表演，华夏圣君日益成为北魏政权的政治祖先，与北魏统治者的血缘祖先结合成为北魏政权的祖先神，成功论证了孝文帝及其代表的北魏政权的正统性。至此，北魏政权的合法性基础得以成功确立，而北魏政权也具备了与南朝宋齐政权对峙和统一天下的合法资格。

在对华夏圣君和汉魏帝陵进行频繁祭祀的同时，孝文帝开始了对以孔子为代表的儒家先贤的大规模祭祀。太和十六年（492年），孝文帝下诏改谥孔子为"文圣尼父"并"告谥孔庙"[1]。太和十九年（495年），孝文帝"行幸鲁城，亲祀孔子庙"[1]。同年辛酉，孝文帝"诏拜孔氏四人，颜氏二人为官"，并"诏选诸孔宗子一人，封崇圣侯，邑一百户，以奉孔子之祀"[1]。同时，"又诏兖州为孔子起园柏，修饰坟垄，更建碑铭，褒扬圣德"[1]。首先，孝文帝通过改谥孔子和亲祀孔庙昭示了北魏统治者对文教的重视，便于在社会范围重塑孔子的权威；其次，孝文帝通过将先师后裔纳入北魏官僚系统来争取士人阶层对北魏政权的支持，从而扩大北魏的统治基础；再次，孝文帝通过诏选孔宗子奉祀的行为将祭孔纳入北魏祭祀体系，进一步推动了北魏祭祀制度的转型；最后，孝文帝通过为孔子树碑立铭的方式整合社会伦理秩序，充分发挥了儒家伦理纲常的社会教化功能。孝文帝在大力祭孔的同时还开创了北魏统治者祭祀忠臣比干的先河。太和十八年（494年）戊辰，孝文帝"经殷比干之墓，祭以太牢"[1]。同年冬申，孝文帝经比干之墓"伤其忠而获戾"，于是"亲为吊文，树碑而刊之"[1]。太和十九年（495年）壬辰，孝文帝又"遣黄门郎以太牢祭比干之墓"[1]。短短两年里，孝文帝分别通过亲祀、遣使代祀和树碑立刊的方式表达他对忠臣比干的赞誉，也表达了其对现实政治中的忠臣的渴求。由此可知，孝文帝祭祀比干的目的在于"思追礼先贤，标扬忠懿"[1]，通过在祭祀中提升比干的地位，使得比干的忠君形象深入人心，以期北魏统治下的士人能够以比干作为偶像发扬忠君精神，最终成为现实政治中的"比干"。可以说，孝文帝通过大力祭祀儒家先贤为北魏社会构建起一套完整的伦理道德秩序，成功实现了北魏统治下的对各个阶层的有效控制。

祭祀制度作为北魏统治政策的有机组成部分，发挥着社会整合的重要功能。孝文帝通过革新祭祀制度，重视对华夏圣君和儒家先贤的祭祀，成功将其纳入北魏统治轨道，以其作为树立政权合法性和构建社会伦理秩序的重要手段，在推动北魏祭祀制度化和封建化的同时为孝文帝改革奠定了坚实的思想基础，最终推动了北魏政权由部落军事化向封建国家化的成功转型。

综上所述，以孝文帝改革为界，北魏祭祀制度呈现出不同的阶段性特征。北魏前期祭祀以女性祖先和自然神祇为主，意在利用母权余威和自然崇拜来巩固北魏统治；而孝文帝改革后多祭祀华夏圣君和儒家先贤，旨在利用其影响力为北魏政权树立合法性基础，最终实现对社会各阶层的有效控制。因此，不同的祭祀内容体现了北魏统治者不同的政治需求，而不同的政治需求又反映了北魏不同时期的阶段性政权特征，这些最终决定了北魏祭祀制度发展的方向。总的来说，北魏统治者出于不同的政治需求不断进行祭祀内容的革新，极大推动了北魏祭祀制度的发展和完善。孝文帝改革后，北魏祭祀制度实现转型，成为孝文帝进行社会控制的有效手段，从而有力推动了北魏政权由部落军事化向封建国家化的成功转型。

参考文献：

[1] 魏收. 魏书[M]. 北京：中华书局，1999.

[2] 司马光. 资治通鉴[M]. 北京：中华书局，1999.

略论北魏亲蚕礼及其历史地位和作用

胡博文　郭善兵

（河南大学历史文化学院，河南　开封　475001）

摘　要：北魏宣武帝创制的亲蚕礼既体现了他对农业的重视，也体现了礼制上汉化改革的继续。通过对北魏亲蚕的时间、地点、主要参与者和车舆的考察，不难发现北魏亲蚕礼既参考了周制，也吸纳了汉魏仪注。北魏亲蚕礼的"沿"，主要有亲蚕的时间、地位、主要参与者和主要建筑；"革"主要有亲蚕的地点、舆服和祭祀的蚕神。北魏、北朝亲蚕礼有开创性、继承性、多样性、传递性等特点。

关键词：亲蚕礼；农业；宣武帝

亲蚕礼又名"先蚕礼""亲桑礼"，是我国古代一项重要的典礼。亲蚕礼最早见于周代。[①]亲蚕礼主要有两大作甲：一是"以共祭服"；二是劝妇女勤于织纴，确保王朝农业的发展，维护王朝的稳定。正因为亲蚕礼有如此功用，所以后世诸王朝多重视此礼。搜检史料可以发现，北朝时期的北魏、北周和北齐皆实行过亲蚕礼。北周和北齐的亲蚕礼记载明确，相较而言，有关北魏亲蚕礼的记载寥寥，以至于后世史书典籍往往将其忽略，今人目前的研究主要集中在汉代、唐代和明清时期的亲蚕礼相关问题，关于北魏亲蚕礼相关问题的研究，目前尚无专门、系统的研究。[②]虽然史书中关于北魏亲蚕礼的记载残缺不全，但其在北朝亲蚕礼的沿革、整个亲蚕礼的传承中有着不可或缺的作用。

一、北魏亲蚕礼的创制和内容

北魏是鲜卑拓跋部建立起来的王朝。北魏入主中原是一个不断汉化的过程，也是一个礼制不断完善的过程。这一过程中高峰就是孝文帝的汉化改革，其中就包括在礼制上的改革。宣武帝元恪是孝文帝之子，其在位时期创制的亲蚕礼就格外值得注意。

（一）亲蚕礼的创制

1. 亲蚕礼的创制背景

北魏亲蚕礼的创制有其深刻的时代背景，统而言之主要有二：一是北魏统治中原农业区的必然，二是北魏宣武帝对孝文帝汉化改革的继续。

亲蚕礼的创制是北魏统治中原农业区的必然。北方自古就是农耕地区，自春秋战国起逐渐形成了男耕女织的自然经济。北魏虽然入主中原，但其统治区域内是广大的汉人，北魏王朝统治的经济基础就是农业。所以，北魏一直重视农业的发展。太宗皇帝拓跋嗣曾下诏强调农业的重要性："凡庶民之不畜者祭无牲，不耕者祭无盛，不树者死无椁，不蚕者衣无帛，不绩者丧无衰。"[1]亲蚕礼的目的之一就是鼓励妇女采桑织布、发展农业。北魏王朝如此重视农业，自然需要创制亲蚕礼以教化妇女，鼓励耕织。且北魏宣武帝之前自然灾害频发，农业凋敝，百姓流离失所。根据记载，宣武帝继位之初至景明四年（503年）就有四起饥荒、一次水灾。[③]自然灾害频发导致农民收成减少，生活困难，危害国家稳定。

亲蚕礼的创制也是宣武帝对其父孝文帝汉化改革的继续。孝文帝接续其祖母文明太后冯氏进行改革。冯太后改革侧重于政治和经济，而孝文帝则侧重于文化。礼制是文化的产物，能够反映文化，同时也是政治的表现。孝文帝在礼制上的改革主要有三个方面，且孝文帝对礼制的改革也有浓郁的汉化倾向。[2]虽然经过了孝文帝在礼制上的改革，但是犹有未备，如亲蚕礼和籍田礼。北魏时籍田礼在太祖拓跋珪天兴年间就已经实行，孝文帝时期偶有籍田[3]，宣武以前亲蚕礼更是不见记载。因此，宣武帝创制亲蚕礼是继承其父在礼制上的汉化改革。

2. 亲蚕礼的创制和实践

北魏王朝的亲蚕礼创制于宣武帝元恪在位时期。这一创制过程可以分为两个阶段：一是准备阶段，二是创制阶段。

首先是准备阶段，这一阶段从宣武帝景明三年（502年）十一月到景明三年十二月。宣武帝于景明三年十一月下诏曰："京洛兵芜，岁逾十纪。先皇定鼎旧都，惟新魏历，翦扫榛荒，创兹云构，鸿功茂绩，规模长远。今庙社乃建，宫极斯崇，便当以来月中旬，蠲吉徙御。仰寻遗意，感庆交衷。既礼盛周宣《斯干》之制，事高汉祖壮丽之仪，可依典故，备兹考告，以称遐迩人臣之望。"[1]这一阶段的任务主要是做理论上的准备。在北魏之前关于亲蚕礼的理论大体有两种："宗周旧制"和"汉家故事"。[4]"宗周旧制"主要见于《礼记》和《周礼》当中，未见具体实践；"汉家故事"也未见明确的亲蚕记载；此后的曹魏和晋各有所依。④当宣武帝恢复亲蚕礼时,大体有此两种选择。于是宣武帝诏书曰:"既礼盛周宣《斯干》之制,事高汉祖壮丽之仪,可依典故,备兹考告,以称遐迩人臣之望。"可见其理论来源。

其次是创制阶段。这一阶段从景明三年(502年)十二月到景明四年(503年)三月。经过了前期一个月理论上的准备,宣武帝于景明三年十二月下诏曰:"民本农桑,国重蚕籍,粢盛所凭,冕织攸寄。比京邑初基,耕桑暂缺,遗规往旨,宜必祇修。今寝殿显成,移御维始,春郊无远,拂羽有辰。便可表营千亩,开设宫坛,秉耒援筐,躬劝亿兆。"[1]这里说明创制的内容有"表营千亩,开设宫坛,秉耒援筐"。亲蚕需要桑林、宫坛。《礼记·祭义》"古者天子、诸侯,必有公桑蚕室,近川而为之,筑宫仞有三尺,棘墙而外闭之"[5]。所以"表营千亩"不仅包括籍田所需土地,还有"公桑"和"开设宫坛"所需的土地。实行亲蚕礼需要工具,"秉耒援筐"中的"耒"是籍田礼的工具,"筐"是亲蚕礼所需的工具。然而,在亲蚕礼中仅有"筐"是不够的,《礼记·月令》记载后妃亲蚕时"具曲、植、籧、筐"[5]。根据后世对亲蚕礼的记载,亲蚕的工具主要有两件即"钩"和"筐"。亲蚕礼是一个复杂的礼仪,当然不可能仅有以上三个方面的内容。从景明三年十二月到景明四年三月一共三个月,只可能大体完成主要内容。

创制完成后就是实践。《魏书》记载:"(景明四年)三月己巳,皇后先蚕于北郊。"[1]这是北魏第一次也是仅有的一次关于亲蚕礼实践的记载。

(二)亲蚕礼的内容

亲蚕礼一般包括以下要素:时间、地点、参与人物、配合机构、相关建筑、工具、服饰、车舆、乐舞、流程等。然而,关于北魏亲蚕礼的记载较少,散见于《魏书》当中。下面笔者将结合记载简单探讨北魏亲蚕礼的时间和地点、参与人物和车舆。

1. 亲蚕的时间、地点

关于北魏亲蚕礼举行的时间和地点仅有一处记载,即"(景明四年)三月己巳,皇后先蚕于北郊"。该记载明确点出了北魏亲蚕礼的举行时间是"三月己巳",亲蚕地点为"北郊"。

北魏与之前诸王朝亲蚕的时间大体一致。无论是"宗周旧制"还是"汉家故事"亲蚕时间都是一致的。关于周代亲蚕时间,《礼记》记载为三月(季春),而《周礼》记载为"中春"。白坤先生论证"中春"就是指代三月。[6]汉朝、晋朝亲蚕也在三月⑤,《续汉书·礼仪志》记载:"是月,皇后帅公卿诸侯夫人蚕"[7],其中"是月"指"三月"。且《汉书·五行志中之下》记载了建昭四年（前35年）三月的亲蚕礼。[8]晋朝亲蚕时间为"蚕将生，择吉日"[9]，虽然并未言明时间，但是依据农时，"蚕将生"即指三月。然而，汉晋之间三国时期的曹魏亲蚕在正月，《晋书》："魏文帝黄初七年正月，命中宫蚕于北郊。"[9]总体而言，从周朝到北魏亲蚕时间一脉相承。

北魏与之前诸王朝亲蚕地点却大有不同。周朝和曹魏亲蚕于北郊，西汉亲蚕于东郊，东汉和晋亲蚕于西郊。周代亲蚕于北郊是由于北方与女子俱属阴性。西汉亲蚕于东郊，《宋史》解释道"汉蚕于东郊，以春桑生也"[10]。对于东汉和晋朝选择在西郊举行亲蚕礼，《白虎通义》解释道："耕于东郊何？东方少阳，农事始起。桑于西郊？西方少阴，女功所成。"[11]东方为少阳之地，五行属木，主生，男子属阳，所以在东郊举行籍田礼，希望农事由此兴起；西方为少阴之地，五行属金，金主收，女性属阴，所以在西郊举行亲蚕礼，希望女功有所成就。《晋书》解释道："盖与籍田对其方也。"[9]因为晋朝籍田礼是在东郊举行，为了与籍田礼相对，所以在西郊举行亲蚕礼。由此观之，北魏亲蚕地点的选择是采北郊之说，延续周代、曹魏之礼。为何不沿袭年代较近的晋礼？可能原因有二：第一，晋礼不符周礼，周礼是权威；第二，北魏自视为曹魏的继承者，其国号都是"魏"，只是我们为了区分而分别称它们为曹魏和北魏。

2. 亲蚕的主要参与者

关于亲蚕礼的主要参与者，《周礼·内宰》记载："中春，诏后帅外内命妇始蚕于北郊。"[12]其中"后"指周王的"王后"，周朝亲蚕的主要人物有"后"和"外内命妇"。然而，根据有关北魏亲蚕的记载和历代对亲蚕礼的实践，北魏参与亲蚕礼的主要人物应有：皇太后、皇后、内命妇和外命妇。

皇后是亲蚕礼的主角，是整个典礼当中的核心人物。关于亲蚕礼实践的记载几乎都是以皇后为中心⑥，其基本记述模板是"（某某某年）某月某日，皇后亲蚕于某地"。例如，《魏书》："（景明四年）三月己巳，皇后先蚕于北郊。"所以北魏的皇后依旧是亲蚕礼的核心人物。景明四年（503年）亲蚕的皇后为宣武顺皇后于氏。于皇后是太尉于烈弟于劲的女儿，宣武帝亲政后听说其有容貌和品德于是纳为贵人，后因宠爱于景明二年（501年）九月立为皇后。[1]景明四年亲蚕时于氏正受宠爱。

北魏皇太后能够参与亲蚕礼。《礼记》《周礼》中虽无太后参与亲蚕礼的记载，但是根据历代亲蚕礼的实践可知太后能够参与亲蚕礼。汉元帝的王皇后在成为太后后曾参与亲蚕礼，《汉书·元后传》记载："（王太后）春幸茧馆，率皇后列侯夫人桑。"[8]且《魏书》载："金根车：羽葆，旒，画辀轮，华首，彩轩交落，左右骓。太皇太后、皇太后、皇后助祭郊庙，籍田先蚕，则乘之。"[1]

由此来看，北魏的皇太后、太皇太后也能够亲蚕。只不过太后在亲蚕礼中应该主要发挥领导作用，不参与具体的礼仪。[7]北魏亲蚕礼创制时，太后分为两种：一是先皇的后妃；二是皇上的保母，即乳母，称为"保太后"。《魏书·列传第一》："又世祖、高宗缘保母劬劳之恩，并极尊崇之义，虽事乖典礼，而观过知仁。"[1]然宣武帝时并未有太后参与亲蚕礼的可能，此后也只有明元帝时期的胡太后有参与亲蚕的可能。

"内外命妇"也是北魏亲蚕礼的主要参与者。内命妇指皇帝的后妃和公主，外命妇指官员的妻子。北魏亲蚕礼创制时外朝官制已然健全，后宫制度也已完备。皇帝除了正妻皇后外，还有左右昭仪、三夫人、三嫔、六嫔、世妇、御女。[1]以上内外命妇在皇后亲蚕时应该会参与。

3. 亲蚕的车舆

通过上面分析可知，参与亲蚕礼的女性有皇太后、皇后、内外命妇，人数不可谓不众。从皇宫到北郊，路程虽不算遥远，但也不算近，所以参加亲蚕礼的女性可以乘坐车舆。

有关北魏亲蚕时所乘车舆的记载仅有一条，《魏书》记载："金根车：羽葆，旒，画辀轮，华首，彩轩交落，左右骓。太皇太后、皇太后、皇后助祭郊庙，籍田先蚕，则乘之。"根据上面记载，北魏亲蚕礼中太皇太后、皇太后和皇后乘坐金根车。孝明帝时期太学博士王延业引《汉舆服志》议论道："秦并天下，阅三代之礼，或曰殷瑞山车，金根之色，殷人以为大路，于是始皇作金根之车。汉承秦制，御为乘舆。"[1]可见北魏亲蚕车舆采用的是汉制。其实根据历朝关于亲蚕礼的规定，参与亲蚕礼的内外命妇也有车舆，然史书无载，故而不可得知。

通过以上对北魏亲蚕的时间地点、主要参与者、车舆的分析，可以看出北魏的亲蚕礼既遵循周制，又采择汉魏仪注，做到了诏书中所说"可依典故"。

二、北魏亲蚕礼在北朝亲蚕礼沿革中的作用

关于北朝亲蚕礼的沿革，《隋书》总结道："自后齐、后周及隋，其典大抵多依晋仪。然亦时有损益矣。"[13]这个结论给了我们一个北朝亲蚕礼传承的脉络：从晋朝到北齐、北周，再到隋朝。然而这个传承脉络中却缺少了北魏，使得北朝的亲蚕礼传承失去了重要的一环。下面笔者将结合晋、北周、北齐、隋四朝的亲蚕礼来论述北魏亲蚕礼在其沿革中的作用。

（一）北朝亲蚕礼的"沿"

首先，亲蚕的时间大体一致。《晋书》记载晋朝亲蚕时间为"蚕将生，择吉日"。北魏、北齐明确为季春三月，只是北魏为"巳日"，北齐为"谷雨后吉

日"。[13]北周和隋朝虽无记载,但是依《隋书》体例和文意可知也应为三月,只有当与前朝一样之时,才会省略重复部分。所以从晋到隋亲蚕的时间一脉相承。

其次,亲蚕礼的地位相同。亲蚕礼的性质在五礼中属于吉礼,在唐朝及其以后的祭祀中普遍规定为"中祀"⑧。从晋到隋对亲蚕礼虽无明确的祭祀等级划分,但是依旧可以通过其他记载推测出,其中最重要的判断标准就是祭祀的牺牲一样。晋朝、北齐、北周和隋朝明确使用"太牢"祭祀蚕神。《晋书》:"桑日,皇后未到,太祝令质明以一太牢告祠,谒者一人监祠。"[9]北齐为"使公卿以一太牢祀先蚕黄帝轩辕氏于坛上"[13]。北周"以一太牢亲祭"[13]。隋朝"以一太牢制"[13]。用"太牢"之礼祭祀蚕神始于晋朝。在此之前,先秦和汉代使用少牢或中牢祭祀蚕神。《礼记·祭义》:"因少牢以礼之"[5]。《续汉书·礼仪上》:"祠先蚕,礼以少牢。"刘昭引《汉旧仪》注曰:"祠以中牢羊豕。"[7]虽无北魏的相关记载,然而根据上述记载可以推测其在从晋到隋祭祀蚕神的等级传承中起到了重要作用。

再次,举行亲蚕礼所需的建筑大体一致。《礼记·祭义》记载:"古者天子诸侯,必有公桑蚕室。"可见早在周朝就有专为亲蚕的建筑了。一方面,建筑的种类大体一致。举行亲蚕礼所需的主要建筑有:先蚕坛、亲桑坛、蚕室(茧室)等。关于这一阶段内的亲蚕建筑,《晋书》记载有"先蚕坛""采桑坛""蚕室",北齐有"蚕坊""蚕宫""蚕坛""先蚕坛""桑坛",北周、隋朝也有关于"坛"的记载。另一方面,每项建筑样式大体一样,只是长度不一。具体以先蚕坛为例,晋朝为"高一丈,方二丈,为四出陛,陛广五尺"[9]。北周无载。北齐为"坛高五尺,方二丈,四出,阶广五尺"[13]。隋朝仅记载"高四尺"[13]。通过以上两个方面的分析,可以得出从晋到隋,亲蚕礼的建筑种类、样式大体相互沿袭。

最后,主要参与人员基本一致:皇后和内外命妇。从周朝开始,"后"和"内外命妇"就是亲蚕礼的主要参与者。史书中记载的晋、北魏、北齐、北周和隋五朝亲蚕礼的主要参与者见表1。

此外,历代还有"蚕母",主要是从外命妇中选出担任。总体而言,亲蚕的主要参与者都是女性,以皇后和内外命妇为主体。然而,北齐却稍有例外,"每岁季春,谷雨后吉日,使公卿以一太牢祀先蚕黄帝轩辕氏于坛上"[13]。公卿显然是名男性。北齐虽使公卿去祭祀蚕神,但其后亲蚕礼的大部分依旧是由女性主导完成的。综上所述,从晋到隋,亲蚕礼的主要参与人员基本一致。

表1 晋、北魏、北齐、北周和隋五朝亲蚕礼主要参与者

朝代	人物	出处
晋朝	"皇后""公主、三夫人、九嫔、世妇、诸太妃、太夫人及县乡君、郡公侯特进夫人、外世妇、命妇"	《晋书》卷十九《礼志上》
晋朝	"皇后""公主""诸王妃、公太夫人、夫人、县乡君、诸郡公侯特进夫人""诸侯监国世子之世妇、侍中常侍尚书中书监令卿校世妇、命妇""郡县公侯、中二千石、二千石夫人""贵人、贵嫔、夫人"	《晋书》卷二十五《舆服志》
北魏	"太皇太后、皇太后、皇后"	《魏书》卷一百零八之四《礼志四》
北齐	"皇后""六宫""内命妇""世妇"	《隋书》卷七《礼仪志二》
北齐	"皇后""皇太子妃""内外命妇、宫人女官"	《隋书》卷十一《礼仪志六》
北周	"皇后""三妃、三妐、御媛、御婉、三公夫人、三孤内子""昭化嫔""淑嫔"	《隋书》卷七《礼仪志二》
隋朝	"皇后""三夫人、九嫔、内外命妇""世妇"	《隋书》卷七《礼仪志二》
隋朝	"皇后""皇太子妃""世妇及皇太子昭训,从五品已上官命妇""女御及皇太子良媛""六尚""六司、六典及皇太子三司、三典、三掌"	《隋书》卷十二《礼仪志七》

(二) 北朝亲蚕礼的"革"

首先,亲蚕地点不同。晋朝举行亲蚕礼在西郊,北魏、北齐和隋在北郊。晋朝选择在西郊举行亲蚕礼前文已经论述。北齐在北郊建有亲蚕建筑,"蚕坊""蚕宫""蚕坛""先蚕坛""桑坛"等皆在"京城北之西"[13],可见北齐亲蚕于北郊。北周虽无记载,但应在北郊,理由和上文亲蚕时间一样。隋朝亲蚕于北郊见于《隋书》,"隋制,于宫北三里为坛"[13]。隋朝将祭祀先蚕的先蚕坛建于皇宫北部,可见隋朝的亲蚕礼也是在北郊举行。综上所述,晋朝亲蚕于西郊,北魏、北齐、北周和隋皆亲蚕于北郊。在这个转变当中,北魏应该起到关键作用,从北魏开始遵循"三礼"记载亲蚕于北郊。

其次,祭祀的蚕神不同。周朝祭祀的蚕神为谁?《通典》解释道:"先蚕,天驷也。"[14]汉朝祭祀的蚕神为苑窳妇人、寓氏公主[7]。晋朝祭祀的蚕神未言明。

北魏亦未言明所祭祀蚕神。逮至北齐、北周，蚕神与前朝所祭大不一样，北周所祭蚕神为西陵氏[13]，北齐所祭蚕神为黄帝轩辕氏[13]。西陵氏即黄帝的妃子嫘祖，据记载西陵氏始养蚕缫丝，所以北周以西陵氏为蚕神加以祭祀。亲蚕礼所展示的是妇功，蚕神应为妇功的代表，不知北齐以黄帝轩辕氏为蚕神所为几何，隋朝也无明确记载。从汉、晋到北齐、北周，祭祀的蚕神有了一个巨大的变化，在这变化中北魏应该起到了重要作用。无论是西陵氏还是黄帝轩辕氏都是中原文化的始祖，代表着中原文化的源头。北魏作为少数民族入主中原，积极学习中原文化，希望获得中原文化的认同，所以对黄帝情有独钟。《魏书》开篇记载鲜卑起源时道："昔黄帝有子二十五人，或内列诸华，或外分荒服。昌意少子，受封北土，国有大鲜卑山，因以为号。"[1]且上文提到孝文帝进行礼制改革时曾同时祭祀黄帝与鲜卑祖先。

最后，亲蚕的车舆、服饰不同。一方面，亲蚕的车舆不同。《晋书》"礼志"和"舆服志"皆言晋朝为油画云母安车；北魏为金根车；北齐为重翟[13]；北周为翟辂⑨；隋朝为厌翟⑩。另一方面，亲蚕的服饰不同。《晋书·舆服》记载："皇后谒庙，其服皂上皂下，亲蚕则青上缥下，皆深衣制，隐领袖缘以绦。"[9]北齐服鞠衣。《隋书》记载："亲蚕以鞠衣。"[13]北周服鵴衣。《隋书》："采桑则服鵴衣。"[13]隋朝服鞠衣。[13]《隋书》记载"鞠衣，黄罗为质，织成领袖，小花十二树。蔽膝、革带及舃，随衣色。余准袆衣，亲蚕服也"。[13]在以上诸服中，颜色的不同尤为明显。晋朝为青色，北魏、北齐无载，北周和隋朝为黄色。

在舆服方面，总体而言，北魏及晋主要依从汉魏，北魏之后的北周、北齐和隋往周朝方向回归。北魏的金根车前文已经论述其沿袭汉制。据《续汉书》记载，汉代皇后亲蚕的服饰为"皇后谒庙服，绀上皂下，蚕，青上缥下，皆深衣制，隐领袖缘以绦"[7]，显然晋朝的"油画云母安车"和服饰沿袭的是汉制，所以《晋书》记载："依汉魏故事，衣青衣，乘油画云母安车，驾六騩马。"[9]据《周礼·巾车》记载，周代王后有五路：重翟、厌翟、安车、翟车、辇车[12]，其中，王后亲桑时所乘之车为翟车。《周礼·内司服》记载周代王后有袆衣、揄狄、阙狄、鞠衣、展衣、缘衣六种服饰，其中，鞠衣为王后六种服饰之一。[12]显然北齐、北周和隋朝的车舆服饰更多是延续周朝的名物制度。在这个转变中北魏应该起着重要作用。在孝明帝熙平元年（516年）关于皇后车舆的讨论中就提到沿袭的两大方向：周制和汉晋制度。[1]所以，北周、北齐和隋在车舆、服饰回归于周制与北魏有着密切关系。

通过上述分析可知，北朝的亲蚕礼沿中有革、革中有沿，总体上是相互沿袭、时有损益。其中,北魏亲蚕礼在北朝亲蚕礼的"沿""革"中起着重要作用。因此,《隋书》中:"自后齐、后周及隋,其典大抵多依晋仪。然亦时有损益矣。"[13]这句论断应该修正为"自北魏、后齐、后周及隋,其典大抵多依晋仪。然亦时有损益矣"。

三、结语

通过上面的分析,大体勾勒出了北魏亲蚕礼的容貌,理解了北魏亲蚕礼在北朝亲蚕礼沿革中的作用。北魏亲蚕礼是北朝亲蚕礼的重要部分,是北朝和古代亲蚕礼传承中的重要一环。总体而言,包括北魏亲蚕礼在内的北朝时期的亲蚕礼有以下四大特点。

首先,开创性。这里所说的开创性主要是指北魏亲蚕礼。而这又有两个方面的含义,一是北魏亲蚕礼开创了北朝亲蚕的先河,二是少数民族政权亲蚕的开创者之一。后赵羯人石季龙其妻杜氏于347年(晋穆帝永和三年,后赵建武十三年)祠先蚕于近郊[9],此次应为少数民族政权最早祭祀先蚕的活动。然而这次祭祀先蚕有着诸多不完善之处,亲蚕礼节并不完整。北魏亲蚕礼的创制,继承了孝文帝的礼制改革,推动了北魏民族的汉化。

其次,继承性。通过上文分析,从晋到隋虽然亲蚕礼在具体仪节方面或有不同,但总体而言是一脉相承、互相沿袭的。晋朝继承汉魏制度,北魏继承晋朝制度,北周、北齐继承北魏制度,隋朝继承北齐、北周制度。

再次,多样性。北朝亲蚕礼的传承虽然是一脉相承,但是具体仪节或有不同。上文提到了亲蚕的地点、祭祀的蚕神、亲蚕的车舆和服饰就体现了多样性。后世在创制本朝亲蚕礼时,不是照搬前朝,而是时有损益。

最后,传递性。北魏是北朝亲蚕礼传承中的一环,北朝同样是整个中国古代亲蚕礼传承中的重要一环。隋朝脱胎于北周,继而统一中国,结束南北朝。隋朝的礼制不可避免地受北朝影响。隋朝创制的亲蚕礼也为后世效法,亲蚕礼的仪注及其意义也向后世传承。

注释:

①宗宇认为,"先蚕礼制始于周朝"[宗宇.先蚕礼制历史与文化初探[J].艺术百家,2012(8)]。然而经常与先蚕礼并举的籍田礼始于何时尚有争论。宁镇疆认为,商代无籍田礼[宁镇疆.周代"籍礼"补议:兼说商代无"籍田"及"籍礼"[J].中国史研究,2016(1)],而刘光胜和王德成认为"商代设立籍

田，商王亲自观耤"[刘光胜，王德成．从"殷质"到"周文"：商周籍田礼再考察[J]．江西社会科学，2018（2）]。假使商代有籍田礼，经常并举的亲蚕礼又该如何？所以笔者认为写作"亲蚕礼最早见于周代"比较合适。

②系统研究汉代亲蚕礼的文章主要有白坤《从"周礼"到"汉制"：汉代亲蚕礼的制作与实行》（《古代文明》2020年第3期）等；研究唐代亲蚕礼的文章有范芷萌《唐代先蚕礼探析》（《淮北职业技术学院学报》2016年第4期）等；研究明清时期亲蚕礼的文章主要有刘潞《论清代先蚕礼》（《故宫博物院院刊》1995年第1期）、李芝安《〈亲蚕图〉画柜与乾隆帝先蚕礼述论》（《故宫学刊》2013年第2期）、张小锐《清代皇家先蚕坛与先蚕礼》（《中国档案》2017年第10期）、徐婷婷《明嘉靖时期先蚕礼研究》（湖南大学2018年硕士学位论文）、郭婧《清朝先蚕礼研究》（兰州大学2020年硕士学位论文），著作主要有董绍鹏和刘文丰《北京先蚕坛》（学苑出版社，2014年）等。

③据《魏书》卷八《世宗本纪》记载，这四次饥荒一次水灾为："（太和二十三年）州镇十八水，民饥，分遣使者开仓赈恤。""（景明元年）五月甲寅，以北镇大饥""（景明元年）是岁，十七州大饥""（景明二年）青、齐、徐、兖四州大饥，民死者万余口""（景明三年）河州大饥，死者二千余口。"

④关于曹魏亲蚕礼的依据，《晋书》载"魏文帝黄初七年正月，命中宫蚕于北郊，依周典也"，《隋书》载"魏遵《周礼》，蚕于北郊"。关于晋朝亲蚕礼的依据，《晋书》载"皇后著十二笄步摇，依汉魏故事，衣青衣，乘油画云母安车，驾六䯄马"，《隋书》载"晋太康六年，武帝杨皇后蚕于西郊，依汉故事"。

⑤《续汉书》刘昭注："案谷永对称'四月壬子。皇后蚕桑之日也'，则汉桑亦用四月。"《通典》亦记载："后汉皇后四月，帅公卿列侯夫人蚕。"虽然记载有四月一说，但是一般还是认为在三月。

⑥亲蚕礼有两种类型。一种是皇后亲蚕，另一种是遣官摄事。皇后亲蚕也可以分为两类，一类是皇后贯穿亲蚕礼的始终；另一类是先遣官享先蚕，皇后举行亲桑及其之后的礼仪（见北齐）。遣官摄事，虽然《周礼》已经记载，但是关于亲蚕礼的遣官摄事最早见于唐代永徽年间。后世还可以派遣妃或其他官员、命妇摄事。

⑦关于皇太后在亲蚕礼中的作用，《宋书》和《大清会典》有些许记载。《宋书·后妃》："大明四年，后率六宫躬桑于西郊，皇太后观礼。"《大清会典》记载皇后要将成形的蚕茧献给皇帝、皇太后，"以告蚕事之登"。

⑧《唐会要》载唐朝高宗永徽三年确规定为"中祀"，宋真宗时期规定为"中祀"，南宋孝宗乾道年间重新规定为"中祀"，清朝乾隆时期规定为"中

祀"。明朝没有规定，因时特举。

⑨《隋书》卷七在叙述北周亲蚕礼时记载为翠辂，然而卷十在叙述北周皇后车舆制度时记载为翟辂，"三曰翟辂，以采桑，翟羽饰之。四曰翠辂，以从皇帝，见宾客，翠羽饰之"。今从卷十说。

⑩《隋书》卷七在叙述隋朝亲蚕礼时记载为"重翟"，然而卷十在叙述隋朝车舆制度时记载为"厌翟"。"厌翟，赤质，金饰诸末……亲桑则供之。"今从卷十说。

参考文献：

[1] 魏收. 魏书 [M]. 北京：中华书局，1974.

[2] 杜士铎. 北魏史 [M]. 太原：山西高校联合出版社，1992.

[3] 梁满仓. 魏晋南北朝五礼制度考论 [M]. 北京：社会科学文献出版社，2009.

[4] 刘凯. 从"南耕"到"东耕"："宗周旧制"与"汉家故事"窥管——以周唐间天子/皇帝措田方位变化为视角 [J]. 中国史研究，2014 (3).

[5] 杨天宇. 礼记译注 [M]. 上海：上海古籍出版社，2004.

[6] 白坤. 从"周礼"到"汉制"：汉代亲蚕礼的制作与实行 [J]. 古代文明，2020 (3).

[7] 司马彪. 续汉书 [M]. 北京：中华书局，1965.

[8] 班固. 汉书 [M]. 北京：中华书局，1962.

[9] 房玄龄. 晋书 [M]. 北京：中华书局，1974.

[10] 脱脱. 宋史 [M]. 北京：中华书局，1977.

[11] 陈立. 白虎通疏证 [M]. 北京：中华书局，1994.

[12] 杨天宇. 周礼译注 [M]. 上海：上海古籍出版社，2004.

[13] 魏征. 隋书 [M]. 北京：中华书局，1973.

[14] 杜佑. 通典 [M]. 北京：中华书局，1988.

"正统之辨"视域下的《魏书》"民族传"叙事与历史文化认同

王宵宵　胡祥琴

(山西大学历史文化学院，山西　太原　030032)

摘　要：南北朝时期对"正统"地位的争夺激烈且复杂，影响了《魏书》"民族传"的创作。《魏书》"民族传"旨在为北朝"争正统"，巩固其统治。因此，魏收在《魏书》"民族传"标目、内容、史论方面采取了特殊的叙事方式，通过贬低对立政权和其他民族政权塑造北朝正统形象。这种叙事背后蕴含着对血缘、地域、民族、治统、道统等方面的认同。此叙事虽然在表面上加剧了南北朝之间的矛盾，但是对历史文化的认同体现了民族间的融合，有利于民族关系的进一步发展，为隋唐大一统的出现创造了条件。

关键词：正统之辨；《魏书》；民族传；历史文化认同

西晋短暂统一之后，中国再次分裂，经东晋、十六国后，刘裕、拓跋焘分别建立政权，形成了南北政权对立的局面，中国历史进入南北朝时期。此时期，南北朝为了维护自身政权的合法性，采取各种方式争夺"正统"地位。由于北魏是鲜卑族建立，因此这一时期的正统之争具有"夷夏之辨"的色彩，也使得"正统之辨"更加复杂化。南朝抓住北魏在民族身份上的劣势，强调夷夏之别。《晋书·石勒载记》载，"自古以来诚无戎人为帝王者"[1]，南朝始终将北魏视为夷狄，就是为了剥夺其成为"正统"帝王的资格。南北双方利用各种手段争正统，史书就是其中之一。沈约《宋书》直言北魏为"索虏"，充满歧视、贬低的意味，行文之间不断强调北魏政权的残暴无德。正是在这样的历史背景下，《魏书》创立。魏收将与北魏有关的其他民族政权编入"民族传"，共九卷。民族传记载的对象大致可分为三类：第一，关于十六国政权的记载；第二，关于东晋、南朝的撰述；第三，对边疆其他民族的记述。这样的叙事安排，在很大程度上是为北魏争正统，从而证明北齐的正统性。

一、"正统之辨"视域下的"民族传"叙事

《魏书》各部分都具有"正统之辨"的色彩,"民族传"也不例外。不论是"民族传"的标目、史论,还是具体内容,都成为魏收为北朝争正统的工具。《魏书》"民族传"中争正统的方式可谓全面多样。

（一）正统意图明显的各民族列传标目

白寿彝先生认为,标目"是在一部书里,按照不同的具体内容分别标出题目来……司马迁的书在他生前虽还没有《史记》的名称,但书中个篇已各有标目了"[2]。史书标目是对内容的反映,如《史记》的《匈奴列传》《南越列传》《东越列传》《朝鲜列传》等,这些都反映了记述内容的主体,没有强烈的感情色彩。《魏书》"民族列传"则不同,有些标目直接反映了对于民族政权的态度。十六国政权的标目大部分不存在表达情感的词汇,只是加上民族名称,如《匈奴刘聪传》《羯胡石勒传》《羌姚苌传》等,也有其他标目,如《賨李雄传》《私署张寔传》,但是情感表达并不激烈。边疆民族的标目与《史记》标目一致,只写民族名称,如《高句丽传》《百济传》《宕昌传》等。

与这两种情况不同,《魏书》中东晋、南朝政权的标目蕴含的感情色彩浓烈许多。魏收直接称东晋的建立者司马叡为"僭晋",对南朝宋、齐、梁则冠以"岛夷"的称号。这样的标目直接否定了东晋、南朝政权的正统性。"僭"就是超越了本分,使用了本不该使用的名称、仪制,魏收以"僭晋"称东晋,无疑是对东晋正统性的否定。北魏两次议定在五行中的次序,最终确定北魏为"水德",实际上就是为了说明自身是西晋正统的承接者。正统的继承者只能有一个,既然北魏承继了正统,那么东晋自然就不能是正统了。南朝的政权承接东晋,否定了东晋的正统性,那么南朝政权也不具备正统性。魏收甚至采用了"岛夷"这一具有贬低性质的词汇。胡三省为《资治通鉴》作注时指出:"岛夷者,以东南际海,土地卑下,谓之岛中也。"[3] 魏收特意突出南朝所处地区的恶劣。标目为"岛夷"极易使人们在没有阅读具体内容之前,就将南朝政权视为偏远地区。偏远地区的政权自然不会是正统所在。

（二）正统色彩浓厚的各民族列传内容

民族列传的标目已经体现了魏收对于不同民族政权的态度,在书写各个民族的具体内容时,"争正统"的思想也贯穿其中。现从祖源、地理位置、异象、"春秋笔法"的使用等四个方面进行分析。

第一,祖源认同与正统传承。对于先祖的追溯意在说明血缘的关系,而血缘往往与正统相联系,有学者认为"政治正统的根本是王位正统,王位正统的

保证在于王室血缘的纯正"[4]。因此，北魏追溯自己祖先为黄帝，自己是黄帝的后裔。《魏书·序纪》写道："昔黄帝有子二十五人，或内列诸华，或外分荒服。昌意少子，受封北土，国有大鲜卑山，因以为号。其后，世为君长，统幽都之北，广漠之野……黄帝以土德王，北俗谓土为托，谓后为跋，故以为氏。"[5]由此可见，拓跋氏是黄帝子昌意的后裔，与中原民族有着相同的祖先和血缘。这样的描述为"拓跋氏入主中原、占据正统提供了理论依据"[6]。为了突出北魏血缘的纯正性，势必要说明其他民族政权血缘的混杂，甚至贬低。

魏收记载司马叡是"晋将牛金子也"[5]，是其母和西晋大将牛金通奸而生，指其"冒姓司马"。这样的说法显然是荒诞无稽的，但是魏收依然采取了这样的叙事，因为这样能直接说明司马叡血统不纯，不配继承西晋的正统地位。对刘裕直接称："其先不知所出。"[5]萧道成则是"僭晋时，以武进之东城为兰陵郡县。遂为兰陵人"[5]。萧衍"亦晋陵武晋楚也。父顺之，萧赜光禄大夫"。对于南朝统治者先祖的记载较为笼统，要么不知所出，要么只追溯至父辈，这与《序纪》中对北魏先祖的追溯大相径庭。魏收一边在《序纪》中大力叙述拓跋氏是黄帝后裔，一边贬低、模糊南朝的先祖，两相比较，从而突出北魏血缘的纯正性，进而证明北魏政权的正统性。刘知几对魏收这种叙事表示强烈的不满，直言"魏收党附北朝，尤苦（污蔑）南国，承其诡妄，重以加诸。遂云马叡出于牛金，刘骏上淫路氏，可谓助纣为虐，幸人之灾"[7]。刘知几直接指明魏收贬低南朝政权，是因为其"党附北朝"，要为北朝政权服务，凸显北朝血统的纯正，从而证明北朝的正统地位。

第二，地理优势与正统自信。有学者认为："中国历史上的'正统'观念有一个形成、发展的过程，它最早发轫于远古中原'诸夏'与四夷的'华夷之辨'，形成内华夏、外夷狄的民族正统理念。"[4]只有占据中原地区的民族才是正统所在，居外的民族是夷狄。这种观念在《魏书》中反映十分明显。一方面强调北魏"崤函帝宅，河洛王里，因兹大举，光宅中原"[5]；另一方面凸显南朝政权的偏僻、险远，自古就是化外之地。如其载东晋所在之地"春秋时为吴越之地……偏僻一隅，不闻华土"[5]，战国时"地远恃险，世乱则先叛，世治则后服"[5]。其地不仅地理位置偏僻，而且此地居民道德品行较差。司马叡因乱世而据有此地。对于南朝宋、齐、梁，《魏书》虽然没有在内容中特意叙述其地理位置，但是从标目之中已可窥见。"岛夷"就是说居住在海岛之上的民族，离中原地区就更远了。魏收对其他民族政权地理位置的描述较为客观，一般都表述为去代多少多少里，如"悉居半国……去代一万二千九百七十里"，"渠莎国……去代一万二千九百八十里"[5]。魏收刻意花费篇幅去叙述东晋的地理环境、位置、风俗等内容，直指南朝为"岛夷"，这样的叙事在地域上将东晋、南朝排除在了华夏之外，变成了夷狄，其建立的政权也就是"闰位"了。

第三，异象宣传与正统争取。魏晋南北朝时期，谶纬十分流行，吕宗力经过系统考察，指出谶纬的历史功用，他认为："按照谶纬的历史论述，上天依五德相生之顺序，在人间选择天子，轮流坐庄。这些受命于天的代理人，有任期的限制。"[8]当代理人转变时，上天会有预兆，《魏书·灵征志》《宋书·符瑞志》《南齐书·祥瑞志》都是专门记载此类现象的篇章。《魏书》"民族传"也记载了部分有关内容。司马叡在没有建立东晋之前，想要杀死淳于伯，结果"行刑者以刀拭柱，血流上柱二丈三尺，径头流下四尺五寸，其直如弦"[5]。行刑者用刀擦柱子，血竟然逆流而上，一直到两丈多才向下流，血流像琴弦一样直。这显然是一种不正常的现象，是上天对司马叡的警告。司马叡德行有失，才会招致上天的警示。这样的例子在有关十六国政权的记载中比比皆是，如载刘聪时"流星起于牵牛，入紫微，龙形委蛇，其光照地，落于平阳北十里。视之则肉，长三十步，广二十七步，臭达于平阳。肉旁常有哭声，昼夜不止。聪恶之。刘后产一蛇一虎，各害人而走，寻之不得，须之见在陨肉之旁"[5]。姚兴时有数万只鸟雀在庙堂的上方打斗，有许多鸟雀死亡，当时有谶言："今雀斗庙上，子孙当有争乱者乎？"又"有二狐入长安，一登兴殿屋，走入宫，一入于市，求之不得"[5]。

不论是司马叡还是刘聪等都有"感生"传说存在，"感生"是祥瑞，是受命于天的征兆。然而，魏收笔下关于他们却只有不祥之事，借此说明他们不是受命于天。既然东晋司马叡没有受命于天，那么其后的所有政权也不是天命所在。为什么魏收花了许多笔墨记载十六国政权的灾祸现象呢？北魏想要上承西晋，确立自己的正统地位，就必须越过、否认在其之前建立的政权，这样才能名正言顺地宣扬自己是西晋的合法继承者。

第四，"春秋笔法"使用中的正统争夺。"春秋笔法"是中国古代书写历史的一种重要形式，通常认为是孔子设立的褒贬标准。其既要求直笔，保证记述史实的真实性，达到"使人之善恶无所隐"的目的，又允许史官用谨慎的文字表达自己的好恶褒贬。文字的使用通常极简，但能表达强烈的情感，所谓"一字之褒，宠逾华衮之赠；片言之贬，辱过市朝之挞"[9]。《魏书》的"民族传"中也有相关内容的体现。有关君主的行动都有特定的字词，如古代帝王之死称"崩"，诸侯之死称"薨"。魏收在记述北魏君主死亡是用"崩"，如"太祖崩""帝崩于西宫""肃宗崩""庄帝崩"等。其他民族政权的君主的死亡多直接用

"死",如司马叡之死为"发病而死",刘裕直接为"七年(明元帝泰常七年,即422年)五月裕死",萧道成则是"道成死,子赜立"等。魏收并没有把东晋、南朝君主当作帝王,在魏收眼里他们与其他民族的首领地位别无二致,甚至更为敌视,这样才能凸显北魏帝王的地位。"讨""伐""寇"等都是表达战争的词语,但是感情色彩并不相同,"讨""伐"一般具有正义性,被讨伐的一方往往是乱臣贼子。刘义符即位之后,北魏太宗遣山阳公奚斤等渡河"南讨"。北魏太祖还曾"南伐"萧衍。总而言之,魏收想要塑造北魏对外战争的合法性,因此多为北朝发动战争寻求合理借口,达到师出有名的目的。如北魏太宗讨伐刘义符,就以其礼敬不足为借口。

除上述内容之外,《魏书》"民族传"将北魏与其他民族的关系定义为朝贡关系,字里行间常见"朝贡""遣使""献"等字样,将北魏置于上国的地位。其与其他民族的关系应为众星拱月,其他民族要以它为中心。此外,魏收叙事使用西晋、北魏纪年。采取西晋纪年,是因为北魏承认西晋的正统地位。北魏自诩承西晋,承认西晋的正统地位,实际上就是对北魏正统性的拥护。

(三)正统倾向鲜明的史家传序及论

史论是史家对于历史事件、人物、现象的评论,直接反映了史家的史学思想,周一良先生指出:"纪传体史书仍自有最能体现作者特色的地方,就是序或论部分。"[10]"论"一般以"史臣曰"的形式体现。《魏书·匈奴刘聪传》之前有一千余字的序,每卷之后有"史臣曰",这些内容都体现了魏收对于其他民族政权的评价。不论是对东晋、十六国政权、南朝政权的评价,还是对其他民族政权的评价,魏收的最终目的都是说明这些民族政权的僭伪性、附属性,只有北魏才是"承天命"的正统所在。

《魏书》"民族传"的"序"大致可以划分为五层,第一层指出:"夫帝皇者,配德两仪,家有四海,所谓天无二日,土无二王者也。"[5]这就直接说明了帝皇仅有一个,而且是德行十分高尚的。第二层主要叙述了汉末以来混乱的政治局面,这些政权"各言应历数,人谓迁图鼎"[5]。彼此之间互相攻打吞并,"狼戾未驯"急需一个"成天命"政权来结束这样的局面。第三层重在叙述北魏统治者的才能、功绩和品质。如"太祖奋风霜于参合,鼓雷电于中山,黄河以北,靡然归顺矣",世祖"慨然有混一之志"[5]第四层说明北魏衰颓的原因及北齐代魏的合理性,特别要指出的是,魏收认为尽管北魏后期出现了一系列动乱、灾祸,魏德有衰,但是"天命未改",在这种关键时刻,北齐神武帝高欢"屈身宰世,大济横流"[5],挽救了危局。第五层说明了撰写"民族传"的原因。魏收称:"自二百许年,僭盗多矣,天道人事,卒有归焉,犹众星环于斗极,百川之赴溟海。今总其僭伪,列于国籍,俾后之好事,知僭盗之终始焉。"[5]第五层是层层相扣的,首先道明帝皇的唯一性及德行的高尚性,接下来描述乱局中各分裂政权的统治者德行有失,他们的历数、政权合法性都是由自己说出的,并不是真正的"上承天命"。既然他们不是真正的天命所在,那么天命在何处?拓跋魏的统治者德配两仪,令周围政权臣服,自然是真正的天命所在。在魏德有失的关键时刻,高欢力挽狂澜,延续了拓跋魏的天命,将天命过渡到了北齐的头上,达到了力证北齐正统性的目的。最后,再次说明汉末以来有多个僭伪政权,它们犹如众星环绕于斗极,百川终将汇于大海。斗极和大海自然指的是拓跋魏及北齐。写僭伪政权是便于后世知晓这些政权的始终。

《魏书》"民族传"共九卷(95~103卷),每卷之后都有魏收对于整卷民族政权的评论。魏收对十六国政权、东晋、南朝齐梁政权的评论中心内容基本相同,都意在指出这些民族政权的僭伪性及危害性。95卷主要记载的是十六国政权,魏收评论刘渊等"污辱神器,毒螫黎元""怨积祸盈",之后发问:"天意其俟大人乎?"[5]"大人"是谁不言而喻。96卷主要记载东晋和成汉,评价主要针对东晋。魏收称:"司马叡之窜江表,窃魁帅之名,无君长之实,局天脊地,畏首畏尾,对之李雄,各一方小盗,其孙皓之不若矣。"[5]在魏收眼里,司马叡并不是君主,地位和成汉李雄一样,甚至比不上孙皓。这无疑是在贬低东晋的地位。97卷记载的主体是桓玄、北燕、南朝宋。魏收评价桓玄、冯跋、刘裕穷凶极恶,是夷人、荆蛮的本性。98卷的民族政权是南朝齐、梁。魏收将齐、梁的争斗比作"蜗牛之战",萧氏二人是贼寇,在江南窃用帝王的名号,这种情况闻所未闻,比勾践、夫差更为恶劣。99卷记载的是前凉、西秦、南凉等,它们都处在不毛之地,乖张不逊,不自量力,但是彼此之间仍相互争斗,就像"蛇虺相噬"。它们的结局只有被擒获、歼灭。

《魏书》100~103卷主要是关于边疆少数民族的记载。魏收的评价相对来讲较为温和,但依然带着歧视贬低的意味,如他称赞高句丽每年朝贡的举措,但是认为其他诸夷碌碌无为,都归附朝贡,难道是"牛马内向,东风入律者也?"[5]除此之外,魏收还会借评价民族政权之名,行夸耀北魏政权之实。比如,其对西域诸政权的评价,"西域虽通魏氏,而中原始平,天子方以混一为心,未遑征伐。其信使往来,深得羁縻勿绝之道耳"[5],关于西域的评价《史记》只有"通魏氏"这一句,其余都在夸赞北魏,称其刚刚平定中原,有一统之心,没有闲暇征伐。因为深谙羁縻之道,所以西域诸政权才会往来不绝。又如,魏收认为北方的民族高车屡次骚扰大魏,大魏出兵剿灭。虽然北魏发起了战争,但"盖亦急病除恶,事不得已而然也"[5]。北魏绝不是好战暴虐之徒。

二、正统视域下《魏书》"民族传"叙事与历史文化认同

《魏书》"民族传"叙事"争正统"的方式多样，这些方式都是基于对过往历史文化的认同。汪高鑫先生认为："历史文化认同是一个广义概念，主要包括对于治统、道统、制度、血缘等的认同。"[11]《魏书》"民族传"叙事主要是对血缘、地域、民族、治统以及道统的认同。

第一，血缘认同。在南北朝"民族传"中，沈约、萧子显、魏收不约而同地对南北朝的血缘进行了描述。尽管他们的目的是说明对立政权血缘的不正，但是始终没有把对方排斥在一统的范围之外。沈约追溯拓跋氏的先祖是李陵，而不是魏收上溯的黄帝之子昌意。沈约、萧子显自认为南朝政权是礼仪文化之邦，自然懂得血缘在正统传承中的重要性。魏收也采取了同样的方式。魏收载司马叡是牛金之子，不是"宣帝（司马懿）曾孙"[1]。与沈约、魏收相比，萧子显的记载较为客观，其记述："魏虏，匈奴种也，姓拓跋氏。"[12]此种说法看似把拓跋氏排除在了汉族之外，但是"匈奴，其先祖夏后氏之苗裔也，曰淳维"[13]。夏后氏的先祖也是黄帝，而且夏后氏的曾大父是昌意。如此看来，南北朝都是黄帝的后裔。早在西汉时期，司马迁在撰写《史记》时，就已经构建了一个华夷共祖的认同体系，《史记》关于五帝与民族祖源的记载，可以说是"源出于一、纵横叠加"，这个源就是黄帝。这个体系不但被华夏族认同，也逐渐为夷狄族认同。[14]十六国政权皆将自己的先祖追溯至黄帝就是力证。因此，魏收利用血缘为北朝"争正统"也就不足为奇了。

第二，地域认同。《春秋》载"内诸夏而外夷狄"，不但有着"尊王攘夷"的色彩，而且有一定的地域色彩。早在先秦时期，将占据中原的政权视为正统的观念就已经存在了。[15]这一中原正统观影响了十六国政权。石勒占据洛阳和长安，建立后赵，仍觉得自己不是正统，他的臣僚建言："魏（曹魏）承汉运，为正朝帝王，刘备虽绍兴巴蜀，亦不可谓汉不灭也……陛下既苞括二都，为中国帝王，彼司马家儿复何异玄德，李氏亦犹孙权。符箓不在陛下，竟欲安归？"[1]十六国时期已经接受了这一正统观念，北朝时期更是如此，因此，魏收才会在"民族传"中不惜笔墨地记载南朝的地理位置和环境，斥其为"僭伪""岛夷"。与此同时，魏收还在《魏书》中强调中原正统观。《魏书·礼志四》载："帝王之作，百代可知，运代相承，书传可验……臣闻居尊据极，允应明命者，莫不以中原为正统，神州为帝宅。"[5]必须指出的是，在嘎仙洞石壁上的祝文也有相似的记载："启辟之初，佑我皇祖，于彼土田，历载亿年。聿来南迁，应受多福。光宅中原，惟祖惟父。"[16]孝文帝重议五德次序时，群臣在对两种不同的观点进行

讨论时都提到了中原正统论。高闾主张承前秦为土德,依据的是"石承晋为水德,以燕承石为木德,以秦承燕为火德,大魏次秦为土德,皆以地据中夏,以为得统之征皆以地据中夏,以为得统之征"[5]。李彪认为,北魏应该承西晋为正统,因为"魏、晋、赵、秦、二燕虽地据中华,德祚微浅……"[5]李彪虽然反对高闾的主张,但是并没有否定中原正统观,这无疑是对中原正统观的坚持和发扬。南朝自然也懂得中原地理位置的重要性,但是其确实偏居一隅。这样的事实是南朝不愿意面对却又不得不接受的,因此,他们要采取措施弥补这样的缺憾。汪高鑫认为,东晋、南朝实行的乔治州郡的政策在一定程度上是对中原正统观的坚持,通过这样的方式表明南朝依然是"中原"正统所在。[6]

第三,民族认同。南北朝时期正统之争的最大特点就是夷夏之辨。南北朝都以华夏正统自居,将对立政权视为"僭伪""岛夷"。沈约、萧子显将北魏称为"索虏""魏虏",突出北魏政权的民族身份,十分强调拓跋族与匈奴的关系。北朝却极力避免其与匈奴之间的联系,尽管这是客观存在的事实。北魏经过长期的汉化,再加上其占领了嵩洛之地,北朝不再认为自身是边疆的民族,而是具有礼仪文化的华夏族。因此,北朝有底气指责南朝政权为"岛夷"。这与十六国政权相比有了极大的转变。尽管十六国政权一直在为政权的合法性努力,但是始终缺乏自信。有学者认为,北朝修史的过程是修掉拓跋族夷狄身份、建立华夏身份的过程。[17]南朝政权深知自己在夷夏身份上占据的优势,因此在"民族传"中不断凸显这一优势。《南齐书》载北魏孝文帝曾言"江南多好臣"[12],萧子显借孝文帝之口夸赞南朝是人才聚集之地。南朝政权深知夷夏更多的是文化上的差异,而不仅仅是血缘,所以才会在"民族传"中记载北朝失礼之处,与魏收笔下的状况形成鲜明的对此。南朝这样的处理方式刻意忽视了夷夏之间的转变,这在《宋书·索虏传》中表现得尤为明显。相比《宋书》,《南齐书》记载了北魏汉化的部分内容,承认了北朝向华夏族转变的过程。

第四,治统认同。《二十四史的民族史撰述研究》称:"所谓治统认同,即对中国历史上历代政权连续性的认同,反映的是一种政权连续性的认同,反映的是一种政治的继承性。"[11]魏收在"民族传"中利用了天人相应说、五德终始说,这实际上是为了说明其所属政权与前代政权的密切关系。北魏经孝文帝重新议定历运之后,极力说明自身与西晋的联系,撇清其与十六国政权的关系。因此,魏收将十六国的部分政权列入"民族传",并通过谶纬等内容说明十六国政权的僭越性、非法性。北魏作为应天承运的政权自然不能承继十六国,而应该上承同样是天命所归的西晋。这也说明了北朝争取对于西晋的承认。北朝将先祖追溯至黄帝也是对这一继承性的认同。总之,无论出于自愿,还是巩固统治的客观需要,北朝都将自身置于中国历史上的政治统绪中。也就是说,北朝不仅承认这样的继承性,而且参与到了政治承继的过程中。

第五,道统认同。有学者认为,道统认同就是对中国儒家思想文化及其传承的认同[18],不论南北都十分注重"正统"的地位,这也直接导致了南北朝正史"民族传"中"争正统"的现象。对"正统"的争夺首先建立在认同这一概念的基础上。如果北朝不认同这一说法,大可避而不谈,绝不会产生"争正统"的现象。正统论本身就源于儒家思想文化。欧阳修提出:"《传》曰'君子大居正',又曰'王者大一统'。正者,所以正天下之不正也;统者,所以合天下之不一也。由不正与不一,然后正统之论作。"[19]即《公羊传》是正统论的起源。饶宗颐从史学的角度出发认为正统之论起源于《春秋》,指出:"治史之务,原本《春秋》,以事系年,主宾盱分,而正统之论遂起。"[20]不论是《春秋》还是《公羊传》都是儒家经典。正统论则蕴含在这些经典中。北朝对正统的争夺,"虽是对天子或霸主地位的争夺,却又是对华夏文化的归属。其文化上的价值选择是站到华夏正统文化的旗帜之下,进而成为它的合法主宰。是归属它,而不是毁灭它"[21]。北魏不仅将自己归属于华夏正统文化之下,更成为华夏文化的捍卫者、传承者。

三、结语

南北朝时期政权对立,民族关系复杂,正闰难分,这一局面使南北政权陷入正统之争,直接影响了《魏书》"民族传"的叙事。《魏书》"民族传"标目、具体内容、史论都体现了争正统的思想。通过在具体内容书写中追祖溯源、强调中原地理位置的重要性、记载异象、使用春秋笔法等叙事方式,贬低南朝,突出北魏在争正统中的优势。这样的叙事方式隐含着对历史文化的认同。这不仅有利于促进民族融合、增进民族感情,更有利于各民族从心理上、情感上互相认同和接受。同时,这样的叙事方式也为各民族接受、学习儒家文化提供了心理支持,从而使夷夏之间的差异逐渐消弭,为隋唐大一统奠定了基础。

参考文献:

[1] 房玄龄.晋书[M].北京:中华书局,2009.

[2] 白寿彝.史学概论[M].北京:中国友谊出版公司,2012.

[3] 司马光.资治通鉴[M].北京:中华书局,1956.

[4] 董恩林.试论历史正统观的起源与内涵[J].史学理论研究,2005

(2) .

[5] 魏收. 魏书 [M] . 北京：中华书局, 1974.

[6] 汪高鑫. 魏晋南北朝史学的正统之辨 [J] . 郑州大学学报（哲学社会科学版）, 2020 (4) .

[7] 刘知几. 史通通释 [M] . 上海：上海古籍出版社, 2009.

[8] 吕宗力. 谶纬与魏晋南北朝史观 [C] //李凭, 梁满仓, 叶植. 中国三国历史文化国际学术讨论会论文集. 武汉：湖北人民出版社, 2012.

[9] 钟文烝. 春秋谷梁经传补注 [M] . 北京：中华书局, 1996.

[10] 周一良. 魏收之史学 [C] //周一良. 魏晋南北朝史论集. 北京：北京大学出版社, 1997.

[11] 汪高鑫. 二十四史的民族史撰述研究 [M] . 合肥：黄山书社, 2016.

[12] 萧子显. 南齐书 [M] . 北京：中华书局, 1972.

[13] 司马迁. 史记 [M] . 北京：中华书局, 1959.

[14] 于逢春. 华夷衍变与大一统思想框架的构筑：以《史记》有关记述为中心 [J] . 中国边疆史地研究, 2007 (2) .

[15] 邓乐群. 十六国胡族政权的正统意识与正统之争 [J] . 南通师范学院学报, 2004 (4) .

[16] 米文平. 鲜卑石室的发现与初步研究 [J] . 文物, 1981 (2) .

[17] 于涌. 华夷身份转换与北魏文化的正统认知 [J] . 中央民族大学学报, 2015 (6) .

[18] 汪高鑫. 中国古代少数民族政权的历史文化认同意识：以二十四史的民族史撰述为考察中心 [J] . 史学理论与史学史学刊, 2015 (1) .

[19] 欧阳修. 欧阳修集编年笺注 [M] . 成都：巴蜀书社, 2007.

[20] 饶宗颐. 中国史学上之正统论 [M] . 上海：上海远东出版社, 1996.

[21] 秦永洲. 春秋战国的华夷之辩与华夏正统之争 [J] . 山东师大学报（社会科学版）, 2001 (6) .

平城营建·文物考古

北魏明元帝后期至文成帝时期的平城布局

曹臣明[1] 马志强[2]

(1. 大同博物馆，山西 大同 037009；
2. 山西大同大学北魏研究所，山西 大同 037009)

摘 要：明元帝后期至文成帝时期，是平城布局变化最多的时期。首先，是跨如浑水河而筑了周回三十二里的外郭墙，在平城的外城之外再建郭城，这种做法当属拓跋氏在平城创造性的建设。其次，是在宫区外构筑外城，包括了北部汉平城（内城）和南部的中城。再次，早期平城中的"西宫"只包括大朝正殿和皇帝寝殿，扩展为大西宫（后称"永安宫""平城宫"）后，将朝堂、中宫等也包括进来形成独立宫城。最后，在郭城内划封闭"坊"的街区管理形式。

关键词：北魏；平城布局；独立宫城

明元帝后期，北魏政权北面的威胁主要来自柔然的侵扰，为此，北魏修筑了长城、旧苑墙和郭城。南面的安全威胁来自东晋刘裕。这时的刘裕篡夺了东晋政权，却失掉关中，无力北顾中原。北魏军队接连夺得了虎牢关和洛阳，南面的威胁暂时缓和。明元帝亲临洛阳，可能受洛阳城影响，便继承道武帝后期对平城的规划，决意扩大都城规模。太武帝统一黄河流域，疆域扩大，也开始在平城大规模修筑宫室。文成帝时期也不失时机地进行了续建工程，使平城布局更趋完备，城市功能更为成熟。

一、郭城、外城、中城范围

（一）郭城

1. 文献记载

北魏平城外郭城，建于明元帝泰常七年（422年），周回三十二里。[1]之后太武帝对郭城进行了完善。如《南齐书·魏虏传》记载："什翼圭（拓跋珪）

始都平城，犹逐水草，无城郭，木末（明元帝拓跋嗣）始土著居处。佛狸（太武帝拓跋焘）破梁州、黄龙，徙其居民，大筑郭邑。"[2]

对于郭城是否跨河两岸的问题，《水经注》在叙述"如浑水"（今御河）时有详细的记载。如浑水进入平城北苑前分为东、西两支流，实际上西面的一支明显是条人工引水渠，它从现在的白马城村北即大沙沟东端开始上岸（这里的御河西岸与河床地势高差比较接近，现海拔在1050米左右），向西南进入北苑，流经西郭墙内、汉平城西，再绕汉平城南夹御路南流，出南郭后分散成众多细流。东面的一支沿旧河床南流，经白登山西、汉平城东，从北向南穿过郭城。"其水自北苑南出，历京城内。河干两湄，太和十年累石结岸，夹塘之上，杂树交荫，郭南结两石桥，横水为梁。又南径藉田及药圃西、明堂东。"[3]据北宋赵洪《太平寰宇记·河东道》"云中县"条引《冀州图》（成书于隋代）记载："古平城在白登台南三里，有水焉。其城东西八里，南北九里。"说明外郭墙距白登山较近。白登山即今大同城区东北马铺山，其上面的白登台有两处，一处是指马铺山西南较缓的山丘顶部，上面有汉代方形建筑夯土基础遗迹；另一处是指东北面较陡的峰顶，上面有汉代、先秦陶片、瓦片遗物，以及被明代沿用复建的夯土台遗迹。之所以历代文献对白登山或白登台，距离城的记载里数不一，是因为不同时代的城（如汉平城、北魏平城郭城）距离白登山、白登台所指的位置不一产生了差距。《大清一统志·大同府》记载："平城故城，今大同城东五里无忧坡上，有平城外郭，南北宛然，相传后魏故城。"以上诸多文献都表明了平城外郭墙范围达到了御河东岸，即郭城为跨如浑水而建。同样的内容见于清初顾祖禹《读史方舆纪要》中。当然，清代初对于北魏平城东郭的认知、判断的材料，还需进一步斟酌。

另外，《魏书·释老志》记载太和十五年（491年），孝文帝下诏将寇谦之所立的道坛等移于都南桑乾之阴。原因之一是"昔京城之内，居舍尚希。今者里宅栉比，人神猥凑，非所以祗崇至法，清敬神道"[1]。道坛庙等继续留在京城内不合适。静轮宫与道坛是在一起的，确定静轮宫、道坛庙遗址就能确定东郭墙的相对位置。《水经注·如浑水》记载它们是在如浑水（今御河）东岸："水左有大道坛庙。"

2. 考古调查

历年的一些考古调查材料，可以为郭城四墙大致位置的分析提供一些参考信息。

北郭墙位置：在大同市区魏都大道北段（西南—东北走向）路南原大同开关厂院内，20世纪80年代有一道东西长5米、向东延续的夯土墙。[4]到2004年时墙体地表部分已不存，只存墙体西端一个夯土台，当时解剖结果发现夯土台筑法与北魏明堂遗址等相同，夯层10厘米左右，每层是用深浅两色土夯成，地表下1.5米深向东有连续的夯土。因此可能为北魏夯土墙遗迹。墙体位置位于大院南缘，东西延伸，而南面院外是落差1~2米的较低的地表，落差因夯土墙的存在而形成（墙南原有东西向水渠故道，东段有桥）。这条故墙遗迹向东与安益街、御河京包铁路大桥相对齐，向南与操场城北墙（汉平城北墙）相距约220米。可将其作为北魏平城北郭墙的重要遗迹。

东郭墙位置：今御河东岸古城村西面，保留一截10余米长的南北向夯土墙，20世纪40年代初由水野清一等发现，当时很长[5]，至80年代尚存150余米。经过解剖，对其夯土层厚度，夯窝做法，包含物做对比，可初步断定为北魏时期夯土墙，可视为郭城的东墙。

早年间墙西地面上散落很多北魏时期陶片、瓦片。墙体南端近地面低处取一点用GPS实地测量，海拔1071米。这一地点的海拔高度，与南部另两处发现有北魏遗迹和地下文化层分布地点的地表高度非常接近。一处为古城村西南，现平城桥东端路南的夯土高台遗址（俗称"二猴疙瘩"），可能为静轮宫遗址，测取高台脚下原地表一点，海拔1072米。早年夯土台的四周地表均为整片较高的河岸，后被取沙将四周挖空而形成孤立的高台。另一处为兴云桥东，通往阳高县的斜坡旧路南边，也发现几处地表下有包含北魏陶片的文化层（海拔为1070~1072米），测量其中最东端一点（此点文化层厚0.9米，向东地下北魏文化层消失），海拔1072米。

古城村西墙向南至齐家坡村南端一线以西，距御河东岸约100米的范围地表下的土层中含有较多的北魏陶片、兽骨。而这一范围内没有发现北魏墓葬，所以可视为郭城内的范围。齐家坡村东南附近曾发掘过北魏墓葬。[6]

西郭墙位置范围：2009—2010年，在魏都大道（从北面与现平城街西端交道口向南直到与迎泽街东端交道口以南）以及操场城西墙外，地表下1~2米深，修路和建房挖槽时都发现了断续相连但分布较广的含北魏陶片、兽骨、木炭灰烬的文化层，所以将魏都大道西面约大同公园南北中线，向东至明代府城西墙之间，视作平城郭城西墙的参考范围。

南郭墙位置范围：明代府城南墙向南至南关南街中段之间。此范围东半部，地势较低，地表下发现有包含北魏陶片的黑土堆积层。但是此范围西半部，地势较高，尤其是北都街西端一带（旧二药厂附近），20世纪80年代地表比现在高约2米，也高于府城南墙内的地势。在此范围内对应向东的御河东岸，在原齐家坡东南的同岸采沙场中，早年发现一段夯土层。地处沙岭汽车学校北侧明代城堡再北200米左右的御河东岸上，东西向，残长不足10米，残高约2米，附近发现北魏暗划纹、方格纹等灰陶片。夯筑做法与其他早期墙体一致。这一地点仍可看作南郭墙的参考点。

2005年，在南郊七里村北，青年路东端和永泰南路南端交界点东侧，发现北魏杨庆众墓砖，铭文"葬于平城南十里"[7]。这是一个极其重要的发现，可作为重要的参照基点。

3. 数据分析

对在以上范围内的遗迹，必须依据北魏尺度、里数，进一步分析判断。北魏平城时期，尺度变化很大。历代研究者一般认为北魏时期有前尺、中尺、后尺三种尺度。大同大学李海先生经研究得出北魏平城初期还沿用曹魏之杜夔尺（24.2厘米）作为律尺和日常用尺。[8]目前发现的与北魏初期接近或同时代的实物，如西晋、北凉、后凉、南朝宋的尺子实物一尺为24.2~24.7厘米等，根据这些材料，可以推论北魏平城初期还有一种尺度即律尺24.2厘米。北魏初期的律尺，是用来"标道里，定律吕，协音乐，造浑仪、考天象"的，发生于道武帝天兴元年（398年）。

可见北魏应该有四种尺度：律尺（24.2厘米）、前尺（25.5717厘米）、中尺（27.9741厘米）、后尺（29.5911厘米）。第四种尺度，由于孝文帝迁都后才开始用"大尺"，所以按常规，在研究平城阶段时一般可以不用，但也不排除当时已经出现，所以暂做参考。

云冈昙曜五窟开始时间，较早的观点认为凿于文成帝兴安二年（453年）[9]，高者七十尺，次六十尺[1]。这五窟中最高佛像即第19窟的佛像16.8米，次高的佛像为第18窟、第17窟主像均为15.5米。由此推算，当时工匠所用一尺的大小为：24~25.83厘米，即介于律尺和日常前尺之间。

依据北魏律尺、前尺、中尺、后尺，可以推算出北魏的里数。古代秦至唐以前，一步合6尺，一里合300步，则一里为1800尺。北魏一里分别为：435.6米、460.29米、503.53米、532.64米。

北魏明元帝泰常八年（423年）扩西宫，起外垣墙，周回二十里。以现在调查的情况推测向南扩展部分约为明代府城范围，则"大西宫"周长为府城加北面的操场城，9.1千米，一里合455米，接近用北魏前尺丈量出的里数。

平城东西、南北郭墙长度分别为八里，代入四种尺度得出的里数，分别为3484.8米、3682.32米、4028.24米、4261.12米。再结合七里村杨众庆墓距平城十里的记载（也有四个数据：4356米、4602.9米、5035.3米、5326.4米），参照已发现的与郭墙相关、相近的遗迹现象，进行数据对比、综合分析，当一尺的大小接近北魏前尺即25.6厘米时（包括25.8厘米），一里为460.29米左右时（包括455米），南北、东西距离与现在已发现的地面遗迹较符合，即南郭墙位于明大同府城外北都街南侧附近较为合适（前提是北郭墙能确定在开关厂、安益街一线，如果南郭墙为明府城南墙，则北郭墙继续向北，宫城位于郭城中部而不是北部，这与南北朝时期宫城的布局不符合），西郭墙在府城西墙外附近或与府城西墙重合，东郭墙在古城村西墙一线附近。

（二）外城与中城

《魏书·蠕蠕传》记载，太武帝太延五年（439年），"车驾西伐沮渠牧犍，宜都王穆寿辅景穆居守（京城），……吴提果犯塞，寿素不设备。贼至七介山，京邑大骇，争奔中城"[1]。《魏书·穆寿传》记载，穆寿在这一事件中不知所措，准备封堵西郭门，被窦太后阻止。[1]相同的内容《资治通鉴·宋纪》中也有记载。其中的"中城"，很可能指向汉平城县南面扩出的部分，范围即现在的明代府城最内侧墙体，太武帝前期将其规划为"中城"。

《魏书》记载明元帝泰常八年（423年），"冬十月癸卯，广西宫，起外垣墙，周回二十里"[1]，其中包含了两项工程：第一项是扩西宫，第二项应该理解为"筑起了西宫之外的外垣墙"。关于这条记载，很容易被误解，如果是扩展了西宫的外墙并且周回二十里，西宫就不能称为"宫"而成为"城"了，而且在以后的平城研究中"二十里的西宫"与汉平城的关系无法解释。这里必须理解为修筑了西宫之外的外垣墙。

考古方面的调查也提供了有力的证明材料。西宫之外的外垣墙是汉平城部分，目前考古调查已经能确定汉平城的汉代夯土墙外包裹着北魏时期的夯土墙。近些年，在汉平城南面的明代府城夯土墙中，也发现了北魏时期的夯土墙夹层，如在明代府城北墙中段与北面操场城对应的部分，墙体横剖面从北向南依次有明代、北魏（暂定）、战国、汉代的夯土墙遗迹。这一部分是属于汉平城县的外垣部分。另在明代府城北墙东、西两段，墙体横剖面从北向南依次有明代、唐代（暂定）、北魏（暂定）时期的夯土墙体；府城西墙、南墙、东墙也有这样的现象。近些年的调查材料发现，在被暂定为唐代的中间夹层夯土墙体中，夯筑法与北魏明堂的较一致，但是包含物有磨光黑瓦、莲花纹盆底陶片等这种平城中晚期才会出现的遗物，所以不应该属于北魏平城早期筑外城墙的工程，而是唐代所为。张焯在《云冈石窟编年史》第八编《唐代纪事》中，引《金石萃编》卷100《王忠嗣碑》以及《新唐书·王忠嗣传》和《旧唐书·王忠嗣传》，认为唐代天宝初年修筑了大同军城。[10]在府城四面最内层被暂定为北魏时期的夯土墙内，夯土与明堂筑法一致，包含物有汉代陶片、瓦片，最晚遗物是在西墙发现平城早期也常见的方格纹陶片。筑西宫之外的外城墙垣工程时间属于北魏平城早期，所以这期间的瓦一般为布纹和素面较合理。

南部府城北墙两端以及府城东、西、南面的北魏（暂定）墙体，加上北部汉平城县城，周回约二十里（实际周长9.1千米，1里合455米）。这两部分的北魏夯土墙看来为同时修筑，南、北一起构成了西宫（后来的宫城）之外的外城墙垣，这种形态与文献记载完全一致。北部的汉平城县在孝文帝时称为"内城"、南部的城在太武帝时称为"中城"，二者相连共同构成北魏平城的"外城"（相对于宫城而言）。

但是我们在《南齐书》和《水经注》中为什么不见关于"外城""中城""内城"的全部记载？《南齐书》中仅见到"郭城"和"宫城"的描述，《水经注》仅仅见到"郭城"和"汉平城"的描述，可能是作者的关注点有所侧重而不同。

汉平城与南部的"中城"城址大小不一，是否在汉平城东、西两侧有与南部对应的墙体？调查中发现，在操场城北墙西端，有继续向西延伸而被截断的迹象；而在操场城东墙从北端向南50米左右的地方出现向东伸出的墙体露头断面。这样，在操场城的东、西两面，不排除还有其他外墙与南部"中城"的东、西墙相连接，但是目前相应地点的地表下还未发现地下墙体遗迹。

二、西宫与东宫的变化

从明元帝晚期，历经太武帝时期，西宫和东宫一直在变化，而且二者互为影响。

（一）西宫的扩展与变化

明元帝前期，平城西宫是延续道武帝时的格局，在平城西部。明元帝晚期，于泰常八年（423年）扩展西宫，这一工程是在汉平城县城内发生的。扩展后形成的新西宫，是依"旧西宫"为基础，向东扩展，包含了后来的太华殿、太和殿两条轴线的范围，成为大西宫。太武帝初延续使用，如神䴥元年（428年），统万国赫连昌被擒，送到京师平城，安置到西宫门内[1]，也证明当时西宫范围较大，建筑多。

太武帝延和元年（432年），由于原东宫被改作他用，所以这时重新选址建造新的东宫；延和三年（434年）"秋七月辛巳，东宫成，备置屯卫，三分西宫之一"[1]。可见新东宫是从扩展后的大西宫范围中分割出1/3的区域而建的，这只能是在西宫的东部进行分割。分割后的西宫、东宫互相独立，各自"备置屯卫""四角起楼"。这意味着西宫又一次缩小到了与原来大小接近的范围。正如

《南齐书》所述"截平城西为宫城"。这时的西宫包括明元帝前期的旧西宫（大朝正殿和皇帝寝殿）以及东面的朝堂范围，这种以东、西宫同时作为城内主要宫区建筑的形式，是继承和延续了道武帝以来的形式。

太武帝晚年的正平元年（451年），"正平事变"发生后，推测作为储君制度的"东宫"制度、称谓被暂时取消，新东宫废除，地盘闲置。东、西宫并列形式也被废除。作为皇宫的"西宫"概念从历史上消失了。西宫被改名为"永安宫"，太武帝驾崩于此。

文成帝时期，从宫内东面不断增加新的宫殿建筑、不断向东发展等情况分析，这时的东宫空地不断地被重新开发利用，原来的西宫、东宫范围很可能又被重新合并而成为唯一至尊的、代表皇权的建筑区——宫城，名为"平城宫"。在这一过程中，首先是文成帝时期在原东宫空地的西部新建了太华殿等一组建筑；随后孝文帝和冯太后时期，在原东宫空地的东部从北向南建造了太和殿、皇兴堂等，分别在一段时间内作为"朝堂"使用。从文成帝到孝文帝时期，宫城内新增的殿堂大部分是在原东宫范围上进行的。

总之，在经历了一系列反复变化后，西宫最终演变成了独立的、唯一至尊的宫城。平城宫城的规模被孝文帝时期继承，有独立完整的一系列城门。从明元帝后期扩西宫开始，西宫范围和概念不是像道武帝和明元帝前期那样只包含大朝主殿（天文殿）和寝殿（中天殿或天安殿），而是发展成为包括东面朝堂一组建筑和北面中宫（及后宫），具有群体建筑的"宫城"。

（二）东宫的变化

太武帝登基的次年即始光二年（425年），将位于汉平城东部的旧东宫营建为万寿宫[1]，这与前不久将太武帝的保母窦氏尊称为保太后有关，以供保太后窦氏居住（当时还没有太子）。

太武帝于延和元年（432年）春正月，将5岁的皇子拓跋晃立为皇太子；七月，为太子筑造新的东宫，并于两年后建成，延和三年（434年），"秋七月辛巳，东宫成，备置屯卫，三分西宫之一"。

从对西宫的叙述中已知，新的东宫是分割了"大西宫"的1/3，并且东、西宫各自独立，起围墙，四角起楼，备置卫戍人员。从位置来看，东宫紧靠西宫，便于整体保卫安全，也便于参政。这种布局很像当年明元帝后期，将储君拓跋焘移居正殿（其实是朝堂）提前参政锻炼的用意。

太武帝晚年，正平元年（451年）"正平事件"发生后，"东宫"概念在平城后期直至迁洛前这段时间内，均未被文献提及，似乎有所避讳。因此大胆推测，"正平事变"以后，"太子监国"制度结束，"东宫"称谓和这种储君制度被暂时取消，直到迁洛阳后"东宫"才恢复。废止后的东宫范围在文成帝、孝文帝时被划归入整体宫城——平城宫内。

以东、西宫为主要宫区代表的布局形式也被改变。

三、其他各"宫"区分布

（一）永安宫

永安宫即太武帝晚期对传统"西宫"的改称。《魏书》记载太武帝"（始光）二年（425年），……三月庚申，营故东宫为万寿宫，起永安、安乐二殿，临望观，九华堂"[1]。据文成帝时史料分析，永安殿分前、后殿。"永安前殿"为太武帝、文成帝前期朝会万国的正殿，推测为在"天文殿"等原址改造而成。"永安后殿"可能为太武帝驾崩时的寝殿，是由旧寝殿（云母堂）改造或改名而成。正平二年（452年）三月，太武帝驾崩于永安宫[1]，而"永安宫"为原"西宫"在正平事件后的改称。所以，永安前、后殿应该是西宫（后来的永安宫）中的大朝正殿和寝殿。

（二）平城宫

平城宫名称始见于高宗文成帝时期："文成元皇后李氏（献文帝生母），梁国蒙县人……后与其家人送平城宫。高宗登白楼望见，美之。"[1]次年，《魏书》记载献文帝于兴光元年（454年）秋七月出生于阴山之北。据此推测，文成元皇后李氏最初到达平城宫的时间为兴安二年（453年）。那时文成帝还未建太华殿，宫殿格局仍然延续太武帝时期的格局。所以"平城宫"应为"永安宫"的改称，使用时间在文成帝、孝文帝时期。

（三）旧东宫——万寿宫、寿安宫

太武帝始光二年（425年），"三月丙辰，尊保母窦氏曰保太后。……（三月）庚申，营故东宫为万寿宫"。万寿宫的设立与前不久"尊保母窦氏曰保太后"有直接关系。当时还没有册封太子，所以万寿宫显然是为保母窦氏居住的，位于汉平城内东北。这一位置与后来冯太后临朝及寝宫的太和殿位于皇宫外东北很类似。文成帝时，保母常氏被尊为保太后，与窦太后身份相仿。后又尊为皇太后，崩于"寿安宫"，与"万寿宫"性质一致，可能为同一个宫。[1]

（四）中宫与永巷

中宫位于永安宫即旧西宫之北，有"永巷"相隔，是皇后的寝宫。《魏书·皇后传》记载太祖道武帝时，开始设立"中宫"。在《魏书·冯太后传》中，记载有这样的传统："国有大丧，三日之后，御服器物一以烧焚，百官及中宫皆号泣而临之。"[1]《魏书·宗爱传》中记载了宗爱进行谋逆的一些细节，"始爱负罪于东宫，而与吴王余素协，乃密迎余自中宫便门入，矫皇后令征延等"。尚书左仆射兰延未防备，被召入宫内杀于殿堂；又"执秦王翰，杀之于永巷而立余"。[1]从中可见，"中宫"为皇后寝宫，与皇宫很近，有"永巷"相隔。"永巷"为魏晋南北朝时期皇宫与后宫之间相隔的小巷。

"中宫"也称"后宫"。如《魏书》道武宣穆皇后刘氏传中记叙："魏故事，后宫产子将为储贰，其母皆赐死。"[1]"中宫"的称谓可能受东、西宫制度下习惯称谓的影响。

四、主要宫殿布局

根据史料记载，这一阶段宫殿主要有以太武帝、文成帝两个时期为代表的布局（见图1）。

（一）太武帝时期宫殿布局

"始光二年（425年）……三月庚申，营故东宫为万寿宫，起永安、安乐二殿，临望观，九华堂。"对于这些殿堂的性质，可以参照其他文献记载的内容来考证。

1. 正殿永安前殿

《南齐书》对正殿描述也较详尽："正殿施流苏帐，金博山，龙凤朱漆画屏风，织成幌。坐施氍毹褥。前施金香炉，琉璃钵，金碗，盛杂食器。设客长盘一尺，御馔圆盘广一丈。为四轮车，元会日六七十人牵上殿。"正殿也是元日举行大飨的地方。

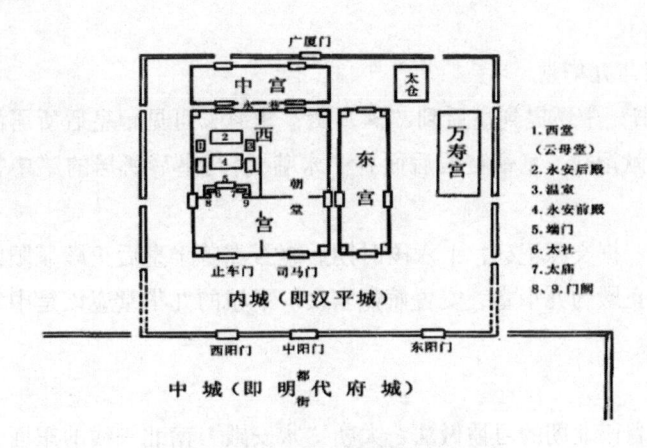

图1 太武帝前期宫殿布局示意

《魏书》多处提到太武帝时的正殿是永安殿，有前、后殿，永安前殿既是高宗文成帝登基之殿，也是朝会万国使节的地方，如高允谏高宗大起宫室："今建国已久，宫室已备，永安前殿足以朝会万国，西堂、温室足以安御圣躬，紫楼临望可以观望远近。"[1]太武帝时也以此为正殿，所以推测其为改造之前的天文殿等而成。

这里提到"西堂"，从位置和功能看可能为寝殿旁的西堂，与孝文帝后期专门于太极殿旁同时建东、西堂不是一回事。当然，这里的西堂也曾用于商讨军机大事，如太武帝曾于西堂广泛召集群臣，商议讨伐凉州事宜。[1]也有学者认为这时的正殿永安前殿旁已有了东、西堂，但这还需要更多的证明。

2. 寝殿——永安后殿

"永安前殿"既然是朝会万国的正殿，"永安后殿"就是皇帝寝殿，太武帝、献文帝俱驾崩于此。如正平二年（452 年）三月，太武帝驾崩于永安宫，献文帝于承明元年（476 年）驾崩于永安殿。实际上具体应指"永安后殿"。

太武帝前期的寝殿，按《南齐书》中描述，与"云母堂"等有关："佛狸（指太武帝）所居云母等三殿，又立重屋，居其上。饮食厨名'阿真厨'，在西，皇后可孙恒出此厨求食。……殿西铠仗库屋四十余间，殿北丝绵布绢库土屋一十余间。"[2]以上所述"所居云母等三殿"，应该是寝殿。按前文对道武帝时期寝殿考证，道武帝至明元帝时期的寝殿包括中天殿（后改称"天安殿"）、云母堂（前文高允谏文成帝时所指的寝殿"西堂"）、金华室（前文提到的"温室"）等三殿。均始建于太祖道武帝时期，位于正殿之北。"天安殿"则在太武帝时期改建或改名为"永安后殿"。

寝殿之西部还有武库、御膳厨房、祠屋（宫中的宗庙，一岁四祭）等，北边有仓库。

3. 永巷与九华堂

《南齐书》中还提到皇后到"阿真厨"求食，可见距皇后所居的区域并不远。另据文献记载，皇帝寝殿后面有"永巷"，与皇后所居的"中宫"隔，但有便门相通。

九华堂，据文献记载，十六国时期后赵石虎曾于皇后正殿显阳殿后面建九华宫，中央正殿为九华堂，安置嫔妃宫女。平城的九华堂应该是中宫中有类似功能的建筑。

4. 朝堂

按照魏晋南北朝的习惯做法，大朝"永安殿"南北一线的东面，也应该有朝堂等另一条轴线，名称暂不清楚。

（二）文成帝时期宫殿布局

文成帝太安四年（458年）九月"辛亥，太华殿成。丙寅，飨群臣，大赦天下"。和平六年（465年），文成帝驾崩于太华殿。太华殿也分前、后殿，文献记载"太华前殿"为文成帝大飨群臣、孝文帝登基的殿堂。但是因为文成帝驾崩于太华殿，具体所指可能为"太华后殿"，所以其后殿也具有寝殿性质。

建太华殿之前，大臣高允曾劝诫道："今建国已久，宫室已备，永安前殿足以朝会万国，西堂温室足以安御圣躬，紫楼临望可以观望远近。若广修壮丽为异观者，宜渐致之，不可仓卒。"可见建太华殿之前，永安前殿为大朝的主殿。《魏书·显祖纪》记载，后来献文帝于承明元年（476年）驾崩于永安殿（永安后殿）。可见以永安前、后殿为主的一条轴线，与以太华前、后殿为代表的轴线并存了很长时间。据此，傅熹年先生认为，建太华殿是向东另外新增了一条轴线。最初平城内草创，是以东、西宫并列形式，后来主要宫殿中心建筑逐渐向东移，太华殿的建设就是将宫殿中心轴与城市中心轴保持一致的重要措施。[11]这一改变的前提条件是将宫城（当时的平城宫）发展到汉平城中央（另一种可能是将汉平城趋于向宫城性质发展），"禁中"（大朝正殿和皇帝寝殿）的中轴线与平城宫、汉平城的中轴线均趋于重合。

总之，文成帝时建太华殿，形成以太华前殿为大朝主殿的一条轴线，同时，东部还应有朝堂等另一条轴线与之相列。这一形式经历献文帝时期，一直保持到孝文帝太和十六年（492年）。

明元帝后期至文成帝时期，是平城建设变化最多的时期。首先，跨如浑水河修筑了周回三十二里的外郭墙，在平城的外城之外再建郭城，这种做法在此前的中国都城建设史中不多见，当属拓跋氏在平城创造性的建设。[12]其次，在宫区外构筑外城，包括了北部汉平城（内城）和南部的中城。最后，太武帝前期东、西宫各自独立和并列的形式是储君制度发展到极致的代表。正平事件之后，东宫废除并入西宫，出现了独立的宫城。这在平城建设史上具有分水岭式的影响。明元帝时期将大朝正殿轴线移到宫城和内城的正中，是独立宫城形式的延续和发展。从此，东、西宫的称谓、作用和地位都发生了改变。早期平城中的"西宫"只包括大朝正殿和皇帝寝殿，扩展为大西宫（后称"永安宫""平城宫"）后，将朝堂、中宫等也包括进来形成独立宫城，但汉平城（内城）在有些文献中也被看作宫城，这三者之间的关系定位值得思考，也有观点将此表述为"宫、省、禁"的关系。最后，在郭城内划封闭"坊"的街区管理形式，也较有特色。

参考文献：

[1] 魏收. 魏书 [M]. 北京：中华书局，1974.

[2] 萧子显. 南齐书 [M]. 北京：中华书局，1972.

[3] 郦道元. 水经注疏 [M]. 南京：江苏古籍出版社，1989.

[4] 张增光. 平城遗址浅析 [J]. 晋阳学刊，1988（1）.

[5] 水野清一，长广敏雄. 云冈石窟：卷16 [M]. 东京：京都大学人文科学研究所，1956.

[6] 王银田，韩生存. 大同市齐家坡北魏墓发掘简报 [J]. 文物季刊，1995（3）.

[7] 张志忠. 大同七里村北魏杨众庆墓砖铭析 [J]. 文物，2006（10）.

[8] 李海，吕仕儒，高海，等. 北魏尺度及其对后世的影响 [J]. 山西大同大学学报（自然科学版），2010（4）.

[9] 葛世民. 云冈石窟开凿年代解 [N]. 中国文物报，2006-06-23.

[10] 张焯. 云冈石窟编年史 [M]. 北京：文物出版社，2006.

[11] 傅熹年. 中国古代建筑史：第2卷 [M]. 北京：中国建筑工业出版社，2001.

[12] 刘庆柱. 序 [C] //杜金鹏，钱国祥. 汉魏洛阳城遗址研究. 北京：科学出版社，2007.

北魏平城明堂营建初探

张　春　韩生存

(大同市博物馆，山西　大同　037009)

摘　要：北魏统治者精心设计建设的平城明堂，在中国礼制史上也有深远的影响，讨论、设计、选址、备料按照古制进行，充分说明鲜卑人对汉族礼制文化的认同和学习的渴望，明堂、辟雍、灵台"三位一体"的庞大规模，"九室十二堂"的建筑结构创新，充分体现了鲜卑人对汉族礼制文化的深层次理解和大胆的改革创新。平城明堂是胡汉交融的产物，是鲜卑汉化的结晶，庞大的建筑规模和独特的建筑形式是它显著的特色。

关键词：北魏；平城明堂；营建

北魏平城时代经过道武帝、明元帝等五帝的开疆拓土、离散部落、劝课农耕、发展经济，到孝文帝时期北魏王朝的政治、经济、文化发展到了鼎盛时期，像平城明堂、云冈石窟、方山永固陵等重要皇家工程在北魏平城时代建设完成。平城明堂是北魏王朝在平城的收官之作，历经六年完成，经过方案制订、确定建设负责人、设计制作模型、选址、备料、施工建设等环环紧扣的过程，足以见证其科学的营造始末，是北魏辉煌的皇家工程。1995年北魏平城明堂遗址首次被发现，先后经过1995年、1996年、2015年三次考古调查、钻探和发掘，基本探明了北魏平城明堂遗址的建筑布局、功能和覆盖范围，于2016年建成了现在的北魏明堂遗址博物馆并对外开放。本文根据考古发掘成果和史料记载对北魏平城明堂的营建过程做一个初步探讨。

一、平城明堂的营建筹备过程

平城明堂从太和十年（486年）始建到太和十五年（491年）完工，历时六年。太和十年（486年）到太和十四年（490年）的前五年一直处于缓慢施工阶段，而主体建筑及收尾工程仅仅是太和十五年（491年），也就是冯太后死后集中全国的人力、物力建设完成的。《魏书》卷七下《高祖纪》载："十年春正月癸亥朔……九月辛卯，诏起明堂、辟雍"，"十五年春正月丁卯……冬十月庚寅，车驾谒永固陵。是月，明堂、太庙成。……"[1]

北魏从拓跋珪建国登国元年（386年）到拓跋焘太延五年（439年）一统黄河流域，与南朝形成南北对峙局面，疆域相对稳固。自太和以来，通过实行"班禄制""均田制""三长制"等一系列措施，使北魏的社会经济在太和年间得到了长足的发展，这些有利条件为北魏大兴土木工程提供了坚实的政治和经济后盾。平城明堂是将汉文化与鲜卑习俗相结合，将明堂、辟雍、灵台等集于一身，形成独具特色的礼制性建筑。所以平城明堂的营建比较独特，前期酝酿、讨论等经历的过程比较长，实际上也是两种文化碰撞、融合的过程，下面我们讲述一下平城明堂的具体营建过程。

（一）平城明堂的前期酝酿过程

北魏平城明堂列入建设议程，但是关于明堂怎么建设，建成一个什么样的明堂，需要反复讨论和论证。北魏平城明堂是经过反复朝议、讨论才形成一致意见的。虽然有关北魏平城明堂的讨论，没有直接的史料记载，但从定都洛阳后，关于北魏王朝建立新明堂的讨论，进一步佐证在建造北魏平城明堂时，也是经过一番激烈的讨论和论证的。《魏书》卷三十二《封懿传》载："司空、清河王怿表修明堂辟雍，诏百僚集议。……周人明堂，五室、九阶、四户、八窗。郑玄曰：'或举宗庙，或举王寝，或举明堂，互之以见同制。'然则三代明堂，其制一也。案周与夏殷，损益不同，至于明堂，因而弗革，明五室之义，得天数矣。是以郑玄又曰：'五室者，象五行也。然则九阶者，法九土；四户者，达四时；八窗者，通八风。……汉承秦法，亦未能改，东西二京，俱为九室。'……咸称九室以象九州，十二堂以象十二辰。夫室以祭天，堂以布政。依天而祭，故室不过五；依时布政，故堂不逾四。州之与辰，非所可法，九与十二，其用安在？今圣朝欲尊道训民，备礼化物，宜则五室，以为永制。至如庙学之嫌，台沼之杂，袁准之徒已论正矣，遗论具在，不复须载。……"[1] "……寻将经始明堂，广集儒学，议其制度。九五之论，久而不定。伟伯乃搜检经纬，上《明堂图说》六卷。"[1]又《魏书》卷七十二《贾思伯传》载："于时议建明堂，多有同异。……思伯上议曰：'按《周礼·考工记》云：夏后氏世室，殷重屋，周明堂，皆五室'。郑注云：'此三者，或举宗庙，或举王寝，或举明堂，互言之，以明其制同也。'……戴德《礼记》云：明堂凡九室，十二堂。蔡邕云：'明堂者，天子太庙，飨功养老，教学选士，皆于其中，九室十二堂。'按戴德撰《记》，世所不行。且九室十二堂，其于规制，恐难得厥衷。……按此皆以天地阴阳气数为法，而室独象九州，何也？若立五室以象五行，岂不快也？如此，蔡氏之论非为通典，九室之言或未可从。……戴氏九室之言，蔡子庙学之议，子干灵台之说，裴逸一屋之论，及诸家纷纭，并无取焉。……"[1]《魏书》中关于修建北魏洛阳明堂讨论的史料也不少，是否修建，古代就有两种说法，现代说法也不一，但是因现在北魏洛阳明堂遗址还没有被发现，是否修建还值得商榷。

（二）确定负责人及设计模型

作为重要的皇家工程，在负责人的确定上也比较重视，经过慎重选择，最终确定李冲为平城明堂的施工负责人。李冲为孝文帝时期的秘书令、南部给事中，勤奋好学，饱读诗书，善于营建，有大匠之风，孝文帝十分器重，纳其女为夫人，许多有建设性的政见被孝文帝和冯太后采纳，大的建筑工程也指派李冲为大匠监制，圆丘、太庙、宫殿等许多建筑皆出自李冲之手。《魏书》卷五十三《李冲传》："……（李冲）勤志强力，孜孜无怠，旦理文簿，兼营匠制，几案盈积，剖厥在手，终不劳厌也。""……尚书冲器怀渊博，经度明远，可领将作大匠；司空、长乐公亮，可与大匠共监兴缮。其去故崇新之宜，修复太极之制，朕当别加指授"。"冲机敏有巧思，北京明堂、圆丘、太庙，及洛都初基，安处郊兆，新起堂寝，皆资于冲。……"[1]李冲的才智和建议在孝文帝统治时期，发挥了不可估量的作用。北魏太和改制比较著名的"三长制"也是李冲提出来并付诸实施的，极大地削弱了豪强地主势力，加强了中央集权，从政治经济上巩固了北魏政权，为促进北魏繁荣昌盛打下了坚实的基础，还有提出与"均田制"相适应的"租调制"，对农业的恢复与发展提供了积极的推动作用。《魏书》卷五十三《李冲传》载："旧无三长，惟立宗主督护，所以民多隐冒，五十、三十家方为一户。冲以三正治民，所由来远，于是创三长之制而上之。文明太后览而称善，引见公卿议之……"[1]李冲博学多才，又受到孝文帝和冯太后的赏识，平城明堂建设交给李冲，合情合理。

李冲被确定为平城明堂的负责人，首先主持设计明堂模型，其次根据模型开工建设。《魏书》卷四十一《源贺传》载："……故尚书令、任城王臣澄按故司空臣冲所造明堂样，并连表诏答、两京模式，奏求营起。……"[1]《南齐书》卷五十七《魏房传》载："宏既经古洛，……思遵先旨，敕造明堂之样。卿所制体含六合，事越中古，理圆义备，可轨之千载。信是应世之材，先固之器也。群臣瞻见模样，莫不釡然欲速造，朕以寡昧，亦思造盛礼。卿可即于今岁停宫城之作，营建此构。兴皇代之奇制，远成先志，近副朕怀。"[2]《南齐书》的作者是萧子显，梁南兰陵（今江苏常州）人，一般南朝以汉正统自居，一般对北魏王朝发生的事件多带有贬损色彩，就连萧子显都描述平城明堂模型"含六合，越中古"，更别说当时孝文帝与众多大臣首次面对明堂模型的赞赏和激动的心情了，所以平城明堂模型一经打样出来，孝文帝就急不可待地要罢停正在营建的其他宫殿的工程，根据模型开工建设平城明堂。

（三）选址、备料

关于明堂在城市什么方位选址建设，史料也有很准确的记载。平城明堂位于今大同市城南柳航里小区，孝文帝遵从古制，严格遵循"在国之阳，三里之外，七里之内"的古制，在都城南边、如浑西水（今大同御河）西岸，营建了这座规模宏大的礼制建筑。《礼记正义》卷三十一《明堂位第十四》载"……明堂在国之阳，三里之外，七里之内，丙巳之地，就阳位，上圆下方，八窗四闼，布政之宫，故称明堂……"[3]严格按照古代礼制选址，是鲜卑汉化的体现，也是标榜拓跋鲜卑正统的表现。郦道元在《水经注》卷十三《㶟水》载："……其水自北苑南出，历京城内，河干两湄，太和十年累石结岸。夹塘之上，杂树交荫，郭南结两石桥，横水为梁。又南迳藉田及药乐圃西，明堂东……"[4]弱柳荫街，塘水幽幽，北魏平城明堂就坐落在这优美的景致中，与现已发掘的明堂遗址位置相符。陈连洛、郝临山关于大同北魏平城明堂方位的论述也证实了北魏平城明堂在首都平城之南。[5]

北魏平城明堂是一座规模宏大的建筑群，工程量巨大，且工序繁杂。如此宏大的规模，不仅需要大量的石料、木材，备料也颇费时日。1995年，通过对北魏明堂遗址的发掘，我们可以清晰地认识平城明堂的规模："整个明堂遗址的外部为一个巨大的环形水渠。环形水渠的外缘直径为289~294米，内缘直径为255~259米，水渠宽18~23米。水渠内侧岸边的四面分别有一个厚2米多的'凸'字形夯土台，突出的部位伸向渠内。夯土台长29米、宽16.2米。环形水渠以内的陆地中央，地表下有一个正方形的夯土台，厚2米多，边长42米。中间夯土台的方向为4度，其余四个夯土台的东、西两边与中间夯土台的方向一致。"[6]北魏平城明堂遗址曾建飞机场，损坏严重，现由于建筑物覆盖遗址，限制了发掘的范围，但根据现已发掘的北魏平城明堂遗址，以及平城地理气候环境和当时机械不发达的实际情况，不难看出备料也是北魏平城明堂前期必不可少的大工程。1996年，北魏平城明堂南门辟雍的发掘让我们对平城明堂的规模有了更细致的认识，进一步佐证了平城明堂所用石料之多，备料之艰难，"环形水沟是整个辟雍的一小段，位于南门基址南侧，环形，平底。长29.5米、宽6~16米、深1.4米。底部用大小不等的砂岩片石平铺一层，起装饰防护作用。水沟两侧砂岩块石垒砌的石壁大部分被拆毁运走，基址南面残留一层，基址西南隅保存最多有六层。每层用长65~95厘米、宽30~55厘米、厚20~25厘米的砂岩块石平铺错缝垒砌，石块间缝隙用砂岩片石填塞，里面的空间用绿淤泥封堵。其他地段保存下来的多是些做基础的毛料石块"[7]。王银田先生也提道："尤其是水道两侧打制十分规整的石条，用量是相当可观的。仅此一项，初步估算，其石方量当在三千立方米以上。其开采、加工、运输都颇费时日。"[8]

二、施工建设期

虽然关于明堂工程建设的情况史料没有详细记载，但是我们从仅有的史料可以推断出明堂施工建设的大概历程，先开始基础设施建设，后集中力量建设主体建筑及收尾工程。《魏书》卷七《高祖纪》载："十五年春正月丁卯，帝始听政于皇信东室。……夏四月癸亥，帝始进蔬食……己卯，经始明堂，改营太庙。……冬十月庚寅，车驾谒永固陵。是月，明堂、太庙成。"[1]明堂建设用了六年时间，而在太和十五年（491年）短短七个月之内明堂就已建设完备，此次建设应该就是李冲打样出来的明堂主体建筑，又《魏书》卷二十七《穆崇传》载："寻领太子太傅。时将建太极殿，……又去岁役作，为功甚多，太庙明堂，一年便就。若仍岁频兴，恐民力凋弊。且材干新伐，为功不固，愿得逾年，小康百姓。……"[1]进一步佐证了耗费一年时间完成建设的应该是明堂的主体建筑，而明堂作为庞大的礼制性建筑，主体建筑工程只是它的重要部分而非全部，根据考古发掘在北魏平城明堂遗址中已经发现了五个夯土台，最大的正方形夯土台是位于遗址中心部位的建筑遗迹，应该是明堂的主体中心建筑，东、西、南、北四面各有一个"凸"字形夯土台，规模远不如中心位置的建筑，外部为一个巨大的环形水渠，四面"凸"字形夯土台应该是北魏平城明堂的东、西、南、北四门，环形水渠应该为辟雍的遗迹。[6]除了四门工程外，还有关于明堂辟雍的引水工程，王银田先生认为辟雍水源来自如浑西水[8]，就是现在大同市的御河，史学界也普遍赞成这种观点。北魏平城明堂除了主体建筑工程外，还有四门、引水工程等其他辅助工程，"一年便就"应该就是主体工程建设完毕，明堂也就建设完成，那么四个门楼建筑、引水等其他辅助工程应该是先于主体工程之前即太和十五年（491年）前就已经建设完成了。

至此，经过论证、设计模型、基础工程建设、主体建设，平城明堂花费大量人力、物力、财力建设完工，以明堂、辟雍、灵台"三位一体"独特的格局向后人展示它的魅力。《水经注》卷十三《㶟水》记载："明堂上圆下方，四周十二堂九室，而不为重隅也。室外柱内，绮井之下，施机轮，饰缥碧，仰象天状，画北道之宿焉，盖天也。每月随斗所建之辰，转应天道，此之异古也。加灵台于其上，下则引水为辟雍，水侧结石为塘，事准古制，是太和中之所经建也。"[3]郦道元是北魏时期著名的地理学家，走山访水，平城明堂应该是按照实际情况详细叙述的，此即明堂的建筑群所在，太和年间所建，上有灵台，下有辟雍。《隋书》卷四十九《牛弘传》载："弘请以古制修立明堂，上议曰：后魏代都所造，出自李冲，三三相重，合为九室。椽不覆基，房间通街，穿凿处多，迄无可取。"[9]以及《隋书》卷六十八《宇文恺传》载："后魏于北台城南造圆墙，在壁水外，门在水内迴立，不与墙相连。其堂上九室，三三相重，不依古制，室间通巷，违舛处多。其室皆用墼累，极成褊陋。"[9]牛弘和宇文恺的论述虽然多有贬损，但可以从中了解平城明堂细部信息，最终确定构造是"九堂十二室"形制，而不是"请同周制"的"五室制"。《水经注》以及《隋书》的记载充分说明，经过六年时间平城明堂建设顺利完工，以它独特的形式存在于世间，上圆下方，采用"九室十二堂"形制，三三相重，房间相通，是明堂、灵台、辟雍"三位一体"的建筑群。

明堂建成没多久，孝文帝就举行了享祀，此后十一月又来明堂祭祀。如此频繁祭祀，明堂的重要性不言而喻。《魏书》卷一百八《礼志三》载，太和十五年（491年）十月，太尉丕奏曰："窃闻太庙已就，明堂功毕，然享祀之礼，不可久旷。……王谌所司，惟赞板而已。时运流速，奄及缟制，复不得哀哭于明堂，后当亲拜山陵，写泄哀慕。"[1]《魏书》卷一百八《礼志一》载：太和十五年（491年）"十一月己未朔，……升祭柴燎，遂祀明堂，……"[1]紧接着太和十六年（492年）正月把孝文帝请入明堂正室，之后九月，为了平衡孝文帝与冯太后两方的政治势力，祀冯太后于玄室，平城明堂的营建史也是两大政治集团的斗争史，两大集团的斗争直接决定明堂营建的历程和时间。《魏书》卷七下《高祖纪》太和十六年正月条下载："己未，宗祀显祖献文皇帝于明堂，以配上帝，遂升灵台，以观云物，降居青阳左个，布政事。每朔，依以为常。""九月甲寅朔，大序昭穆于明堂，祀文明太皇太后于玄室。"[1]可惜，北魏平城明堂仅仅使用三年，太和十八年（494年），"文武百官近迁洛阳"，平城明堂还是被无情地抛弃了，之后由于战乱频繁，毁于兵火。

三、小结

北魏王朝是以鲜卑拓跋贵族建立起来的王朝，在历史的长河中有承前启后的作用，北魏统治者精心设计建设的平城明堂，在中国礼制史上也有深远的影响，讨论、设计、选址、备料按照古制进行，充分说明鲜卑人对汉族礼制文化的认同和学习的渴望，明堂、辟雍、灵台"三位一体"的庞大规模，"九室十二堂"的建筑结构创新，充分体现了鲜卑人对汉族礼制文化的深层次理解和大胆的改革创新。北魏平城明堂的营建过程，是北魏王朝巩固自己封建统治秩序的体现，也是鲜卑进一步汉化的缩影。

参考文献：

[1] 魏收. 魏书 [M]. 北京：中华书局，1974.

[2] 萧子显. 南齐书 [M]. 北京：中华书局，1972.

[3] 郑玄. 礼记正义 [M]. 北京：北京大学出版社，2000.

[4] 郦道元. 水经注 [M]. 陈桥驿，校证. 北京：中华书局，2013.

[5] 陈连洛，郝临山. 大同北魏明堂方位与平城遗址 [J]. 山西大同大学学报（社会科学版），2010（2）.

[6] 王银田，曹臣明，韩生存. 山西大同市北魏平城明堂遗址1995年的发掘 [J]. 考古，2001（3）.

[7] 刘俊喜，张志忠. 北魏明堂辟雍遗址南门发掘简报 [C] //山西省考古学会，山西省考古研究所. 山西省考古学会论文集（3）. 太原：山西古籍出版社，2000.

[8] 王银田. 北魏平城明堂遗址研究 [J]. 中国史研究，2000（1）.

[9] 魏征. 隋书 [M]. 北京：中华书局，1973.

北魏伎乐龙虎纹石函研究

王秀玲

（山西大同大学历史与旅游学院，山西 大同 037009）

摘 要：大同北朝艺术博物馆藏北魏时期的伎乐龙虎纹石函，为一侧开口的龛式，与发现的同时期石函形制类似，但略有差别；四面浮雕纹饰，构成一幅"佛陀盛会，百戏腾骧"的画面。作为佛教物品，伎乐龙虎纹石函体现出了北魏时期佛教东传对中国宗教信仰的影响以及中外交流的状况，石函上雕刻的纹饰也体现了西域文化对中国文化的影响及南北方民族融合的情况。

关键词：北魏石函；伎乐；佛会百戏

石函，是舍利的容纳供奉之具，也称作"石匣"。我国发现的最早的石函属北魏时期，此后历代均有发现。河北定县出土的北魏兴安二年（453年）石函是目前考古过程中发现较早的佛塔埋藏的佛舍利容器。[1]在中国境内发现的瘗埋舍利的容器多种多样，有瓶、罐、灵帐、函、棺椁等，其中舍利函的质地有石、陶、砖、金、银等。

一、伎乐龙虎纹石函形制

伎乐龙虎纹石函，北魏时期，砂岩石质，一面开口，无盖，长32厘米、宽18厘米、高11厘米，石函中空。现藏于山西省大同市北朝艺术博物馆。

石函为一侧开口的龛式，与发现的同时期石函形制类似，但略有差别。河北定县静志寺塔基地宫出土的北魏兴安二年（453年）石函，形制与伎乐龙虎纹石函函一样，均为一侧开口的龛式。[2]而河北定县北魏太和五年（481年）出土的石函形制也为平面长方形，但其高约58.5厘米、长65厘米、宽57.5厘米，略呈正方体，体积也要远远大于伎乐龙虎纹石函，且其盖作盝顶。[3]

北朝时期，石函多呈长方体，同时也出现了盝顶方形石函（见表1）。盝顶石函的出现，也是受佛教石窟文化的影响，在云冈石窟的雕刻中，盝形龛是一种常见的佛龛形式，可以说它是舍利容器中国化的结果。自北魏出现，隋唐时期大量应用，一直延续至宋元明时期，沿用不衰。在宋元时期发展为带须弥座或莲花座的盝顶石函。随着石函的中国化，出现了一些不同形制的函盖，以形状命名，有庑殿顶函、四角攒尖式函以及带须弥座的函等。

表1 北朝石函基本情况

编号	出土地	时代	石函形制	铭文	纹饰	所藏物	石质
1	北朝艺术博物馆	北魏	长方体，一侧开口的龛式	无	伎乐龙虎纹	不详	砂岩
2	河北定县静志寺宋代塔基[1]	北魏兴安二年（453年）	一侧开口的龛式	大代兴安二年岁次癸巳十一月	侧面刻佛像	石函盖倒置，上放瓷器、铜钱等	石灰岩
3	河北定县[3]	太和五年（481年）	平面长方形，盝顶，65厘米×57.5厘米×58.5厘米	十二行，记述造塔缘起	素面	铜钱，玻璃瓶、钵，玛瑙等	石灰岩
4	邺城遗址核桃园一号建筑基址[4]	北齐，应具体在553—577年	略呈正方体，(42.5~44)厘米×36厘米~38厘米×(26.6~28.6)厘米	四角刻字迹，右上"三"，右下"宝"，另二字不清	未经打磨，保留雕凿痕迹	腐朽有机质物品，玻璃瓶，白玉髓珠，玛瑙，水晶，铜钱，铜簪等	青石质

二、伎乐龙虎纹石函纹饰

整件石函有四面浮雕纹饰，构成一幅"佛陀盛会，百戏腾骧"的画面。北魏时，伎乐盛行。道武帝拓跋珪在大兴六年（403年）下令"以备百戏，大飨设之于殿庭，如汉晋之旧也"[5]，可见，北魏时期很大一部分"伎乐百戏"是继承汉晋传统。随着佛教传入及大批西域人涌入，很多西凉乐舞杂技高手将他们的技艺带入中原，并很快与汉族技艺融为一体。

北朝时期，百戏杂技是佛陀盛会中的重要内容，各大寺院在举行佛会的时候，竞相以杂技表演来聚集信徒。据《洛阳伽蓝记》记载："辟邪、狮子引导其前，吞刀吐火，腾骧一时，缘幢上索，诡谲不常，奇伎异服，冠于都市。"[6]这些佛会百戏的场面在石雕、壁画等文物中均有体现。

石函人物纹饰主要分布在石函A面（顶部），为两男士伎乐人形象，身材壮硕，二人均束发，向后倒梳，回首；裸上身，小腹略隆起，下着犊鼻裤；双臂上下挥舞，左人一手叉腰，一手握"忍冬"，右人两手握拳抓"忍冬"；两人均一腿弯曲，一腿呈跪姿状，赤足，整体做舞蹈状（见图1）。

图1　A面（函顶部）拓片

这件石函雕刻纹饰便反映了当时佛会百戏的场景，将伎乐固化，保存至今，颇为珍贵。伎乐人形体粗壮，上身袒裸，下着带褶短裤，既不属鲜卑服饰，也不是汉族装束、西域中亚的胡人装束，应属北方少数民族人士——"胡乐人"[7]装束，造型敦厚浑朴，动作古朴稚拙。他们舞姿雄健有力，充满阳刚之气，既受印度佛教艺术的影响，更具有北方游牧民族粗犷豪放的精神气质和审美趣味。

函面上伎乐人与同期石窟、墓葬中的伎乐舞人或多或少有相似之处。莫高窟第228窟壁画上两舞者[8]做叉腰举手舞蹈状，与函面左伎乐人手臂姿态相差无几。云冈石窟第16窟南壁东侧尖拱龛楣外雕六乐伎，多编发向后倒梳，应与函面伎乐人发髻相似。第9窟后室明窗顶部八身飞天中四身为胡人，体格壮硕，一手叉腰，一手托莲，与函面伎乐人的体形和双臂姿势类似。

此外，司马金龙墓石棺床伎乐雕刻中，位于石棺床左侧最边处浅浮雕乐伎的姿态为：左侧身，右回首状，下肢左腿弯曲，下蹲脚着地，右腿弯曲膝着地下跪，半跪姿，与函面伎乐人神态基本相同。

动物纹饰主要是石函侧面C、D两面上似虎的瑞兽纹（见图2）以及正面E面的龙纹（见图3）。

(a) C面拓片　　　　　　(b) D面拓片

图2　C、D面拓片

两虎作伫立状，回首，暴眼圆睁，张口怒吼，后肢呈交叉状，尾巴上翘，身材壮健，周围忍冬纹装饰。函面上龙神态凶猛，口吐火焰，作腾空飞舞状。描绘了杂技百戏中的乔装动物戏。

图3　E面拓片

动物纹饰应该是承袭了汉代画像石及壁画纹饰。南朝邓县画像砖墓中青龙画像[9]、丹阳胡桥吴家村墓"羽人戏龙"中龙的形象[10]与该石函上龙纹相似，龙身昂首翘尾，四肢类似呈三爪，尾巴长度、弯曲度相似，但角度略有不同，函上龙只显出一角，邓县青龙则两角俱现，体现出大致相同时期龙纹的基本特征，唯龙纹装饰略有差别。

植物纹饰主要是石函上的忍冬纹，也被称作"卷草纹"。忍冬纹是我国北朝时印度佛教东传的产物，是一种广为流行的外来装饰花纹题材，它既是南北朝时期因中外交流频繁而流行的"胡饰"，也是佛国天界和净土的象征。

此石函上的忍冬纹，均为独立个体样式，可分为两型六式。甲型为对称型，以主藤蔓为对称轴呈左右对称结构，由奇数片忍冬叶组成[11]，有三片、五片、九片、十一片等。函A面二舞人中间的忍冬纹为三片叶式，左舞人右脚边忍冬纹为五片叶式，左舞人下方为九片叶式；函C面瑞兽旁忍冬纹也为九片叶式，虽为对称结构，但藤蔓较其他自由，弯折度大；函D面瑞兽旁忍冬纹则为十一片叶式。

乙型为自由型，忍冬纹造型变化丰富，主藤蔓弯曲自由，一式多是单个忍冬叶的自由变化或主藤蔓两侧叶不对称，如右舞人手抓的忍冬；二式忍冬纹样则变化多端，主藤蔓上的叶大体呈向心格局，副藤蔓上的叶随意弯曲，却不失美感，如右舞人手臂旁边的忍冬花纹。

此石函上的忍冬纹与同时期其他物体上的装饰纹样相似。比如，墓葬出土的棺椁壁画、铺首、瓷器、墓门门扉、门楣等装饰，北魏石造像背面、台座正面，敦煌莫高窟壁面装饰，云冈石窟雕饰，等等。两舞人中间上方三片叶式忍冬纹与云冈第10窟后室南壁第三层西侧龛楣格内角饰的忍冬纹样一般无二。右舞人手握的忍冬纹饰（A面右下方）与敦煌第251、第254窟斗栱装饰的忍冬纹饰相似。乙型二式与大同智家堡北魏墓石椁南壁壁画中二侍女头顶上方装饰的忍冬纹样[12]类似。此后，忍冬纹与汉代流行的云气纹相结合，而形成了盛极唐朝的卷草纹。

三、伎乐龙虎纹石函功用研究

佛教东传的过程中，对中国产生了深远影响，这种文化影响的痕迹之一即为保存至今的舍利塔基、地宫和舍利容器，并且日渐盛行，逐渐中国化。舍利函之功用，一方面，其作为盛放佛骨舍利的遗骨盒或匣，是一种微缩的小型墓穴，功用之一便是殓具或称为"葬具"；另一方面，因舍利函中所盛佛舍利的庄严性和人们的神圣信仰而又有供器或供养具的性质[13]。伎乐龙虎纹石函内也应藏有较为丰富的包含物，作为宗教仪式上的法器和供养品，但现在不清楚其出土状况，包含物信息更不得而知。

总之，伎乐龙虎纹石函，作为佛教物品体现出了北魏时期佛教东传对中国宗教信仰的影响以及中外交流的状况，是佛教文化痕迹之一。石函上雕刻的纹饰也体现了西域文化对中国文化的影响及南北方民族融合的情况。其与同期文物多方面、多角度地反映出一个时代的特色与风格。

参考文献：

[1] 定县博物馆．河北定县发现两座宋代塔基［J］．文物，1972（8）．

[2] 冉万里．古代中韩舍利瘗埋的比较研究：以南北朝至隋唐时期为中心［J］．丝绸之路研究集刊，2017（01）．

[3] 河北省文化局文物工作队．河北定县出土北魏石函［J］．考古，1966（5）．

[4] 何利群，朱岩石，沈丽华，等．河北临漳邺城遗址核桃园一号建筑基址发掘报告［J］．考古学报，2016（4）．

[5] 魏收．魏书·乐志［M］．北京：中华书局，1974.

[6] 杨衒之．洛阳伽蓝记·长秋寺［M］．北京：中华书局，1963.

[7] 赵昆雨．戎华兼采，鲜卑当歌：北魏平城时代乐舞文化中的鲜卑因素［J］．中国音乐，2015（4）．

[8] 敦煌研究院．敦煌石窟全集：17 舞蹈画卷［M］．北京：商务印书馆，2002.

[9] 柳涵．邓县画像砖墓的时代和研究［J］．考古，1959（5）．

[10] 尤振克．江苏丹阳县胡桥、建山两座南朝墓葬［J］．文物，1980（2）．

[11] 闫琰．北朝忍冬纹装饰纹样的类型［J］．文物世界，2008（6）．

[12] 王银田，刘俊喜．大同智家堡北魏墓石椁壁画［J］．文物，2001（7）．

[13] 袁泉．舍利安置制度的东亚化［J］．敦煌研究，2007（4）．

北魏时期瓦当刍议

李 岩　张旭云

(云冈研究院，山西　大同　037000)

摘　要：瓦当是我国特有的一种建筑构件，早在西周时期就开始运用瓦当。平城，作为北魏的都城，从天兴元年（398年）北魏道武帝迁都至此，"建宗庙、立社稷"，到太和十八年（494年）魏孝文帝迁都河南洛阳。近一百年中，曾在平城筑有大规模的建筑群。北魏平城时代遗址出土的瓦当，展现出北魏政治、经济和文化发展的样貌；特别是佛教的传入和多民族文化的融合，使瓦当带有明显的宗教色彩和民族文化特征。

关键词：北魏瓦当；文物；纹饰意蕴

瓦当是我国特有的一种建筑类文物。《辞源》解释："当，底也，瓦覆檐际者，正当众瓦之底，又节比檐端，瓦瓦相盾，故有当名。"[1]瓦片从屋脊一块块叠压至檐端，最前端的瓦正处众瓦之下，古人以"当"作"底"，故得名瓦当。瓦当的起源和发展与社会发展密切相关。

一、瓦当的历史发展

瓦当在我国的起源时间相对较早，周朝时人们就发明了瓦。西周中期，已经有较多建筑运用了瓦当。战国时期由于社会经济的不断发展，建筑上添加瓦当受到了人们的极大欢迎，瓦当的不断发展，促进了砖瓦工艺的成熟。瓦当最开始的形状是半圆形，学名"半规瓦"。秦朝时，瓦当已经逐渐从半圆形向全圆形方向转变。到了汉朝，更加趋向于圆形的瓦当。

在汉朝，修建一些宫殿时，都会设有专门烧制瓦当的官窑，可以进行专门的设计和生产，满足当时人们的发展需求。

瓦当上面图案的变化也与当时人们的文化水平紧密相关。春秋至秦朝，人们在瓦当上绘制动物类的图案。汉朝时，国家安定，人民安居乐业。当他们的基本生活能够得到保障时，对于居住的需求会不断提升。瓦当的制作技艺更加精巧、熟练、精细，出现了一些文字瓦当。战国时期，多运用一些图案来代替文字，以动物图案为主。魏晋南北朝时期，社会文化水平提高，文字书法不断出现，文字瓦当的出现与文字的变化密不可分。同时，在瓦当的不断发展过程中，也展现了当时社会主流思想的变化。

在瓦当的制作过程中，制作的材料在不断发生变化。这些变化出现的主要原因是人们对瓦当的审美水平不断提升，人们对美学的追求不断加快。在很长的一段时间里，瓦当的制作材料多以灰陶为主。唐朝时，砖窑的烧制技艺不断成熟，瓦当也逐渐出现了颜色上的变化，琉璃瓦当应运而生。明清时期，由于统治者集权程度加深，出现了金属瓦当，材质上的变化，主要是为了展示皇权，提升统治者在百姓心中的权威。至今，在集安县境内高句丽遗址当中，出土了大量瓦当，其中一部分还带有珍贵的铭文。在吉林省博物馆、辽宁省博物馆中共珍藏有一百四十多件瓦当。《魏书·高句丽传》中记载，"（高句丽）其俗节食，好治宫室，于所居之左右立大屋，祭鬼神，又祀灵星、社稷"[2]，瓦当的大量出土，证实了这一记载，说明距今一千六七百年前的高句丽皇城一带，建有众多土木结构建筑，包括宫殿、官府、祭祀殿宇等。

瓦当出现的初期，人们制作瓦当主要是为了将其覆盖在屋顶上，每当下雨时，瓦当可以起到极好的排水作用。我国的传统建筑主要是木质结构，瓦当的覆盖可以有效地减少雨水对于房屋结构的损害，可以对房屋结构起到一定的保护作用。对于封建统治来说，瓦当在建筑上的运用不仅可以对建筑起到修饰作用，还能展现自身的皇权。瓦当用途的不断扩大，在一定程度上讲，主要是受当时文化发展的影响。例如，在北魏时期，文人雅士众多，佛教的传入给人们带来了新的文化思想，瓦当被人们赋予了更多内涵。

二、北魏瓦当分析

平城，北魏都城，从北魏道武帝拓跋珪天兴元年（398年）迁都至此，"建宗庙、立社稷"，到太和十八年（494年）北魏孝文帝迁都洛阳，近一百年里，曾在平城筑有大规模的宫殿建筑群。其中，瓦当装饰艺术风格具有鲜明的时代特征，同时寓意了一种时代精神和文化内涵。北魏平城瓦当当面装饰可分为两类：一类是文字瓦当，另一类是图案图像瓦当。文字瓦当有"传祚无穷"瓦当（见图1）、"富贵万岁"瓦当、"大代万岁"瓦当、"忠贤永贵"瓦当等，图案图像瓦当有莲花纹瓦当、莲花化生童子瓦当、兽面瓦当等。

（一）文字瓦当

北魏平城文字瓦当当面一般刻有吉语铭文，表面经过磨光并涂有黑色，呈现光泽，这与北魏崇尚黑色有关。

"传祚无穷"瓦当在北魏时出现，展现了封建皇权。在"传祚无穷"瓦当中，可以看到瓦当呈圆形，基本结构对称，瓦当面以"井"字形分区，中间饰一凸起大乳丁，四字之间装饰小乳丁，乳丁外饰一周凸弦纹。在其上、下、左、右四格中，用隶书阳文分别写着"传祚无穷"的字样。"祚"字有三个含义，一是皇位，二是年岁，三是福。《魏书·礼志二》载："神龟初，灵太后父司徒胡国珍薨，赠太上秦公。时疑其庙制。太学博士王延业议曰：今太上秦公，疏爵列土，大启河山，传祚无穷，永同带砺，实有始封之功，方成不迁之庙。"[2]所以该瓦当表现出了当时统治者希望将皇位永远传承下去的美好愿望。这类瓦当在皇家陵寝方山永固陵和皇家开凿的云冈石窟山顶、窟前遗址都有发现，可见皇位之意更加明显。

图1 "传祚无穷"瓦当
（《云冈石窟研究院院藏文物精粹》作者自拍）

图2 "大代万岁"瓦当
（采自王雁卿高峰著《北魏平城瓦当考略》）

北魏王朝曾称代国，《北魏史》记载："穆帝猗卢元年［晋怀帝永嘉二年（308年）］，为了集中管理拓跋领地，猗卢以其所在地盛乐为中心，把原来划分的三部分，统一起来。猗卢统一后在位9年，经过两次援晋战争，受晋封为代公，后四年主要建设内部，受晋封为代王。"[3]386年，道武帝拓跋珪重建代国；398年迁都平城大同，定国号为魏。"秋七月，迁都平城，始营宫室，建宗庙、立社稷。"[3]平城也称"代都"，所以，大代就是指平城时代的北魏王朝，而"大代万岁"瓦当寓意着北魏王朝万岁（见图2）。

北魏建国初期定都平城，大肆扩张疆土，掠夺财富，吸收先进的经济和文化，在南征北战中实现了全国统一，结束了长期以来社会动荡的局面。而在统治过程中，佛教文化在我国得到空前的发展，加强了君主集权和民族的融合。

在国家的统一过程中，文化相互交融、影响。文字瓦当这一小块陶土不仅具有对建筑物的美化和保护作用，还反映出当时人民祈求政治统治和对生活的美好向往。瓦当上的人物和图案承载着故事的延续和发展，也反映了不同时期的艺术特征。小小的瓦当，图案无穷无尽，小小的圆形空间，更是蕴含着中国传统艺术的精髓。北魏平城时期是中国历史上民族融合的重要时期，也是中国书法史上魏碑文字形成的关键时期。瓦当反映了魏碑的早期存在，同时与当时的其他书写形式一起构成了平城时期的魏碑。

（二）图案图像

瓦当图案图像主要以自然界的动植物为题材，比较常见的瓦当装饰图像有龙纹、四神纹、兽面纹等。兽面纹作为装饰在中国古代商周的陶器上、汉代的画像石上都有所体现。而作为主体纹饰，在瓦当上出现最早是在战国夏都遗址的半瓦当上。《汉书·西域传赞》又汉朝"自是之后，明珠、文甲、通犀、翠羽之珍盈于后宫，蒲梢、龙文、鱼目、汗血之马充于黄门，钜象、师子、猛犬、大雀之群食于外囿。殊方异物，四面而至"[4]。狮子在汉代就已传入中原，北魏时期佛教兴盛，随着佛教的发展，佛教里的纹饰、佛龛、造像雕刻艺术也传入中国，狮子装饰在佛教里被视作高贵的灵兽，有辟邪，降伏一切的作用。所以，在大同城南的北魏平城明堂遗址、大同操场城北魏遗址及云冈石窟窟前遗址都有兽面瓦当的出土。

兽面瓦当于 2008 年在大同市操场城北魏建筑遗址出土，质地为灰陶，瓦当当心饰有高浮雕兽面，额头圆凸，可见三条抬头纹，双耳上尖下圆立于两眼外侧，双目圆睁，眼尾上翘，大口怒张露出门牙和犬齿。在整齐的门牙中间可见一舌尖，神态凶横威厉（见图3）。

《释老志》称："凉州自张轨后，世信佛教。敦煌地接西域，道俗交得其旧式，村坞相属，多有塔寺。太延中，凉州平，徙其国人于京邑，沙门佛事皆俱东，象教弥增矣。"[3] 太武帝徙凉州吏民三万户于京城，平城成为中华佛教的新中心。由于民族之间的文化融合，瓦当的装饰也呈现出不同的色彩。莲花化生童子瓦当、莲花纹瓦当的出现与当时佛教文化的输入有着密切的关联。在考古过程中，就曾在多地发现，如内蒙古境内的云平古城、洛阳的永宁寺等，这些地方都曾发

图3 兽面瓦当
（《云冈石窟研究院院藏文物精粹》作者自拍）

现莲花化生童子瓦当遗迹。莲花化生童子瓦当是一种较为独特的瓦当，多来源于佛教寺院遗址，具有浓重的宗教色彩，因其造型精美、制作工艺独特而受到国内外学者的广泛关注。北魏时期的莲花纹瓦当大致形态主要分为两类，复瓣的宝装莲花纹瓦当和单瓣的莲花纹瓦当，在纹饰形制和装饰手法上，存在差异。莲花化生童子瓦当也有很多类型，例如，莲花化生童子手持华绳，周围伴有莲花花瓣，童子健壮，额上有发髻；莲花化生童子手持净瓶，憨态可掬。莲花图案的变化也在一定程度上展现了佛教对当时人们的影响（见图4）。

从图4中可以看到，莲花结构精巧，莲花花瓣姿态优美，具有极高的艺术意义。而且，在云冈石窟的第10窟中也曾发现莲花纹样的瓦当。就相关史书记载，云冈石窟的第10窟大约是在北魏孝文帝在位时建立，所以云冈石窟第10窟中的莲花化生童子纹多是于此时产生。在我国目前考古过程中发现的莲花化生童子瓦当文物遗迹中，大同永固陵是级别较高的帝后级墓葬，建筑规模宏大。无论是在云冈石窟，还是在其他皇家寺庙中，莲花化生童子瓦当的出现都在一定程度上展现了北魏的文化发展，体现了北魏年间佛教文化对北魏整个朝代的影响。

图4 莲花化生童子瓦当
（《云冈石窟研究院院藏文物精粹》作者自拍）

平城和洛阳时期发现的莲花化生童子瓦当表面均经过磨光处理。关于"思远浮屠"遗址所出莲花化生童子瓦当年代，《魏书》卷七上《高祖纪第七上》记载："（太和三年）……六月辛未，……起文石室，灵泉殿于方山。……乙亥，幸方山，起思远佛寺。"[3]太和三年即479年，思远浮屠所出莲花化生童子瓦当年代当在479年左右。永固陵西南建筑址采集的莲花化生童子瓦当残存的童子部分也与思远浮屠所出较为接近，因此，二者年代也应当大体相近。在北魏时期，莲花化生童子瓦当是佛教造像中的莲花化生童子纹样与瓦当建筑构件及北魏皇室崇佛思想三者有机结合出现的。随着北魏王朝政权走向衰落，莲花化生童子瓦当也随之消失，但是莲花化生童子图案作为一种带有明显宗教色彩的装饰纹样依然出现在北魏之后的各种佛教艺术形式中，如石窟寺、造像碑、壁画等。

莲花作为装饰，早在西周时期就已出现在青铜器物上。在战国时期，莲花纹瓦当已见雏形，但由于地区有限，仅是植物花朵的一种表现。"出淤泥而不染，濯清涟而不妖"，是对莲花品格的高度概括，在北魏年间，佛教文化受到了统治者的大力弘扬，作为佛诞生之物的象征，作为圣洁的象征，莲花被赋予了新的含义。于是，莲花纹瓦当开始在全国盛行。

莲花纹瓦当于2010年在云冈石窟窟顶一区佛教寺院出土，为灰陶质地。当心饰一大乳丁，乳丁外装饰一周圆圈弦纹，复瓣莲花肥硕隆起，边轮宽大凸起。造型简洁、雅致（见图5）。莲花纹不仅仅局限于作为瓦当的装饰，在云冈石窟的窟顶、门楣处也可看到。

北魏是一个由少数民族统治的政权，在平城大同建立政权之前，大同是草原人民和少数民族经常成群结队生活的地方，平城作为首都后，成为政治、经济、文化和军事中心。此后，大量汉民族移民到平城，极大地影响了北魏平城地区的经济、政治和文化生活。一百年后，鲜卑政权的中国化完成，留下了北魏王朝的云冈石窟、明堂遗址、方山永固陵和其他重要的历史文化遗迹。这些重要的遗址和建筑是我们探索北魏平城历史的重要线索。

图5 莲花纹瓦当
（《云冈石窟研究院院藏文物精粹》作者自拍）

三、结语

瓦当艺术表现的是雕刻和绘画相互融合的艺术形式，体现出当代人们物质文化与精神文明的发展。瓦当艺术自西周出现，历经三千多年的发展，成为中国古代建筑中最重要的组成部分。

北魏时期是中国历史上少数民族活跃的时期，随着民族的迁徙和文化的融合，平城（大同）成为当时的政治、经济、文化和军事中心。作为北魏的都城，带有吉语铭文的文字瓦当应运而生，"传祚无穷""大代万岁"都是皇权的象征。兽面纹瓦当展现出北魏时期各民族的文化融合及佛教发展的兴盛。北魏是佛教传入中原后发展的第一个兴盛时期，带有宗教色彩的莲花纹瓦当、莲花化生童子瓦当盛行于此时，佛教装饰纹样在北魏宗教建筑中得到运用。平城瓦当的多样性，为后世的宋、辽、金以及明、清时期瓦当样式的形成奠定了基础。通过瓦当将文字与图案进行生动的呈现，展现了传统建筑的智慧和美学，折射出当时人民对国家、对美好生活的向往。

参考文献：

［1］何九盈．辞源［M］．北京：商务印书馆，2016.

［2］魏收．魏书［M］．北京：中华书局，1974.

［3］杜士铎．北魏史［M］．太原：山西出版传媒集团，2011.

［4］班固．汉书［M］．北京：中华书局，2014.

拓跋帝陵祁皇墓考古调查

许孝堂[1] 马志强[1] 韩生存[2]

(1. 山西大同大学北魏研究所,山西 大同 037009;
2. 大同市博物馆,山西 大同 037009)

摘 要:经过一年多的调查,发现了拓跋部族桓帝和皇后祁氏合葬墓,民间和学者称"祁皇墓",俗称"祁王墓"。这是大同市首次发现的拓跋部族早期帝王级皇陵。这一发现为研究北魏帝陵提供了新的参照,为研究拓跋部族史提供了较为可信的第一手资料。

关键词:祁皇墓;拓跋部族;帝陵

一、祁皇墓非永固陵

祁皇墓村位于大同市北25千米方山西麓之御河(古称"如浑水")西岸的野狐岭山上。祁皇墓村有新、旧两个村子。旧村在御河西岸的半山坡上,东经113.3227度,北纬40.2954度,海拔1146米(见图1)。新村在山坡之上,是村民现在居住的地方。祁皇墓新村是村民便于生活,从1980年左右开始由御河西岸半山坡处陆续搬到山坡上的平缓地方。祁皇墓村有赵、马、张三姓,村民说祖上相传都是祁王墓的守墓人。该村是先有墓地,后有村子,因墓而命的村名。村里大多数人现在只知道他们的祖上是守方山上的墓,不知村里另外还有墓。2018年,我们对方山永固陵及周边进行了考古和社会调查,周边众乡老及一些地方史料都认为方山永固陵就是祁皇墓或祁王墓,即祁皇墓村民所守之墓。

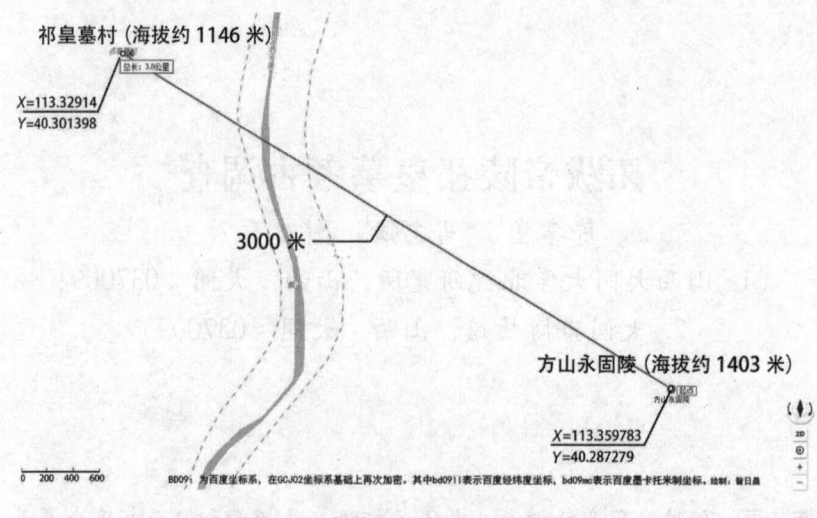

图1 祁皇墓村与永固陵位置示意

清人吴辅宏纂辑《大同府志》卷六《冢墓附》载："祁皇墓：一作岐王，在府东北三十里孤山之北，冢头峻绝如山，亦名岐王山。考前史所载，祁、岐诸王俱与大同无涉，惟宋徽宗子谟封祁王，靖康中从帝北迁，其葬处亦无考。又考北魏桓帝皇后祁氏，尝摄国事，时人谓之女国后，史不言其葬所。高宗兴安二年发京师民穿天渊池，获桓帝葬母封氏石铭，有司以闻。盖道武以前，屡经播迁，纪载阙略。云中盛乐二陵外，当时已往往失之。疑祁皇即祁皇后，脱一后字耳，史文曰女国后者，犹言女国君，故后人直谓之祁皇，理或如此。""北魏文明太后墓：府北五十里方山，《魏书》：太和五年起作，八年而成。十四年冬十月癸酉，文明太皇太后葬此，号永固陵。《水经注》：方岭上有文明太皇太后陵，陵之东北有高祖陵。旧志所谓北魏二陵也，今其处未详，或曰俗称祁皇墓。"[1]

清人黎中辅纂《大同县志》卷五《营建附陵墓》记载的祁皇墓、方山永固陵和《大同府志》完全相同。

《大同府志》和《大同县志》的编纂者态度都比较谨慎，没有直言祁皇墓就是永固陵，并且提出有可能是桓帝皇后祁氏之墓。不过，在记述永固陵时，又加了一句"或曰俗称祁皇墓"。实际采用的是两种说法并存、比较科学严谨的态度。

田余庆《拓跋史探》载："坊间所见大同市地图，有将市北25公里处的方山北魏文明太后永固陵标为祁皇墓者，据说是桓帝祁皇后墓的讹传。方山附近至今确有以祁皇墓村为名的村落，但不是在永固陵。其准确位置是方山西麓之如浑水西岸，看来祁皇墓不论有几分可信，祁皇本人肯定曾是这一带居民口碑中的人物，其生前的主要活动也当在这一带。"[2] 从此，学界才将祁皇墓与方山永固陵区分开，祁皇墓指桓帝祁皇后之墓，但始终未找到祁皇墓确址，因而没有引起学界的足够重视。

二、祁皇墓发现与确定

开始我们也是按照祁皇墓村是方山永固陵守墓人居住的线索，深入祁皇墓旧村调查，当我们走遍旧村遗址时，发现这里根本达不到守护方山永固陵的目的。其村东为御河，村南为干沟、村北为自然冲沟，御河把祁皇墓村与方山永固陵分割开，人马根本无法往来。在祁皇墓旧村与方山永固陵之间挺立着一座不知名的小山头，恰好完全遮挡了视线，村西部是野狐岭山脉；祁皇墓村与方山永固陵直线距离3千米，实际距离在5千米以上，祁皇墓海拔（1146米）与永固陵海拔（1403米）相差257米，从祁皇墓旧村根本观察不到永固陵的任何动向，因此祁皇墓村守墓人不可能看护守卫方山永固陵。祁皇墓村守墓人另有墓所守，而且一定在视线范围内，否则达不到守墓的目的。

在明确了思路之后，我们以祁皇墓村为中心，对周边的靳圪塔梁、窖子沟、北榆涧、孤山、山底、古店、白马城、马家小村、宏赐堡、黑土墩、河东窑、石窑、堡子湾、镇羌堡等村子进行了大范围的调查和社会走访。在调查中我们不放过任何一个疑点，不留下任何一个疑问，针对处于重点区域的祁皇墓、镇房堡村等先后进行20多次深入实地调查，但始终未找到祁皇墓的确切位置。

功夫不负有心人，2018年10月27日下午一点半多，我们又一次驱车直达祁皇墓村，在较大范围内搜寻祁皇墓地，直到下午五点多，日近黄昏，我们驻足在祁皇墓村东北，穿过一片耕地，来到了半山腰处的祁皇墓旧村。我们进入废弃的旧村，看到的都是坍塌的土窑洞房，均已废弃，无人居住，这应该是最早的祁皇墓村，正是守墓人居住之地。旧村北边是一个古戏台，属于明清建筑，面北三间，长、宽各8.8米，比较完整，戏台两侧墙有壁画，东墙上有"大清光绪三十四年（1908年）四月……"字样，西墙有"金牌"字样，画的是有关岳飞的戏曲场景。旧村南是御河的无名支流，是一条较大的河沟，从新村沿河沟能驱车穿过京包铁路涵洞至御河。站在祁皇墓旧村，守祁皇墓的人应该能看到墓，我们顺着这个思路四面寻找。东望为御河，南望为沟，对岸阴坡不可能有祁皇墓，村北是戏台，从下往上仰望，戏台建在山坡一块巨大的石头上。戏台正北24米处是一处长11.2米、宽5.5米的遗址，基础是石砌，上边是夯墙，过去应该是祁皇墓祭祀的祠堂。据村民讲，20世纪30—40年代，这处遗址是座庙，里边还有塑像。戏台和遗址相对。遗址北方上面是一处抬高了6米的平台，平台宽21米，似人工所为；抬高7米上到二级平台，平台宽7米，大半圆状，又似人工所筑；再抬高4米便是祁皇墓。它在一块东西长112米、叫"侯家坟"的耕地上。整块耕地从大势看西北高、东南低，然而西南端明显隆起，北边半圆边的坟冢边缘把耕地分成两块，南边这一块南端似圆丘突起，应该是坟冢的顶端，凸出的圆形坟堆，直径约36米的范围内，土色不同，颜色发白的夯土层和北魏夯土层相似，是夯土层经秋耕地翻土到地表面形成，和周围的红土耕地分界明显（见图2）。

图2 祁皇墓位置示意

再观坟地风水大势，两河夹一山，两河在山前交汇东南入御河，和方山永固陵风水大势布局完全一致。从风水讲，面临御河，背靠野狐岭，是上等的风水宝地。我们在现场又反复进行了核实，首次确认了祁皇墓的具体位置，这一重大发现让我们无比兴奋，直到天完全黑下来才结束调查。为了进一步核实，12月3日，我们请大同博物馆专家现场考证，确定是坟地无疑。我们又对封土四周进行了详细观测，没有发现明显盗洞和人工扰动的痕迹，初步推测未被盗掘。

三、桓帝和祁后合葬墓

我们初步认定的祁皇墓，祁皇墓村人说祖上传下来一直叫"侯家坟"，而且那一小块耕地的地名就叫"侯家坟"。按传统习俗讲，应该是侯氏家族墓地，但祁皇墓村和邻近的靳圪塔梁村等村子均无侯姓人家，更没有人认领侯家坟。村民祖上传说侯家坟埋过侯的官。《魏书》卷一《序纪》"（昭帝）三年，桓帝度漠北巡，因西略诸国。……七年，桓帝至自西略，诸降附者二十余国，凡积五岁，今始东还。……十一年，晋假桓帝大单于，金印紫绶。是岁，桓帝崩。……帝统部凡十一年。后定襄侯卫操，树碑于大邗城，以颂功德。子普根代立"[3]。

1956年，内蒙古自治区凉城县小坝子滩的同一窖里出土了"晋鲜卑归义侯""晋乌丸归义侯"金印，"晋鲜卑率善中郎将"银印以及"猗□"饰牌[4]，进一步诠释了侯家坟的来历。《魏书》卷一《序纪》载"（桓）帝曾中蛊，呕吐之地仍生榆木。参合陂土无榆树，故世人异之，至今传记"[1]。参合陂是桓帝拓跋猗㐌的势力范围，也是桓帝后祁氏和三个儿子在桓帝死后的重要活动区域及控制范围。"'猗□'饰牌应该是猗㐌身份象征"。《魏书》卷一《序纪》载："十年，晋惠帝为成都王颖逼留在邺。匈奴别种刘渊反于离石，自号汉王。并州刺史司马腾来乞师，桓帝率十余万骑，帝亦同时大举以助之，大破渊众于西河、上党。会惠帝还洛，腾乃辞师。桓帝与腾盟于汾东而还。乃使辅相卫雄、段繁，于参合陂西累石为亭，树碑以记行焉。十一年，刘渊攻司马腾，腾复乞师。桓帝以轻骑数千救之，斩渊将綦毋豚，渊南走蒲子。晋假桓帝大单于，金印紫绶。"[1]"晋鲜卑归义侯"金印是晋嘉奖给桓帝的。"晋乌丸归义侯"金印应该是赐予乌丸段务目尘的，《魏书》卷一百零三《段就六眷传》言："穆帝时，幽州刺史王浚以段氏数为己用，深德之，及表封（段）务目尘为辽西公，假大单于，印绶。"[1]但是乌丸衰弱后，祁氏一度统领着乌丸部落是完全可能的，因此乌丸金印在祁氏之手就能够理解了。"晋鲜卑率善中郎将"是拓跋部族哪位首领受赐待考，但随着拓跋势力的衰落，自身安危不保，则在驻地将印、饰牌窖藏也就不足为奇了。如果这一推论正确，侯的官就是"晋鲜卑归义侯"桓帝拓跋猗㐌，那么侯家坟就应该是桓帝墓，是桓帝拓跋猗㐌和皇后祁氏的合葬墓。桓帝拓跋㐌于305年先葬在这里，因归义侯坟而得地名"侯家坟"，距今1713年，传叫至今。《魏书》卷二十三《卫操传》载："（桓帝）年三十有九，以永兴二年（305年）六月二十四日，寝疾薨殂。"[1]

北魏皇家墓地是定襄金陵和云中金陵，葬入金陵的皇帝皇后均有记载，但由于拓跋族习俗虚埋潜葬，至今未能找到。另一处是方山永固陵、万年堂，冯太后葬入永固陵，万年堂是孝文帝虚陵。

桓帝拓跋猗㐌葬在何处史书未载，为什么会是侯家坟、祁皇墓呢？祁皇墓因村名和守墓人的源考已经认定是桓帝后祁氏的墓地。侯家坟是因晋授拓跋猗㐌"晋鲜卑归义侯"而称为侯，坟地也只能叫"侯家坟"。拓跋猗㐌在去世时是单独葬在自己的领地，而非拓跋族的金陵，只能按晋授金印紫绶归义侯叫"侯家坟"。

祁氏是哪一年葬入侯家坟的呢？田余庆《拓跋史探》载："猗㐌死于305年，据《卫操传》载桓帝碑，猗㐌死年39，当生于267年。假定祁后与桓帝同年，则她316年立普根之子并参与拓跋内争时年已50，她害死平文帝时年55，她立惠、炀并与烈帝争夺君位之时，已是60上下高龄，有可能在此争位过程中死去。最可能的死年是324年，是年惠帝始'临朝'，诸部反叛，局势失控，惠帝筑城于东木根山以退避之。祁后的生卒年可假定为267（或稍晚）—324年。"[2]如果此推断正确，在324年祁氏和桓帝葬在一处，从此侯家坟又叫"祁皇墓"，有了两个名字，并被后人传叫至今。为了行文方便，我们将桓帝和帝后祁氏合葬墓统称为"祁皇墓"。

桓帝和帝后祁氏是拓跋部族早期历史上做出巨大贡献的夫妇，桓帝死后其子普根代立，将其葬在自己的中部领地，其帝陵传承下来叫"侯家坟"。然而祁氏则在桓帝死后活跃在拓跋部族的政治舞台上20多年，并产生了深远影响。因此，祁氏死后葬入侯家坟，祁皇墓则影响更大，传播范围更广，又经1700多年，只有守墓后人仍然知道村里有个侯家坟。

祁皇墓村及周边村庄的大部分村民叫祁皇墓为"祁王墓"，问村民缘由，大家说只知祖上传下来都叫"祁王墓"。通过研读史料，探寻桓帝祁氏生活的年代，以及拓跋部族的发展轨迹，百姓传叫的祁王墓是准确的。《魏书》卷一《序纪》载："穆帝三年（309年）晋怀帝进帝大单于，封代公。八年（314年），晋愍帝进帝为代王，置官属，食代、常山二郡。"[1]祁氏生活的年代是拓跋部族始称代王的时代，实际上还未建立代国，严格来说不能称国，还是晋封的代王时代，只能称代王。因此，百姓千百年来按当时的祁氏子孙和祁氏主政称代王相传下来，叫祁王墓，后世史家为了美化祁氏主政的这段历史称为"女国""祁皇"，再加上守墓人形成村落，确定村名时也愿意把自己的村名叫"祁皇墓"，而非"祁王墓"，所以就形成了现在的官方称"祁皇墓村"，百姓相传叫"祁王墓村"。

祁皇墓准确地说应该叫"祁皇后墓"，祁皇墓村也应该是祁皇后墓村。祁氏以母后直接主政，按《魏书》记载，被称为"女国"，派出的使者也叫"女国使"，这是史家美化之言，因此村民们叫祁皇后墓为"祁皇墓"，或者是人们的语言习惯，将祁皇后墓简称"祁皇墓"，这种简称的可能也不能排除。

方山永固陵周围的村民为什么又把永固陵称作"祁皇墓"或"祁王墓"呢？一是祁皇墓现在未有明确的地址和标志，按祁皇墓旧村地址反映的祁皇墓和永固陵仅有一河之隔，后人将永固陵误为祁皇墓；二是祁皇墓的库、张等守墓人，一千七百年来不断繁衍生息、迁徙，范围不断扩大，遍布了方山永固陵周围，所以后人将永固陵误为祁皇墓。

祁皇墓是拓跋部族早期首个未入金陵的帝陵。此后，又有窦太后、常太后、冯太后未入金陵，另葬他处。然而，185年后，文成文明太后冯氏于太和十四年（490年）葬在御河对岸的方山，风水布局一致，规模、气势却相去甚远，方山则大了许多，这也是冯太后尽管知道隔岸就是祁皇墓，但仍葬方山的原因之一。

（这次调查由北朝书舍发起，社会各界人士韩瑄、杨志晖、王军、杨亚丽、周玉梅、杨志春、薛秀花、陈利娟等参加，制图昝日晨，航拍照片杨志晖，在此一并致谢）

参考文献：

[1] 吴辅宏. 大同府志 [M]. 大同：大同市地方志办公室，2007.

[2] 田余庆. 拓跋史探：修订本 [M]. 北京：生活·读书·新知三联书店，2011.

[3] 魏收. 魏书 [M]. 北京：中华书局，1974.

[4] 张景明. 内蒙古凉城县小坝子滩金银器窖藏 [J]. 文物，2002（8）.

学术动态·文献评介

21世纪以来日本对云冈石窟的考古学研究

徐小淑　孟红淼

(山西大同大学外国语学院，山西　大同　037009)

摘　要：自21世纪以来，日本学界对水野清一和长广敏雄在《云冈石窟》中论及的石窟分期、佛传图、武州山石窟寺等做了更深入和更全面的研究，提出了一些新观点，并将云冈石窟置于丝绸之路上的佛教东渐视野，对石窟寺和云冈佛教美术的源流及其独特性进行了探讨。本文梳理总结这些研究成果，提炼其主要观点，结合我国的相关研究对照分析，整体上把握其研究脉络，为云冈研究提供参照。

关键词：云冈石窟；日本；考古学

日本对云冈石窟的研究起步较早，至今已逾一个多世纪。1902年，东京大学建筑学研究室学者伊东忠太调查云冈石窟并发表了考察报告，其后诸多研究者前往云冈参观考察，但都仅限于简单调查，只对主要大型窟及其造像做了记录、说明。东方文化研究所（京都大学人文科学研究所前身，以下简称"京大人文所"）水野清一和长广敏雄率领的调查组自1938年至1944年，历时7年对云冈石窟进行了全面的学术调查，包括所有大小洞窟和造像的拍摄、三维立体测量、拓片制作，并对石窟周边的部分遗迹做了考古发掘，后经二人整理，于20世纪50年代刊布了16卷32册大型研究报告《云冈石窟——公元五世纪中国北部佛教窟院的考古学调查报告》（日英对照）（以下简称"原报告"）。这一成果形成了日本研究石窟艺术的方法论基础，其翔实准确的实测图和照片以及文本叙述所持观点引起的学术争论，极大地推动了云冈研究的发展，至今仍有很高的学术和史料价值。

继水野清一和长广敏雄之后，日本研究云冈石窟的学者代有人出，但主要集中在佛教美术方面，基于美术样式论，侧重于对图像的研究，关注造像和服饰、装饰纹样等样式的类型、内涵以及流变。进入21世纪，以水野清一所在的京大人文所教授冈村秀典为主导，对水野清一等于20世纪30—40年代在云冈及周边地区的考古发掘中采集的出土品进行了整理和研究，并成立了由考古学、美术史学、佛教学研究者组成的课题组，集体研读原报告，在共同探讨水野清一和长广敏雄的先期研究中，展开了云冈石窟的跨学科研究。另外，我国对云冈及周边地区的考古新发现也为冈村秀典等的研究提供了参考，加之京大人文所对亚洲各地佛教遗址考古资料的收集完备，日本对云冈的考古学研究又有了新的进展。以下对这方面的研究论著进行简单梳理，提炼其新观点，结合我国的相关研究予以分析，以把握其研究动向。

一、云冈及其周边的历史考古学

北魏的石窟寺院包括礼拜用石窟和佛殿、僧侣讲经诵经的讲堂和禅堂以及生活起居的僧房。水野清一等在20世纪在30—40年代除了调查石窟本身外，还对石窟前庭、窟顶寺院遗址进行了考古发掘，试图厘清石窟寺院整体布局和状况，同时对平城遗址、文明太后冯氏的陵墓方山永固陵也进行了调查，但因收集的出土品几乎都是小型残片而未做整理，原报告中未收录这部分出土品及相关研究。此外，以东京大学原田淑人为代表的东亚考古学会于1939年对方山永固陵做了考古调查，因出土品多为破小残片，当时只发表了简单的内部报告，后几乎无人问津。

科技进步极大地推动了考古学研究的发展，从小型陶器、瓦当等的残片也能够读取诸多历史信息。冈村秀典等于2002年开始着手整理这两部分出土品，进行编号和分类，于2006年出版了研究报告《云冈石窟遗物篇》（以下简称"遗物篇"）、2007年发表了论文《北魏方山永固陵研究》，以下就此成果进行梳理。

（一）武州山石窟寺景观

冈村秀典主编的遗物篇由12章构成，第1~11章是对11处遗址的出土品进行分类和简要说明，第12章是对前11章的梳理分析。[1] 书中共收录云冈石窟寺遗址出土品350件，周边遗址出土品500件。

关于云冈石窟的主要见解包括五个方面。第一，第9、第10窟营造年代为5世纪80年代中后期。第二，东部（第3窟）窟顶寺院遗址是5世纪70年代昙曜和印度僧人等译经之处，西部（西端诸窟）窟顶寺院遗址很可能是建于490年前后的尼寺"石祇洹舍"。第三，辽金时期在窟前修建了大规模的佛殿建筑，推测《大金西京武州山重修大石窟寺碑》（以下简称《金碑》）所记"云冈十寺"之首的通乐寺位于昙曜五窟前，但是出土瓦当与东部窟顶遗址的瓦当年代差异较大，不能确定是北魏时昙曜所在的通乐寺。第四，在云冈中期石窟的前壁曾建有木构窟檐建筑,在窟顶建有僧房,武州山石窟寺在490年前后已经发展成为由石窟和木构建筑组成的伽蓝。第五,辽金时代对北魏的窟檐建筑进行了重修,辽金时期的僧房多在窟前,北魏时期与辽金时期的石窟寺景观有所不同。

以上几点见解中,第一点关于第9、第10窟年代问题,宿白根据《金碑》记载提出第9、第10窟是484—489年营造的崇教寺[2],冈村秀典和向井佑介等的考证为宿白基于文献的推断提供了考古学的论据支撑,修正了水野清一、长广敏雄等日本学者的年代观,但是未论及第9、第10窟是否为《金碑》中的崇教寺。第二点有关昙曜等译经的僧院位置问题,宿白根据《金碑》推测可能位于水野清一等发掘的东部或西部窟顶,冈村秀典等的考证确定为东部,证实了宿白的推测。对于尼寺"石祇洹舍"的位置,国内研究者持不同意见,认为尼寺位于云冈石窟西南、武州川南岸的西湾(鲁班窑)石窟。[3]笔者认为,西湾石窟为尼寺的说法尚待商榷,首先,西湾石窟仅有一组双窟,大小分别为南窟进深4米、宽6米、高3米,北窟进深4.1米、宽6.1米、高4米,与《水经注》中"水侧有石祇洹舍并诸窟室"[4]的描述相去甚远,"诸"在古汉语与现代汉语中都有"众多"之意。且道宣《广弘明集》有"东为僧寺,名曰灵岩,西头尼寺,各凿石为龛,容千人"[5]的记述,虽然容千人似有夸张,但是至少说明石窟(群)规模较大。其次,宿白指出西湾石窟不存在可以开凿大石窟的崖面,又据道宣《续高僧传》推断北魏时期灵岩为石窟寺总寺名(可受三千余人)、可包括东头僧寺(恒供千人),《广弘明集》所言灵岩在东头,概为唐以后的情况,位于第3窟。[2]两部著述成书年代相近[6],同为道宣所撰,目前窟顶考古发掘并未发现唐代遗构及出土品,只在第3窟前发现唐代遗迹及少量遗品[3],"西头尼寺"虽为唐代状况,但可能沿袭《续高僧传》北魏时期景观、与东头僧寺同为窟顶寺院之一。当然,冈村秀典等的推断缺乏对当时封建礼教以及佛教僧伽制度等的历史背景考证,而且未论及《水经注》中尼寺位于武周川"水侧"这一特征。关于尼寺的位置有待今后中日学者的进一步考察研究。第三、第四、第五点关于北魏和辽金时期的武州山石窟寺,基本明确了北魏和辽金时期石窟寺构成情况及历史沿革,部分达到了水野清一等试图厘清石窟寺院整体布局和状况的调查目的。关于武州山石窟寺的全貌,近年云冈石窟研究院也有系统研究,与冈村不同的是,关于北魏时期的窟前建筑,谷敏等认为是长廊式木构建筑而非窟檐建筑,可能是作为礼佛前休憩与准备的场所[3],北魏时可能山顶有十寺,《金碑》中窟前的"十寺"可能是对此的效仿[7]。今后,随着云冈考古资料的充实以及中日学者研究成果的互补与参照,武州山石窟寺的全貌将会逐渐清晰。

（二）平城时期佛教文化的传播

冈村秀典和向井佑介共著的《北魏方山永固陵研究》是对东京大学所存东亚考古学会于1939年在方山永固陵出土品的考察报告。[8]

报告考证结论主要包括四点。第一，确定方山的营造年代（481—484年）是云冈第7、第8窟向第9、第10窟的过渡期。第二，根据《水经注》的相关记载及遗构和遗物，复原了永固陵的整体配置，尤其对学界争议较大的思远寺位置，明确提出思远寺横跨白佛台遗址和草堂山遗址，草堂山遗址即思远灵图，是思远寺的一部分。第三，方山思远寺和龙城（今辽宁朝阳）思燕寺的佛塔塔基构造相似，皆受西域佛塔样式的影响，方山和朝阳以及内蒙古包头出土的塑像年代及样式有密切关系，体现了西域佛教美术的强烈影响，石雕上山水画风格的树木则表现了平城时期对南朝美术的广泛吸收。第四，"陵墓+寺院"的构造始于方山永固陵，其影响波及朝鲜半岛。

报告第一点为确定第7、第8窟的年代提供了参照，这组双窟的年代上限为471年是中日学界的通说[9]，如果按照报告的考证结果，那么第7、第8窟年代上限就推至5世纪70年代末至5世纪80年代初，这点还需要今后从历史文献上提供支撑。方山的这部分出土品，尤其是莲花化生纹瓦当和佛教雕塑不仅是考古学，也是佛教美术史研究的珍贵资料，与遗物篇中京大人文所所存方山遗物、佛教东渐相关地区遗址遗物互为关照，不仅对方山和云冈石窟，而且对平城期的佛教文化、北魏与南朝、北魏通过丝绸之路与西域的文化交流都有重要的学术价值，为云冈和平城以及东亚5世纪中后期各种问题的研究提供了很好的参照，其学术观点也可推动这一历史时期的考古学研究。今后仍需关注方山等同时代平城遗址的考古新资料，进一步从整体上把握北魏佛教文化的面貌。

二、丝绸之路上的云冈和犍陀罗

犍陀罗位于巴基斯坦西北部，美术史上还包括阿富汗、克什米尔地区，自古就是东西文化交汇之地，犍陀罗佛教文化通过中亚、西域传入中国，云冈石窟代表中国早期石窟寺，也受犍陀罗影响。

1959年，水野清一为探寻云冈石窟佛教文化的源流，组建京都大学伊朗、阿富汗、巴基斯坦学术调查队，历时8年对三地佛教遗迹进行了7次详细精密的实测调查。20世纪70年代至90年代初，京都大学又先后派出2支学术考察队进行了十数次调查，考察重心由源流探索转移到东西文化交流、通过遗迹和遗物的跨学科综合研究重新认识遗迹价值。作为对这些调查的总括，2008年，京大人文所出版了《丝绸之路发掘70年——从云冈石窟到犍陀罗》。

该书由两大部分构成，第一部分是调查历史，简明扼要地介绍了20世纪30

年代以来日本对中国（主要是云冈石窟）、阿富汗、巴基斯坦石窟寺等佛教遗址的调查发掘概况，发表了诸多云冈和犍陀罗雕塑、遗迹遗构平面图以及实测图；第二部分是丝绸之路研究的新成果，发表了各领域的最新研究，[10]以下简单梳理2篇与云冈石窟相关的研究。

冈村秀典《佛教寺院的西与东》是对佛教东渐过程中东西佛教寺院构造的比较研究。对学界关于云冈石窟受巴米扬大佛影响一说提出了疑问，认为昙曜五窟等巨大石佛的营造是北魏的独创（在其后来的著作中进一步证实云冈石窟的开凿早于巴米扬大佛），指出窟前和窟顶的考古资料表明石窟寺院虽源于印度和阿富汗，但武州山石窟寺已是完全中国化的景观。云冈同时期的平城方山思远寺、辽宁朝阳思燕寺遗址中的佛塔构造应来自犍陀罗，可能经新疆和田一带传入。向井佑介在《塑像制作的西与东》中指出，方山永固陵出土塑像是受犍陀罗影响的早期作品，从出土位置来看，这些佛菩萨塑像应该位于塔的基坛部，目前的考古资料还不足以厘清这种犍陀罗式的佛塔庄严手法通过中亚、西域传入中国的具体路径和年代，但可以肯定是由中国经朝鲜半岛传入了日本。

冈村秀典和向井佑介的研究进一步厘清了《云冈石窟遗物篇》和《北魏方山永固陵研究》中的石窟寺和永固陵雕塑以及佛塔构造的源流，明确指出犍陀罗虽然对北魏石窟寺院构造、雕塑样式、佛塔结构有影响，但是在石窟形制和造像方式上，云冈有其独创性。虽然对连接犍陀罗和云冈石窟的佛教文化之路还不十分明朗，但是研究者提供的石窟寺院以外的寺院遗址考古调查资料反映了多样的佛教文化交流，而且重视文献考证与实地考察，对出土品的研究也不局限于既往的美术样式，而是结合遗址遗构进行考古学分析，这些研究对云冈石窟编年也不无裨益。20世纪60年代至90年代，京都大学对犍陀罗相关遗迹进行过数十次考古调查，掌握了丰富的第一手资料，著作中提供的大量图版和实测图、文本分析的观点，对我国的相关研究具有参考和借鉴价值。今后，进一步关注我国新疆等地的考古新发现，对京都大学所存丝绸之路佛教资料的再探讨，可逐渐阐明从犍陀罗到云冈石窟的东渐之路，推动东西佛教文化交流的研究。

三、云冈石窟的考古学研究

京大人文所完成云冈及周边、方山永固陵出土品的整理后，对该所保存的云冈石窟照片和拓本进行数字化，并将20世纪50年代出版的原报告做成PDF格式文件，于2011年在京都大学学术资源数据库全面公开。同年，科学出版社东京分社认识到这套巨著的社会与学术价值，与京大人文所洽谈合作出版事宜，2012年3月取得授权，由中国社会科学院考古研究所组织编译，20卷中文版于2014年起陆续出版。同时，京大人文所组建云冈石窟的跨学科研究团队，重新研读原告，发表了一系列学术成果。

2017年出版的《云冈石窟的考古学》是冈村秀典全面深入研究云冈石窟的力作[11]，以《云冈石窟大型窟的编年》《云冈中期佛教图像的变化》等论文为基础，进一步展开的研究成果[12]，也可以说是原报告的"加强版"。

冈村秀典的主要观点涉及两个方面。第一，云冈石窟的分期，在中日学界达成共识的三期说基础上，将前期和中期进一步细分为3小期，按照营造顺序依次为：昙曜五窟的第18~20窟（前1期）—第16、第17窟（前2期）—第5、第13窟、未完成的第11窟（前3期）—第7、第8窟（中1期）—第9、第10、第6窟（中2期）—第1、第2、第12窟，未完成的第3、第4窟（中3期），前期窟年代下限为476年，中期窟年代下限为494年。第二，对云冈石窟佛教故事图的考证，表明从佛传图逐渐向因缘图转变，除取自《杂宝藏经》的故事题材增多外，即使题材相同的佛传图，从中1期至中3期表现的侧重点也由佛传故事向因缘故事转变。

冈村秀典对云冈石窟的分期，继承了宿白三期说的分期标准，即昙曜五窟这类大像窟为前期，第7、第8窟等象征木构建筑的佛殿窟为中期，洛阳迁都后的小规模石窟为后期。[9]近年来，国内对云冈石窟分期的研究有彭明浩从营造工程角度的探讨，他关于前期和中期各洞窟营造顺序的结论与目前学界的共识一致，即昙曜五窟—第7、第8、第9、第10窟（第1组）—第11、第12、第13窟（第2组）—第1、第2、第5、第6窟（第3组）—第3窟（第4组），但是对中期个别洞窟的年代提出了不同见解，认为崇教寺可能为第1、第2窟。[13]按照冈村的分期，从工程量来看，大型窟的营造为各小期2~3窟，从时间上看，各小期的时间跨度为5~6年，从对三个崖面的利用推移看，从西部的昙曜五窟开始，前3期时转至中部，中3期时转向东部。笔者认为，从施工量和时间进度以及地形的合理利用来看，冈村秀典的分期较为合理，而且有计划和保持稳步推进，符合云冈石窟前期和中期窟的皇家属性。

冈村秀典对学界普遍认为的双窟第5、第6窟和组窟第11、第12、第13窟之说提出了不同观点，将第5、第13窟编入前3期的大像窟，从洞窟形制、造像样式、背光纹样论述了二窟作为前期向中期过渡洞窟的特征。笔者认为，冈村秀典的推断更妥当，因为第5、第13窟都有可与昙曜五窟匹敌的13~15米的高度，而且从宿白"500年皇室开始兴工的'宾阳三洞'承袭了云冈组窟的做法，窟形、佛像组合受到昙曜五窟和第5窟的影响——椭圆形、三佛主题"[14]、石松"第13窟则是造弥勒大佛，模仿初期的大佛窟（第17窟）"[15]的论说，也可知二位学者并不否认两窟与昙曜五窟极其相近。冈村秀典对第5、第6窟非双窟的推论，杭侃也从石窟开凿施工的角度指出第6窟是夹入第5窟与第7窟之间，第5窟与第6窟并非同时设计[16]；八木春生认为，第5、第6窟的摩尼宝珠、藤座式柱头以及山岳纹样的共同因素并不多，怀疑两窟非双窟[17]，二位学者从不同角度支持了冈村秀典的推断。

关于第二点云冈佛教故事图的考证，以水野清一和长广敏雄的《云冈图像学》为肇始，中日学者从不同角度积累了丰富的成果。目前，赵昆雨的研究最系统和最深入[18]，冈村秀典的不同之处在于不局限于单幅图像的考证，注重运用样式学分析同样题材的故事图在各期的细微变化，揭示信仰主题由佛传故事向因缘故事的转变。笔者认为，冈村秀典的观点表明佛教对信者的教化从彰显佛的神通力转变为宣传外道对佛法的皈依和佛对众生的度化，内容从抽象难懂转变为通俗易懂，这一变化顺应了北魏佛教自上而下的渗透和中国化的趋势。按照冈村秀典的分期，佛殿窟从中1期到中3期的洞窟设计和内外庄严逐步趋于完美，第6窟为塔庙窟便于信者行右绕礼，这些洞窟逐渐完善了石窟寺的修行、礼拜、教化等功能，佛传图主题的变化也提高了分期的说服力，同时反映了中后期佛教从修行空间和修行内容两个方面以较为简便易行的方式传播。当然，冈村秀典对图像变化背后信仰主题的转变未做深入探讨，今后有待各位学者从当时的历史背景和佛教信仰状况予以补充或反驳。

四、结语

以上梳理了自21世纪以来日本对云冈石窟的考古学研究概况，鉴于笔者专业知识的欠缺，关于石窟的分期、石窟寺景观、佛教故事图的对比分析只是抛砖引玉，期待考古学研究者的深入探讨。以下仅从整体上对日本的研究脉络简单归纳。第一，在研究内容上，对水野清一和长广敏雄在原报告中论及的分期、佛传图、武州山石窟寺等做了更深入和全面的研究，补充、修正和拓展了原报告的观点。第二，在研究范围上，空间逐步扩大，以云冈石窟为中心扩展至周边地区，从地域性考察其相互间的关联和发展，研究线不断延长，将云冈佛教艺术从东亚延至印度、中亚等佛教东渐的相关国家，进行更深入的源流探索。由此可知，日本的研究有一定连贯性和系统性。

与敦煌莫高窟和龙门石窟相比，我国关于云冈石窟的记载、碑文铭记等文字资料较少，日本自20世纪初就开始对云冈实地考察，存有大量早期照片、图版等翔实全面的第一手资料，又拥有相对完备的丝绸之路上亚洲各国佛教遗址的考古资料，论著中大都附有大量图版、遗迹实测图，为研究者提供了丰富的资料，其观点也提供了反驳或借鉴的参照。云冈石窟是外来佛教文化、少数民族文化、传统汉文化相互影响包容的结晶，也是民族融合过程的展示，置于佛教东渐视野的研究可以更全面认识云冈文化的民族性，对云冈研究不无裨益。

此外，日本重视国内不同学科之间以及与国外相关国家的合作研究，其今后的成果也值得关注。

参考文献：

[1] 冈村秀典．雲岡石窟遺物篇［M］．京都：朋友書店，2006．

[2] 宿白．"大金西京武州山重修大石窟寺碑"校注：新发现的大同云冈石窟寺历史材料的初步整理［J］．北京大学学报（人文科学版），1956（3）．

[3] 谷敏．北魏时期的云冈石窟：根据考古资料《水经注》关于云冈石窟记载的探讨［J］．文物，2017（2）；张焯．云冈石窟编年史［M］．北京：文物出版社，2006；陆屹峰，员海瑞．云冈石窟尼寺考［C］//云冈石窟百年论文选集（一）．北京：文物出版社，2005．

[4] 郦道元．水经注［M］．北京：中华书局，2013．

[5] 道宣．广弘明集［M］．上海：上海古籍出版社，1991．

[6] 宿白．恒安镇与恒安石窟：隋唐时期的大同与云冈［C］//云冈百年论文选集（一）．北京：文物出版社，2005．

[7] 谷敏．从考古角度谈《续高僧传》中云冈石窟的记载［J］．文物，2018（10）．

[8] 冈村秀典，向井佑介．北魏方山永固陵研究［C］//日本东方学：第2辑．北京：中华书局，2012．

[9] 宿白．云冈石窟分期试论［J］．考古学报，1978（1）．

[10] 京都大学人文科学研究所．シルクロード発掘70年：雲岡石窟からガンダーラまで［M］．京都：臨川書店，2008．

[11] 冈村秀典．雲岡石窟の考古学［M］．京都：臨川書店，2017．

[12] 冈村秀典．雲岡石窟における大型窟の編年［J］．國華，2016（卷1451）；冈村秀典．雲岡中期．における佛教圖像の變容［J］．東方学报，2016，91．

[13] 彭明浩．云冈石窟的营造工程［M］．北京：文物出版社，2017．

[14] 宿白．中国佛教石窟寺遗迹：3至8世纪中国佛教考古学［M］．北京：文物出版社，2010．

[15] 石松日奈子．北魏佛教造像［M］．北京：文物出版社，2012．

[16] 杭侃．云冈第五窟刍议［J］．石窟寺研究，2018（8）．

[17] 八木春生．雲岡石窟紋樣論［M］．京都：法藏館，2000．

[18] 赵昆雨．云冈本缘故事雕刻内容及其特征［J］．敦煌研究，2004（4）．

20世纪下半叶以来日本对云冈石窟的佛教美术研究

孟红淼　徐小淑

(山西大同大学外国语学院，山西　大同　037009)

摘　要：自20世纪50年代以来，日本综合运用美术史、历史文献学、民俗学乃至工程学等方法对云冈佛教美术进行了多角度跨学科的研究，就水野清一和长广敏雄共著的《云冈石窟》中关于造像样式、装饰纹样、图像学等问题做了更深入和全面的探讨。研究时空逐步扩展，从地域性与时代性考察云冈与周边、同时代造像之间的关联和发展，研究线不断延长，在丝绸之路沿线佛教东渐视域下，追寻云冈佛教美术的源流、内涵及流变。梳理、考证这些研究成果，厘清、把握其研究脉络，为云冈研究提供参照。

关键词：云冈石窟；日本；佛教美术

日本研究云冈已逾一个多世纪，1902年东京大学建筑史学者伊东忠太首次调查云冈石窟，并于1906年在大型美术杂志《国华》发表考察报告《中国山西云冈石窟寺》，对其后的研究发挥了引导作用。20世纪30年代之前，多为常盘大定、关野贞、木下杢太郎等学者个人的调查研究。有组织的全面学术调查是1938年至1944年，由东方文化研究所水野清一、长广敏雄率调查组历时7年完成，后经二位学者整理，20世纪50年代初由京都大学人文科学研究所刊布16卷32册《云冈石窟》(日英对照)(以下简称"原报告")。这是日本研究云冈集大成的著作，形成了日本研究石窟艺术的方法论基础，其翔实准确的实测图、文本叙述所持观点引起的学术论争，极大地推动了云冈研究的发展，至今仍有很高的学术和史料价值。

继水野清一和长广敏雄之后，日本研究云冈石窟代有人出。另外，新中国成立后，从20世纪50年代开始，以宿白为代表的云冈研究，取得了丰硕的成果。进入20世纪90年代，中日学者交流机会的增多、对世界文化遗产的新思维、考古新发现等也为日本的研究提供了参考，加之日本有相对完备的亚洲各地佛教遗迹的第一手资料，云冈研究无论在深度和广度，还是在方法论上，都有了拓展。以下以 90 年代为界，梳理日本在《云冈石窟》之后的佛教美术研究成果，结合我国的相关研究予以分析，不妥之处还望方家指正。

一、20 世纪 90 年代之前的研究

20 世纪 50 年代至 80 年代，主要是水野清一和长广敏雄的系列专题研究，涉及云冈石窟的图像、年代分期等问题。此外，还有吉村怜对云冈石窟莲花化生纹、莲花装饰图案意义的探讨[1]，桑山正进对云冈的菩萨和多面多臂神冠饰由萨珊传入北魏的年代和演变的梳理[2]，安田治树对云冈石窟阿育王施土因缘、燃灯佛授记图与犍陀罗尤其是阿富汗、西北印度之间影响关系的系统考证[3]。以下就水野清一和长广敏雄的论著进行梳理分析。

（一）水野清一的研究

水野清一于 20 世纪 50 年代末转向犍陀罗佛教寺院遗址的考古调查，云冈石窟的研究多发表于 20 世纪 50—60 年代，主要对执雀婆罗门、逆发形等图像以及因缘（故事）图做了简明扼要的考证。

关于云冈的执雀婆罗门，水野清一指出，玄奘《大唐西域记》卷 9 "摩揭陀国" 和义净《大唐西域求法高僧传》上卷 "那烂陀精舍" 条目中，都有外道执雀在那烂陀僧伽蓝的窣堵波（义净所言的雀离浮屠）问佛生死之事的记述，推测北朝造像中的执雀婆罗门多与持骷髅婆罗门作为一对出现（云冈皆为一对），应与此传承相关，持骷髅婆罗门推断为鹿头梵志更为妥当，将生死、涅槃教义用一对与佛问答诸相关问题的婆罗门像来图解。[4]王惠民对敦煌类似图像的考证进一步确认玄奘与义净所言问佛生死的执雀外道正是尼乾子（亦称"离系子"），与鹿头梵志作为一对，旨在说明佛的大智慧，流行于北朝至初唐时期[5]，侧面证实了水野清一的推断。

水野清一推测第 9 窟明窗东西壁二像分别为观音菩萨和普贤菩萨，表现的是《法华经》信仰，也反映了昙曜的信仰。[4]关于这一点，李静杰赞同水野清一的观点，认为二菩萨表现的是救济诸难和《法华经》的受持[6]，阎文儒也认为是法华信仰，骑象菩萨为普贤，但坐于莲花上的为文殊菩萨[7]。八木春生和曾布川宽则持不同观点，八木认为东、西两图都表现的是在兜率天等待下生的悉达多太子[8]，曾布川宽虽接受八木的推断，但认为二菩萨都是弥勒，分别为往生兜率天和骑象下生的形象[9]，学者各持己见，有待今后进一步考证。水野清一亦对云冈各式逆发形天人造型的源流、梵本和各种汉译佛典中的身份、在云

冈图像中的作用以及流变（"汉"化）做了简明扼要的考证。

关于罗睺罗因缘图，水野清一认为不单纯是释迦父子的因缘，也是法的开创者与继承者的因缘，尤其位于第19窟的罗睺罗因缘像较大，是有计划地列入洞窟开凿设计的，由此也较为明确地表达了昙曜的意图。[4]小森阳子进一步就云冈的罗睺罗因缘图、阿育王施土因缘、定光佛授记图的位置、造型，结合云冈以外的作例进行综合考察，认为云冈的三图表现了授记思想，除体现佛法的继承外，也可能包含了北魏皇统永续。[10]李静杰则指出南朝可能已经有作为一对表现的罗睺罗因缘图与定光佛授记图，云冈流行三图的背景在于《法华经》的流布，强调通过简便易行的供养也可达到成佛境地。[11]

此外，水野清一是较早关注单体石佛的学者，他在《北魏石佛的系谱——平城时代》中，以日本各博物馆、美术馆以及个人收藏的21尊单体砂岩石佛（其中11尊有明确纪年）为对象，对佛像样式进行分类，与云冈前2期造像以及有明确纪年和造像地点的砂岩石塔、有明确出土地点的石佛对比分析[4]，指出以大同（云冈）为中心的造像样式以及北魏（首都）文化，在向各地传播、普及的过程中，自然而然产生了与当地文化融合的地方样式，对云冈早期造像的直接源流，即凉州佛教文化从文献上做了梳理，认为由初期单体小型佛像发展到云冈伟岸大佛，继而向各地传播的状况反映了北魏政情的安定和文化的兴隆。水野清一对云冈石窟以外同材质石佛风格的分析以及明确地方造像特点、地方文化的影响，可以说是他对《云冈石窟》中首都造像模式和文化中心理论的一种补充。关于单体和地方造像，水野清一之后的松本文三郎进行了更系统的研究，松本文三郎全面收集单体造像，把研究视线转向北魏首都文化中心石窟以外的地方造像。[12]

（二）长广敏雄的研究

长广敏雄的研究涉及面较广，20世纪40年代发表了关于云冈的千佛、本生图、服制等论考，以下简要梳理他在20世纪50年代以后有关佛龛、石窟的开凿及分期的主要观点。

《云冈石窟——中国文化史迹》在概述和探讨16卷本《云冈石窟》主要内容的同时，提出了新的思考和观点。[13]他认为，皇帝很可能亲临石窟落成或大佛开光法会，梳理《魏书·帝纪》记载的皇帝行幸记录，可作为石窟年代的线索，并推测昙曜五窟的开凿工程分为3个阶段，对各阶段工程量和所需时间做了大致推算，进一步具体推断规模最大的第19窟佛像雕刻需4年、整个洞窟完成则需要6~7年。关于这一点，隧道工程师吉村恒等利用现代工程技术制订详细模拟施工计划，计算得出的结果为6年5个月（日夜施工为4年10个月）[14]，与长广的推算没有太大出入。此外，长广敏雄推测同为大像窟的第 13 窟主尊交脚弥勒像和第 5 窟主尊坐佛可能是一对组合。对此，冈村秀典在论证此二窟作为前期向中期过渡期窟的特征后，也倾向于二窟的主尊是一对组合，紧接其后营造的中期双窟的弥勒和倚坐佛的组合可能是其延续。[15]

长广敏雄《驳宿白先生云冈石窟分期论》一文成为 20 世纪 80 年代中日学者就云冈石窟分期进行论争的契机。关于云冈石窟分期问题，"各洞窟先后的差异与分期问题，早在 20 世纪 30 年代就被国内外的研究者们提出来了，经过长时期的酝酿，在 40 年代水野清一、长广敏雄等人调查云冈之前，就逐渐大体上形成了"[16]。首次系统地对云冈石窟进行分期的是原报告第 16 卷《云冈造窟顺序》，报告中以造像样式为依据设定了建造顺序，从佛像的服制变化进行分期，提出了三期说，并具体推算了主要洞窟的年代。与此相对，宿白从石窟形制和佛像配置、结合文献史料，提出新的三期说。[17]针对长广敏雄这篇分期论，主要有丁明夷《关于云冈石窟分期的几个问题——兼与长广敏雄先生商榷》、宿白《大金西京武州山重修大石窟寺碑的发现与研究——与日本长广敏雄教授讨论有关云冈石窟的某些问题》等论文。之后，长广敏雄基本接受了宿白的分期说，但对其中个别洞窟的具体年代持保留意见。[18]这样，云冈石窟三期的起止和主要大窟的归属基本达成了共识，即一期为昙曜五窟，二期为中央和东方石窟群，三期为西端诸窟。二期的营造顺序依次为：第 7、第 8 窟，第 9、第 10 窟，第 1、第 2 窟，第 11、第 12 窟，第 13 窟，第 5、第 6 窟，第 3 窟，始于第 7、第 8 窟，以汉式服制佛像为主的第 5、第 6 窟为二期末。其后，中日学者关于分期的讨论主要是中期各洞窟开凿的顺序和具体年代。

《云冈石窟之谜》依据佛龛位置、构成（主尊、供养人、香炉或铭区）对昙曜五窟和中部窟群的（补刻）佛龛进行了系统编号分类和分析。长广敏雄认为佛龛的供养人服制，即使在 494 年迁都前后，也是胡服居多，汉式服制较少，推测孝文帝的服制改革落实到民间并非一朝一夕，很长一段时间新旧样式并行使用，少量有汉式服制供养人的佛龛可能为职位较高的官僚所开，或者开龛年代很晚，从佛龛和佛像样式，与洞窟主尊、佛龛之间的关系等，推断开龛的先后关系，并重新探讨了大窟的构造、建成过程，对个别内容明确的造像铭也做了简要分析。[19]这篇论文虽然是对佛龛的系统研究，但是为洞窟年代的推定提供了参考。

二、20 世纪 90 年代以来不断深入细化的云冈研究

自 20 世纪 90 年代以来，涌现出八木春生、石松日奈子等新生代研究者，

进入21世纪，随着青年学者的加入以及云冈研究的深厚学术积累，日本的研究呈多样化，既有对前贤观点的修正和补充，也有进一步的深入和拓展。

（一）云冈石窟纹样研究

《云冈石窟纹样论》收录了八木春生在20世纪90年代对云冈纹样的研究成果，试图厘清北魏佛教美术从云冈石窟到龙门石窟的趋势和流变，由11章构成，其中第11章是结论，书后附有333幅图版。[8]第1章以云冈石窟各个时期的摩尼宝珠为例，认为源于西域的摩尼纹样传入中国后，很可能在云冈等北朝佛教中心逐渐演变为圆形后才传入南朝，对日本法隆寺救世观音手捧的球形摩尼宝珠来源于南朝的观点提出了异议，指出也可能是北朝经朝鲜半岛传入日本。第2章和第3章是与河西、麦积山石窟群及西域的对比研究，认为佛教文化传播具有双向和多样性，且有各自的独特性。第4章至第6章是对云冈石窟常见纹样的演变分析和源流探索，以及第9、第10窟的开凿年代问题，对风格迥异的双窟第5、第6窟，从主流与非主流工匠系统考察了造成这种差异的原因。第7章至第10章分析北魏迁都洛阳前后的纹样，认为南北朝文化既有相互影响，也有各自在接受西方样式时的不同选择和创造。

八木春生另一部专著《中国佛教美术与汉民族化》以北魏后期造像为对象，综合探讨北朝时代华北、关中、中原等地区造像及佛教汉化问题。[20]关于云冈石窟主要是对迁都后开凿的第三期中小洞窟佛教故事、雕刻造型的分析，认为沿袭了中期窟末期阶段的汉化因素，又具有以成对配置的形式来有效利用狭小壁面的特征，这个多是出于造型上的考虑而非图像学的认识，而且并未受当时佛教文化中心龙门石窟的汉化影响。

八木春生对石窟装饰纹样的细密分析，尤其是关于云冈的摩尼宝珠，在他之前罕有。在方法上是其对样式学的一种发展，且重视云冈石窟与河西诸窟、西域乃至南朝佛教美术的比较研究，考察其所表现的佛教思想以及对北朝各地佛教美术，乃至墓葬美术的影响。另外，考察北朝各个时期佛教文化中心的造像时，关注比较容易体现工匠特点的细部装饰纹样来探讨不同工匠系统理解吸收佛教美术存在的差异，某种意义上，可以说正是这些差异体现的固有文化以及在此基础上对外来佛教文化的吸收和创造，才有了多姿多彩、各具特色的中国佛教艺术。不过，云冈第5、第6窟虽被学界定为双窟，但与第7、第8窟，第9、第10窟，第1、第2窟等同形同大的双窟不同，两窟风格迥异，将其差异归因于工匠系统，似乎缺乏足够的说服力，今后有待全面考证。

（二）云冈石窟造像史研究

石松日奈子的《北魏佛教造像史研究》是一部系统研究北魏造像发展演变

过程及其特点的专著。全书共7章，附有214幅图版，包括中国和日本、欧美各国博物馆或个人收藏。[21]著者为阐明北魏佛教造像的特点，重视鲜卑族的信仰风俗在建国后多元文化融合过程中的影响，不仅考察云冈到龙门即中央造像模式，还关注其以外广大地区和阶层的造像情况，分析云冈石窟、龙门石窟造像与其他地区石刻或金铜像的联系、各地区间的差异和特点。

对云冈石窟的研究第4章有所涉及，主要集中在第5章。第4章梳理北魏建国初期至太武帝灭佛期间的几次大规模移民，其中包括佛教盛行之地的僧俗，这种"徙民佛教"形成了平城前期造像的特色，即在河北和凉州造像样式基础上发展而来，而太武帝灭佛虽然对佛教和佛教美术是一场毁灭性的灾难，却促进了远离首都文化中心的地方和民间造像的活跃，也间接推动了佛教和道教等传统信仰的融合。第5章探讨北魏平城时代的佛教造像，认为这个时期的佛教和造像反映了国家对佛教集团的控制和皇帝即如来思想的贯彻和实践，也是太武帝灭佛导致的佛教信仰和皇帝崇拜的完美结合。重点探究云冈石窟初期和中期窟的形制、造像内容等反映的西方（佛）、胡族、汉族等多元文化特征以及逐步汉化的趋势，指出初期昙曜五窟受凉州样式的影响，但也有云冈独特的造型。关于中期窟，以佛像着衣样式的变化分为前、后两个时期，以西方样式的通肩式和偏袒右肩式为主流的第7~13窟属于前半期，以中国式服制为主流的第1、第2、第5、第6窟为后半期，前后期是以483年"昙曜下台"为转折，武州山石窟寺的性质发生了变化，即由皇家窟转向了大众窟，由此对第9、第10窟的营造年代提出了与宿白不同的观点。

石松日奈子的研究，运用以作品为中心的美术史研究法，梳理造像样式、风格和内容，与西域、河西等石窟造像的关联，对周边地区的影响，以及中期窟年代问题，同时结合历史文献学、民俗学等研究法，考察造像体现的鲜卑族文化的影响、北魏佛教的国家性质、教团领袖势力的消长对石窟寺造像的影响等，其中，对胡服供养人像和邑义造像的关注为云冈研究提供了不同视角。不过也存在一些不足：一是对所用史料的考证不足（如关于《贤愚经》成书年代、有关方山石窟寺的记载）；二是对史料的解读有误差（如关于昙曜下台的记载），这些会直接影响中期窟年代的结论；三是有的史料的援引缺乏说服力，分析论证显得牵强和武断，影响结论的客观性。

（三）云冈石窟各类专题研究

除八木春生和石松日奈子的系统研究外，还有各类专题论文，涵盖昙曜五窟、佛教故事图、中心柱窟等问题。

1. 昙曜五窟

《昙曜五窟营造工程探讨》是吉村怜委托其堂兄隧道工程专家吉村恒等对营造方式、工程量和时间、作业人数和劳动力的合理使用等做了详细计算，在此基础上其《论昙曜五窟》探讨了五窟的营造过程和顺序，用中国古代的昭穆制度解释五窟与五帝的对应关系。他认为，西三窟最初动工的应该是第19窟，原计划以第19窟为中心位置，援引原报告的相关考察，指出施工过程可能因出现坍塌而未按计划推进。[1]关于昙曜五窟的设计及变更问题，杭侃认为最初可能按照昭穆制设计，第19窟为中心窟，第16窟原计划位置可能在第20窟西侧，并由此推测五窟与五帝的对应关系。[22]吉村怜利用现代技术模拟石窟开凿工程所得数据探讨昙曜五窟的营造，在方法上无疑是一种创新。

熊坂聪美《云冈石窟昙曜五窟开凿期的佛龛》与前述长广敏雄关于补刻龛的考察不同，以"第一期龛"即昙曜五窟开凿时所开佛龛为研究对象，从佛龛位置、龛形、与龛周围千佛的组合关系、作为龛内主尊胁侍的比丘和婆罗门像这四个要素的分布及变化状况等展开论述，提出五窟营造顺序为第20窟—第19窟—第18窟—第17窟—第16窟，其中，第18窟是五窟的转折点，在石窟空间和壁面利用上具有承上启下的作用，进而对第18窟的配置、即佛龛与窟内诸像的共同点分析，指出反映了当时流行的《法华经》信仰。[23]关于昙曜五窟的营造顺序，学界只是大体分为西三窟—东二窟，熊坂聪美明确了五窟的具体营造顺序、造像的佛教思想以及对中期窟的影响。

小森阳子《昙曜五窟新考——试论第18窟本尊为定光佛》以图像特征最显著的第18窟本尊立佛为切入点，提出第18窟本尊尊格为定光佛，探讨五窟的整体构思体现的授记及三世佛思想，表现佛法的继承与不灭，进而隐喻北魏皇统的传承与永续。[24]第18窟主尊立佛袈裟上遍刻小化佛浮雕，受研究者关注较多，中日学者有不同的观点，除小森的定光佛之说外，有学者主张是《华严经》中的卢舍那佛，也有学者提出是释迦佛。[25]水野清一认为，中国可以确定为卢舍那佛的造像是在6世纪以后，对500年之前是否存在卢舍那佛持谨慎态度[4]；刘慧达认为，《观佛三昧海经》卷三"观相品"中有见无量无数百亿千万化释迦文的描述，应为释迦佛[26]；冈村秀典进一步指出第18窟主尊左右有十大弟子随从，推断为释迦佛较为妥当[15]。由此看来，多数学者更认同释迦说。

2. 第6窟的图像研究

关于云冈石窟佛教故事图的研究，以原报告的《云冈图像学》为肇始，中日学者积累了丰富的成果，详见笔者《21世纪以来日本对云冈石窟的考古学研究》[27]，这里不做赘述，以下仅梳理日本近年对佛传图较为特殊的第6窟的研究。

第6窟为塔庙窟，主室平面基本是正方形，中央为方柱，方柱上层四角雕九层塔，下层为带立柱、檐瓦和横梁装饰的屋形龛，象征佛塔，周壁与中心塔柱之间构成回廊。佛传图的内容和配置也颇具特征，即中心塔柱和周壁的下层，按照悉达太子从诞生、出家到成道的顺序顺时针排列。

安藤房枝《云冈石窟第6窟中心柱的佛传故事浮雕》认为，中心塔柱西面南隅的浮雕是以第9窟睒子本生图的布施画面为范例创作而成，并与甘肃泾川王母宫石窟中心柱的类似图像比较，推断其很可能是"净饭王夫妻布施"场面。关于这幅图，赵昆雨也认为是布施图[28]，安藤房枝进一步分析中心塔柱佛传浮雕图的配置，提出除"诞生系列"采用西方传来的定式化造型外，其余浮雕以净饭王夫妻登场的画面极多，可能是与北魏皇室或高官等在俗贵人渊源极深的云冈石窟所特有的场面选择。[29]净饭王夫妻共同登场及其造型的分析有利于推断目前尚无定论的第6窟建造者。

《云冈第6窟的图像构成》则进一步分析了第6窟佛传图图像特征和主题、与双窟第7、第8和第9、第10窟以及第12窟佛传图的异同以及背后的不同思想背景，认为窟内佛传图整体上的通时性配列虽受犍陀罗影响，但很可能是基于中国对佛传经典理解而创作的新的图像表现，是云冈石窟中国化的重要转换点，并对第6窟与第5窟的双窟说也提出了疑问。[30]

关于安藤房枝对学界普遍认为的双窟第5、第6窟的质疑，近年杭侃从石窟工程施工的角度指出第6窟是夹入第5窟与第7窟之间，第5窟与第6窟并非同时设计。[31]冈村秀典从考古学角度将第5窟归入前期大像窟而非中期窟[15]；冈田健和石松日奈子从佛教美术角度分析对比第5窟与第6窟如来像的样式和衣着后，对两窟的双窟说持谨慎态度[32]。前述八木春生对第5、第6窟的佛传图构图、建筑表现、装饰纹样的探讨表明，两窟差异亦甚，虽然其归因于工匠系统不同所致，但是从侧面反映了两窟可能并非双窟。学者从不同角度直接或间接证实了安藤房枝的推测。另外，安藤房枝将第6窟与佛传图较多的中期其他窟的对比分析，对今后深入研究通时性佛传图的思想背景、第6窟开凿年代和营造者以及与第5窟的年代差等问题都不无裨益。

对第6窟的研究，还有小泽正人对上层龛尊像制作过程和营造意图的探究[33]，不失为一个新颖的切入点。

除昙曜五窟和第6窟图像的研究外，也有斋藤龙一对塔形装饰源流、塔形中心柱的中国化问题的论述[34]，以及云冈石窟分期问题的探讨。吉村怜提出4期说，他关注南朝对云冈的影响，利用南朝佛教造像资料，从佛像样式服制和文献史料两方面考证。[22]曾布川宽也提出四期说，但洞窟营造顺序与吉村的观点不同。[9]不过，二位学者的四期说在学界并未引起大的反响。

三、结语

以上梳理了自20世纪90年代以来日本对云冈石窟佛教美术的研究概况，鉴于笔者在相关领域专业知识的欠缺，关于石窟分期、装饰纹样、图像学等研究的对比分析仅为抛砖引玉，期待专业研究者的深入探讨。以下从整体上简单归纳日本的研究脉络，主要表现在四个方面。第一，研究内容深入细致，对原报告中论及的石窟分期、造像样式、装饰纹样、图像学等做了更深入和更全面的研究，也开拓了原报告中未涉及的新视点。第二，研究时空逐步扩展，时间轴从北魏平城时代延伸至整个北魏乃至北朝时代，空间上以云冈石窟为中心扩大至周边地区的造像，从地域性与时代性考察其相互间的关联和发展。第三，研究线不断延长，日本有相对完备的佛教东渐相关国家的第一手资料，研究者对中亚、印度等地佛教美术的深刻理解，使他们对云冈佛教艺术的源流问题有较为清晰的认识，而置于佛教东渐视野的研究对于探讨云冈文化的民族性不无裨益。第四，研究方法多样，不仅基于美术样式论，侧重图像研究，关注造像和服饰、装饰纹样等样式的内涵及流变，而且综合运用历史文献学、民俗学乃至工程学等相关学科的研究法进行跨学科的考察。

我国有关云冈石窟的文献记载、碑文铭记等资料较少，日本从20世纪初开始对云冈进行实地考察，保存了大量早期照片、图版等翔实全面的第一手资料，通过对云冈的研究解决了日本古代佛教美术的一些问题。另外，论著中附有大量云冈及世界各国博物馆或个人收藏的北魏造像图版，为研究者提供了丰富的资料，对云冈研究不无裨益。日本重视国内不同学科之间以及与国外的合作研究，今后的成果也值得关注。

参考文献：

[1] 吉村怜. 天人誕生図の研究：東アジア仏教美術史論集[M]. 東京：東方書店, 1999.

[2] 桑山正進. サーサーン冠飾の北魏流入[J]. オリエント, 1977, 20(1).

[3] 安田治樹. 云冈石窟の彫刻にみられる本縁説話：アショーカ施土物語と燃燈仏授記本生[J]. 仏教芸術, 1981 (135).

[4] 水野清一. 執雀バラモンについて [C] //中国の仏教美術. 東京：平凡社, 1966.

[5] 王惠民. 鹿头梵志与尼乾子 [C] //敦煌佛教图像研究. 杭州：浙江大学出版社, 2016.

[6] 李静杰. 关于云冈第九、第十窟的图像构成 [C] //艺术史研究：第10辑. 广州：中山大学出版社, 2008.

[7] 阎文儒. 云冈石窟研究 [M]. 南宁：广西师范大学出版社, 2003.

[8] 八木春生. 云冈石窟紋樣論 [M]. 京都：法藏館, 2000.

[9] 曾布川寛. 云冈石窟再考 [J]. 東方学報, 2008 (83).

[10] 小森陽子. 云冈石窟曇曜五窟論：第十八窟定光仏説の提起 [J]. 仏教芸術, 2003 (266).

[11] 李静杰. 北朝时期定光佛授记本生图像的两种造型 [J]. 艺术学, 2007 (23).

[12] 松原三郎. 中国仏教彫刻史論 [M]. 東京：吉川弘文館, 1995.

[13] 長広敏雄. 云冈石窟：中国文化史蹟 [M]. 東京：世界文化社, 1976.

[14] 吉村恒, 等. 曇曜五窟営造工事の検討 [J]. 國華, 1992 (1155).

[15] 岡村秀典. 云冈石窟の考古学 [M]. 京都：臨川書店, 2017.

[16] 宿白. 中国佛教石窟寺遗迹：3至8世纪中国佛教考古学 [M]. 北京：文物出版社, 2010.

[17] 宿白. 云冈石窟分期试论 [J]. 考古学报, 1978 (1).

[18] 長広敏雄. 云冈石窟第9、第10窟双窟の特徴 [C] //中国石窟（雲岡石窟二）. 東京：平凡社, 1990.

[19] 長広敏雄. 云冈石窟の謎 [C] //中国美術論集. 東京：講談社, 1984.

[20] 八木春生. 中国仏教美術と漢民族化 [M]. 京都：法藏館, 2004.

[21] 石松日奈子. 北魏佛教造像史の研究 [M]. 東京：ブリュッケ, 2005.

[22] 杭侃. 云冈石窟第20窟西壁坍塌的时间与昙曜五窟最初的布局设计 [J]. 文物, 1994 (10).

[23] 熊坂聡美. 云冈石窟曇曜五窟開鑿期の仏龕について [J]. 仏教芸術, 2014 (332).

[24] 小森陽子. 云冈石窟曇曜五窟論：第十八窟定光仏説の提起 [J].

仏教芸術,2003(266).

[25] 卢舍那佛说：松本荣一.敦煌画の研究[M].東京：東方文化学院東京研究所,1937；吉村怜.盧舍那法界人中像の研究[J].美術研究(302号)。释迦说：水野、长广原报告第12卷；宿白.云冈石窟分期试论[J].考古学报,1978(1)；丁明夷.关于云冈石窟分期的几个问题：兼与长广敏雄先生商榷[J].世界宗教研究,1981(4)；石松日奈子.北魏佛教造像史研究[M].東京：ブリュッケ,2005；曾布川宽.云冈石窟再考[J].東方学報,2008,83.

[26] 刘慧达.北魏石窟与禅[J].考古学报,1978(3).

[27] 徐小淑,孟红森.21世纪以来日本对中国云冈石窟的考古学研究[J].山西大同大学学报（社会科学版）,2019(3).

[28] 赵昆雨.云冈本缘故事雕刻内容及其特征[C]//云冈百年论文选集（二）.北京：文物出版社,2005.

[29] 安藤房枝.雲崗石窟第6窟中心柱の仏伝説話浮彫について[C]//名古屋大学大学院美学美術研究室.美学美術史研究論集,2008.

[30] 安藤房枝.云冈第6窟の圖像構成について[J].東方学報,2010(85).

[31] 杭侃.云冈第五窟刍议[J].石窟寺研究,2018(8).

[32] 冈田健,石松日奈子.中国南北朝時代の如来像着衣の研究（下）[J].美術研究,1993(357).

[33] 小澤正人.云冈石窟第6窟上層龕如来立像の製作についての一考察[C]//成城大学大学院文学研究科.美学美術史論集,2002.

[34] 斎藤龍一.雲岡石窟における中心柱窟の展開とその影響[C]//成城大学大学院文学研究科.美学美術史論集,2002.

近代国外关于云冈石窟的考察与记述

张月琴

（山西大同大学云冈文化研究中心，山西 大同 037009）

摘　要：近代国外学者沙畹、卫礼贤、常盘大定、关野贞、水野清一、长广敏雄等对云冈石窟进行了实地考察。他们对云冈石窟的记述和研究形成了近代关于云冈石窟形象认知的主体资料，这些资料描述的"云冈石窟"构成了近代云冈石窟的域外形象。通过对这些资料的分析可以看出，随着近代国内外学者考察的深入和调查资料的发表，学术界对云冈石窟的认知逐步丰富起来，云冈石窟的域外形象开始向多元化发展。

关键词：云冈石窟；艺术；域外形象

20世纪初期，日本人伊东忠太第一次对云冈石窟进行了考察和记述，之后法国人沙畹的美术摄影发表，云冈石窟的形象开始在国外传播开来。伊东忠太的《北清建筑调查报告》和沙畹的《华北考古学使命记》出版之后，云冈石窟成为国内外考古学家、建筑学家和美术家向往的地方。云冈石窟的形象开始见诸著作和报道，不同身份的学者从各自的角度阐释着云冈石窟，逐渐丰富了人们对云冈石窟形象的认知。本文旨在通过分析近代国外学者对云冈石窟的认知、考察和研究，以发现近代云冈石窟的域外形象的形成、发展和演变。

一、欧洲学者对云冈石窟的考察和记述

近代欧洲学术界对于云冈石窟的认知首先来源于法国人沙畹关于云冈石窟的摄影作品。沙畹是一名汉学家，对于中国传统文化和佛教经典的研究颇为深刻。在1907年前后，沙畹在中国北方进行了十几个月的考察，收集了很多碑刻资料、拍摄了大量图片。1909—1915年，沙畹撰写并出版了《北中国考古图录》。《北中国考古图录》中刊登了云冈石窟的一批照片。这批照片成为西方世界最早了解云冈石窟形象的资料，其中的解说文字更是引起了汉学家、建筑学

家、艺术家的关注。自此以后，欧洲来华人士和传教士纷纷踏足云冈，记述和研究云冈的文章和著作也陆续出版问世。

沙畹对于近代云冈石窟形象的贡献主要在于为云冈石窟留下了弥足珍贵的照片，使接触这些照片的人能够直观感受云冈石窟的独特宗教艺术和建筑形态。与沙畹相比，德国传教士卫礼贤更偏重于用文字描述云冈石窟的形象，并记录了他对于云冈石窟开凿的原因、云冈石窟的艺术价值和文化价值等诸多方面的思考。

面对云冈石窟，卫礼贤首先想到了开凿石窟的鲜卑族和其建立的北魏王朝，他认为云冈石窟的开凿和北魏统治者有着密切关系。"他们的开国皇帝是一个精力旺盛、坚决果断的人。他禁止自己的臣民穿着原来的服装，使用原来的语言，尊奉原来的信仰。通古斯人彻底汉化了。这位统治者像满人一样，是佛教的忠实信徒。于是云中留下了成千上万座石雕的佛像。整个石窟都凿进山体之内，窟内的墙上布满了大大小小的石佛。"[1]在卫礼贤看来，北魏统治者对佛教的接纳和认同是云冈石窟得以开凿的重要原因。他认为，云冈石窟是一座精美的艺术宝库，置身其中能够感受到艺术的魅力，"那些庞大的雕像发出低沉有力的和音，而那些小的和再小的，则用优雅的曲调和着"[1]。他还探讨了云冈石窟的艺术源流，认为"云冈比哥特式的建筑更进了一步：石头会呼吸了，它不仅具有生命，而且拥有了灵魂。在这里，它们不仅是承担着重量和地球引力的物质，而且是成千上百个不同的身体和面孔，每一个都拥有灵魂，它们一起和谐地汇入了永恒之歌"[1]。卫礼贤结合自己在途中的见闻，思考了鲜卑族汉化之后，鲜卑文化融入大同地方，对地方文化形成的影响。"如果今天你在这一地区旅行，还会看到与汉人迥异的面孔。他们头上缠着布，身上穿着特殊的袍子，胳臂和很大一块胸膛赤裸在外。妇女的装束也是一样，这习俗在中国其他地方可是从来没有听说过。这种服装是从哪儿传下来的呢？它难道是比石像或是青铜纪念物寿命更长的拓跋传统的遗留吗？……"[1]

除了沙畹和卫礼贤，欧洲其他学者也对云冈石窟做了考察和记述。1925年，瑞典学者喜龙仁的《中国雕塑——从五世纪到十四世纪》一书对云冈石窟雕塑艺术做了介绍。

二、日本学者视野中的云冈石窟形象

从伊东忠太对云冈石窟的考察开始，很多日本学者来到中国对云冈石窟进行调查。常盘大定、关野贞、滨田青陵、水野清一、长广敏雄等在外国云冈石窟形象的构建过程中起了非常重要的作用。近代以来，日本人对云冈石窟的记述和研究成为学术界研究云冈石窟的主体资料。

伊东忠太,日本著名的建筑史学家,近代考察和记述云冈石窟的第一人。1902年,伊东忠太开始游历亚洲各地。1906年,《建筑杂志》第106号登载了伊东忠太的《云冈旅行记》,留下了近代建筑学界对云冈石窟最早的关注。同年,日本考古学之父滨田青陵主编的《国华》杂志上登载了伊东忠太的《支那山西云冈石窟寺》,在文中伊东忠太详细地论述了云冈石窟的艺术成就。

常盘大定和关野贞在外国云冈石窟形象的构造中也起到了极为关键的作用。他们曾经在直隶、山东、山西、河南、浙江、江苏、辽宁等地进行广泛的考古调查,其范围主要涉及古建筑、陵墓和佛教艺术。二人合著的《支那文化史迹》开篇即为云冈石窟,在书中他们充分肯定了云冈石窟在中华佛教史上的地位,掀起了国内学术界研究云冈石窟的热潮。

受伊东忠太、常盘大定和关野贞的影响,滨田青陵来到了云冈石窟进行考察,在他的文章《从云冈到明陵》中对当时云冈石窟的研究状况做了描述,在他之前东、西方学者对云冈石窟的研究已经做了相当的努力,发表了大量研究成果。特别是关野贞、常盘大定两位博士的调查和研究,资料详细可观。[2]

1938—1944年,水野清一和长广敏雄等对云冈石窟的调查是日本学术界对于云冈石窟的关键性调查,也是近代国外学者对云冈石窟进行的集中调查。"二十世纪三四十年代日本在云冈石窟的七次调查得到了日本政府和军队的支持。长广敏雄参与了其中四次调查,留下了丰富的一手资料和较为可信的日记。这七次调查以实地拍摄和测绘为主。调查形成的报告《云冈石窟》16卷本,成为目前研究云冈石窟主要的文本依据。"[3]毫无疑问,《云冈石窟》16卷本代表了水野清一和长广敏雄在云冈石窟考古、研究和云冈学方面的重要成就。日本学者曾布川宽在其文章中高度评价了此次调查成果,"(《云冈石窟》)由正文篇和图版篇两部分构成,正文篇收录了详细到记录了每尊佛像的调查报告并围绕云冈石窟进行了多方面考察的论证、尽可能采用拓片,还有从整个石窟到主要的佛像,都准确地以线条绘制的实测图等;图版收录的是,将所有的佛像不论大小无一遗漏地全部拍照,制成清晰的大型照片。作为这个种类的调查研究报告书,的确是极尽全面的文献,特别是照片和实测图是难以再度得到的珍贵资料。另外,涉及细节的观察记录也甚为珍贵"[4]。在《云冈日记:战争时期的佛教石窟调查》中,长广敏雄对自己参与的调查实况进行了记录,其中对云冈地方的风土人情的描述,是后人理解战争时期日本人占领下的中国北部生活的重要资料,也是近代云冈周边环境的重要描述。此外,日本学术界依据与此次调查相关的成果对云冈石窟佛教艺术的历史与现状进行了颇为深入的探讨。如水野清一的《云冈石窟与它的时代》(1940)、小川晴旸的《大同的石佛》(1942)、长广敏雄的《大同石佛艺术论》(1946)等。

除了上述近代初期日本学者对云冈石窟的考察和记述外，还有其他日本学者对云冈石窟的历史、艺术做了记述和研究，形成了数量较为可观的论文或论著。如大村西崖发表于《东洋美术大观》1915年13辑雕刻部的《元魏的佛像》，1916年松本文三郎的《支那佛教遗物》，1924年丙午出版社发行的小野玄妙的《极东的艺术》。另外，1938年岩崎继生的《大同风土记》中也记述了云冈石窟。

三、国外学者知识谱系中云冈石窟形象的演变

20世纪30年代之前，来到中国的外国学者对中国充满好奇，希望看到和了解中国不同于西方的事物，并通过摄影或者文字把这些事物记录下来、传播开来。这一时期国外学者对云冈石窟的关注并不是集中于某一个特定的主题。他们从各自的学术背景或者文化背景出发对云冈石窟进行了拍摄，对石窟开凿的原因、艺术源流、文化影响等进行了相关思考。

随着考察的深入和摄影作品、记述文字的发表越来越丰富，外国学者的视线开始集中于石窟在佛教建筑艺术上的重要性。世界范围内类似于云冈石窟的大型建筑并不少见，但是作为4—5世纪北部中国建筑之最高成就，云冈石窟在中国乃至世界的建筑艺术发展史上有着极其重要的地位。据《魏书·释老志》记载，"和平初，师贤卒。昙曜代之，更名沙门统。初昙曜以复法之明年，自中山被命赴京，值帝出，见于路，御马前衔曜衣，时以为马识善人。帝后奉以师礼。昙曜白帝，于京城西武州塞，凿山石壁，开窟五所，镌建佛像各一。高者七十尺，次六十尺，雕饰奇伟，冠于一世"。魏孝文帝迁都洛阳之后，"平城（今大同）仍为北都，云冈作为佛教要地尚在继续，凿窟雕龛并未少歇，尽管大型窟减少了，中小窟龛却自东迄西遍布云冈崖面，甚至向西一直延续到云冈以西30里外的焦山南坡"[5]。与莫高窟、龙门石窟相比，云冈石窟开凿的时间相对集中，加之平城实力的集聚使石窟展现出了其他石窟没有的建筑的计划性、统一性和系统性。这正是云冈石窟能够吸引近代中外学者对其进行考察、记述和研究的主要原因。

20世纪30—40年代，日本学者利用战争加紧了对云冈石窟的调查。参与调查的日本学者利用近代摄影技术和实地测绘手段对云冈石窟进行了颇为细致的记录。依据调查之后出版的《云冈石窟》16卷本，日本学者对云冈石窟展开了系统研究，并发表了大量成果。这一批研究成果既是后人研究云冈石窟的重要

参考资料，也是认知云冈石窟形象的主要来源。这批相对全面的云冈石窟的资料，引发了日本学术界对云冈石窟进行解剖式研究和深入思考。当然，这些研究成果中也包含了鲜卑文化对中华文化影响的探讨。

四、结语

近代国内外学者对云冈石窟的形象考察和研究，构成了学术界对云冈石窟形象的认知，是现代学术界云冈石窟形象形成的基础。近代云冈石窟的形象能够在国外广泛地流传得益于摄影技术的发展。沙畹、伊东忠太等都留下了数量可观的有关云冈石窟的照片。从欧洲国家学者以及日本学者的眼光来看，他们来到云冈石窟相当于进入一个充满神奇的佛教艺术殿堂。他们根据自己在云冈停留时间的长短，选择自己参观的洞窟、留下自己对云冈石窟的思考。20世纪30—40年代之后，云冈石窟形象由主要依赖于照片传播发展到了依靠文字传播。有关云冈石窟的文字记述由最初的日记或者是简单的文字描述发展成为深层次的研究和探讨。学者们的关注点开始向纵深发展，从探究云冈石窟在佛教史、艺术史上的重要性发展到深入挖掘造像艺术和造像背后蕴含的深层次的文化。由此可以看出，对云冈石窟的记述和研究经历了从照片到文字再到研究成果的发展过程，这一过程推动着云冈石窟的形象由浅层次向深层次细腻化方向发展。

参考文献：

[1] 卫礼贤. 中国心灵 [M]. 王宇洁, 译. 北京：国际文化出版公司, 2005.

[2] 滨田青陵. 从云冈到明陵 [EB/OL]. (2010-04-07) [2017-11-25]. http://blog.sina.com.cn.

[3] 张月琴. 20世纪三四十年代日本对云冈石窟的调查：以《云冈日记：战争时期的佛教石窟调查》为中心 [J]. 山西大同大学学报, 2016 (8).

[4] 曾布川宽. 云冈石窟再考 [J]. 陈尚士, 译. 大同今古, 2012 (1).

[5] 宿白. 云冈石窟分期试论 [C] //中国石窟寺研究. 北京：文物出版社, 1996.

近二十年北朝碑刻文献整理回顾与展望

李小瑞[1,2]

（1. 中央民族大学中国少数民族语言文学学院，北京　100081；
2. 山西大同大学文学院，山西　大同　037009）

摘　要：碑刻文献作为近年来的研究热点，其研究价值日益凸显。北朝碑刻文献丰富，研究成果丰硕，尽管如此，文献整理方面的田野调查、辨伪、目录、碑版等碑刻文献学的理论方法相对滞后，依然是包括北朝在内的碑刻文献研究的主要难题和共性问题。通过分析北朝碑刻文献的特点与研究价值，梳理近二十年北朝碑刻文献整理现状，提出以北朝这一断代碑刻文献为切入点，深入探索碑刻文献学的理论与方法，凸显北朝碑刻文献中的民族特色，是今后北朝碑刻文献整理努力的方向。

关键词：北朝；碑刻；文献

碑刻学从20世纪才开始从金石学真正独立并逐渐发展起来，随着毛远明先生的《碑刻文献学通论》第一次对碑刻文献学学科理论体系进行系统构建，碑刻文献学具备了一定的研究理论基础，并且在近些年呈现出了欣欣向荣的局面。据毛远明先生遗著《汉魏六朝碑刻集释》统计，北朝碑刻共1695通，还有该书漏收的和大量已经出土却尚未公布的或未得到重视而散落民间不得录入在册的，再加上尚未出土的碑刻材料，北朝碑刻远不止这些。因此，北朝碑刻文献有其研究理论基础和丰富的研究材料，具有广阔的研究前景。然而，文献整理是一切文献研究的基础，要研究北朝碑刻文献，势必先了解其文献整理的情况。

对于21世纪以前的北朝碑刻文献研究史，前人已经有了综述性回顾。如《二十世纪利用碑铭资料研究魏晋南北朝史综述》《魏晋六朝石刻文献研究的回顾与前瞻》，其中也兼及北朝碑刻文献整理的状况。关于文献整理方面的专题综述有《近七十年来中古墓志的整理与研究》，另有毛远明先生的《碑刻文献整理研究回顾与前瞻》。因此，本文在时间上进行衔接，针对北朝这一时期近二十年间的碑刻文献整理状况略加梳理。

一、北朝碑刻文献的特点及其研究价值

毛远明先生指出碑刻文献的特点：材料丰富、内容广泛、真实性强、产生时间地点可考。[1]除了共性的这四个特点外，北朝碑刻文献的独特之处还在于以下三个方面。

（一）造像记和墓志是北朝数量最多且最具代表性的两种碑刻材料

汉代儒家"事死如事生"思想影响下发展起来的墓志在北朝继续发展。因佛教文化的传播与推广，北朝产生了新的碑刻文献样式——造像记，并且在产生之初就数量巨大。现在掌握的北朝碑刻共1695通，其中墓志757通，造像记630通，分别占北朝碑刻总量的45%和37%。北朝墓志多为贵族士大夫铭刻传世、记功赞颂之用，一直是中古史研究领域不可或缺的材料。"北朝造像记是北方民众积极参与佛事活动的真实记录，在一定程度上反映了北朝民众的日常生活和精神风貌，是研究北朝政治、社会、文化等的重要资料。"[2]如此，能够普遍反映平民生活世界的造像记和多为贵族阶层享有的墓志，二者在出土文献层面互为补充，能够较为客观全面地展现北朝社会生活。

（二）以鲜卑族为主的北方少数民族特色

目前，以笔者能力所见的包括五胡十六国在内的碑刻材料：前燕1通，后燕2通，前秦4通，后秦2通，后赵2通，北凉2通，北魏683通，东魏182通，西魏49通，北齐367通，北周78通。其中，涉及的民族有匈奴、鲜卑、羯、氐、羌，记录与少数民族相关的碑刻约有500通，如此丰富的少数民族碑刻史料，必将成为以鲜卑族为主的北朝少数民族研究宝库。

（三）魏碑体

北朝碑刻书法体大精深，钟致帅称"上可窥汉秦旧范，下能察隋唐习风"。因碑刻书法以北魏最精，后世将北朝碑刻书法称为"魏碑"。魏碑对后来隋唐楷书体的形成产生了巨大影响，其碑刻文献在书法界的价值与地位不言而喻。

二、近二十年北朝碑刻的文献整理

近二十年来，古籍数字化进程飞速发展，将碑刻数字化的成果纳入碑刻文献整理范畴，是与时俱进的学科发展所必备的。因此，本文将北朝碑刻文献的整理成果分为大型金石数据库与文献整理著作两大类。

(一) 大型金石数据库

近年来，有关金石整理的数据库不断完善，功能强大。罗瑛《六朝碑刻语言研究网络资源综述》所谈六朝碑刻网络资源，同时兼及北朝碑刻网络资源及数据库，由此文可略见概貌。因此，本文仅着力于近二十年可为北朝碑刻文献研究所用的重大数据库。

2000 年发行的《中国历代石刻史料汇编》数据库，尽管实现了"字字可查、句句可检"的全文检索功能，但由于当时技术所限，"检索功能欠全面，检索结果不准，检索途径太过单一，词语关联性不好"[3]。其优点在于所据底本是由国家图书馆善本金石组提供，且经过众多金石专家对现存千余种金石志书中的金石文献进行仔细甄选辑录而成。同年，由国家图书馆开始建设的《碑帖菁华》属于拓片汇编，仅收拓片而无录文。该库提供的高分辨率图像清晰直观，便于准确释录拓片文字内容。目前，从中检索到的北朝拓片共 1198 通，其中，北魏 621 通，东魏 155 通，西魏 23 通，北齐 289 通，北周 110 通。这两个数据库在北朝碑刻文献的碑版、辨伪与校勘等方面有所帮助。其缺点在于检索不精准便捷，所收碑刻数量有限。

2011 年正式启动，至 2019 年发行了四期的《中国金石总录》则弥补了之前数据库的缺憾，每则金石包括完整拓片、全文录文和叙录三部分，收录历代拓本约 30 万种近 40 万方，形成了目前收录总量最多、范围最广、内容最全的金石文献数据库。该数据库的优点是分类科学、数量庞大、拓片精优、检索便利。尤其是其按部、编、卷、类四级分类被称为"首创之功"，如"少数民族碑碣"编目之下包括历史民族和现代民族二卷，"宗教碑碣"编目之下包括佛教、道教、伊斯兰教和其他宗教四卷。这种分类方法既是对碑刻文献学分类方法的有益探索，也更利于碑刻学专题研究的深入拓展。其缺点是重复收录，或因所收拓片版本良莠有别、叙录内容不同而重复收录，或为了每种分类中的收录全面，而造成同一碑刻分别在不同分类专题之下的重复收录。如此则不便于相关数据的统计与分析，但是有利于碑刻文献的碑版、辨伪与校勘研究。以北朝碑刻为例，《中国金石总录》不如《中华石刻数据库·汉魏六朝碑刻》的收录全面，但是检索"北朝"碑刻数量则多达 2183 条，有的同一碑刻被重复收录多达四次。

籍合网的《中华石刻数据库·汉魏六朝碑刻》，是由中华书局于 2018 年 12 月对毛远明先生遗著《汉魏六朝碑刻集释》的数字出版，共计 400 余万字。这是一部融整理与研究于一炉的集大成之作，为汉魏六朝的语言文字、政治、历史、宗教、文化史等方面的研究奠定了扎实的文本基础。毛远明先生的《汉魏六朝碑刻集释》是在其《汉魏六朝碑刻校注》基础上，做了大量的辑补和注释，在内容上更为完备详尽。"《集释》的工作主要是增加了校勘内容，对历代释文进行全面的校勘，对跋尾进行认真辨别，提取出其中正确的，有价值的文史考证成果，经过细致处理，然后放进释文、校勘、考证中。"另外，《中华石刻数据库·三晋石刻大全数据库》，按时代顺序收录山西域内石刻，是对《三晋石刻大全》著作的全文数字收录。其中，收录北朝时期山西境内石刻162通，很明显，此数据与实际情况不符，足见其收录不够全面。

此外，以下数据库也是对北朝碑刻文献的补益：《中国历代墓志数据库》《台湾金石拓片资料库》《京都大学人文科学研究所所藏石刻拓本资料·文字拓本》《首都图书馆北京地方文献中心——北京记忆·燕京金石》《北京大学数字图书馆古文献资料库·秘籍琳琅》。

（二）文献整理著作

目录学被称为"读书治学之门径"，章学诚称其为"辨章学术，考镜源流"。要了解北朝碑刻文献整理与研究的情况，从目录学入手是最佳的治学门径。曾晓梅的《碑刻文献论著叙录》（2010）以提要形式介绍了北魏至2009年之间历代石刻著录与研究论著，共1944部。其中，有关北朝碑刻的著录与研究论著68部。其上限可以追溯到北魏时期的《水经注》《水经注碑录》《洛阳伽蓝记》，下限是2009年陆明君著的《魏晋南北朝碑别字研究》。这为北朝碑刻文献的整理与研究提供了极好的指示门径，其不足在于缺少对碑刻数据库的关注。另有《汉魏六朝碑刻总目提要》（2008）采用简明表格的形式，著录《汉魏六朝碑刻校注》中的碑刻信息。其著录项目为进一步研究提供了尽量齐备的相关信息，不仅包括碑刻题名、碑刻详情在《汉魏六朝碑刻校注》中的具体册、页、石刻形制、尺寸、行字数、书体、撰书人等碑刻本身的信息，还提供了与碑刻相关的前代著录研究的典籍名称、页码或卷次。这为研究六朝碑刻文献史与六朝碑刻文献本身提供了扎实的文献基础。梶山智史所编《北朝墓志所在综合目录》较为详尽地收录了2013年以前各类金石书籍、汇编汇释、考古简报、期刊论文中所见的北朝墓志，比起贺泽保规编的《唐代墓志所在总合目录》更注重收藏地点。《汉魏六朝隋碑志索引》（2019）主要对汉至隋代的墓碑、墓志按照编年的方式编撰索引，相较梶山智史的著录，此索引的收录范围更为详尽。其优点在于著录部分，按照图版、录文、碑目题跋进行分类，或直接在著录书籍后标出"图"（图版）、"文"（录文）、"跋"（题跋）、"目"（碑目），为使用者有选择的翻检提供便利。其他收录北朝碑刻的目录类整理文献有《洛阳出土墓志目录》（2001）、《洛阳出土墓志目录续编》（2012）、《西安碑林博物馆藏碑刻总目提要》(2006)、《北京大学图书馆藏历代墓志拓片目录》(2014)、《陕西碑刻总目提要初编》(2018)。日本学者中村圭尔、室山留美子的《魏晋南北朝墓志人名地名索引》(2008)和《魏晋南北朝墓志官职名索引》(2009)，仅针对赵超《汉魏南北朝墓志汇编》(1992)、罗新和叶炜《新出魏晋南北朝墓志疏证》两书中的墓志内容进行索引编目。

自21世纪以来，最具分量的北朝碑刻文献整理著作，当为毛远明先生于2008年出版的200万字的《汉魏六朝碑刻校注》（全十一册，含《汉魏六朝碑刻校注总目提要》）。这部著作是对六朝碑刻的一次全面清理与搜集、整理与著录，收集2008年以前公布或出土而尚未公布的汉魏南北朝期间的碑碣1417通，其中，北朝碑刻1295通。该书的碑下提要著录内容齐备，并且公布拓片图版，尽量选用精善拓本。其校注部分利用能够找到的各种拓本，对存世的录文、题跋、石刻文字汇编等资料进行详细校勘，纠正了历代相关碑刻注释中存在的讹、脱、衍、倒等错误数千条。毛先生在此基础上，另做《辑补》，新增加1071通碑刻，把《校注》和《辑补》合二为一，完成《汉魏六朝碑刻集释》（400余万字），去重、合并后实际为2466通，其中，北朝碑刻1695通。该著作目前尚未纸质出版，仅由中华书局于2018年12月进行数字出版《中华石刻数据库·汉魏六朝碑刻》，是现今研究汉魏六朝碑刻文献材料最翔实、成就最高的代表性著作，为今后北朝碑刻文献研究提供了可靠的文本依据。另有国家图书馆善本金石组于2003年出版的《先秦秦汉魏晋南北朝石刻文献全编》，是辑录先秦秦汉魏晋南北朝时期石刻文字资料的总集。每种石刻文献资料中的内容都按朝代区分，且有目录索引，便于对北朝碑刻文献的查找利用。

其他北朝碑刻文献整理的相关著作，以新出北朝碑刻的文献整理和通域通代性碑刻文献整理两种为主。前者较少，却多为精品且以墓志整理为主。如罗新《新出魏晋南北朝墓志疏证》(2005)，此书续接赵万里的《汉魏南北朝墓志集释》(1956)与赵超的《汉魏南北朝墓志汇编》(1992)，收录新出土的魏晋南北朝墓志，分为录文和疏证两部分。另有《新见北朝墓志集释》(2013)、《河洛墓刻拾零》(2007)、《西安碑林博物馆新藏墓志汇编》及其续编(2007)、《洛阳新获墓志续编》(2008)、《故宫博物院藏历代墓志汇编》(2010)、《墨香阁藏北朝墓志》(2016)等。当然，这些整理著作不尽完善，后续多有相关的校补拾零之文亦值得关注，以便查漏补缺。后者通代通域性碑刻文献整理较多，其中不乏多角度分专题的文献整理。这不仅为北朝碑刻文献研究提供了不同的版本资料，还为跨学科研究奠定了文献基础。其中，通代通域性碑刻整理的典型代表是滞后于同名数据库出版的《中国历代石刻史料汇编》，所收资料采自民国及以前辑录编印的金石志书，同时也注意收录地方志中的金石志。前有目录索引，后有笔画索引，方便读者利用。另外，还有从书法、艺术与宗教等角度进行的文献整理，其中也兼及北朝碑刻文献，如《中国书法全集》《中国石刻艺术编年史》《中国佛教金石文献》《北朝佛教石刻拓片百品》等。海外相关碑刻文献整理有《日本京都大学藏中国历代文字碑刻拓本·南北朝碑刻》（2016），日本学者高桥继男的《中国石刻关系图书目录（1049—2007）》（2009），都为全面系统地整理北朝碑刻文献拓宽了眼界，提供了便利。

三、回顾与展望

回顾北朝近二十年碑刻文献整理现状，发现其虽然整理成果丰富，但仍有努力空间。

其一，需注重北朝碑刻文献的田野调查与广泛搜集。当前的碑刻田野调查多集中在清代碑刻，而对中古时期及以前的碑刻调查鲜见，这既符合时代久远多已亡佚的理论判断，也是目前碑刻调查的实际情况。但是，没有真正深入田间地头，基于故纸堆的理论判断是站不住脚的。如《金石证史·三晋碑志中的历史细节》（2018）在山西大同、忻州、灵石、吕梁等地的田间地头进行碑刻田野调查，其间不乏北朝碑刻。因此，对北朝碑刻分地域进行地毯式田野调查，真正做到全面搜集、摸清家底，是北朝碑刻研究的基础，更是碑刻文献整理的当务之急。

其二，尚需完善碑刻辨伪理论并对北朝碑刻文献中的伪刻做全面清理。江岚的硕士学位论文《历代碑刻辨伪研究综述》（2007）总结前人的辨伪理论与方法，分析伪刻产生的原因及价值，并在附录中列出部分著录中所载历代伪刻目录。其中，列出的北朝伪刻数目如下：陆增祥《八琼室金石祛伪》6通，方若《校碑随笔》17通，王壮弘《增·校碑随笔》39通，顾燮光《古志新目初编》64通，马子云《碑帖鉴定浅说》18通，王壮弘《六朝墓志简要》50通，赵超《汉魏南北朝墓志汇编》67通，洛阳市文物局《洛阳出土北魏墓志选编》73通。此文为开展碑刻文献学的辨伪研究做了有益探索，其中所列伪刻目录亦为后人研究省去一些查检之劳。除此而外，其余都是对碑刻辨伪的单篇独论，文中间或提及碑刻辨伪的理论与方法，但不成体系。马立军汇编了104通北朝墓志伪刻，但仅是"笔者因研究需要，故对前人著作中伪刻收录有所注意"[4]，而非专门全面系统之作。刘琴丽"对马立军所汇集的北朝伪志进行了补充，增补了三十八方北朝伪刻（含疑伪）墓志"[5]。同时，她在《近年北魏墓志整理中误收的伪志》（2018）一文中指出，近年仍有"众多金石书籍纷纷误收已被认可甚至被反复认可的伪志"[6]。可见，全面清理金石书籍中的伪刻，提高辨伪意识，完善碑刻辨伪理论是包括北朝在内的碑刻文献整理工作的首要任务。

其三，北朝时期少数民族碑刻文献的整理仍可深入。《洛阳出土少数民族墓志汇编》（2011）收录洛阳出土的北朝墓志214通。在此基础上，仍可查漏补缺，扩大到整个北朝时期少数民族相关的石刻资料汇编，以促进相关研究。

四、结语

从学科体系角度来看，传统文献学、民间历史文献学与碑刻文献学的学科分类、从属关系与范围界定等问题，从碑刻文献学内部来看，由传统金石学独立而来的碑刻学及其文献学史的研究，包括碑刻内容分类与碑刻数字化过程中的分类问题在内的碑刻目录学、辨伪学、碑版学研究等，这些碑刻文献学不可回避的问题，皆可在北朝碑刻文献整理中探索路径。因此，以北朝这一断代碑刻文献整理为切入点，深入探究碑刻文献学的理论与方法，是今后北朝碑刻文献整理努力的方向。

参考文献：

[1] 毛远明. 碑刻文献学通论 [M]. 北京：中华书局，2009.

[2] 李林昊. 从血缘到地缘：论北朝群体造像记的发展演进：以家庭、宗族、村落和邑义等造像记为中心 [J]. 河南社会科学，2020（1）.

[3] 王丽华.《中国历代石刻史料汇编》（网络版）检索功能评价 [J]. 中国索引，2007（1）.

[4] 马立军. 北魏《给事君夫人韩氏墓志》与《元理墓志》辨伪：兼谈北朝墓志著录中的伪刻问题 [J]. 江汉考古，2010（2）.

[5] 刘琴丽. 三方北朝墓志辨伪：再论北朝墓志著录中的伪刻问题 [J]. 文献，2019（2）.

[6] 刘琴丽. 近年北魏墓志整理中误收的伪志 [N]. 中国社会科学报，2018-10-15（5）.

重估北朝对中国科技发展的作用
——评李海、段海龙《北朝科技史》

孟田华

(山西大同大学物理与电子科学学院，山西　大同　037009)

摘　要：《北朝科技史》作为研究北朝历史的一部论著，填补了北朝科技史研究的空白。该书不仅全面反映了北朝科技发展状况，包括度量衡、天文历法、数学、农学、医学、地理、建筑、手工技术、食品加工技术等领域，而且重点阐述了各领域做出巨大贡献的代表人物，如刘徽、贾思勰、郦道元、裴秀、张子信等，也对这一时期的代表性科学著述，如《孙子算经》《齐民要术》《水经注》《正光历》等做了系统评述。

关键词：李海；段海龙；北朝；科技史

中国科技史的研究，近代以来取得了丰硕的成果，尤以李约瑟博士的巨著 Science and Civilization in China（中译本为《中国科学技术史》）最为知名，其他类型的中国科技史著作也为数不少。这些著作，有以专题研究的，也有以断代形式呈现的，其中还有涉及南北朝时期的科技史的。例如，史仲文、胡晓林主编的《新编中国科技史》之《中国魏晋南北朝科技史》。杜石然等编撰的《中国科学技术史稿》则以专章的形式介绍了三国两晋南北朝时期的科学技术。这些著作普遍探讨南北朝一个阶段的科技发展状况，却忽略了南朝和北朝这两个朝代的文化差异，特别是对北朝科技的发展有所轻视。北朝（386—581年）是我国东晋至隋唐之间存在于北方的五个朝代的总称，包括北魏、东魏、西魏、北齐和北周。这五个朝代一同构成了辉煌的北朝。北朝以游牧民族的身份入主中原，学习中土文化，兼容并蓄，一方面继承和发展已有科技，另一方面吸收以佛学为代表的域外文化，使之成为中华文化的一部分，在科学和文化方面取得了较大的进步和突破。历史上，也正是在北朝基础上结束了中国自八王之乱起近一百五十年的中原混战局面，奠定了隋唐盛世和民族大融合的基础。所以，对北朝的忽视有失公允，应还历史真相。

李海教授（1948—2017年）是科技史研究方面的优秀学者，有着渊博的专业知识和坚定不移的科技情怀，历经三十多年的资料收集整理和潜心研究，因突发疾病不幸逝世，由段海龙博士完善手稿，出版了中国首部全面系统展示北朝科技史研究成果的著作——《北朝科技史》，这是一部填补科技史研究空白的著作，也是一本全面展示北朝科技成就的史书。

《北朝科技史》出版于2019年，但历经了三十余年的沉淀，凝聚着作者几十年的研究心血。李海教授自20世纪80年代开始对北朝的科技史资料进行初步收集整理，是我国最早对此领域进行综合研究的学者之一。该书是在作者对北朝遗迹进行长达三十多年实地考察的基础上，阅读了无数的相关历史文献，尤其是参考数以千计的北朝遗书和前人研究成果后撰写而成。同时，该书也展示了作者在北朝科技史研究方面的一系列成果。从《北朝科技史》一书可看出，李海教授的研究范围，涉猎十分广泛，如天学、地学、算学、农学、医学、建筑及机械技术等，几乎搜罗到北魏科技的各个方面，并载入史册。如我国历史上第一台铁浑仪就铸成于北魏，它对中国古代天文学观测做出了重要贡献；著名的李兰漏刻是中国古代计时器的重大发明，同样来自北魏；对北魏明堂的指认，不仅辨析了北魏平城明堂的成因、地理位置、具体构型等，还着重指出，该明堂能用于天文观测与演示。此外，该书综述北魏天文学发展取得的各项成就，揭示北魏天文学在整个中国古代天文学的地位；指出贾思勰的《齐民要术》的意义在于，系统总结了6世纪以前黄河中下游地区农牧业生产经验，是中国现存最早最完整的农书；认为北魏郦道元《水经注》是中国古代一部全面系统的综合性地理学专著，内容涉及面广，包括了河道流经地域的历史变迁、经济状况、自然景观等诸多方面；特别把北朝纺织技术、北朝机械制造、北朝乐律学也纳入本书阐述范围。如此种种，大大丰富了我们对北朝科技地位的认识。

综上所述，在他的研究中，有三大特色是值得我们称赞并重视的。

一、研究资料的全面搜寻

斯人已去，风范长存。一部巨著，展示了作者半生孜孜以求北魏科技史的研究成果。

（一）文字史料的可靠选取

该书中的文字史料均选自学术界认可的文献。如《汉书》《晋书》《孙子算经》《魏书》《洛阳伽蓝记》《齐民要术》《水经注》等。如"当今大司农斛，圆径一尺三寸五分五厘，深一尺。积一千四百四十一寸十分寸之三。王莽铜斛于今尺为深九寸五分五厘，径一尺三寸六分八厘七毫。以徽术计之，于今斛为容九斗七升四合有奇。魏斛大而尺长，王莽斛小而尺短也"[1]。这段文献是目前可供考证曹魏时期容量制度的唯一可信资料，弥足珍贵。

北魏道士李兰曾发明了秤漏，《漏刻法》曰："以器贮水，以铜为渴乌，状如钩曲，以引器中水，于银龙口中吐入权器。漏水一升，秤重一斤，时经一刻。"[2]李海教授分别考证了梁代沈约的《袖中记》、唐代徐坚的《初学记》及唐代孔颖达的《春秋左传注疏·定公八年》中对秤漏的记载，才将上述文字列入本书中。

北魏明元帝永兴四年（412年），曾制造了我国历史上唯一的铁质浑仪。对浑仪的描述，则选自唐代李淳风的《隋书》第十九卷《隋书·天文志·序》的记载："史臣于观台访浑仪，见元魏太史令所造者，以铁为之。其规有六：其外四规常定，一象地形，二象赤道，其余象二极；其内二规，可以运转，用合八尺之管，以窥星度。周武帝平齐所得。隋开皇三年，新都初成，以置诸观台之上。大唐因而用焉。"[3]

（二）实物史料的亲自核实

该书的实物史料都是作者亲自到遗迹、遗址考察后对照文献再三核实后才编入书中的。

为了考证明堂的功能、地理位置、具体构型等，作者一方面查阅相关文献加以印证，如郦道元撰写的《水经注》卷十三《漯水（今桑干河）》中的记载，"明堂上圆下方，四周十二堂九室，而不为重隅也。室外柱内，绮井之下，施机轮，饰缥碧，仰象天状，画北道之宿焉，盖天也。每月随斗建之辰，转应天道，此之异古也。加灵台于其上。下则引水为辟雍，水侧结石为塘，事准古制。是太和中所建也"[4]；另一方面多次亲自到大同市平城区向阳里考察、辨认，以确保书中对明堂的描述信而有征。

为了弄清北魏时期佛寺建造的真实情况，他在寻访古迹、实地考察佛寺遗址之余，广泛查阅文献，多方印证。如为了统计北魏时期堪称惊人的佛寺建造数量，作者分别参考了《魏书·释老志》中的记载，"至延昌中，天下州郡僧尼寺，积有一万三千七百二十七所，徒侣逾众"[5]；唐代法琳的《辩正论》第三卷中为元魏的佛寺兴造做总结曰，"右元魏君临一十七帝，一百七十年。国家大寺四十七所。又于北代恒安治西。旁各上下三十余里。镌石置龛，遍罗佛像。计非可尽，庄严弘观。今见存焉。虽屡遭法灭，斯龛不坏。其王公贵室、五等诸侯，寺八百三十九所。百姓造寺三万余所"[6]。可见，北魏的佛寺建造之盛，上至王侯官宦，下至普通百姓，多有营造，北朝期间的建寺数量为：皇家建寺

47所（魏）+43所（齐）= 90所；王公贵族建寺839所（魏）；百姓建寺30000所（魏）+932所（周）= 30932所，数量非常可观。

（三）民俗史料的慎重收集

本书中的民俗史料，在充分研究其继承和变异情况后，才慎重地收录到本书中。

北朝前期，已形成了从选种、留种到建立种子田育种的一整套管理制度，并培育出了一批耐旱、耐水、免虫，以及矮秆、早熟、高产、味美的优良品种。《齐民要术·收种》云："粟、黍、穄、粱、秫，常岁岁别收，选好穗纯色者，劁刈高悬之。至春治取，别种，以拟明年种子。楼耩穮种，一斗可种一亩。量家田所须种子多少而种之。其别种种子，常须加锄，锄多则无秕也。先治而别埋，先治，场净不杂；窖埋，又胜器盛。还以所治囊草蔽窖。不尔必有为杂之患。将种前二十许日，开，出水淘，浮秕去则无莠。即晒令燥，种之。"[7]

北朝的私家园林有两种类型。一是建在郊野，突出山水林木的自然之美，格调质朴清隽，主要以文人名士经营的别墅园林为代表。二是建在城市中，讲究华丽，偏于绮靡，主要以达官贵人经营的城市型私园为代表。《洛阳伽蓝记·城东》"正始寺"条还记载了北魏司农张伦的园林，曰："园林山池之美，诸王莫及。伦造景阳山，有若自然；其中重岩复岭，欹崟相属，深蹊洞壑，逦迤连接。高林巨树，足使日月蔽亏；悬葛垂带，能令风烟出入。崎岖石路，似壅而通；峥嵘涧道，盘纡复直。是以山情野兴之士，游以忘归。"[8]

通过这些文献典籍、研究资料的全面整理和归纳，他发现了许多北魏时期的重要科学成就；在北魏科技史研究方面，他的成就堪称超群出众；他通过扎实深厚的科技史研究，使北魏科技的研究达到了系统和全面；他对每个科技成果都刨根问底，从方方面面去研究、考证，透过每个细节，追寻当年的科技背景。《北朝科技史》是作者付出大半生心血写就，其对北魏科技的研究、传承贡献卓著，给中国古代科技史领域留下了宝贵的精神财富。

二、研究资料的系统梳理

以往的北朝科技史研究，虽多有建树、常有新见，却缺乏规模，不成系统显得零散。《北朝科技史》一书全面介绍了整个中国北朝时期科技进展情况及其代表人物的突出贡献和主要事迹。全书9章，共43万5000字，这部著作，使北朝科技的发展历史显得有条有理、秩序井然、明白畅达。其严谨的史料文献汇编、生动翔实的叙述，使它无愧于一部独具特色的重要科技史参考文献。

作者在各专章的论述中，都尽量注意到相关研究史材料的引述和汇集。例如，第六章"地理"，第一节述及北朝之前的地学成就。不仅介绍了代表北朝之前地理学发展水平的《山海经》《尚书·禹贡》《管子·地员》《水经》《汉书·地理志》《华阳国志》《佛国记》，还着重阐述了魏晋时期裴秀的"制图六体"对中国古代地图学产生的重大影响。该章第二节到第六节分别展示了郦道元与《水经注》，北朝其他重要地理学家，自然地理、人文地理和外域地理。

北朝的学术较多地遵循汉代的古风学风，注重经世致用。如《齐名要术》《水经注》等恢宏巨著，无一不是来自实践的典范；北魏的数学经典《孙子算经》所载"物不知数"是有名的"中国剩余定理"，《张丘建算经》中的"百鸡问题"是最早的不定方程，这些都基本反映了当时社会各方面的需要；浑仪的制造与改进，星图绘制质量的提高，为早期的观测天象提供了有力工具，张子信发现的太阳和五星视运动不均匀性现象，对后世历法的改进产生了深远影响。

三、凸显北朝科技发展特点

在中国古代，是鲜卑族为当时文化的主流儒家学说注入了阳刚之气，使中华文明变得更加平衡。此外，北魏王朝在吸纳中原文化的同时，也融合希腊文明、印度文化、波斯文化。因此，该书凸显了北朝科技史的两个特点：继承与发展、吸收与融合。

（一）继承与发展

北朝的科技在"继承与发展"方面同其他时期的科技相比，表现得更突出，其在天、算、农、医、地、建筑及手工制作等方面均有体现。

天文历法方面，北朝期间修订历法者 10 余家，正式改历 6 次。其中，优秀历法如《神龟历》将九家之法综成一历，后改名为《正光历》，首次记载了七十二候。北朝对天文观察和记录十分完备，出现了多项重大发现，尤其是新星和超新星的发现，张子信的太阳视运动的不均匀性、五星视运动的不均匀性，以及月球视差对日食的影响"三大发现"，直接影响了隋唐历法的编撰，在中国古代天文史上具有特殊的地位。

北魏对于度量衡的考订也非常重视，开启了"大小制"并存制度，即天文乐律尺沿用"古制"，长期不变；日常使用的度量衡，根据当时社会发展的实际情况制定实施。北朝这一制度，既稳定了社会经济秩序，又为之后隋唐的度量衡制度奠定了良好的基础，并基本为隋唐至明清所沿用。

中国算学史上，北朝出现了一批天算家。甄鸾博达经史，尤精历算，著有

《五经算术》《五曹算经》《数术记遗》,并为《周髀算经》《夏侯阳算经》《张丘建算经》等多种数学名著做注。在具有里程碑意义的《算经十书》中,北朝贡献了三部著作。

北朝农学巨著《齐民要术》,除记录作者贾思勰的劳动实践、考察研究外,还引用古书150余种,影响了元代《农桑辑要》《王祯农书》、明代《农政全书》、清代《授时通考》等书的体例和取材,为后来的农学发展奠定了基础。

郦道元的《水经注》30多万字,记述时间上起先秦、下至南北朝,记载各水道流域自然地理和人文地理概况,内容丰富,大多文献真实可靠,是我国6世纪的一部地理百科全书。

北朝期间,帝王御医多次主持、组织众多医家集体编撰医书,卷帙甚巨。编撰有《药方》百余卷、《徐氏家传秘方》2卷、《徐王八世家传效验方》10卷、《徐王方》5卷、《小儿方》3卷、《集验方》10卷、《备急单要方》3卷等,对医术的总结、提高和推广具有积极意义。

建筑方面,北魏平城宫城的基础是汉代平城县城,洛阳城的基础是东汉洛阳城,而东汉洛阳城又是继承发展了西周成周城、东周王城、秦和西汉的洛阳城。东魏、北齐的邺南城具有明显的中轴线,开创了中国都城整齐划一的新规制。

技术方面,北朝灌钢技术发展成熟,綦毋怀文在制造"宿铁刀"的过程中,应用了灌钢法。坩埚炼钢法发明之前,灌钢法一直是我国古代最先进的炼钢方法。

(二)吸收与融合

秦汉一统天下之后,中原被视为正统。北魏的进入,打破了这一定式。鲜卑拓跋部以中土文化为师,认真学习并竭力实践,经过几代帝王的努力,使本民族与汉族真正融合为一体。他们将外域文化兼容并蓄。北朝期间,佛教盛行,尽管有数次灭法活动,但佛教已经生根开花,并直接影响了北朝天文历法、医学、建筑等领域的发展。

北朝时期,印度天文学开始明显地影响中国天文学。北朝天算家纷纷编撰"七曜术"之书。"七曜术"为西域高僧在中土传播佛教的同时带来的印度天文历算知识,经西域、河西走廊到中原。北魏太武帝拓跋焘时期,《七曜历》已经在中原很流行。太武帝后,《七曜历》在知识界的影响更大。此外,北朝还译出了以婆罗门为名的天文历法或算经6部:《婆罗门天文经》21卷(题"婆罗门舍仙人所说")、《婆罗门竭伽仙人天文说》30卷、《婆罗门天文》1卷、《婆罗门算法》3卷、《婆罗门阴阳算历》1卷、《婆罗门算经》3卷。

随着佛教的传播,南亚医学知识也随之传入中国,外域僧人从事医学活动期间,大量南亚医书被翻译,同时西来高僧与本土医僧,融合外来医学和中国传统医学合作撰写医书，并最终成为中国医学的重要组成部分。

南北朝时期，印度式样的佛教建筑在中原建设过程中逐步被"汉化"，塔在寺中的地位逐渐下降，佛寺布局中的中国传统建筑色彩不断增强，佛寺整体建筑表现为中轴线对称分布，殿堂建筑不断增多，布局日益复杂，佛教文化与中国传统建筑相结合，形成了中国具有传统特色的佛教建筑。为隋唐时期佛寺布局的进一步汉化奠定了基础。

可以看出，佛学文化对于北朝的天文历法、医学、建筑等产生了重要影响。但中土原有的科技体系并没有被弱化，而是将其吸收借鉴并本土化之后融合为一体，继续向前发展，取得了丰硕的成果，对后世的科技发展产生了深远影响。

北朝科技一方面继承和发展秦汉以来形成的体系，在天文、地学、农学、医学、建筑等领域取得了长足发展和重大突破；另一方面借鉴吸收外来科技知识，将其融入中国科技体系。北朝科技成果不仅充实了中国古代科技体系，还提升了科技水平，最终完善发展了中国传统科技，对中国传统科技体系的发展起到了独特而重要的作用。

四、结语

李海教授终生默默无闻，不求闻达于学界，但用实际行动鼎力支持了中国科技史的书写。在一个没有科技史研究的专门机构、没有科研团队、文献史料相对缺乏的环境中，李海教授凭着工匠精神完成了《北朝科技史》。该书不但在学术风格上极具特色，而且对北朝科技的发展程度把握到位，尤其提供了全面了解北朝古代科技史的第一手资料，系统地总结归纳了北朝时期的各种科技成就，功莫大焉。

参考文献：

[1] 房玄龄. 晋书 [M]. 北京：中华书局，1974.

[2] 徐坚. 初学记：下 [M]. 北京：中华书局，2004.

[3] 刘昫. 旧唐书 [M]. 北京：中华书局，1975.

[4] 郦道元. 水经注 [M]. 陈桥，译. 北京：中华书局，2009.

[5] 何兹全. 五十年来汉唐寺院经济研究 [M]. 北京：北京师范大学出版社，1986.

[6] 谢重光. 魏晋隋唐佛教特权的盛衰 [J]. 历史研究，1987（6）.

[7] 石声汉. 齐民要术今释 [M]. 北京：中华书局，2009.

[8] 杨衒之. 洛阳伽蓝记校释 [M]. 北京：中华书局，1963.